主编 阎纯德 吴志良

北京语言大学
列国汉学史书系
Sinological History Series

# 中国文学翻译与研究在俄罗斯

宋绍香 编译

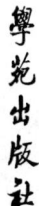

学苑出版社

 语言资源高精尖创新中心支持项目

# 图书在版编目（CIP）数据

中国文学翻译与研究在俄罗斯 / 宋绍香编译．—北京：学苑出版社，2018.8
（列国汉学史书系 / 阎纯德，吴志良主编）
ISBN 978-7-5077-5536-7

Ⅰ．①中… Ⅱ．①宋… Ⅲ．①中国文学－俄语－翻译－研究 Ⅳ．①I046②H355.9

中国版本图书馆CIP数据核字（2018）第191220号

责任编辑：杨　雷　张敏娜
出版发行：学苑出版社
社　　址：北京市丰台区南方庄2号院1号楼
邮政编码：100079
网　　址：www.book001.com
电子信箱：xueyuanpress@163.com
联系电话：010-67601101（销售部）　67603091（总编室）
经　　销：新华书店
印　刷　厂：北京建宏印刷有限公司
开本尺寸：710×1000　1/16
字　　数：350千字
印　　张：20.5
印　　数：1500册
版　　次：2018年8月第1版
印　　次：2018年8月第1次印刷
定　　价：65.00元

本书系出版获北京语言大学、
澳门霍英东基金会和澳门基金会资助

### 北京语言大学列国汉学史书系
### 编辑委员会

| | |
|---|---|
| 顾　　问： | 季羡林　李学勤　汤一介　李宇明　倪海东 |
| 主　　任： | 崔希亮 |
| 副主任： | 韩经太 |
| 主　　编： | 阎纯德　吴志良 |
| 编　　委： | 王晓平　乐黛云　安平秋　许光华　刘顺利 |
| | 吴志良　张国刚　严绍璗　李明滨　李海绩 |
| | 陈开科　侯且岸　柴剑虹　钱林森　耿　昇 |
| | 阎纯德　阎国栋　熊文华 |

# 序 一

经过近30年多位学者的辛劳努力,现在我们可以说,国际汉学研究确实已经成长为一门具有特色的学科了。

"汉学"一词本义是对中国语言、历史、文化等的研究,而在国内习惯上专指外国人的这种研究,所以特称"国际汉学",也有时作"世界汉学""国际中国学",以区别于中国人自己的研究。至于"国际汉学研究",则是对国际汉学的研究。中外都有学者从事国际汉学研究,但我们在这里讲的,是中国学术界的国际汉学研究。

自从改革开放以来,国际汉学研究改变了禁区的地位,逐渐开拓和发展。其进程我想不妨划分为三个阶段:一开始仅限于对国际汉学界状况的了解和介绍,中心工作是编纂有关的工具书,这是第一个阶段。到了20世纪90年代,出现国际汉学研究的专门机构,大量翻译和评述汉学论著,应作为第二个阶段。在这两个阶段里,学者们为深入研究国际汉学打好了基础,准备了条件。新世纪到来之后,全面系统地研究国际汉学的可能性应该说业已具备。

今后国际汉学研究应当如何发展,有待大家磋商讨论。以我个人的浅见,历史的研究与现实的考察应当并重。国际汉学研究不是和现实脱离的,认识国际汉学的现状,与外国汉学家交流沟通,对于我国学术文化的发展以至于多方面的工作都是必要的。我曾经提议,编写一部中等规模的《当代国际汉学手册》,使我们的学者便于使用;如果有条件的话,还要组织出版《国际汉学年鉴》。这样,大家在接触外国汉学界时,不会感到隔膜,阅读外国汉学作品,也就更容易体味了。必须指出的是,国际汉学有着长久的历史,现实和历史是分不开的,不了解各国汉学的历史传统,终究无法认识汉学的现状。

我们已经有了不少国际汉学史的著作及论文。实际上,公推为中国最早的汉学史专书,是1949年出版的莫东寅《汉学发达史》,尽管是通史体裁,也包含了分国的篇章。这本书最近已有经过校勘的新版，大家容易看到，尽管只是概述性的，却使读者能够看到各国汉学互相间的关系。由此可见，有组织、有系统地考察各国汉学的演进和成果，将之放在国际汉学整体的背景中来考察，实在是更为理想的。

这正是我在这里向大家推荐阎纯德教授、吴志良博士主编的这套"列国汉学史书系"的原因。

阎纯德教授在北京语言大学主持汉学研究所工作多年，是我在这方面的同行和老友，曾给我以许多帮助。他为推进国际汉学研究，可谓不遗余力，所做出的重要贡献是学术界周知的。在他的引导之下，《中国文化研究》季刊成为这一学科的园地，随之又主编了《汉学研究》，列为《中国文化研究汉学书系》，有非常广泛的影响。其锲而不舍的精神，我一直敬服无地。特别要说的是，阎纯德教授这几年为了编著这套"列国汉学史书系"所投入的心血精力，可称出人意想。

在《汉学研究》第八集的《卷前絮语》中，阎纯德教授慨叹："《汉学研究》很像同人刊物，究其原因，是从事这个领域研究的学者太少，尤其是专门的研究者更是少之又少，所以每一集多是读者相熟的面孔。"现在看"列国汉学史书系"，作者已形成不小的专业队伍，这是学科进步的表现，更不必说这套书涉及的范围比以前大为扩充了。希望"列国汉学史书系"的问世成为国际汉学研究这个学科在新世纪蓬勃发展的一个界标。让我们在此对阎纯德教授、这套书的各位作者，还有出版社各位所做出的劳绩表示感谢。

李学勤

2007年4月8日

于清华大学国际汉学研究所

# 序 二
## 汉学历史和学术形态

　　汉学历史和学术形态历史是既抽象又具体的存在,是浩瀚无边的过去、现在和未来。历史会让我们兴奋,也会使我们悲哀,有时会令人觉得它又仿佛是一个梦。但是,当我们梦醒而理智的时候,便会发现——自然史、时间史、太阳史、地球史、人类社会史,一切的一切,不管是曾经存在过的恐龙,还是至今还在生生不息的蚂蚁社群,天上的,地下的,看得见的,看不见的,一切都有自己的历史。一切都有过发生,一切都还在发展,一切都还会灭亡。

　　任何事物的发生都有一个有形或无形的孕育过程,"汉学"(Sinology)也是这样,其孕育和成长,就是中国文化与异质文化相互交媾浸淫的历史。这个历史,始于公元1世纪前后汉代所开通的丝绸之路,接下来是七八世纪的大唐帝国、十四五世纪的明代、清末的鸦片战争和"五四"新文化运动,这种文化的碰撞和交流之潮时起时伏直到今天,还会发展到永远。这是历史,是汉学的昨天、今天和未来,是其孕育、发生和成长的过程显现出的文化精神。但是,昨天有远有近,我们可以循蛛丝马迹地探讨找回其真;而今天,只是一个过渡,一俟走过,便成为昨天的陈迹。写作汉学史是一件艰难的劳作,尤其对象是遥远的昨天,尤其是"遗失"在异国他乡的昨天,更非一件易事。时至今日,朦胧面纱下的汉学还不为一些学人所认识,因此有必要取下面纱,让人们看个究竟。

　　从20世纪70年代中期之后,尤其90年代以降,"汉学"(Sinology)便逐渐成为学术界耳熟能详的学术名词。中国大陆重提"汉学"(Sinology)至今,汉学就像隐藏在深山里的小溪,经过30年的艰辛跋涉之后,才终于形成一条奔腾的水流,并成为中国文化水系不可或缺的组成部分。这个变化是时代和历史变迁带来的结果,也是文化自己发展的规律。

那么，究竟什么是汉学（Sinology）呢？首先，这里的汉学非指汉代研究经学注重名物、训诂——后世称"研究经、史、名物、训诂考据之学"的"汉学"，而是指外国人研究中国历史、语言、哲学、文学、艺术、宗教、考古及社会、经济、法律、科技等人文和社会科学领域的那种学问，这起码已是200多年来世界上的习惯学术称谓。李学勤教授多次说："汉学，英语是Sinology，意思是对中国历史文化和语言文学等方面的研究。在国内学术界，'汉学'一词主要是指外国人对中国历史文化等的研究。有的学者主张把它改译为'中国学'，不过'汉学'沿用已久，在国外普遍流行，谈外国人这方面的研究，用'汉学'比较方便。"[1] Sinology一词来自外国，它不是汉代的"汉"，也不是汉族的"汉"，不指一代一族，其词根sino源于秦朝的"秦"（Sin），所指是中国。

在历史长河里，汉学由胚胎逐渐发育成长。当汉学走过少年时代，在西学东渐和中学西传互示友情后，中学开始影响西方而成为人类文明史上的伟大事件。中世纪以来，欧洲视中国为"修明政治之邦"，对中国充满了好奇与好感，当"中国热"蜂起欧洲，19世纪初期法国便成为西方汉学的中心，巴黎成为"汉学之都"。戴密微（Paul Demiéville）曾说汉学的先驱是葡萄牙、西班牙和意大利。但是，汉学作为学术研究和一种文化形态，举大旗的则是法国人。1814年12月11日，雷慕沙（Jean Pierre Abel Rémusat）在法兰西学院首开"汉语和鞑靼——满语语言与文学讲座"，开启了西方真正的汉学时代。但指代汉学的"Sinologie"（英文"Sinology"）一词则出现在18世纪末，应该早于雷慕沙主持第一个汉学讲座的时间，更不会晚于1838年。从此之后，"Sinology"便成为主导汉学世界的图腾、约定俗成的学术"域名"。在世界文化史和汉学史上，外国人把研究中国的学问称为"汉学"，研究中国学问的造诣深厚的学者称为"汉学家"。因此，我认为，我们不必要标新立异。根据西方大部分汉学家的习惯看法，"Sinology"发展到如今，这一历史已久的学术概念有着最广阔的内涵，绝不是什么"汉族文化之学"，更不是什么汉代独有的"汉学"，它涵盖中国的一切学问，既有以儒释道为核心的传统文化，也包含"敦煌学""满学""西夏学""突厥学"以及"藏学"和"蒙古学"等领域。但是一直以来，人们对汉学的理解和解释相左，因此便有了

---

1 李学勤《国际汉学漫步·序》，石家庄：河北教育出版社1997年版。

"中国学""海外汉学""海外中国学""域外汉学""国际汉学""世界汉学""国际中国文化"等不同的叫法；如果咬文嚼字，推演下来，一定还会有"国内汉学""国内中国学"，甚至"北京汉学""河南汉学"等。由于汉学的发展、演进，以法国为首的"传统汉学"和以美国为首的"现代汉学"，到了20世纪中叶之后，研究内容、理念和方法，已经出现相互兼容并包的状态，就是说Sinology可以准确地包含Chinese Studies的内容和理念；从历史上看，尽管Sinology和Chinese Studies所负载的传统和内容有所不同，但现在可以互为表达、"雌雄同体"同一个学术概念了。话再说回来，对于这样一个负载着深刻而丰富历史内涵的学术"域名"，我以为还是叫它Sinology最好，因为，Sinology 不仅承继了汉学的传统，而且也容纳了Chinese Studies较为广阔的内容。另外，中国人对中国文化的研究应该称为国学，而外国学者研究中国文化的那种学问则称为汉学。汉学是国学的有血有灵魂的"影子"，而汉学不是国学，是介于中学与西学两者之间，本质上更接近西学的一种文化形态。说它与国学同根而生，说它们是一条藤上的两个瓜，都不为过，然而瓜的形象与味道却不相同，一个是"东瓜"，一个是"西瓜"。我认为这样认识汉学，既符合中国文化的学术规范，又符合世界上的历史认同与学术发展实际。

汉学的历史是中国文化与异质文化交流的历史，是外国学者阅读、认识、理解、研究、阐释中国文明的结晶。汉学作为外国人认识中国及其文化的桥梁，是中国文化和外国文化撞击后派生出来的学问，实际上也是中国文化另一种形式的自然延伸。但是，汉学不是纯粹的中国文化，它与中国文化有着密不可分的血缘关系，既是中外文化的"混血儿"，又是可以照见"中国文化"的镜子，是可以攻玉的"他山之石"。" 'Sinology'是一门在国际文化中涉及双边或多边文化关系的近代边缘性的学术，它以'中国文化'作为研究的'客体'，以研究者各自的'本土文化语境'作为观察'客体'的基点，在'跨文化'的层面上各自表述其研究的结果，它具有'泛比较文化研究'的性质。"[1]以上两种表述虽有不同，但学理一致，基本可以厘清我们对于Sinology（汉学）的基本学术定位。

法国汉学家马伯乐（Henri Maspero）说过："中国是欧洲以外仅有的这

---

[1] 严绍璗《我对Sinology的理解和思考》，载《世界汉学》2006年第4期。

样的一个国家：自远古起，其古老的本土文化传统一直流传至今。"法国哲学家弗朗索瓦·于连（François Jullien）也说："中国文明是在与欧洲没有实际的借鉴或影响关系之下独自发展的、时间最长的文明……中国是从外部审视我们的思想——由此使之脱离传统成见——的理想形象。"[1]他在《为什么我们西方人研究哲学不能绕过中国》中提出："我们选择出发，也就是选择离开，以创造远景思维的空间。人们这样穿越中国也是为了更好地阅读希腊。"为了获得一个"外在的视点"，他才从遥远的视点出发，并借此视点去"解放"自己。这便是一个未曾断流、在世界上仅存的几种古老文化之一的中国文明的意义。中国文明是一道奔流不息的活水，活水流出去，以自己生命的光辉影响世界；流出的"活水"吸纳异国文化的智慧之后，形成既有中国文化的因子，又有外国文化思维的一种文化，这就是"汉学"。也就是说，汉学是以中国文化为原料，经过另一种文化精神的智慧加工而形成的一种文化。从某种意义上说，汉学既是外国化了的中国文化，又是中国化了的外国文化；抑或说是一种亦中亦西、不中不西有着独立个性的文化。汉学作为一门独立的具有跨文化性质的学科，是外国文化对中国文化借鉴的结果。汉学对外国人来说是他们的"中学"，对中国人来说又是西学，它的思想和理论体系仍属"西学"。

　　汉学研究是指对外国汉学家及其对中国文化研究成果的再研究，是中国学者对外国学者研究中国文化的反馈，也是对外国文化借鉴的一个方面。凡是对历史或异质文化进行研究，都有一个价值判断和公正褒贬的问题。因此，对于外国汉学家对于我们中国文化的研究，必得有我们自己的判断，然后做出公正的褒贬。我们说汉学是可以攻玉的"他山之石"，但是这句箴言并非只是适用于中国人，对外国人也是一样。汉学也像外国的本体文化一样，对我们来说有借鉴作用，对西方来说有启迪作用——西方学者以汉学为媒介来了解中国，汲取中国文化的精华，完善自己的文明。人类由于文化背景差异和文化语境的不同，思维方向和方式也会不同，因而就会得出不同的结论，讲出不同的道理。"西方学者接受近现代科学方法的训练，又由于他们置身局外，在庐山以外看庐山，有些问题国内学者司空见惯，习而不察，外国学者往往探骊得珠。如语言学、民俗学、考古学、人类学、社会学诸多领

---

[1] ［法］弗朗索瓦·于连（François Jullien）《迂回与进入》，香港：生活·读书·新知三联书店1998年版。

域,时时迸发出耀眼的火花。"[1]汉学的学术价值往往不被国人重视,并利用汉学家对于中国文化的一些误读贬低汉学的价值。其实,这并不公平,有些汉学家对于中国文化确实有其独到的见解,能发中国人未发之音。法国汉学家马伯乐(Henri Maspero)对中国上古文化和上古宗教的研究就有独到的贡献,被称对中国宗教研究有"先河"之功。他研究中国宗教的宗教社会学的方法,促进和推动了中国学者采用宗教社会学来研究中国宗教,被称为"中国宗教社会学研究的真正创始人"。瑞典汉学家高本汉(Bernhard Karlgren),终生的最高成就是根据研究古代韵书、韵图和现代汉语方言、日朝越诸语言中汉语借词译音构拟汉语中古音和根据中古音和《诗经》用韵、谐声字构拟古音,写出了著名的学术专著《中国音韵学研究》《汉语中古音与古音概要》《古汉语字典重订本》《中日汉字形声论》《论汉语》《诗经注释》《尚书注释》和《汉朝以前文献中的假借字》等,他对汉语音韵训诂的研究是不少中国学者所不及的,并深刻影响了对于中国音韵训诂的研究。20世纪著名的日本学者津田左右吉关于中国文化的研究著述甚丰,他认为中国文化是一种"人事本位文化",其核心是"帝王文化",其他认识上尽管有偏颇,但也有其独异性和深刻之处。这就是"他山之石"的意义和价值。当然,不可否认,汉学家对于中国文化的误读或歪曲也是常见的,诸如瑞典考古学家安特生(John Gunnar Andersson)于1921年10月对河南仰韶文化遗址发掘之后,便说中国彩陶制作技术源于西方,并在他的《甘肃考古记》和《黄土儿女》著作中反复强调他的这一错误观点。这一观点亦为"西方文化东移造成中国文化之说"提供了说辞。日本学者石田幹之助也推波助澜,闭门造车地推测出西方文化东渐的路线;甚至连我们的国学大师章太炎、刘师培也被"忽悠"得认可了"中国文化西来说"。[2]美国现代汉学(中国学)的奠基人费正清对中国历史尤其近代史的研究独具风采,为美国人民认识中国搭建了一座桥梁;但他在研究上的所谓"冲击—回应"模式,却近乎荒谬,认为是西方给中国带来了文明,是西方的侵略拯救了中国。综上所述,对于汉学成果的研究,只有冷静、公正、客观、全面,才能在沙中淘得真金,拥抱"他山之石"。

---

1 季羡林《汉学研究·序》第七集,北京:中华书局2003年版。

2 《章太炎全集·〈訄书·序〉·〈种姓篇〉》,上海:上海古籍出版社1985年版;刘师培《刘申叔先生遗书·〈思念祖国〉·〈华夏篇〉·〈国土原始论〉》,北京:京华书局1970年版。

在中国，汉学的接受与命运，诚实地说，在20世纪80年代初期之前，基本上是无视它的学术价值，更没人把它看作是中国文化的延伸。此外，由于民族心理上的历史"障碍"，我们还曾视汉学为洪水猛兽，甚至觉得它是仇视中国、侮辱中国的一个境外的文化"孽种"。这种"观点"，虽嫌偏颇，但也不是空穴来风。因为自19世纪"鸦片战争"前后，直至20世纪40年代，偌大的中国曾经惨遭蹂躏，整个历史写满了炮火压迫和宗教怀柔，其间也不乏为列强殖民政策服务的传教士、"旅行家"和"学者"深入中国腹地，以旅行、探险、考古之名而实行搜集社会情报、盗窃和骗取中国大批文物。

人类思想的飞翔，是受社会和历史禁锢的，山高水远的阻隔也使得人类互相寻找的岁月特别漫长。交流是人类文化选择的自然形态，汉学就发生在这种物质交流和文化交流之中。

公元前后，中国人被称为赛里斯（Seres），中国叫赛里加（Serice），这是陆路交往关于中国最初的叫法，时间较早；另一种叫法，把中国人称为秦尼（Sinai），中国叫秦（Sin），这是海路交往关于中国的叫法，时间较晚。由商人输往西方的中国丝绸绢绘是当时帝王贵族倾慕的奢侈珍品，Seres和Serice两字系由阿尔泰语所转化，是希腊罗马称谓中国绢绘的Serikon、Sericum两字简化而来。西方人当时称中国为"秦"（Sin），称中国人为"秦尼"（Sinai），则是源于秦朝。[1]

人类在互相寻找的初级阶段，中国和西方试探性的商业交往还很原始，那时的人类，不同的国家、民族和族群处于相对落后和封闭的状态，人类各个角落的不同文化还处于相对不自觉或是相对蒙昧的历史时期。在人类最早的沟通中，中国人走在最前边。公元前139年，张骞奉汉武帝之命，越过葱岭，亲历大宛、康居、大月氏、大夏、乌孙、安息等地，直达地中海东岸，先后两次出使中亚各国，历时十多年，开创了古代和中世纪贯通欧亚非的陆路"丝绸之路"，为人类交往开创了先河，也为汉学的萌发洒下最初的雨露。

在文化史上，以孔孟儒家学说为核心的中国文化最先影响朝鲜半岛，然后才是日本和越南等周边国家。这些周边国家与中国的关系复杂，甚至被说成同种同文，因此可以说它们的文化与中国文化有着很深的"血缘"关

---

[1] 莫东寅《汉学发达史》，北平文化出版社中华民国三十八年（1949年）版，第3页。

系。公元522年，中国佛教渡海东传日本，从那时开始，中国典籍便大量传入日本，但这只是一种"输入"，只是日本创建自己文化的借鉴，并没有形成对于中国文化的深层研究。及至唐代，由于文化上承接了汉朝的开放潮流，那时与异质文化的交流相对更加频繁，商贸往来和文化沟通有了发展，西方和中国周边国家或地域的人士通过陆路和水路进入中国腹地，长安、洛阳、扬州、广州、泉州等城市，都是中外贸易和文化交汇的重要都会，尤其是长安，更是当时世界最大的商业文化之都；而扬州等城市，由于东南沿海经济崛起、人口增多、手工业发达、农田水利的改善，为海外贸易发展创造了条件，再由于唐代中期"安史之乱"切断了陆路"丝绸之路"的缘故，曾称为"鲤城""温陵""刺桐城"的泉州，便成为联结亚洲、欧洲和非洲的海上丝绸之路的"东方第一大港"，是那时以丝绸、金银、铜器、铁器、瓷器为主的国际贸易之都。通过频繁的往来和交流，外国人对中国文化的认识越来越多、越来越深，汉学也便在这种交流中不知不觉慢慢衍生。

但是，源远流长的汉学，人们习惯地认为其洪流和网络在西方，西方是汉学的形象代表。这一看法一是源自近代以来西方强势文化和中国人的崇洋心理；二是西方汉学的某些特征也确实有别于朝鲜半岛、日本和越南的汉学。其实，如果我们从世界汉学历史发展的角度看，日本、朝鲜半岛和越南的汉学要早于西方的汉学，比如日本在十四五世纪已经初步形成了汉学，而那时西方的传教士还没有进入中国。因此，对于汉学的研究，无论是西方还是东方（朝鲜半岛、日本和越南），我们都不能顾此失彼，要以同样的关注和努力探讨其历史。当然，汉学的历史藏在文献里，而隐性源头却在文献之外。

文化往往伴随经济流动，其交流也会在不自觉或无意识状态下发生。到了明代初年，郑和率舰队出使西洋，前后七次，历经28年，到过30多个国家，最远抵达非洲东岸和红海口，真正拓展了海上"丝绸之路"。

在公元八九世纪至十六七八世纪期间，关于中国，多见于西方商人、外交使节、旅行家、探险家、传教士、文化人所写的游记、日记、札记、通信、报告之中，这些文字包含着重要的汉学资源，因此有人把这些文献称为"旅游汉学"。这些来源于文艺复兴，因为思潮的开放影响了欧洲人的思想和生活，他们或通商，或传教，或猎奇，但了解和研究中国文化却是一致的，于是汉学便在葡萄牙、西班牙、意大利、法国、荷兰、英国、德国、俄罗斯等主要的西方国家逐步发展起来。

这类游记和著作较早的有约在公元851年成书的描述大唐帝国繁荣富强的阿拉伯佚名作者的《中国与印度游记》，吕布吕基斯的《远东游记》（1254），意大利的雅各·德安克纳的《光明城》，贝尔西奥的《中华王国的风俗与法律》（1554），《利玛窦中国札记》，亚历山大·德·罗德的《在中国的数次旅行》（1666），南怀仁的《中国皇帝出游西鞑靼行记》（1684），费尔南·门德斯·托平的《游记》，李明的《关于中国现状的新回忆录》（1696）和《中华帝国全志》（《中国通志》）等，以及罗明坚、金尼阁、汤若望、卫匡国等名士的著作，还有大量名不见经传的传教士、商人、旅行家、探险家的各种记述，都成为日后汉学兴旺发达的必然因素。这类著作主要涉及中国的物质文明，较多描述、介绍中国的山川、城池、气候以及生活起居、饮食、服饰、音乐、舞蹈，也涉及一些中国的观念文化。这些"旅游汉学"著作中，影响最大的是《马可·波罗行纪》（《东方见闻录》）。马可·波罗（Marco Polo）于1275年随父亲和叔父来中国，觐见过元世祖忽必烈，1295年回国后出版了这本书，它以美丽的语言和无穷的魅力翔实地记述了中国元朝的财富、人口、政治、物产、文化、社会与生活，第一次向西方细腻地展示了"唯一的文明国家"——"神秘中国"——的方方面面。

这些包罗万象的文献，不仅记录了不同时代的中国，还以自己的文化视角开始了中西文化最初的碰撞。作为文献，这些游记、日记、札记、通信和报告，有赞美，有误读，也有批评，但因为其中包含大量中国物质文化及政治、经济、历史、地理、宗教、科举等多方面的文化记载，而成为汉学的重要组成部分，在学术史上有重要价值。

汉学的发生、发展与经济、政治、交通以及资讯分不开。有学者把汉学的历史分为"萌芽""初创""成熟""发展""繁荣"几个时期，也有的分为"游记汉学时期""传教士汉学时期"和"专业汉学时期"三个阶段。但汉学的真正形成是在明末兴起的"西学东渐"和"中学西传"的互动之中。

从16世纪到十八九世纪，在数以千计的散布在中国各地的传教士中，有不少人成为名载史册的汉学先驱，他们为汉学的发展做出了重大贡献。自1540年罗耀拉（S.Ignatins de Loyola）、圣方济各·沙勿略（Francisco Xavier）等人来华，开始了以意大利、西班牙传教士为主的第一时期的耶稣会的传教活动。接着，意大利的范礼安（Alexandre Valignani）、罗明坚（Michel Ruggieri）等著名传教士来华。1583年，即明朝万历十一年，罗明坚将利玛窦神甫（Matteo Ricci）带到中国，从此，耶稣会士在中国的宗教活动无论是对于西方还是东方，都开始了一个新的历史时期。西班牙的胡安·冈萨雷斯·德·门多萨（Juan Gonzalez de Mendoza）的《中华大帝国史》于1588年问世，这部世界汉学史上的第一部汉学著作，名副其实地对中国的政治、历史、地理、文字、教育、科学、军事、矿产、物产、衣食住行、风俗习惯等做了百科全书式的介绍，具有相当的学术价值，以七种文字印行，风靡欧洲。以利玛窦为核心的耶稣会士的历史意义在于他们开始了对中国文化的全面"开垦"，不仅著书立说，还把《大学》《中庸》《论语》《孟子》等中国文化经典译成西文，不仅开西学东渐之先河，也推动了中学西传，使中国文化对西方科学与哲学产生重要影响，因此这位思想家当仁不让地被视为西方汉学的鼻祖。与其先后到达中国的著名的传教士都著书立说、传播中国文化，对推动西学东渐和中学西传做出了贡献。在世界汉学史上，除了以上提及的，还有许多汉学家的名字十分响亮，诸如曾德照、柏应理、卫匡国、殷铎泽、南怀仁、汤若望、龙华民、金尼阁、罗如望、熊三拔、李明、张诚、白晋、马若瑟、宋君荣、钱德明、翟理斯、安特生、雷慕沙、儒莲、德理文、安东尼·巴赞、蒙田、冯秉正、尼·雅·比丘林、巴拉第·卡法罗夫、瓦西里耶夫、沙畹、伯希和、马伯乐、葛兰言、斯文·赫定、马礼逊、斯坦因、理雅各、翟理斯、李约瑟、韦利、霍克斯、卫礼贤、福兰阁、孔拉迪、高本汉、卫三畏、费正清、戴密微、石泰安、谢和耐、欧文等。他们和东方日本、朝鲜半岛的富有建树的汉学家以及当今散布在各国的汉学家，对中国文化的独特理解，铸造成汉学史上的思想学术之碑，开垦了汉学成长的沃土。

"西方的汉学是由法国人创立的。"但是，在欧洲全面研究中国文明的问题上，"法国的先驱是葡萄牙、西班牙和意大利"。[1]戴密微把以上三个国家誉为汉学的先锋，"他们于16世纪末叶，为法国的汉学家开辟了道路，而法国的汉学家稍后又在汉学中取代了他们"，真正建立起作为学术的汉学传统。就传统汉学而言，法国是汉学家最多的国家之一，有许多汉学界的学术巨擘，不断为汉学的崇高而添砖加瓦。

中外文化交流的结果不仅意味着中国文化"外化"的传播，也意味着异质文化对中国文化"内化"的接受。汉学家作为中外文化交流的桥梁和使

---

[1] 戴密微《法国汉学研究史》，载《法国当代中国学》（耿昇译），北京：中国社会科学出版社1998年版。

者，在异质文化的交流中，也是人类和谐与进步的推动者。

汉学诞生在与异质文化碰撞、交流和相互浸淫之中。这个结果无异于一枚果子的成熟，只有"风调雨顺"才生长得好。和谐、宽容、理解与尊重，是异质文化彼此借鉴的保证。作为文化形态的汉学，其成长和生存离不开良好的国际语境。就中国而言，历史上凡是开放的时代，文化交流多，汉学就发展；反之，汉学就停滞，这似乎成为一种规律。

作为学术公器的汉学，文化上有其自己的成长过程。汉学是发展的，这一植根于中国文化土壤、生存于异国他乡的文化，同样深受不同时代语境的极大影响。这里所说的语境，既包括中国的历史演变，也包括异国和世界的历史变化。也就是说，不同的历史时期，不同的社会、政治、经济、文化背景，在很大程度上左右着汉学的发展方向和内容；换句话说，汉学的形成和发展，不仅受制于中国历史的更迭，也受制于他者社会的变化。这就是以历史悠久的中国文化为研究对象的汉学发展的基本轨迹。

汉学作为一种学术形态，总体上可以分为"传统汉学"和"现代汉学"。传统汉学以法国为中心，而现代汉学兴显于美国，20世纪中期以来，在西方其他国家葆有传统汉学的同时，现代汉学也很繁荣。随着中国与世界政治关系的变化，随着中国文化与世界文化交流的拓展，现代汉学有了显著的发展。

虽然20世纪的后50多年，中国文化与世界各国文化接触开始多了起来，但就整体而言，1949年后约有30多年是一个相对"闭关锁国"的时期。公正地讲，这道意识形态的"长城"也并非就是中国的政策，是那时期以美国为首的国家在政治、经济、军事、文化上对我国全面封锁的结果。这个时期的"汉学"涂满了政治色彩，以法国为代表的汉学较多地保持着传统汉学的学术精神，而美国的"中国学"却成了充满政治意识的现代汉学的代表。美国的"中国学"所关心的不是中国文化，更不是中国的传统文化，而是中国的政治、经济、军事、教育和社会生活各个层面的问题。这种政治特征，是那个时期美国汉学的基础，这一特征也影响了其他国家汉学的研究方向和内容。

由于中国与世界的隔离，由于西方与中国少有交流，因此汉学家不了解中国最新的文化进展（比如新的考古发现），致使汉学处于断炊或"无米之炊"的状态，没有中国文化的支持，西方汉学要想取得研究上的突破也很困难。陌生感和神秘感困扰着汉学家，这不仅是文化的尴尬，也是汉学家的难堪。

人类文化包含了物质文化和观念文化等。物质文化表现在衣食住行生活方面，是一种看得见、摸得着又极易变化的"具象"文化，如饮食、服饰、住房、音乐、舞蹈等；观念文化是一个民族的核心，表现在人的价值观、道德观、家庭观、宗教观等诸多方面，以及关于自由、平等、民主的理解，观念文化是一个民族的思维经过高度抽象后形成的思想、观念和精神，它通过文化灵魂——哲学、文学、语言、宗教、历史等来表达。[1]观念文化，一俟进入外国汉学家的研究视野，他们的研究也就进入了对中国文化核心的深层研究。

汉学家从对中国物质文化到观念文化的研究，其领域越来越广、越来越深。现在，汉学不仅包括对中国的哲学、文学、宗教、历史领域的研究，还包括社会学、政治学和自然科学。Sinology（汉学）和Chinese Studies（中国学），它们已经发展到可以"异名共体"的地步。

时至今日，传统汉学和现代汉学这两种汉学形态不仅同时存在着、共荣着，而且还互相浸透着。

19世纪末至20世纪初，美国汉学悄然嬗变为中国学，并以自己独有的个性特点和极强的生命力出现在世人面前。美国汉学始自1830年东方学会（American Oriental Society）的建立，这个学会虽然代表了欧洲那种对东方学文学的兴趣，但这个学会"从一开始就有一种与众不同的使命感"——"为美国国家利益服务，为美国对东方的扩张政策服务"。[2]这个特点也与"美国海外传教工作理事会"向中国派出基督教传教士的宗旨相一致。可见，美国汉学一开始就与美国的国际战略和对华政策联系在一起。卫三畏（Samuel Wells Williams）1848年出版的百科全书式的《中国总论：中华帝国的地理、政府、教育、社会、生活、艺术、宗教及其居民观》就带有较为浓厚的社会科学特点，与欧洲具有人文科学特征的汉学颇有差异，但它依然属于Sinology的范畴。

美国从南北战争后的统一中走向强大，加入强国之列。八国联军对中国的侵略行径，是列强联合的第一次尝试。从那时起，承担着相当"政治"角

---

[1] 任继愈《汉学发展前景无限》，载《中华读书报》2001年9月19日。
[2] 侯且岸《费正清与中国学》，载李学勤主编《国际汉学漫步》（上），石家庄：河北教育出版社1997年版。

色的传教士进入中国。真正美国式的"汉学"——中国学,就从那时开始,而奠基人和开拓者是之后的费正清(John King Fairbank)。作为美国首席中国问题专家的费正清,他的中国学研究不仅影响了美国,也对其他国家的汉学研究或中国学研究有强烈的影响。

在西方,费正清的魅力在于,没有谁能像他那样以更清晰、更富于洞察力的笔触来表述中国。"在使美国人了解中国,了解中国的传统、中国纷扰不安的近代史,以及中国神秘莫测的现状等方面,谁的贡献也没有像他那样大。"费正清等一批知名的美国中国学家都参与过战时情报工作,在战后作为美国政府的智囊而直接为制定对华政策服务。费正清的研究虽然充满了实用和功利色彩,立场和观点也有偏见,但这并不妨碍他在历史上作为一个贡献巨大的汉学家和中国人民的朋友的光辉。美国学者从事研究的根本出发点是"使命感""学术个性"和"反唯理智论倾向","蔑视学问,更为强调实用性知识","更为明显同自己以外的社会,即政治家、实业家及其实践家始终保持紧密的联系"。[1]这就是美国中国学家的基本心态,他们讲究功利和实用,不理会学术上的理智倾向,这与法国汉学家的学术心态、学术个性与学术传统大相径庭。

传统汉学(Sinology)和现代汉学(Chinese Studies)的差异在于前者是以文献研究和古典研究为中心,它们包括哲学、宗教、历史、文学、语言等;而以美国为中心的现代汉学(中国学)则以现实为中心,以实用为原则,其兴趣根本不在那些负载着古典文化资源的"古典文献",而重视正在演进、发展着的信息资源。但是,汉学发展到21世纪,其研究内容和方式已经出现了融通这两种形态的特点。这种状况既出现在欧洲的汉学世界,也出现在美国的中国学研究之中,可以说世界各国汉学家的研究中,都兼有以上两种汉学形态。

汉学(Sinology)对中国研究者来说,被尘封得太久,所以它的空白很多,浩如烟海的资源还有待于深入开掘。这种开掘,不仅可以收获汉学,还可以无意中发现被历史"放逐"和"遗失"在异国他乡的中国文化。编撰"列国汉学史书系"的目的和宗旨,不仅是为了梳理已有的汉学资源,在世界范围内追踪中国文化的外传历史状况、经验及影响,同时探究汉学的产

---

[1] [美]赖肖尔《近代日本新观》,北京:生活·读书·新知三联书店1992年版。

生、成长、发展与繁荣，还要尽可能厘清这块"他山之石"对于中国文化的作用。当然，"列国汉学史书系"还期望对推动中国文化与世界文化的交流有所裨益。

"列国汉学史书系"作为一个文化工程，其撰写的难度非一般学术著作所能比拟。严绍璗教授谈到Sinology的研究者的学识素养时提出四个"必须"：①必须具有本国的文化素养（尤其是相关的历史、哲学素养）；②必须具有特定对象国的文化素养（同样包括历史、哲学素养）；③必须具有关于文化史学的基本学理素养（特别是关于"文化本体"理论的修养）；④必须具有两种以上语文的素养（很好的中文素养和对象国的语文素养）。这几点确实都是汉学研究者必须具备的文化和语文素养，否则很难进入汉学研究的学术境界。

写作"列国汉学史"艰难，而出版可谓难上加难。人间的事好像天上的云、地上的风，飘忽不定没有根，铁板钉钉是没有的，因为钉子可以用"权力"拔出来，一切承诺和协议，都可以化为乌有。虽然"列国汉学史书系"一直受到经济的困扰，但它终没有自毙于摇篮之中，冬天之后是春天，接着便是收获的季节。这套富有创意和价值的书系，将对中外文化交流和汉学的发展及其比较研究产生深远影响。

有人认为"汉学史中国人写不了"，当然这是一个很奇怪的"立论"。日本人石田幹之助写了《欧人的中国研究》（1932）、莫东寅写了《汉学发达史》（1949），接下来又有严绍璗的《日本中国学史》（1991）、张国刚的《德国的汉学研究》（1994），张静河的《瑞典汉学史》（1995），何寅、许光华主编的《国外汉学史》（2002），刘正的《图说汉学史》（2005）和李庆的《日本汉学史》（2005）相继面世。在人类的文化长廊里，无论是中国还是外国，各种史书琳琅满目，这其中有外国人写中国的各类历史，也有中国人写外国的各类历史。历史，是往事，是记录，是选择，并有相对独立的评论和褒贬。但是，事实上任何一部历史都不是最后的历史，历史随着时光的流逝而演进，修史很难一步到位，它需要一代代学者"积跬步"才能"至千里"，只有"积土成山，积水成渊"，方能"风雨兴""蛟龙生"。学问之事非一夕之功，非得有前赴后继者敢于赴汤蹈火"流血牺牲"，才会达至光明顶峰。

开拓者也许会在某个时候将自己的真诚劳作化为欢乐，因为在以后的岁月里，定会有人踏着自己的肩膀或是踩着自己的鼻子和头顶攀上高峰，以鸟瞰美丽风光。21世纪是经济的大空间，对汉学来说也是一个"大空间"。但是，要探索这个"大空间"，需要有个和谐的"太空站"，需要大家联袂共建；当然，世界上需要多元文化和谐相处的历史语境，共同创造彼此接近、认识、理解、尊重、沟通、借鉴与融合的机会，这个机会，就是汉学研究发展的机会。

时间在行走，历史在行走。人类创造过历史，书写过历史，但是没有最后的历史。汉学有历史，而且还正在创造新的历史，汉学及其研究将以自己的品格和个性在人类文化的世界里放出异彩。

阎纯德<br>
2006年12月5日<br>
于北京半亩春

# 目 录

俄国汉学的形成与发展 ············ B.米亚斯尼科夫(1)
中国古典文学在俄罗斯 ················ B.索罗金(25)
中国文学研究与翻译在苏联(一) ············ 费德林(33)
中国文学研究与翻译在苏联(二) ············ 费德林(47)
论毛泽东的诗词创作 ·················· Л.艾德林(59)
鲁迅《阿Q正传》 ····················· Л.艾德林(68)
鲁迅在美国汉学界 ············ A.热洛霍夫采夫(78)
郭沫若简论 ·························· 费德林(90)
论茅盾《子夜》 ······················· 费德林(99)
诗人与战士的道路
　——《血字》（殷夫诗集）俄译本序言 ······ Г.亚罗斯拉夫采夫(105)
漫长道路的里程碑
　——《巴金选集》俄译本序言 ············ B.索罗金(115)
论老舍的文艺美学观 ········ З.阿勃德拉赫马诺娃(130)
曹禺的话剧艺术 ················ Л.A.尼科利斯卡娅(141)
柳•伊•康德拉绍娃访谈录 ······ Л.康德拉绍娃　S.冈巴诺娃(158)
中国民间说书与韩起祥的创新 ············ 李福清(196)
歌剧《白毛女》俄译本序言 ············ B.H.罗果夫(212)
《丁玲选集》俄译本序言 ·············· Л.波兹德涅耶娃(215)
周立波及其长篇小说《暴风骤雨》 ········ Л.艾德林(226)
赵树理论 ···························· 费德林(237)
论刘白羽的创作 ················ H.巴拉绍夫　李福清(246)
艾青：创作与时代 ······················ 费德林(266)

附录 …………………………………………………………………… (281)
　一、本书主要作者简介 ………………………………………… (281)
　二、涉研中国作家作品名目汉俄对照 ………………………… (288)

# 俄国汉学的形成与发展[*]

## B.米亚斯尼科夫

要确定一系列包括汉学在内的地理学科的发生时间,是一项非常繁难的任务。问题在于,要创建直接认识某个国家和人民的历史、文化、社会、经济关系、政治结构、语言和风俗习惯的先决条件时,对这个国家的地理发现和描述时期,往往先于专家们对该国的研究时期。这一时期的长短,取决于诸多因素,可能,因条件不同而不同。譬如,作为一门学科的俄国汉学形成的特点之一就是,它是在早期的俄国旅行家和在华外交官100多年间的著述的基础上形成的;这些早期的旅行家和外交人员为俄国同其17世纪的远东邻居建立正式的政治与商贸关系,竭尽全力,功不可没。

俄国汉学,和世界汉学一样,其形成的另一个特点是,研究对象国经历了国家最复杂的历史时期:17世纪中叶,中国沦为封建主掠夺政治的牺牲品,在此基础上建立了东方最后一个强大专制国家——清朝帝国。所以,研究中国本身的制度,必须克服异族王朝统治给其添加的许多掩饰本真的覆盖物。

终于,像其他所有学科一样,俄国汉学从实际需要中诞生了。国际关系的发展,中俄边界不同地段的形成,商贸往来等,这一切都需要许多专业知识和专门人才。俄国与清朝帝国外交关系的每一个历史时期,都赋有本时期的政治、经济和文化因子,而人文知识领域和社会思想发展的全过程,在革命前的俄国一直影响着汉学的发展,并确立了它的品格。

沙皇政府派往北京与中国建立外交和商务关系的大使馆和传教团的各种工作报告,是俄国关于中国的最早的历史资料。它们中最有学术价值的资料是:И.彼特林(1618—1619)的《一览》,Ф.И.巴伊科夫(1654—1657)

---

[*] 译自B.米亚斯尼科夫《俄国汉学的形成与发展》,载苏联《远东问题》1974年第2期。
(В.С.Мясников, Становление и развитие отечественного китаеведения——Проблемы Дальнего Востока.1974, №2.)

和Н.Г.斯帕法里（1675—1677）的《实录》以及И.伊杰斯、А.勃兰德（1692—1695）等人的日记等。[1]这些已成为外交史文献的文件，包含着关于中国和许多邻国的，关于清帝国政治状况的各种各样的信息。具有重大历史意义的发现——从欧洲经过西伯利亚、蒙古、满洲通往中国之路的开辟，[2]大大丰富了世界地理科学。俄国对中国及通往它的这条路线的最早描述，具有十分重大的意义。还在17世纪，这些著作就先后被译成英文、德文、法文、拉丁文，在大多数欧洲国家的首都不止一次地出版和再版。[3]

因此，就在这一时期，俄国政府急需吸纳一些具有"东方问题"丰富知识的人，首先是懂汉语和满语的人才参与工作。由于缺乏翻译人员，那些从北京带回来的印刷品的内容，往往搁置几十年仍然无人知晓；而俄国的大使们为了与清朝的外交官谈判，经受了难以想象的困难，为了克服语言障碍，不得不去求教于中介人——蒙古语译员和传教士的仆人。[4]

俄国17世纪对待"中国事情"的独特方式，在一定程度上，一直保持到18世纪最初的几十年。然而，真正浸入俄国人生活各个层面的彼得大帝（ПетрⅠ）的改革，才开始触及东方学领域。这一改革为俄国汉学奠定了坚实的学术和组织基础。[5]彼得大帝1724年1月28日的"上谕"书——《关于

---

[1] 参见Н.Ф.杰米多娃、В.С.米亚斯尼科夫《早期在中国的俄国外交官》，莫斯科：1966年版；《17世纪俄中关系：资料与文件（1608—1683）》，第1卷，莫斯科：1969年版；伊兹勃兰特·伊杰斯、阿达姆·勃兰德《回忆录：俄国大使馆在中国（1692—1695）》，领衔文章、注释：М.И.卡扎宁，莫斯科：1967年版。

[2] В.В.巴尔托利德《欧洲与俄国的东方研究史》，列宁格勒：1925年版，第184—196页；Д.М.列别杰夫、В.А.叶萨科夫《俄国的地理发现与研究（古代—1917年）》，莫斯科：1971年版。

[3] 关于外国出版的俄国汉学著作，请参阅注1中所提及的著作的相关章节。

[4] Н.Г.斯帕法里给沙皇写信说，尽管他在托鲍利斯克、谢连金斯克和涅尔钦斯克挑选了最好的翻译人员，"然而，据说，中国上层权贵很难了解，我们中的人都这么说"，因为，这些翻译员"是些不识字、业务不熟练的人。是的，伟大的国王，他们没大派上用场……所以，我们只好用力揣测加以理解和翻译"（《17世纪俄中关系：资料与文件（1608—1683）》，第1卷，第511页）。签订《尼布楚条约》时使用的官方语言是拉丁语。"这个巧妙的过程，法国历史学家Г.卡恩指出，给耶稣教徒们提供了一个不可替代的翻译家的地位，并使他们成为国家重要机密的保存者。" *Some Early Russo-Chinise Relations by Gaston Cahen.* Shanghy, 1939, p.8.

[5] 参见Д.Е.别尔捷利斯为集体著作《亚洲博物馆——苏联科学院东方研究所列宁格勒分所》撰写的序言，莫斯科：1972年版，第6—7页；1700年6月18日，彼得大帝发出的第一道命令就是《俄国政府关于俄国人学习东方语言的决定》，决定派"二至三位会说、会写汉语、蒙古语的优秀的僧人学者到托鲍利斯克去"。В.В.巴尔托利德《欧洲与俄国东方研究史》，列宁格勒：1925年版，第196—197页；"命令"全文载于《俄国法学全集》，第4卷，第800期；参见，Г.В.叶菲莫夫《走近俄国东方学源头》，载《列宁格勒大学学报》1973年第20期。

创建俄国科学院问题》,在这方面起了很大作用。1725年,特邀德国东方学家、语文学家拜耶尔为俄国科学院第一位汉学家院士。拜耶尔是欧洲第一本汉语语法书的作者,他在彼得堡完成了许多研究中国的著述,然而,他"没有完成自己的尝试:生活在俄国人中间、研究俄语和培养自己的接班人,尽管科学院章程责成全体院士做好此事"[1]。

北京传教团对俄国汉学学派的形成产生了巨大影响,它的工作是1727年签订的恰克图条约第5条所正式规定的。按条约规定,俄国除派宗教界人士外,还能派"四名男学生,两名年龄稍大,通晓俄语和拉丁语之二人,留在北京学习语言……学成后归国"[2]。

直到1860年,大约有120年,北京俄国传教团一直是俄国人学习汉语和满语的特殊教学中心。在这期间,传教团里来了60多位大学生、医生、艺术家和大约100多位神职人员。[3]在这种情况下,学习语言的方法几乎是一成不变的:跟汉人或满人"先生"学习功课获得基本知识,手写的汉语—拉丁词典(直到后期才有了汉—俄词典和满—俄词典)是教科书。"在街上、在商店、在市场经常与北京市民交往,充分表现出已经掌握了汉语口语。"[4]俄国传教士的职责之一,就是在1725年清政府设立的俄语学校(内阁俄罗斯馆)教俄语。

中国闭关政策的忠实捍卫者——清朝的高官们,竭力以怀疑态度对待传教团,不让俄国学生们广泛、全面地了解中国。于是,上述俄语学校校长何清(音译)检察官于1737年给乾隆皇帝上了一道奏折,强调指出:"不应让在京城留学的俄国学生随意出入,因为这样会走漏帝国机密。国家地图册及其他禁物等一律不得出售给他们。"[5]

尽管有各种各样的困难,然而,从北京传教团里却走出了俄国第一批汉学家,他们中的И.К.罗索欣和А.Л.列昂季耶夫理应称为18世纪最大的汉

---

[1] П.Е.斯卡奇科夫《17—18世纪俄国中国研究史(纲要)》,载《17—18世纪俄国国际关系》,莫斯科:1966年版,第163页。

[2] 《1689—1916年俄中关系·官方文件》,莫斯科:1958年版,第19—20页。

[3] П.Е.斯卡奇科夫《17—18世纪俄国中国研究史(纲要)》,载《17—18世纪俄国国际关系》,莫斯科:1966年版,第163页。

[4] П.Е.斯卡奇科夫《17—18世纪俄国中国研究史(纲要)》,载《17—18世纪俄国国际关系》,莫斯科:1966年版,第163页。

[5] Fu Lo-chu, *The Documentry Chronicle of Sino-Western Relations*. Tucson: The University of Arizona Press, 1966, Vol.1, pp.169–170.

学家。1740年，И.К.罗索欣从北京回到俄国，按照外交事务委员会指示，他被分派到科学院等候安排——1741年3月22日，正式任命为科学院在编人员，"从事汉语、满语翻译和教学工作"。

起初，И.К.罗索欣独立工作，后来，在Г.Ф.米列尔院士的领导下，他完成了大约30部汉语译著，主要是历史著作译著。这里可列出其中的著作：《中国可汗康熙征服鞑靼游牧民族史》[1]《资治通鉴纲目》[2]和其他著作。科学院图书馆的汉语基金教育是与И.К.罗索欣的名字连在一起的，他从个人藏书中向科学院图书馆捐赠了100多部书。[3]

1757年，А.Л.列昂季耶夫也调入科学院向И.К.罗索欣"会合"。俄国早期的俄文译著："四书"中的《大学》和《中庸》[4]俄译本和其他历史译著，皆出自А.Л.列昂季耶夫的手笔。

И.К.罗索欣和А.Л.列昂季耶夫合作的主要著作是，他们合作翻译、科学院出资于1784年出版的、有极大学术价值的16卷本的《八旗通志》。他们选择翻译这部书不是偶然的：俄国学术通过满族人的历史起源研究，试图回答使了解中国近百年历史的人们激动不已的问题：这么小的一个少数民族满人，怎么能够征服中国，并在其基础上建立起一个强大帝国？

为了阐释满人的来历问题，И.К.罗索欣在《详细记述满、汉字全部注释》[5]最后一卷的"注释"中，专门撰写了一篇论文；为完成这篇论文，他搜集和利用了大量关于满人部族起源的资料。在该著中也援引了大量其他历史资料，阐述了17—18世纪时期满人中的社会派别和集团。该书中还包含了许多关于其他民族人民，满人和汉人邻邦的很有价值的信息，譬如，在第16卷中就有关于藏人及其物质、精神文化生活的最早的简短的民族志的记述。

---

1　Н.П.沙斯季纳《И.К.罗索欣译：17世纪末蒙古历史起源》，载《东方研究所学者回忆录》，莫斯科：1953年版，第6卷，第200—211页。

2　ГИМ, Ф.Уварова, д.114—118, 202—206, 1328—1332. Всего 2900 стр.

3　Л.Н.缅希科夫、Л.И.丘古耶夫斯基《汉学》，载《亚洲博物馆——苏联科学院东方研究所列宁格勒分所》，莫斯科：1972年版，第81—82页。

4　《中庸》，是不可改变的规律，选自中国哲学家孔子整理的传说故事，俄文版本，由外事委员会办公室文官阿列克谢伊·列昂季耶夫译自汉语和满语。圣彼得堡：1784年版。《四书集义》，就是带有注释的《四书》。《四书》是中国第一位哲学家孔子编著的书。《四书集义》俄文版本，由七品文官阿列克谢伊·列昂季耶夫从汉语和满语译出。圣彼得堡：1780年版。

5　И.К.罗索欣、А.Л.列昂季耶夫《详细记述满、汉字全部注释》，共323页。

尽管И.К.罗索欣和А.Л.列昂季耶夫的译著具有无可争议的学术价值,但是它没有引起最高级研究者们应有的注意。甚至,В.В.巴尔托利德在其关于东方研究史的讲义中既没有提到И.К.罗索欣,也没有提及А.Л.列昂季耶夫。[1]只有苏联的研究家们В.П.塔拉诺维奇、А.В.斯特列尼娜和П.Е.斯卡奇科夫才为俄国汉学恢复了И.К.罗索欣和А.Л.列昂季耶夫的名誉。[2]

一般认为,大约在18世纪中期,俄国开始进行汉语和满语教学。俄国的第一所满语学校是1739年在莫斯科创办的,学校的学生是从斯拉夫语-希腊语-拉丁语学院的旁听生中招收的,教师是中国人周戈(音译)。[3]这所学校存在了总共两年;它的4名学生经过满语初级培养后,作为传教团的大学生,被派往北京,他们中就有阿列克谢伊·列昂季耶夫。与此同时,科学院在彼得堡也创办了一所汉语和满语学校,И.К.罗索欣任校长,共办了10年(1741—1751)。1762年,学校完成了一项整顿汉语和满语教学的新尝试:此次,委任А.Л.列昂季耶夫为校长。

18世纪俄国出版和发表的关于中国问题的120部书籍和论文,就是俄国社会对中国极感兴趣的有力证明。[4]

因此,经过17世纪至18世纪前25年对中国信息的积累和对其地理与政治状况的描述时期,18世纪30年代科学院的成立以及表明中俄关系进入一个新阶段的"恰克图条约"签订后,俄国汉学开始形成一门独立学科。俄国汉学家们在紧张地翻译中国和满族起源历史资料的基础上,又完成了新的尝试:研究汉族人、满族人和并入大清帝国版图的其他各族人民的历史、语言和精神文化。

19世纪上半叶,俄国封建农奴制瓦解,新的资本主义生产关系在沙皇俄国形成,在这种形势下,俄国汉学的发展开始了一个崭新阶段。社会经济的进展推动了科学的发展。在论及影响未来汉学研究积极性的诸多大事中,应

---

1　В.В.巴尔托利德《欧洲与俄国的东方研究史》,列宁格勒:1925年版,第2版。

2　В.П.塔拉诺维奇《伊拉里昂·罗索欣及其汉学著作》,载《苏联东方学》1945年第3期,第225—241页;А.В.斯特列尼娜《走近俄国和世界汉学发祥地》,载《苏联民族志学》1950年第1期,第117页;П.Е.斯卡奇科夫《17—18世纪俄国中国研究史(纲要)》,载《17—18世纪俄国国际关系》,莫斯科:1966年版,第164—173页。

3　П.Е.斯卡奇科夫《俄国第一位汉语和满语教师》,载《东方学问题》1960年第3期,第198—201页。

4　П.Е.斯卡奇科夫《17—18世纪俄国中国研究史(纲要)》,载《17—18世纪俄国国际关系》,莫斯科:1966年版,第173页。

该提到1803年通过的新的《科学院工作细则》[1]和俄国大学将东方学列为一门学科的第一个"章程"（1804年）。就在这一年，以Ю.А.戈洛夫金为首的大使团被派往中国，[2]科学考察团也列为大使的随员，在这些随员中就有科学院特邀的著名法国汉学家Г.Ю.克拉普罗特。

众所周知，Ю.А.戈洛夫金使团和接下来的乌尔加使团都未能去成，因为清廷让传教团成员只能轮流到北京去。这一次，由Н.Я.比丘林主持传教团的工作。由于他的天才和勤奋，俄国汉学形成了一门独立学科，站在了世界汉学的制高点。

Н.Я.比丘林的著作播下的种子，在19世纪初的欧洲和俄国生根、发芽，他的学术见解已经深入人心；著名航海家克鲁金什捷尔恩在描写自己在中国旅游时，非常精确地阐明了这一观点："关于中国问题，他（比丘林）写了这么多，以致，别人很难再写出什么新东西了。"[3]

Н.Я.比丘林在北京的14年，把自己的一切都献给了中国语言、历史、地理、风俗习惯的研究。在这一时期，他写完了其全部主要著作，后来，这些著作在俄国出版了，为后人留下了一份极为详尽的研究资料。

1818年，当Н.Я.比丘林还在北京时，发生了一件在科学院东方学研究史上非常有意义的大事：科学院亚洲博物馆建立了。这是集收藏、图书馆和东方学术研究于一体的第一个专业机构。[4]

Н.Я.比丘林工作的基本目的是描绘中国及其远东和中亚邻国的最真实而丰满的图画。"坦率地说，我习惯于用简短的语言描写一个精悍的东西。"[5] Н.Я.比丘林在谈到自己的写作方法时这样说。Н.Я.比丘林的第一部著作成为俄国汉学史上一个优质新阶段的证明。苏联史学家、汉学家В.Н.尼基福罗夫公正地强调指出："Н.Я.比丘林1828年出版的著作《蒙古笔记》，即使用当代的观点来看，也是一部真正的学术专著。Н.Я.比丘林在其著作中提出的问题是蒙古人和中亚其他民族人民的起源、'鞑靼人'名字的来历等，这些问题至今仍在讨论着；在这些讨论中仍然可以听到

---

1　《苏联科学院史》第2卷，莫斯科、列宁格勒：1964年版，第663—686页。

2　《远东国际关系》第1卷，莫斯科：1973年版，第41—42页；第2卷，圣彼得堡：1810年版，第338页。

3　И.Ф.克鲁津什捷尔恩《在1803年—1806年乘"希望"和"涅瓦"号航船邀游世界》，圣彼得堡：1810年版，第11卷，第338页。

4　《亚洲博物馆——苏联科学院东方研究所列宁格勒分所》，莫斯科：1972年版。

5　《莫斯科人》1848年第9期，第4页。

Н.Я.比丘林的声音。Н.Я.比丘林的第一部书使他跻入了世界最大汉学家的行列。"[1]

科学院高度评价Н.Я.比丘林的著作：在《蒙古笔记》问世的那一年，它的作者Н.Я.比丘林被选为科学院通讯院士[2]。为了回答科学院发给的证书，Н.Я.比丘林给科学院秘书富斯院士写了封信，信中写道："……我有幸获得俄国皇家科学院给我颁发的证书，授予我通讯院士称号。科学院对我从事的中国文学研究如此关注，表明对我著作价值的肯定。在这方面，我接受科学院给我的荣誉，我要继续努力从事我的研究工作，表明我是一个称职的通讯院士。另外，附上一份北京平面图（在那些日子赶印出来的），它使用俄文和法文两种文字描绘了当时的北京——请仁慈的国王，把我的誓言的这份'信物'推荐给科学院吧！"[3]

Н.Я.比丘林在其人生最后的25年光荣地完成了自己的誓言。首先，他向俄国和欧洲社会各界介绍了中国边疆地区各族人民的历史，先后出版了《成吉思汗家系前四汗史》（1829）、《15世纪至现在沃伊洛特人或卡尔梅克人历史评述》（1834）、《西藏和胡胡诺尔历史（公元前2282—公元1227）》（1833）、《古代中亚各族人民历史资料汇编》（1851）。后来，又出版了《中国风俗习惯》（1840）、《用统计学方法记述中国帝国》（1842）。Н.Я.比丘林多年的研究成果都是研究中国起源，《中国农学》（1844）、《中国百姓及道德风貌》（1848），详细阐明了中国本身的历史和近代状况。Н.Я.比丘林的著作曾4次荣获科学院最高奖：杰米多夫斯基奖金。[4]

Н.Я.比丘林是作为国家社会生活优秀形象的第一位汉学家。他的作品在尼古拉耶夫斯基反动时期就在流布。尼古拉一世不让他离开僧侣生活，但是，他的个人生活不再受到那么多限制。所以，Н.Я.比丘林仍然努力与彼得

---

1　В.Н.尼基福罗夫《苏联研究中国问题的历史学家》，莫斯科：1970年版，第6页。《蒙古笔记》（1828）出版前，Н.Я.比丘林发表了《西藏记述》（译自汉语），其中补充了详细注释，但不像其第一部个人著作那样，带有研究特点。

2　"科学院通讯院士"职称，是俄国科学院于1759年1月建立的。这个荣誉称号是授予那些对科学院做出突出贡献的学者和旅行家们的。

3　苏联科学院档案ф.1, оп.2, §96, 1840年。《北京记述》，译自1788年出版的汉语原版，所译资料精致、翔实、可信，并提供了Н.Я.比丘林个人绘制的北京城市平面图，最早的北京平面图是耶稣传教士们于1705年按康熙皇帝要求绘制的。

4　А.Н.别尔恩什塔姆《Н.Я.比丘林及其著作〈古代中亚人民信息集〉》，载《Н.Я.比丘林〈古代中亚人民信息集〉》第1卷，莫斯科、列宁格勒：1950年版，第9页。

堡的进步文学家和学者保持交往；30年代在恰克图，他同进步刊物协作创办了汉语学校，同被流放的十二月党人保持联系，他在自己的著作中捍卫了俄国科学的利益，批判盲目崇拜外国学者，热情宣传关于中国和中亚各族人民的知识。

大家都很熟悉Н.Я.比丘林和普希金的友谊，普希金高度评价"穿着僧侣长袍的自由思想者"，"他的深刻的认识和真挚的著作散发着我们与东方关系的鲜艳的光彩"[1]。给Н.Я.比丘林著作以应得回敬的是另一位他的同时代人：В.Г.别林斯基。

同时，还应该指出，Н.Я.比丘林笔下的中国太理想化了。他在《中国：平民及其道德风貌》著作中对中国的描绘，在某种意义上代表了Н.Я.比丘林"中国"系列作品的总结，为了让读者关注中国法律，他写道："……他们通过四千年的经验锤炼，逐渐走近人民政体的真正开端，甚至，国家受过良好教育的人，都受到重用。"[2]所以，В.Г.别林斯基并非偶然地在指出"伊阿金夫的尊敬的父亲的书是学者们丰富自己重要因素的真正法宝"之后，毫不留情地粉碎了这个虚幻的中国形象——据说，那里的人民在完备的法律保护下安居乐业，于是，他写道："但是，哦！仔细一瞧，这只是一个漫天飞舞的泡影！"这位大批评家感叹道："这就是那个政治强国——中国的泡影……所有这些法律和保障都是在纸上写得好，而实际上是为受贿者发财和为榨取行贿者服务的。"[3]

Н.Я.比丘林的名字是俄国汉学史的整个时期的象征。但是，他没有遮蔽我们的优秀汉学家中的一代杰出人才——他的同时代人和学生。П.卡缅斯基（从1819年任科学院通讯院士）、С.В.利波夫采夫、З.Ф.列昂季耶夫斯基、Г.М.罗佐夫在汉、满语言学研究和中国及其邻国历史研究方面做出了重要的贡献，他们都是在北京传教团受过培养的资深的中国通。

19世纪中叶，那些命中注定要为俄国汉学增光并使其发展更好的人都在北京传教团学习过，Н.Я.比丘林的著作为他们奠定了坚实的基础：А.切斯特诺伊、В.В.戈尔斯基、К.А.斯卡奇科夫、Э.В.勃列特什涅伊杰尔、П.卡法罗夫、И.И.扎哈罗夫、В.П.瓦西里耶夫等，他们仅是同时工作在汉学各个领域

---

1　А.С.普希金《普加切夫历史》文集，第8卷，莫斯科：1949年版，第287页。

2　伊阿金夫·比丘林《中国：平民及其道德风貌》第1部，圣彼得堡：1848年版，第2—3页。

3　《В.Г.别林斯基全集》第11卷，彼得堡：1917年版，第155、157页。

的汉学家中的一部分金光闪耀的星座，¹大概，世界上从来不曾有过这样一个民族汉学学派。

尽管汉学教学在1837年就以汉语讲座在喀山大学开讲而进入俄国高等学校，然而，传教团在此后几乎四分之一世纪里仍然是培养汉学家的基本学校，许多受过高等教育的人都到那里去学习汉语。

在传教团里会遇到很多困难。未来的汉学家们，需多年居住在北京，被迫在极为不利的条件下生活和工作在那里。一个传教士曾这样描写那里的学生生活："学生住的房间狭窄而拥挤，上课很不方便，冬天身体难保。天寒不能依墙，否则，潮气与寒气就会浸透全身骨髓，患上风湿病，这都是很平常的，难以避免的事……在冬季，两只脚往往热了难受，而肩膀和脊背则因潮湿和寒冷而疼痛。"²营养不良和气候异常使学生和传教士成员经常闹病和高额死亡³。

但是，决心献身于汉学的人们的勤劳与勇敢帮助他们克服了难关，获得了辉煌的业绩。19世纪30年代主持传教团事业的阿瓦库姆·切斯特诺伊，在其一份报告中，这样评价了当时学习汉语的学生成绩："描写准噶尔人和东土耳其斯坦的这本书，被认为是伊阿金夫最好的译作。但是，我斗胆相信亚洲司：这本为译者提供了文学语言的书，我们每个人都能在北京的第三年或最多在第四年把它翻译完，如果译得不太好，那么，也不会比他译得差。"⁴

19世纪中叶，传教团历尽千辛万苦，终于培养出了一批汉学干部。历届政府提出了许多东方学教学改革方案。1854年10月，终于出台了创建彼得堡大学东方系的指令，由精通中国历史、社会思想、语言和风俗习惯的卓越汉学家瓦西里·巴甫罗维奇·瓦西里耶夫出任领导。

于是，19世纪上半叶，尽管培养汉学家的旧制度还基本上保存着，然而，已经出现了以俄国社会发展为前提的汉学与俄国民主、进步派别的交流，大学的汉学教学开张了，俄国汉学在学术方面达到了世界汉学水平。

19世纪下半叶初期进入汉学界的汉学家，他们在北京学习期间正赶上太平天国农民战争对殖民列强进行的第一次反击。他们清楚地看见了清朝

---

1　关于东方临近地区的俄国汉学研究，请参见М.П.沃勒科瓦《满学》；М.И.沃拉比耶瓦·杰夏托夫斯卡娅、Л.С.萨维茨基《藏学》，《亚洲博物馆——苏联科学院东方研究所列宁格勒分所》，莫斯科：1972年版。

2　К.А.斯卡奇科夫《太平天国时期的北京》，莫斯科：1958年版，第15页。

3　К.А.斯卡奇科夫《太平天国时期的北京》，莫斯科：1958年版，第16页。

4　РО ГБЛ, ф.273, ед.хр.13, карт.25, л.325.

帝国的腐败和清廷上层管理国家的无能。这些直接的印象促进了由比丘林奠定的俄国汉学民主思想基础的发展，促进了汉学传统的发展：同情中国人民，同情他们反抗满人压迫和外国列强的斗争。同时，俄国汉学史的下一阶段与20世纪60年代至90年代中期有关，那时俄国资本主义的发展，推动沙皇专制紧跟西方资本主义列强，在远东实行殖民政策。国际关系的迅速扩张，外交和商贸关系的加剧紧张，迫切需要引进培养汉学家的新方法，这就为汉学领域的学术研究提出了特殊的任务。

19世纪下半叶，在俄国汉学家中，П.卡法罗夫、И.И.扎哈罗夫、В.П.瓦西里耶夫占有特殊地位，他们每个人都为俄国汉学引进了新的知识，并且站到了世界东方学所取得的关于中国综合知识的制高点。也就是说，他们的著述为俄国汉学的分科，为中国经济史、思想史的专门研究，为创建一门综合性的语文学科，奠定了坚实的基础。

П.卡法罗夫在北京时，带领两位传教士工作。他的学术兴趣非常广泛。今天每个汉学家都知道П.卡法罗夫的《汉俄词典》，它已成为19世纪下半叶关于中国语文学的经典样板著作。他的关于蒙古历史的研究著述，是在对中国起源的深入研究基础上，[1]同时也是在1847年和1859年路过蒙古时亲自考察的基础上完成的，[2]其学术价值非同小可。П.卡法罗夫是到过乌苏里地区、并能讲解其古代历史的第一位汉学家。[3]

佛教历史和中国伊斯兰文学引起了П.卡法罗夫的注意。他在探讨欧洲人的中国研究史方面做出了极其重要的贡献。[4]П.卡法罗夫是俄国革命前的第一本、也是唯一的一本定期刊物《著作集》的创刊人；《著作集》，是北京传教团成员研究中国问题的学术著作集，[5]而且，其第4集就是由П.卡法罗夫本人的著作编辑而成的。这本刊物，不但对俄国汉学，而且对欧洲汉学都起了很大作用，最初的两卷已于1858年译成德语在柏林出版了。

И.И.扎哈罗夫主要以极其完美的《满俄大词典》和满语语法的作者而著

---

[1] Б.Я.弗拉季米尔佐夫院士认为П.卡法罗夫是"研究蒙古历史起源的敏锐、能干的专家"。Б.Я.弗拉季米尔佐夫《蒙古社会制度：蒙古游牧封建主义》，列宁格勒：1934年版，第9页。

[2] 《巴拉第修士大司祭1847年和1859年去蒙古的路标》，圣彼得堡：1892年版。

[3] В.Е.拉里切夫《东方异国旅行记》，新西伯利亚：1973年版。

[4] П.卡法罗夫《哥萨克人佩特利纳中国旅行记》，载ЗВОРАО，第6卷，1892年版，第305—308页；《巴拉第修士大司祭论马可波罗华北旅行》，载ИРГО，第38卷，1902年版，第1—14页。

[5] 《俄国传教士著作在北京》，第1—4卷，圣彼得堡：1852—1866年版；第2版，北京：1909—1910年版。

名。[1]但是，他还是俄国和欧洲进行中国土地特性研究的第一位汉学家。[2]И.И.扎哈罗夫关于中国历史人口学的研究著述也有重大学术价值。[3]В.Н.尼基福罗夫公正地指出："实际上，И.И.扎哈罗夫在俄国最早从事中国历史研究，是朝鲜社会经济问题专门研究的创始人。"[4]И.И.扎哈罗夫将其一生的数十年都献给了对中国的外交工作和彼得堡大学的满语教学工作，他是彼得堡大学的著名教授。

1968年，苏联东方学界纪念В.П.瓦西里耶夫150周年诞辰。[5]杰出的汉学家不仅是汉学领域，而且是东方学许多新领域的开拓者。他的著作，一方面填补了我国汉学领域的许多空白，另一方面，奠定了俄国的中国佛学、中国文学史、中国史料学研究的坚实基础。

В.П.瓦西里耶夫学术道路的主要阶段是与彼得堡大学密切相连的，[6]他在那里工作的许多年间，不仅是教授许多东方学科的教授，而且还是东方系的系主任。繁重的教学负担在某种程度上影响了他的学术研究，他来不及完成他起初拟定的许多提纲。

然而，В.П.瓦西里耶夫给我们留下的学术遗产是非常丰厚的。他的汉、满、蒙古、藏语和梵语的渊博学识，确定了他不仅研究领域宽广，而且他的著述的史料学基础也是独一无二的。

В.П.瓦西里耶夫著作的独特品格是对文献资料的批判态度，对所获资料来源力求再思考。В.П.瓦西里耶夫在其《自传》中指出，还在喀山大学读书时О.М.卡瓦列夫斯基教授就说过："在探寻真理时不要崇拜权威，对已完成或说出真相的 'sine ira et studio' 要批判地接受，不要设想本世纪解决的问题没问题。这些话深深地铭刻在我的心中，成为我的一切好感或反感的指导者。"[7]

---

1 И.И.扎哈罗夫《满俄大词典》，圣彼得堡：1875年版；第2版，北京，1939年版；И.扎哈罗夫《满语语法》，圣彼得堡：1875年版。

2 И.И.扎哈罗夫《中国土地特性》，载《俄国传教士著作集》第2卷，1853年版，第1—96页。

3 И.И.扎哈罗夫《具有历史意义的中国人口评论》，载《俄国传教士著作集》第1卷，1852年版，第247—360页。

4 В.Н.尼基福罗夫《苏联研究中国问题的历史学家》，莫斯科：1970年版，第9页。

5 参见《中国历史和文化》，莫斯科：1974年版。

6 有20多部著作论及В.П.瓦西里耶夫的传记和著述。参见П.Е.斯卡奇科夫《中国传记》，第18510—18530号；А.Н.霍赫洛夫发表于上述文集《中国历史和文化》中的部分文章，莫斯科：1974年版。

7 С.А.文格罗夫《俄国作家、学者传略词典》，第4卷，第2册，第150页。

50年代末至60年代初，В.П.瓦西里耶夫编写了一系列汉语、满语教材。他出版的第一部《汉俄词典》，在世界上最早探讨了中国汉字的字体体系，这一体系为后来很多辞书所接受。在这一时期，В.П.瓦西里耶夫发表了关于中国及其邻国历史的基础研究系列作品，将其编入了《10至13世纪中亚东部历史和古代史》（1859）、《关于元、明时期满人的报告》（1863）、《论中国伊斯兰教运动》（1867）、《大清帝国初期臣服蒙古人》（1868）。[1]

В.П.瓦西里耶夫于1873年出版的著作《东方宗教：儒教、佛教、道教》是作者在北京传教团做学生时写的一些初始研究成果的结集。下面这部著作《中国文学纲要》是一部总结性的著作，1880年出版。В.П.瓦西里耶夫早年在欧洲读过的那些关于中国和满族文学史的课程，为这部书的准备起了很重要的作用。[2]

В.П.瓦西里耶夫在汉学领域紧张工作几乎半个世纪，使他不仅在俄国汉学界，而且在世界东方学界都赢得了应得的赞许。当1876年8月20日，第三次国际东方学家会议在彼得堡召开时，В.П.瓦西里耶夫被选为大会第一分会主席，他在大会上的发言引起了极大的注意。[3]第五次国际东方学家会议于1881年在柏林召开，В.П.瓦西里耶夫作为俄国代表团成员出席了大会，在会上他被选为远东分会的副会长。

后来的研究者对В.П.瓦西里耶夫个人和著作的评价，是多层面的和自相矛盾的。我们可以看出，В.П.瓦西里耶夫作为一个人和学者的命运，是与俄国学术的共同情况密切相关的，当时处于俄国沙皇时代，天才的发展与献身不符合"常规"，成为"另类"。[4]在这方面，我们将回忆起В.П.瓦西里耶夫的学生В.М.阿列克谢耶夫的充满担忧与痛苦的话，这些话以惊人之力描绘了当时俄国汉学的情况，这就是"45位俄国汉学晚辈的导师"的悲剧："俄国汉学的一切往事都是繁难而痛苦的。破坏性的力量总是影响正确的建设性的工作。所以，要痛苦地看着人家的脸色去行事。我们的十分出类拔萃的天才们：伊阿金夫·比丘林，他善于在缺乏资料的情况下认识一个国家，并就一些基本问题给出各种回答；帕拉季·卡法罗夫、В.П.瓦西里耶夫及其学生伊

---

1　《В.П.瓦西里耶夫论历史著作在俄国中国历史学研究中的意义》，参见В.Н.尼基福罗夫《苏联研究中国问题的历史学家》，莫斯科：1970年版，第11—14页。

2　Л.З.艾德林《纪念第一本〈中国文学史纲要〉问世90周年》，载《东方国家与人民》，莫斯科：1970年，第2版。

3　《第三届东方学家论文集》，第1卷，圣彼得堡：1879—1880年版，第24—35页。

4　В.Н.尼基福罗夫《苏联研究中国问题的历史学家》，莫斯科：1970年版，第14—16页。

瓦诺夫斯基和格奥尔基耶夫斯基——所有这些人,他们终生都被许多重大难题所困扰,他们一分钟都不敢怠慢,但是,我们的俄国的现实社会还要驱逐他们,伤害他们。他们,首先,都很穷,以至于不能个人出资出版自己的著作,而学校也弄不到多少资金。瓦西里耶夫院士需要的只是用最差的汉语印刷符号,在最次的纸上印出汉语课文。这已是19世纪末!所以,大多数学者命中注定要写书、编教材,只是为了以后科学院能收购这些'守活寡妇人'的书,或埋葬于亚洲博物馆里……瓦西里耶夫失去了出版自己多卷本的第一流佛学研究资料的希望后,把它们都整齐地放到了自己的办公室里,而他的女仆不经他知道,就用这些长长的纸片生火炉。这是多么愚蠢而又可怕的悲剧!"[1]

任何一门学术的自我认知,都是其成熟的一种标志。俄国汉学家在19—20世纪内表现出了深度关注俄国汉学的命运,这并不是偶然的,他们试图确立未来俄国汉学的发展道路。在这方面,名列前茅者当属В.П.瓦西里耶夫的学生们:С.М.格奥尔基耶夫斯基、С.Ф.奥利坚布尔格、В.М.阿列克谢耶夫。

彼得堡大学东方系教授、以其中国古代史研究著作而驰名的С.М.格奥尔基耶夫斯基,试图诠释俄国汉学学术的实际目的。他强调指出,俄国汉学家应该帮助社会对中国居民产生一种新的观点,"很多世纪以来,数百万幸福地生活在各部落和各族人民中间的中国人与我们友好相处,结下了深厚的友谊,这种友谊能使未来的世界和平得到保证"[2]。

然而,С.М.格奥尔基耶夫斯基认为,无论俄国汉学还是欧洲汉学的现状,显然都不能适应推进生活的任务。"作为一门独立学科的汉学,现在尚不存在。"他以纯粹的"瓦西里耶夫的"怀疑主义断定:"汉学还没有确立自己的目标、奠定自己的基础、形成自己的研究方法;汉学还混同于一般的翻译,混同于能将汉语翻译成这种或另一种欧洲语言。"[3]С.М.格奥尔基耶夫斯基认为,在这种情况下出路在于汉学分科。他写道:"汉学(现在概念极为模糊不清)中,当然,应该不能只是一门单一的学科,而是众多学科的总和。"[4]

革命前汉学发展的最后阶段(1895—1917)落入了那种年代:沙皇政府追

---

1　В.М.阿列克谢耶夫《在旧中国》,莫斯科:1958年版,第287—288页。
2　С.М.格奥尔耶夫斯基《研究中国的重要性》,圣彼得堡:1890年版,第271页。
3　С.М.格奥尔耶夫斯基《托尔斯泰伯爵与"中国生活原则"》,圣彼得堡:1889年版,第6页。
4　С.М.格奥尔耶夫斯基《托尔斯泰伯爵与"中国生活原则"》,圣彼得堡:1889年版,第6页。

逐在华列强的侵略政策,在瓜分中国的尖锐斗争中,沙皇政府在日俄战争中惨遭失败。义和团运动和辛亥革命的爆发、清朝帝国的衰弱,引起了全世界的极大关注,这就迫使我们要用新的方式观察中国。1905年俄国上空飞驰而过的革命风暴,对东方国家和中国局部地区的民族解放斗争产生了重大影响。

这些因素的出现,一方面引起了汉学任务的急剧增加,而另一方面,又制约了高质量的中国研究著述的出现:中国的社会现实已成为马克思列宁主义社会科学研究的对象。

为了满足远东问题专家们的实际需要,1899年在符拉迪沃斯托克成立了东方学院,广泛开展汉语、日语、朝语、蒙古语、满语的教学与研究。著名的蒙古学家А.М.波兹德涅耶夫主持学院工作,特邀П.П.什米德、А.В.格列宾希科夫和А.В.鲁达科夫教授汉学课程。后来,Г.齐比科夫和Н.В.丘涅尔也来这里教授这门课程。

东方学院开展了中国问题的研究工作;这一工作的进展主要在两个方面:一是对满族的研究,二是搜集整理提供当代中国知识的各种文献资料。П.П.什米德出版了汉语和满语教材,在这些教材中,毫无疑问,理应关注汉语语法。[1]在А.В.鲁达科夫的许多著述中,应该特别关注《吉林省中国文化历史资料》(1909),同时,也要注意《义和团及其在远东近年事件中的意义》(1901)。Н.В.丘涅尔在符拉迪沃斯托克的工作成绩卓著,他完成了中国古代、近代史,远东诸国地理,中国与西方国家关系史等教材。他的很有学术价值的著作《西藏记述》[2],是关于中亚地区学术研究成果积累的汇编。

在20世纪的第一个10年,在彼得堡大学东方系,П.С.波波夫、А.И.伊瓦诺夫、А.Е.柳比莫夫、В.Л.科特维奇工作得很出色,В.М.阿列克谢耶夫开始了自己的著述道路。在这一时期,俄国汉学在中国及清帝国边疆的地理学、民族志学和考古学研究方面做出了巨大贡献。Н.М.普尔热瓦利斯基、Г.Н.波塔宁、Н.М.亚德林采夫、П.К.科兹洛夫、В.И.罗勃罗夫斯基、Д.А.克列缅茨的考察工作,为俄国汉学学术在历史和现时悲剧性研究方面开辟了一个广阔的中亚世界。

无论汉学领域的扩展还是世界地理学和考古学的发现,仍然不能克服俄国汉学内部的危机,这一危机还在19世纪就已出现,产生这一危机的原

---

1　П.П.什米德特《附有练习题的官方语法尝试》,北京口语教学参考书,符拉迪沃斯托克:1902年版;第2版,符拉迪沃斯托克:1915年版。

2　Н.В.丘涅尔《西藏记述》,符拉迪沃斯托克:第1部,1907年版;第2部,1908年版。

因，不只是在汉学界，而是在整个俄国社会。在俄国、在中国已经感觉到了这种革命的气味。"重新评价一切（价值）的时刻即将来临！激浪之声可闻，那新生活的激浪！"B.M.阿列克谢耶夫在其1907年的日记[1]中感叹道。但是，这纯属职业汉学家著作中反映出来的对社会现实的一种热情洋溢的感知，绝非自由派的激进观点。

然而，正是在俄国，马克思主义思想为新的汉学奠定了很好的方法论基础，回答了中国社会发展的根本问题。未来的俄国汉学将具有十分有利的条件，在列宁著作中将会找到自己的开端。列宁的一般著作（超过80种）中，都直接涉及了中国问题；其中有50多种著作写于革命前。

В.И.列宁的著作，诸如《中国战争》《世界的政治燃料》《中国的民主和民粹运动》《中国共和国的巨大成绩》《落后的欧洲和先进的亚洲》《亚洲的觉醒》等，都痛斥了在华资本主义强国和沙俄的帝国主义政策，阐释了中国人民的民族解放运动与俄国和世界无产者的相互关系，阐明了中国社会经济发展的中心问题。[2]

因此，主要以语文学研究和历史文献分析为根基的俄国古典汉学还在革命前夜就表现出了：它不能成为研究中国的一门能揭示中国问题本质的综合学科，不能清楚表达中国社会发展的规律性，不能将中国研究积累的知识储备运用于当代的实际工作中。但是，就在这一时期，已经诞生了马克思列宁主义的新汉学，它的发展当时是与旧汉学的迅速成长平行进行的。

只有伟大的十月社会主义革命才能弥合这一缺口，十月革命后俄国汉学成了苏联学术的一个组成部分。

\* \* \*

苏联汉学，作为一种新型的汉学，经历了自己发展的若干阶段。[3]第一阶

---

1　B.M.阿列克谢耶夫《在旧中国》，莫斯科：1958年版，第192页。

2　《列宁与当代中国问题》，莫斯科：1971年版；B.H.尼基福罗夫《В.И.列宁著作中的中国问题》，载《苏联历史学家论中国问题》，莫斯科：1970年版，第46—64页；B.H.尼基福罗夫《В.И.列宁著作中的中国问题》，载《历史问题》1970年第12期。

3　苏联汉学发展的历史分期问题，在Р.В.维亚特金和Л.И.杜曼的著作《汉学》（莫斯科：1969年版，第12卷，第889—890页）、B.H.尼基福罗夫的著作《苏联历史学家论中国问题》中，都有精心研究。在这些著作中，俄国汉学发展第一时期分期问题的某些分歧，在Р.В.维亚特金的最后著作《汉学》中都得到了统一。我利用了作者手稿的资料，请作者接受我由衷的谢忱！

段（20世纪20年代中期前），是以马克思列宁主义汉学的确立与其学术骨干的形成为其标志的。应该指出，绝大多数的老汉学家，作为自己国家的爱国主义者，忠诚地对待苏维埃政权。[1]但是，旧汉学的一切知识缺陷，毫无疑问，肯定会影响他们的新汉学之路的探索。由于这个原因，我们曾经援引过B.M.阿列克谢耶夫的观点。我们要指出的是，C.Ф.奥利坚布尔格完全同意阿氏的观点，他在1918年评论解放前俄国东方学的状况时，写道："那些从事俄国学术史研究的人会产生一种可怕的感觉：那些'勇敢的创举''深刻的思维''少有的天才''闪光的智慧'，甚至什么'细心而顽强的劳动'等，所有这些评价都有些过分；在此只好指出，这一切似乎都应降下来：那一长串后无来者的'第一流'的卷本和'第一流'的出版，那僵死得就像含混不清的半截话的'开阔性思维'，只是一堆未出版的、未写完的手稿。这是一个不可完成的创举和无法实现的理想的巨大坟墓。"[2]所以，尽管在初期一些旧汉学的代表人物仍然继续运用旧的方法论原理来关注古代中国，然而，俄国汉学发展的经验迫使他们必须积极参与创建苏联汉学学派的工作。

那些把自己的生命和革命实践都专注于东方各族人民的解放运动问题，专注于中国革命问题的人，譬如，年轻的苏维埃共和国的那些从事远东外交工作的干部和新闻工作者们、卫国战争时期东方战线的政治工作者们，他们才是我国新汉学的创始人。列宁对这些问题的经常关注，对苏联汉学教学中心的形成和研究工作的开展起了重大作用。

按照列宁的指示，1920年在彼得堡和莫斯科开始创建东方研究所。列宁认为必须在全国范围内组织关于东方和中国的学术研究工作。按列宁的想法，其目的就是在1921年成立全俄东方学家协会。М.П.帕夫洛维奇和В.А.古尔科·克里亚任在协会中做了大量的实际工作。

党在东方学领域的组织工作的成果很快就表现了出来。东方学刊物横空出世：《新东方》（莫斯科）、《新远东》（符拉迪沃斯托克）、《东方》（列宁格勒）等期刊相继出刊了，发表了第一批以马克思主义方法论研究中国问题的学术成果，诸如：В.Д.维连斯基·西比里亚科夫的《中国与苏维埃俄国》（1919）、《中国的政治集团》（1922），А.Е.霍多罗夫《世界帝国主义与中国》（1922），Г.Н.沃伊京斯基的一系列论文等。在使广大群众了解中国方面，许

---

1 参见В.Н.尼基福罗夫《苏联历史学家论中国问题》，第76—77页。
2 С.Ф.奥利坚布尔格《纪念瓦西里·巴甫洛维奇·瓦西里耶夫及其佛学著作：1818—1918》，载《伊朗》1918年版，第531页。

多参考读物起了重要作用：诸如Н.М.波波夫·塔季瓦的《中国：经济评述》（1925），В.С.科洛科洛夫和И.К.马马耶夫合写的《中国：国家、民众、历史》（1924）等。

苏联新东方学及其组成部分新汉学的特点之一，就是它引进了使殖民地和附属国人民的解放斗争与发达国家工人阶级的社会主义革命运动相融合的思想，它服务于俄国和东方劳动人民的国际主义教育与相互亲近的事业。苏维埃国家的许多文件，诸如《和平决定》、呼吁书《致俄国和东方的全体穆斯林劳动人民》《俄罗斯苏维埃联邦社会主义共和国政府致北、南中国人民和政府的呼吁书》等，这些政府文件，就是苏维埃国家对东方的新政策的有力证明，在亚洲得到了最广泛的响应。1921年11月，Г.В.奇切林强调指出："东方各民族人民十分清楚地意识到，苏俄是无条件地同情和支持他们巩固和发展自己独立自主的政治和经济生活的大公无私的朋友。"[1]苏联汉学家们，不仅在出版物的书页上，而且在苏维埃政权的外交机关的实际工作中，同时还作为共产国际驻中国的代表和孙中山政府顾问的身份，完成了自己的国际义务，从而促进了中国人民的解放斗争。

苏联汉学发展的第二个时期，包括20年代下半期至40年代初，直到伟大的卫国战争前夕。这一时期，始终充满了许多重大事件，正如我国生活中发生的那些大事一样，中国也如此。世界上第一个社会主义国家的不断成长与发展，苏联改造国民经济的宏伟计划的实现，文化革命的进行，苏联为争取世界和平而进行的积极的毫不妥协的斗争——所有这些因素，都决定了苏联学术的繁荣，都正面地影响着苏联汉学的发展。与此同时，中国共产党的成长与发展，中国学者论述中国问题的马克思主义论著的出现，中国发生的1925—1927年的大革命，这些都向苏联汉学工作提出了新的更为复杂的要求。

1925年庆祝科学院建院200周年时，苏联科学院通讯院士В.М.阿列克谢耶夫所组织的苏联汉学成果展览，成了很有代表性的中国图书史领域的亚洲博物馆的陈列馆。就在这一年，莫斯科成立了孙中山大学（后改为孙中山中国劳动人民共产主义大学，简称КУТК）。在该大学汉学研究室的基础上，3年后组建了中国研究所，该研究所成了苏联汉学中心基地之一。[2]

中国革命问题、中国历史和经济、中国的社会制度等，在下列著作中

---

1　Г.В.奇切林《国际政治问题论文与讲话集》，莫斯科：1961年版，第203页。

2　В.Н.尼基福罗夫《苏联历史学家论中国问题》，第126—127页。

都得到了广泛阐释:《中国问题资料集》(1925)、《中国问题》(1929—1935)、《革命的东方》(1927)、《关于殖民地问题资料》。苏联汉学的马克思主义方法论,通过党同学术界就中国革命的现实问题的积极、毫不妥协的交换意见得到了加强。这样,孙文主义和陈独秀主义的阶级实质、太平天国运动的性质、中国社会制度和"亚洲的领导方法"[1]等迫切问题,都得到了广泛的讨论。这是一个"大辩论"的时代,"辩论"的结果,使马克思列宁主义关于社会结构的学说为未来的汉学研究奠定了坚实的基础。[2]

М.沃林、Л.И.马季亚尔、А.伊文、П.А.米夫、М.Д.科京、Г.К.帕帕扬、В.Н.库丘莫夫、Г.С.卡拉·穆尔扎在这一时期的汉学领域起了积极的作用。1930年,在列宁格勒组建成立了苏联科学院东方研究所,刚刚庆祝学术活动25周年的В.М.阿列克谢耶夫被苏联科学院正式成员推举为东方研究所中国分所的领导者。[3]这一时期的特征是出版了大量的学术研究专著,主要是中国现代史领域的学术专著。[4]

战前,苏联汉学出现了一种对中国、中国历史、文化、外交、语文学等进行综合研究的倾向。В.М.阿列克谢耶夫、Н.И.康拉德、Ю.К.休茨基、А.А.什图金、Б.М.什捷伊恩、О.С.塔尔哈诺夫、Е.С.伊奥尔克、А.Я.坎托罗维奇、Н.А.涅夫斯基、А.А.彼特罗夫及其他学者的学术著作,组成了苏联汉学的一条黄金线,确立了苏联汉学在世界汉学的地位。为了更好地继承俄国东方学的传统,苏联汉学家对中国历史上的邻国和各族人民也给予了极大的关注。譬如,Н.А.涅夫斯基在唐古特人语文学方面的很有价值的研究著述具有世界意义;为此,他死后于1962年荣获列宁奖金。

В.М.阿列克谢耶夫、Л.И.杜曼、А.А.彼特罗夫主编的,1940年出版的大型文集《中国:历史、经济、文化、争取民族独立的英勇斗争》,是汉学领域的独具特色的总结性著作。В.М.阿列克谢耶夫称这部书是"关于中国现代历史的第一本用俄文写的教科书"。这部大部头的著作是汉学各领域的百科全书,它不仅表明了每位著者的高超的鉴赏力,而且还表明了通过庞大的创作

---

1　В.Н.尼基福罗夫《苏联历史学家论中国问题》,第126—270页。

2　В.Н.尼基福罗夫《苏联历史学家论中国问题》,第268页。

3　《В.М.阿列克谢耶夫生活与学术活动年表》(自编),载《中国文学与文化:纪念В.М.阿列克谢耶夫院士90诞辰论文集》,莫斯科:1972年版,第156页。

4　П.Е.斯卡奇科夫《中国图书索引》(莫斯科,1960年版)相关章节,第1版,30年代初(1932年)。

集体的共同努力能够解决摆在汉学面前的重大课题；这样的课题，单个的汉学家是不能胜任的。

　　法西斯的进攻给苏联汉学带来了重大损失。在卫国战争前线、在列宁格勒保卫战中、在粉碎日本军国主义时，Ю.В.布纳科夫、A.B.格列宾希科夫、Г.C.卡拉·穆尔扎、K.H.拉祖莫夫斯基、Л.Г.鲁多夫、K.K.弗卢格等汉学家牺牲了。这一时期的教学与研究工作是在红军军事外语学院进行的。绝大部分老一代汉学家是在撤退、疏散中工作。B.M.阿列克谢耶夫在自己的自传中指出："1941—1944年，在撤退中写好了100篇报告和论文，为一系列中国散文和古诗（《文选》《古文珍宝》《唐诗选》等）的艺术而准确的翻译奠定了基础。这些报告、论文和翻译，先后于1942年、1943年、1944年及近年都已经发表。"[1]

　　战前奠定的汉学基础、战时也没有停止教学与学术研究，这些都使苏联汉学较快地恢复了自己的元气，并为战后时期的发展开辟了广阔的研究战线。苏联人民在社会主义各条战线上的大规模的创造性劳动，党克服了个人崇拜的不良后果，苏联共产党和苏联政府在巩固与亚非拉国家的友谊与合作中的教训，这一切，都对汉学干部的成长、扩展实际工作和学术研究产生了良好的影响。亚洲形势的根本转变，帝国主义殖民制度的破产，中华人民共和国的建立，无与伦比地扩大了汉学专家的活动天地，对汉学提出了原则性的新课题。

　　苏联东方学动员一切力量，解决了这些课题。如果说从1917—1949年出版了大约有100部关于中国的各种书籍，那么，只在从1950—1957年的8年间这个数字就增至447部，印数高达2300万册，而最近两年又新出版增加了242部图书。[2]许多大部头的中国文学作品也被译成了俄文出版，然后又被译成苏联28种少数民族文字出版，印数超过2000万册。[3]

　　这一时期，出版了Г.В.叶菲莫夫著《中国近现代史纲》（1951）、B.A.马斯连尼科夫著《中华人民共和国的经济制度》（1958）、Г.В.阿斯塔菲耶夫著《美国对中国的干涉及其失败》（1958）、A.C.佩列维尔泰洛、В.И.格卢宁、К.В.库库什金、В.Н.尼基福罗夫合作编校《中国现代史纲》（1959）、费

---

[1] 《B.M.阿列克谢耶夫生活与学术活动年表》（自编），载《中国文学与文化：纪念B.M.阿列克谢耶夫院士90诞辰论文集》，第158页。

[2] P.B.维亚特金《汉学》（手稿），第20页。

[3] P.B.维亚特金、Л.И.杜曼《汉学》，第12卷，莫斯科：苏联经济出版社1969年版，第890页。

德林著《中国文学》(1958)、С.Л.季赫文斯基著《中国改革运动与康有为》(1959)、М.С.卡皮查著《苏中关系》(1958)、И.М.奥沙宁编校《汉俄词典》(1952、1955)、М.И.斯拉德科夫斯基著《苏中经济关系概论》(1957)，再版了П.Е.斯卡奇科夫著《中国图书索引》(1960)。

1950—1953年，Н.Я.比丘林再版了装帧精美的著作《古代中亚各族人民信息集》第Ⅰ、Ⅱ卷(1950)、第Ⅲ卷(1953)。

莫斯科东方研究所中国分所、莫斯科大学与列宁格勒大学的相应系科都扩大了招生名额；塔什干大学的许多系的研究所都开设了汉学教学学科。学术研究工作在列宁格勒东方研究所、莫斯科太平洋研究所、莫斯科东方研究所、莫斯科汉学研究所等单位迅速开展起来。出刊了学术专业刊物《苏联中国学》(1958)，科学院的其他学术刊物，首先是《东方学问题》，也给中国研究辟出了许多版面。许多加盟共和国的科学院也都相继建立了汉学研究室、研究组、研究部等。

苏联汉学，为了使苏联和世界人民了解中国人民的精神和物质文化，广泛宣传中国社会主义建设所取得的伟大成就，巩固了中国在国际舞台上的地位。为了真诚地履行自己的国际主义义务，许多苏联汉学家都直接参与实现苏联共产党和苏联政府在学术、政治、经济诸领域与中国密切合作的列宁政策。

同时，在这一时期的许多关于中国的研究和政论著作中出现了一种不正确的倾向。М.И.斯拉德科夫斯基指出："在我们许多历史的、政治的和其他文献中的缺陷是，不能批判地评价中国革命的历史经验，常常追求中国官方的历史编纂学，促使了对领袖个人崇拜的传播，没有客观地阐明许多历史事件，对发生在中国共产党、中国革命运动中的图解矛盾过程的事实却保持缄默。"[1]

50年代末，中国领导人不配合国际共产主义和工人运动的路线，苏中关系表现出了复杂态势……加之后来搞的"文化大革命"，"四人帮"反对传统文化，否定世界文化，伪造中国历史和与邻国的关系史，歪曲中国革命史、中国共产党史、苏中关系史。[2]

---

1　М.И.斯拉德科夫斯基《苏联汉学当代状况与任务》，载《苏联汉学问题》，莫斯科：1973年版，第9页。

2　О.Б.鲍里索夫、Б.Т.科洛斯科夫《1945—1970年苏中关系》，莫斯科：1971年版；М.С.卡皮查《中华人民共和国：两个20年——两种政治》，莫斯科：1969年版。

在这种条件下，摆在苏联汉学面前的任务和问题，从来都没有这么复杂和严重！苏共党的代表大会和苏共中央全会的适时召开是汉学领域一切工作的基础。国家继续组织并加强了汉学研究机构：远东国立大学、莫斯科大学重新组建的东方语言研究所、奇京地区师范学院等高校都恢复了汉学家培训工作；苏联科学院成立了远东研究所，同时，在苏联科学院东方研究所及其列宁格勒分所、苏联科学院社会主义制度研究所、社会科学信息研究所、国际工人运动研究所、民族志学研究所、世界文学研究所、新西伯利亚和符拉迪沃斯托克研究中心、伏龙芝研究中心、阿拉木图研究中心和塔什干研究中心等，都在研究中国问题。从教于莫斯科大学和列宁格勒大学的汉学家集体对中国问题的学术研究做出了重要贡献。在苏联汉学的这一发展阶段，积极进行研究工作的汉学家有：Н.И.康拉德院士（1970年前）、费德林通讯院士、С.Л.季赫文斯基、М.И.斯拉德科夫斯基、优秀的中国专家В.С.科洛科洛夫和Б.И.潘克拉托夫教授，大约有50多位博士和数百位副博士。苏联汉学形成了一支最庞大的马克思主义学术队伍，他们从事中国问题研究，并在研究中反击帝国主义，捍卫了汉学研究中的马克思主义立场。苏联汉学家与社会主义兄弟国家的汉学家的合作是该阶段俄国汉学发展的一个新因子。

这些年，苏联不断扩大汉学文献的出版，仅在1960—1965年出版的关于中国问题的图书又增加了325种。[1]在许多综合性的百科全书式的著作《普及历史》《哲学史》《苏联大百科全书》《东亚各族人民》中，也发表了许多研究中国的长篇文章。

为了克服过去著作中的缺陷，苏联汉学家们善于精心研究当代中国的学术概念。在这方面，他们以党的指示原则为指南；这一原则，Л.И.勃列日涅夫在1969年于莫斯科召开的国际共产党、工人党代表大会上的发言中已经说过，在这里，苏联共产党总书记强调指出："我们不能把当今中国领导人的言论和行动同中国人民的希望和追求、同真正意义上的中国共产党、同全中国人民混为一谈。我们深信，中国的民族复兴和社会主义发展，不是在反对苏联和其他社会主义国家、反对整个共产主义运动的道路上，而是在同他们联合、合作的道路上才能达到。"[2]

苏联共产党中央委员会1967年通过的决议《关于今后发展社会科学并

---

1　Р.В.维亚特金《汉学》（手稿），第20页。

2　《共产党与工人党国际会议》，文件与资料，莫斯科：1969年版，第73页。

提高其在共产主义建设中的作用的办法》，确定了反对错误思想的具体任务，对汉学研究具有重大的意义。1971年11月29日至12月1日在莫斯科召开了第一届全苏汉学家代表大会，会议讨论了苏联汉学的迫切问题，协调了今后中国研究在全苏范围内的工作。

苏联汉学的最重要的任务是深入研究中国的内外政策，以便最大限度地帮助我们党和国家，在苏联和中国人民之间建立相互理解的睦邻关系。要完成这一任务，不能不广泛发展所有的汉学学科。

所以，苏联汉学在达到高水平的分科研究后，现在已变成多分支学科的综合性学科，从事这些分支学科研究的有历史学家、经济学家、语文学家、哲学家、文艺理论家、国际关系专家、民族志学家、考古学家、法学界代表人物。而且，为了推进学科的发展，在每一个分支学科中，照例，还需要更加细密的专业化。汉学家们充分利用了各种研究方法，利用了许多社会学科的成果，首先是苏联共产党和国际工人、共产主义运动历史、苏联历史、俄国通史、社会主义政治经济学、苏联文艺理论、马克思主义关于国家和政权的理论等。同样，汉学对世界历史问题的精心研究、世界民族解放运动历史的研究、东方问题研究，对世界文学、国际关系的研究，总而言之，不仅对东方问题，而且对人类所有知识领域的研究都做出了重大贡献。苏联汉学积极反对欧洲中心主义，同样也反对以中国中心主义的态度观察问题。

近年，苏联汉学在中国历史研究方面取得了毫无疑义的成绩：对"历史上事实存在"的各朝各代的历史，都毫无例外地进行了研究；对中国古代、近代、现代史中的重大问题也都有精心的学术研究，完成了一系列教学参考书和研究各历史时期的综合性著作，并非常关注西方、中国和苏联历史文献的翻译和出版。[1]所以，尽管还有足够多的问题等待解决，对一系列问题看法也还存在重大分歧，然而毫无疑问，大部头的集体著作（1972年出版的《中国近代史》《中国现代史》、1974年出版的教学参考书《中国历史：古代至当代》）的出版证明了，这支庞大的史学家——汉学家队伍的创作成熟期已经到来。

---

[1] С.Л.季赫文斯基、Л.П.杰柳辛《中国历史研究的某些问题》；Л.С.佩列洛莫夫《中国古代问题研究》；Л.В.西莫诺夫斯卡亚《中国近代问题研究在苏联》；Г.Я.斯莫林《中国近代问题研究》；В.Н.尼基福罗夫《未解决的中国现代史问题》；Т.Н.阿卡托瓦《中国工人运动史研究问题和苏联历史学术》，载《苏联汉学问题》，莫斯科：1973年版。

近年，中国对外政策的历史和现状分析已成为一个独立的研究方向。[1]这方面出版的许多集体著作，诸如《中国与邻国》(1970)、《远东国际关系》(1973)、《中华人民共和国的对外政策与国际关系》(1974)，再现了中国各历史时期外交关系的真实画面，揭露了腐朽的机会主义理论，批判了其资产阶级思想观念。

就是说，近年，苏联汉学家们在中国社会政治思想史和哲学史的研究方面，就其规模和水平而言，做出了极其重要的贡献。[2]这一研究领域非常广泛，从翻译古代文论到深刻分析批判某些理论观点，已有的珍贵的学术专著，无论个人著作还是集体汇编著作都得到了修改和补充。

苏联汉学家们的研究中国社会不同历史时期的经济基础与经济思想的著作，具有最高的学术价值。[3]这里备受关注的是对中国经济发展特点的研究和对"大跃进""大调整""文化大革命"时期的"极左思想实验"所造成的损失的研究。与此同时，近年还出版了一系列学术研究专著，精心研究了19世纪至20世纪上半叶中国土地关系的各种观点。

研究中国文化、语言、文学的学者们是一支由众多资深学者组成的学术队伍。他们的研究方向和原则，是由В.М.阿列克谢耶夫的极具学术价值的著作所奠定的。最近几年，苏联汉学又被中国古代文献和现代作家作品的翻译，研究中国文学史和文学理论的学术专著，研究中国散文、戏剧和诗歌的高度专业化著述丰富起来。木刻收藏品古文献解读研究，是一种很吃力的工作，也在进行之中。苏联汉学家们积极反对"四人帮"歪曲艺术创作，捍卫了中国人民的民族文化遗产。[4]

---

[1] Г.В.阿斯塔菲耶夫、А.Г.亚科夫列夫《中华人民共和国外交政策与国际关系问题研究》；В.С.米亚斯尼科夫《俄中关系史研究的问题与任务》；Р.А.米罗维茨卡亚《苏联60年代的苏中关系史研究》，载《苏联汉学问题》，莫斯科：1973年版。

[2] В.Г.布罗夫、В.А.克里弗佐夫《中国现当代社会政治思想研究》；Н.Г.谢宁《中国哲学研究在苏联》，载《苏联汉学问题》，莫斯科：1973年版。

[3] Г.В.阿斯塔菲耶夫《论经济研究的一般方向》；Е.А.科诺瓦洛夫《论中华人民共和国人口问题研究》；Г.Д.苏哈尔丘克《中华人民共和国建国前苏联的中国经济史研究问题》；М.М.尼科利斯基《中华人民共和国经济基础的形成与发展问题研究》；В.И.阿基莫夫、В.И.奥列霍夫《中华人民共和国生产力发展问题研究》；Л.康德拉舍瓦《中华人民共和国工业化理论与实践变化研究》，载《苏联汉学问题》，莫斯科：1973年版。

[4] 费德林《中国文学研究的问题与任务》；Л.Н.孟什科夫《关于中国书面文献研究》；Л.З.艾德林《中国近代文学研究问题》；В.Ф.索罗金《中国当代文化研究：成绩与问题》；С.А.托罗普采夫《论中国电影研究》，载《苏联汉学问题》，莫斯科：1973年版。

汉语知识永远是汉学学术准备的基础。苏联汉学家、语言学家们在汉语知识方面的著作，在编著词典和教材方面，达到了世界级学术水平[1]。在这方面，无论在科学院研究所，还是在大学和其他高校的汉学教研室，都在进行着大量的研究工作。

苏联汉学家在国际学术界受到了赞许和尊重。苏联汉学家的著作被翻译成西方语言的数量在日益增加，引起了日本学术界的极大兴趣。从1974年起，用英语和日语出版了广泛阐释当代中国国情的刊物《远东问题》。在国际会晤、学术研讨会和代表大会上，苏联汉学家们发出了保卫中国社会主义的声音，苏联代表团的发言，反对用"极左思想"掩饰其"客观的"资产阶级汉学观点的方法，来攻击马克思列宁主义学说。[2]

苏联汉学家们积极参与苏中友好协会的工作，他们非常珍重地保存着对那些优秀的中国文化工作者的记忆，认为他们是把自己的生命献给中国革命事业的英雄，是为中国人民的解放事业而斗争的马克思主义者和国际主义者。苏联汉学家们参加过中国20—30年代的民族解放斗争，深受中国人民的尊重，他们出版的回忆录是苏联汉学文献不可分割的一部分。

在苏联科学院建院250周年的日子里，为了总结汉学工作、确定汉学发展的前景，苏联汉学集体从苏共二十四大历史决议观点出发，准确地明确了认识过去和今天中国事情的目标。这个目标很高，也很高尚，那就是捍卫马克思列宁主义原则的纯洁性，反对极左的伪革命的、主观主义的思想体系，千方百计使苏中关系正常化，恢复苏中两国人民之间的睦邻、友好关系。

---

1　В.М.索勒恩采夫《苏联汉语研究问题》，载《苏联汉学问题》，莫斯科：1973年版。

2　参见М.И.斯拉德科夫斯基《第29届东方学家代表大会：当代中国研讨》，载莫斯科《远东问题》1973年第4期，第60—66页。

# 中国古典文学在俄罗斯*
B.索罗金

正如摆在读者面前的这本《索引指南》确认的那样,俄国读者最早结识中国古代文学文献大约在两个世纪之前。首先应提到阿列克谢依·列昂季耶夫(Алексей Леонтьев)翻译的中国古代哲学家的论文,若是在古希腊时代的欧洲,它们过去和现在都会被认为是学术著作,是一种具有宽泛语义的文学的组成部分。19世纪上半叶,我国出版了大量的中国中世纪长篇小说、中篇小说和戏剧的翻译作品(主要译自法语)。但是,当然,这些偶然发表的作品,还不能形成关于中国文学的丰富性和独特性的任何深刻而准确的概念。

在这方面,1880年俄国汉学向前跨越了重要的一步,出版了В.П.瓦西里耶夫院士撰写的《中国文学史》——这是世界第一部《中国文学史》,名副其实。尽管其中书写的资料不够均衡——大部分资料写的是遥远的古代,但瓦西里耶夫著作的优长是不容置疑的。作者不仅最早论证了《诗经》基本内容的人民性——这一部著名的中国古代诗歌总集,后来经院哲学家们给其塞进了某些模糊不清的教诲隐喻,而且还展示了这些被"正式"学术轻蔑的体裁的美学和历史性的重要价值,譬如反映日常生活的长篇小说和古典戏曲等。他的学生С.М.格奥尔基耶夫斯基的评论和著作《中国人的神话观与神话》都非常精湛。很遗憾,无论是院士本人,还是他的战友,几乎都没有留下中国文学艺术作品的实际上的翻译作品。

В.М.阿列克谢耶夫充当了瓦西里耶夫事业的继承人,但在某些问题

---

\* 本文原名为《中国古典文学在我国》,编译者改为《中国古典文学在俄罗斯》。译自В.索罗金著《中国古典文学俄文翻译与研究图书索引指南》,获奖外国文学丛书版,莫斯科:1986年版。(В.Ф.Сорокин, Китайская классическая литература. Библиографический указатель Русских переводов и критической литературы на русском языке. Москва, 1986.)

上，他又是他的反对者。后来，阿列克谢耶夫当了院士，他的多种多样的光辉著作，成了革命前俄国汉学和苏联汉学之间连接的一个环节。知识渊博的精通中国文化的行家里手，展示出各种不同的才干：不知疲倦的中国文化传播者、优秀的修辞学家。他从青年时代就坚守一个原则：每一个研究成果，应该建立在对中国文本精确翻译的基础上；每一种翻译作品，都应吸纳最新的学术成果。1916年他发表了一部很有学术价值的研究论著《中国诗歌论诗人》，其后又花了一年时间发表了论文《关于中国文学的定义及中国文学史家的当前任务》。这篇论文在许多方面至今还保留着自己的学术价值。阿列克谢耶夫晚年写了大量的很有学术价值的汉学著作，这些著作大都是关于中国文学史的很有见地的论文和讲义或研究某些作家风格和问题的草稿。

阿列克谢耶夫的兴趣爱好是非常宽泛的，即如我们现在所说的"多面手"。他致力于文学，因为他认为，文学与哲学、宗教学和社会美学概念，与古代传统和当代的改革思想，都有不可分割的关系。他几乎是世界汉学第一人，开始对中国文学与欧洲文学进行综合性的对比研究，譬如他的许多著名的代表作，都这样展现了中国文学的不可复制性的特色及其全人类性的内涵。阿列克谢耶夫以自己的榜样和自己的公正批评，确立了汉学家崇高的责任意识，号召在俄国读者中建立学术上正确的和艺术上令人信服的传播中国经典文学的观念。阿列克谢耶夫工作初期，还发生过这样一件怪事，即出版了叶戈里耶夫和马尔科夫合写的一本小册子《中国芦笛》，书中非内行的作者使用了文学欺骗的手法。后来，这样的事情就没再发生。

十月革命后很快开始的出版工作对苏联汉学的发展具有重要意义，《世界文学》出版社和《东方》杂志出版和发表了阿列克谢耶夫的许多专著和译著（尤其给蒲松龄的《聊斋》故事做的极好的注释），也发表了他的学生Ю.К.舒茨基的翻译作品《中国抒情诗选集》。后来还补充出版了Б.А.瓦西里耶夫、А.А.伊文（伊万诺夫）和其他汉学家的翻译著作。1940年，出版了科学院总结性的学术论文集《中国》，其中论述中国古典文学的一章，仍属B.M.阿列克谢耶夫之笔。

伟大的卫国战争进行一年后，许多天才的汉学家被夺走了生命，当时传播中国古典文学的工作被迫中止。这一工作新高潮的出现，只得等到战后年代，尤其等到中华人民共和国成立以后时期，当时中苏两国的文化关系增长得很快，苏联人对中国的兴趣增长得更快。

当代值得特别提及的第一部汉学著作，大概应该是Л.З.艾德林的著名译著《白居易的四行诗》。译者拒绝那种企图再现原作形式特色的诱惑（限制诗行中的音节数），拒绝押韵，也没有根据俄国的作诗法联想中国的音韵学。相反，他努力严格地模仿主人公形象和作者的思维过程。另外，5年后在翻译屈原的诗歌中，他建议采用的翻译方法同样也是一种行之有效的方法，屈原的诗就其形式与情绪而言，与白居易的具有代表性的唐朝抒情诗没有多少差别。与艾德林一起参与翻译的著名诗人有А.阿赫马托娃、А.基托维奇等，他们对屈原的诗歌，依照俄国读者习惯的韵律，进行了再创作，运用纯洁的语言和句式结构手段，转达了中国古代语言的"馨香"。

在俄文翻译著作中，翻译了中国古典诗歌（合辙押韵）的最丰富多彩的代表作和撰写了最成功最有学术价值的注释，尤其翻译了"黄金时代"的唐诗。中国诗人李白、杜甫、白居易、王维、孟浩然的诗歌都已翻译。如果说这些诗人都是久负盛名的诗人，那么，早就完成了这些诗歌翻译的А.И.基托维奇、Л.А.什捷伊恩别尔格、Л.З.艾德林和其他诗人、翻译家，很久就已取得了功勋卓著的成绩。上述那些大诗人和随后几个世纪被翻译的曹植（Л.Е.切尔卡斯基译）、陶渊明（Л.З.艾德林译）、谢灵运（Л.Е.别任译）、陆游（И.С.戈卢别夫译）等，也都是大诗人。另外还出版了四卷本的《中国诗歌选集》，其中三集译载了古典文学作品。А.А.什图金全部翻译完了《诗经》。然而，还有其他诗人的很有价值的诗歌还没出版，据说在等待自己的注释者。

在很大程度上，传说故事与诗人相关，他们时常用"词"（用某种韵律写的非匀称的诗）的形式有节制地创作出所谓的"抒情诗"。译自辛弃疾、李清照、柳永和其他主要宋代词曲大师的诗歌，都是出于М.И.巴斯马诺夫和И.С.戈卢别夫之手笔，引起了读者的极大兴趣。然而，据说这把开启这一体裁的"钥匙"已被收藏起来，这一体裁极难用其他任何语言复制，这是早就清楚的问题。

"曲"（戏曲或独唱段子）这一体裁更加繁难，"曲"的语言离不开旋律。"曲"翻译家（И.С.斯米尔诺夫、С.А.托罗普谢夫等）处于试验阶段，其试验结果以后可能会受到指责。

什么会影响古典戏曲的翻译呢？哪里诗歌占据着不少重要位置，哪里就越是流行散文对话，那里的读者就越喜欢那种"元杂剧"。这些元杂剧中包含10个剧目，其中就有王实甫的《西厢记》（Л.Н.缅希科夫译）；除此之外，俄苏汉学家还把4出元杂剧和某些明清时期的剧目片段，都编入了《世界文学丛书》系列的《东方古典戏剧》卷本中。这一点，当然是很不够的，应该希望，向俄苏读者介绍中国剧作家的最优秀剧目的工作将会继续下去。

1954年，苏联出版了第一部中国古典长篇小说——罗贯中著《三国志演义》。出版这部书后，紧接着很快又翻译出版了施耐庵的长篇小说《水浒传》、曹雪芹著《红楼梦》、吴承恩著《西游记》、吴敬梓著《儒林外史》。翻译这几部中国文学巨著的重任落到了三位翻译家的肩上，他们是：В.А.帕纳秀克、А.П.罗加切夫和Д.Н.沃斯克列先斯基。在20世纪70年代又补充出版了В.С.曼·辛翻译的佚名作者的《金瓶梅》。考虑到该著的容量很大，存在着许多描写重复的同类情节，出版社做了适当的处理，出版了缩写译本。后来又出版了《西游记》和《三国演义》的缩写译本（为少年读者出版的《水浒传》译本更早些）。编者介绍道，这种做法有些好处，特别在存在全译本的情况下。然而，重要的是，缩写译本删除了次要的故事情节、次要的场景和非本质的对话，在缩写本中，艺术主干部分仍保留不动。

苏联读者同样很熟悉清代的其他长篇小说：李汝珍著《镜花缘》、钱彩著《说岳全传》、石玉昆著《三侠五义》（О.Л.菲什曼、В.А.帕纳秀克等译）以及20世纪初出版的В.И.谢马诺夫翻译的2部"谴责文学"作品——《老残游记》（刘鹗著）和《孽海花》（曾朴著）。到此，可以完全肯定地说，如今，中国古典长篇小说已全部被译成俄文，译介作品之全、种类之多，是欧洲其他任何语言都难以比拟的。

中国中世纪城市小说，描写了各种各样的题材，富有永远吸引人的故事情节，在俄苏读者中受到了热烈的欢迎。由于Д.Н.沃斯克列先斯基、И.Т.佐格拉弗、И.Э.齐佩罗维奇和В.А.维利古斯的努力，我国出版了冯梦龙和凌濛初的不少著名中篇小说集。同时，还多次再版区别于用陈旧的古文创作的中篇小说。И.И.索科洛娃、А.А.季什科夫、О.Л.菲什曼翻译了唐代小说；更早的是Л.Н.缅希科夫等翻译的"前唐"小说。但是，当然，中国小说家蒲松龄的小说仍然是苏联读者最爱读的著名小说；除继续再版В.М.阿列克谢耶夫翻译的中国古典文学作品外，俄苏读者也同样熟悉了П.М.乌斯京、А.А.法伊恩加尔的不同翻译风格的翻译作品。俄苏翻译的很有代表性的体裁是诸如"笔记""杂俎"和传记小说等体裁。О.Л.菲什曼最早翻译了纪昀和袁枚的作品。最近翻译了沈复的《浮生六记》（К.И.戈雷基娜译）。

在写作这篇序言时，应该谈一谈立于历史文献、哲学著作与文学艺术作品"接点"上的中国古典文学的翻译问题。现在，这项工作暂时做得比我们想要做的还相对较少。许多重要的作品仅有缩写译本或过时的翻译作品，其他作品总体来说还没有翻译，第三种翻译作品总觉不够可靠（《司马迁选集》）或不太好读（《庄子》和《列子》）。要相信，在不远的将来，这份中国文化遗产必将引起更大的关注，不仅作为学术研究对象，而且作为完整翻译的美丽、动人的中国文学作品。

　　其实，当谈到如中国古典作品这样的对象时，无须指出，翻译和研究，实质上是工作过程的连续与并列的两个统一方面：一方面，对一种复杂文本的正确翻译，恰好是一种进行真正科学探索的事业——发表寄给广大读者的翻译作品，没有详尽的序言和注释也是不可思议的；另一方面，研究工作不可避免地也应该加强一下，尽管所选择的翻译作品就是被研究的古典作品。所以，在大多数情况下，翻译者和研究者都团结如一人，这绝非偶然。

　　正如该《指南》中做的那样，适当地开始简短地综述一下近10年来中国古典文学的研究情况是必要的。就从这篇总结性的概述开始。在本书研究中国古典文学的许多章节中，有苏联科学院通讯院士费德林撰写的《中国文学》（1956）和В.Ф.索罗金、Л.З.艾德林合著的同名著作（1962），副题是《纲要》。在准备出版的集体著作（主要作者Л.Д.波兹德涅耶娃）——国立莫斯科大学关于亚洲国家文学的多卷本教学参考书（《古代东方文学》《中世纪东方文学》两卷本和《新时代东方文学》）中，都给中国以应得的地位。在9卷本出版物《世界文学史》中，关于中国的章节同样会成为很有意义的著述。

　　中国文学史的许多重要问题——分期原则、创作方法、民族特色、与其他地区文学的相互关系等——在许多个人和集体文集中，其认识和研究水平都得到了提高：诸如Н.И.康拉德院士的《汉学》、费德林的《中国文学研究问题》《远东文学研究的理论问题》《中国的文学和文化》《中国文学研究和翻译在苏联》《东方民族文学史分期问题》《民族文学的相互联系与相互影响》等。当然，许多关于共同问题的重要见解和结论，都已包含在В.М.阿列克谢耶夫著作选集中，即编入了1978年出版的《中国文学》（Китайская Литература）卷中。

　　在关注早期中国文化史研究的同时，我们首先还得提及集体学术著作

《古代中国的文学》和费德林的著作《中国古代文学经典》。学术专著《〈诗经〉及其在中国文学中的地位》也出自这位学者的手笔，同时，他还撰写了论述屈原生平和诗歌创作的论文系列。И.С.利谢维奇在其《中国古代诗歌与民歌：公元前3世纪末至公元3世纪初的乐府诗》著作中，分析研究了某些更晚期的文学作品。李福清的专著《从神话到长篇小说》，列入了上述集体著作的第一部。至于中国古代散文，在苏联汉学中还没有专门系统的研究著作。然而，在Н.И.康拉德、Ю.Л.克罗利和Л.Д.波兹德涅耶娃的许多著作中，都包含着许多重要的观察和结论。

在关于中世纪早期（公元3—4世纪）文学研究中，首先应提到Л.З.艾德林的重要著作《陶渊明和他的诗歌》。年轻的汉学家们继承了我们开创的在不断联系当代社会思想的过程中进行中国诗歌研究的路线；他们是：Л.Е.别任（巴迪勒金）——《谢灵运》和《在风浪标志下》两书的作者，发表研究阮籍论著的В.В.马利亚文。Л.Е.切尔卡斯基较早发表了研究曹植创作的著作。研究其他大诗人著作的著者有：М.Е.克拉弗佐娃（研究沈约）、Т.Х.托米哈伊（研究庾信）、Б.Б.巴赫京（论《玉塔新曲》集）、И.И.谢麦年科的论文探讨了自由思想家嵇康的创作。К.И.戈雷基娜的著作《中世纪之交的中国散文》使用的资料，几乎都是至今未使用过的研究资料。И.С.利谢维奇的专著《在古代与中世纪之交的中国文学思想》，被赋予了某种改革思想观念的显著特征。

可以荒诞地透露一下，虽然我们已经翻译了大量的唐代抒情诗和写了少量的短篇评论文章，但是，我们现在还没有写出关于这一研究课题的总结性的大部头著作。Л.З.艾德林写了《唐诗概论》，О.Л.菲什曼写了论李白的著作，Е.А.谢列勃里亚科夫写了论杜甫的不厚的著作，可以说，继承这些学者初始著作的必要性，已经向我们提出。唐朝散文研究较好。在短篇小说研究方面，有К.И.戈雷基娜的著作（《中国中世纪短篇小说》）和И.И.索科洛娃的著作。在随笔研究方面，有В.Ф.古萨罗夫的著作。Л.Н.缅希科夫对散文诗的研究出了大力，他从敦煌石窟发现了许多至今还不熟悉的各种散文文本，通过研究、翻译，发表了许多研究成果，并组建了相应的研究机构。

在宋代诗歌研究方面，Е.А.谢列勃里亚科夫做了大量工作，著述甚丰：他著有《中国10—11世纪的诗歌：诗和词》和《陆游生平与创作》。И.С.戈卢别夫和М.И.巴斯马诺夫同样撰写了论述所译中国诗人创作的著述。А.Н.热洛霍夫采夫撰写的专著《话本——中国中世纪城市小说》，对中世纪艺术散文的研究做出了重要贡献；而 Л.К.帕弗洛夫斯卡娅的著作则论述了"评话"体裁。元朝时期的文学，已到了戏剧搬上舞台的时代。В.Ф.索罗金在其著作《13—14世纪中国古典戏剧：发生、结构、形象、情节》已做了分析研究。关于这个体裁，Л.Н.缅希科夫、В.В.彼特罗夫、Е.А.谢列勃里亚科夫也都撰写了论著；И.В.加伊德从戏剧学立场出发，也转向了这一课题研究。

14—16世纪的中国叙事散文，在苏联汉学中引起了很大关注。下列著述即为佐证：李福清著《长篇历史史诗和民间文学传统在中国：口传与书面〈三国志演义〉的表述方式》和其他许多著作；А.П.罗加切夫论吴承恩《西游记》的专著（它发表于1984年，所以未出现在《指南》中）；Н.Е.鲍列夫斯卡娅论长篇小说《郑和下西洋》的著作系列和В.С.马努辛论《金瓶梅》的著作等。戏剧艺术研究较弱。Т.А.马利诺夫斯卡娅的论文系列，对杂剧体裁研究做出了较大贡献，可补充的东西不多。在明代诗歌研究方面同样存在许多"空白点"——仅出版了И.С.斯米尔诺夫论高启的著作和ЕВ.卡雷莫娃论吴伟业的著作。Э.С.斯图洛娃在苏联最早从事独特体裁"宝卷"的研究，这项研究完成得，自然，不够完备——Д.Н.沃斯克列先斯基将收集的大量论文编了一册抄本，探讨了这一时期与17世纪"城市小说"，与社会的思想文化形势有关的诸方面的问题。

长篇小说仍然是20世纪初前中国散文的主流体裁，十分清楚，苏联研究家们的注意力都集中到了那里。能够提出下列著作就够了：В.И.谢马诺夫著《中国长篇小说的嬗变（18世纪末—20世纪初）》、О.Л.菲什曼著《中国讽刺长篇小说》；另外，还发表了许多研究论文：О.М.林-林、庞英等论《红楼梦》，Д.Н.沃斯克罗先斯基论《儒林外史》，Л.С.斯科罗鲍加托娃论《镜花缘》的论文等。除此之外，О.Л.菲什曼出版了研究和翻译的三部著作，分析评论了中国17—18世纪的短篇小说作家：袁枚、纪昀和蒲松龄。为了继承В.М.阿列克谢耶夫的事业，П.М.乌斯京转向了蒲松龄著作研究。清代戏剧研究，以Л.Н.古谢娃对洪昇著《长生殿》的研究著作和Л.С.斯科罗鲍加托娃对孔尚任著《桃花扇》的研究著作为代表。同时，还可以提出С.А.谢罗娃的著作《北京的音乐剧》。在诗人中，只有黄遵宪（见Н.А.彼特罗夫论文）和秋瑾被作为专门研究对象；Т.С.巴亚茨就写了关于秋瑾生平与创作的著述。К.И.戈雷基娜的著作《19世纪至20世纪初中国的雅洁文学理论》是少有的研究课题。

我们提出的这些，远远不是所有值得关注的著作和作者。但是，笔者认为，我们所讲的这些资料，为评价汉学家在苏联研究和传播中国古典文学的强度和范围，已足够了——它具体地展现出了苏联人对伟大中国人民的优秀文化遗产的尊重和热爱。而在前进的道路上，还会有新的、不少的宏伟计划。现在的这本《指南》，就是在促进这些计划的实现。

# 中国文学研究与翻译在苏联*（一）
费德林

俄国自古以来就关注中国文学，这在H.比丘林（Н.Я.Бичурин：1777—1853）的著作中早已表现出来。尽管H.比丘林并非专门研究中国文学史，然而，他的著作全面阐述了中国生活（历史、人文科学、文化、翻译和日常生活），这便为其后中国文学艺术史的专门研究奠定了基础。为进入中国文学艺术的殿堂，必须克服"汉语识字"这一语言障碍。

中国文学艺术早期的俄文译品是从当时在俄国比较闻名的满语或欧洲语言转译过来的，虽然远不能完成这一翻译任务，然而运用这些语种也译介了某些中文著作。

巴拉第（Палладий），即П.卡法罗夫（П.И.Кафаров，1817—1878）在俄国传播中国生活和文化知识方面起了非常重要的作用。他同比丘林一样，也撰写了不少有关中国的著作。在这些著作中应该提及著名的《华俄词典》（1888），该辞书在俄国的问世减轻了学习汉语的困难，从而使俄国人结识了中国文学。

В.瓦西里耶夫（В.П.Васильев，1818—1900）院士是俄国汉学界志在把中国艺术介绍给我国的第一人。他是喀山俄国东方学学校的教师，在中国俄国教会工作10年之久。尔后在彼得堡大学东方语系从教45年。瓦西里耶夫是19世纪末最大的汉学家之一。他知识渊博，兴趣广泛。他掌握汉语、蒙古语、日语、朝鲜语、藏语和满语，同时还了解梵语和某些突厥语系语言。瓦西里耶夫在汉语和中国文学方面的著述表现出了其对中国文学史的特殊兴趣。1867年，他撰写了专著《汉字的字体系统》，1880年写了《中国文学史纲要》，1884年写了《汉字分析》。

---

\* 译自苏联《远东问题》1986年第4期。（Проблемы Дальнего Востока.1986, №4.）

摆在中国文学艺术的第一位研究者——瓦西里耶夫面前的任务是非常艰巨的，困难还很大。在当时观察中国文学问题，主要是从当时统治中国精神生活的孔孟之道，从儒家世界观与思想的立场出发，而不是从文学创作的语言文学艺术的立场出发。

在其《中国文学史纲要》著作中，B.瓦西里耶夫非常关注文学艺术在中国人民生活中的巨大作用。他指出，中国人崇尚雅洁文学可能甚于我们；在那些文学作品中他们认识了人类完善的最高极致，作品不仅表现了人的理性，而且描绘了人的全部道德风貌。

这种观察是非常准确的，因为在中国自古以来都把文学艺术视为反映人的道德面貌、成为人的美德标准的一面镜子。第一部中国文学史纲要力求将中国文学置于最伟大的文学之林，置于世界文化尤其东方文化发展史中应有的位置。为了继承这位俄国第一位汉学院士的卓越创举，为了使中国文学成为每个有教养的人的不可缺少的一部分知识，苏联学者正在做着巨大的努力。

比丘林和瓦西里耶夫的传统由下列俄国汉学家继承下来：C.格奥尔基耶夫斯基（С.М.Георгиевский）、А.伊瓦诺夫斯基（А.И.Ивановский）、П.波波夫（П.С.Попов）、И.扎哈罗夫（И.И.Захаров）及其他人。中国文学史家C.格奥尔基耶夫斯基的《反映中国古代先民生活史的象形文字分析》（1888）、《中国生活准则》（1888），尤其《中国人的神话观与神话》（1892）等著作都非常重要。《中国人的神话观与神话》对中国神话进行了我国第一次的分类尝试。伟大的十月社会主义革命后，中国文学研究展现了新的前景和机遇。中国文学研究开始从新的真正科学的立场，在马列主义学说基础上进行研究。文学作品开始被视为中国社会阶级斗争的社会经济关系的思想反应。

俄国汉学家们的遗产为在苏联时期深入研究中国文学史奠定了基础。在此基础上，我们的汉学家们在中国文学研究方面向前跨越了一大步。

半个多世纪前，B.阿列克谢耶夫（В.М.Алексеев，1881—1951）院士就指出伟大的中国文学对俄国读者来说还很陌生，他倡导要着手打破这种迷津，对于像中国文学这样如此繁难而重要的人类珍品的出现，俄国读者要去涉足。

B.阿列克谢耶夫认为，当时刻不容缓的首要任务就是创作出经过审慎选择的丰富而优秀的中国文学译品。他写道，就是要以这样的方式推倒"中国墙"；俄国读者将会感受到正是那些乐观的寻找出路的受苦人叙说着中国的故事。而所谓"原汁原味"的异国风情，只不过凭添一点肤浅的认识和貌似新奇的有限智慧。

苏联汉学的创始人、中国文学造诣深厚的专家和天才的翻译家B.阿列克谢耶夫做出了巨大而卓有成效的业绩。他在其50年的学术生涯中对于中国文学的研究做出了很大贡献。撰写了许多关于中国文学问题的研究著述。

B.阿列克谢耶夫集中精力主要研究中国语言艺术大师们的诗歌创作，在这种情况下，最难理解和阐释的语言艺术作品引起了他的特殊兴趣。就是说，他开了一种最少有人研究的文体——中国诗歌研究的先河。

故而，B.阿列克谢耶夫论述中国诗人创作的其中包括研究司空图《诗品》的许多著作都具有很大的学术意义。司空图的《诗品》，无论从其内容的治学观点，还是从其艺术语言的运用，都堪称伟大的诗歌纪念碑的作品。

由B.阿列克谢耶夫构想并成功地实现了的关于诗歌、绘画、书法等艺术创作的比较与相互关系的独具特色的系列研究是诗歌研究领域最重要的发展。首先就是对陆机(3—4世纪)的名作《文赋》的翻译及其研究著述《罗马人贺拉斯与中国人陆机论诗艺》，在这部著作中作者展示了一位最具独特风格的中国古代诗人创作世界中的艺术幻想。B.阿列克谢耶夫后来的论著《法国人及其中国同代人论诗艺》也属这一研究系列，在这一著作中作者继续运用比较方法，力图论证其比较研究的规律性，"特别就近几世纪世界文学，譬如法国文学和中国文学，所经历的历史性事件来看"。

B.阿列克谢耶夫的独具特色的论著《中国山水诗人论灵感与山水诗》也属于这一研究系列。该著对著名的语言艺术家黄钺(1750—1841)模拟写成的《诗品》进行了研究，认为该作品以司空图《诗品》为范本，反映了黄钺对司空图《诗品》的评价观点。

B.阿列克谢耶夫写的《艺人、书家及诗人谈书艺秘诀》是一部学术专著，它探讨了著名唯美主义者杨景曾(生活于19世纪初)模仿司空图的《诗品》而写的"书品"诗——《二十四书品》的创作特点，在其研究的整个系列中具有很大的学术意义。上述著作引用了大量中国艺术大师们无与伦比的艺术作品的最好范本，展示了中国诗书画的独特风格，从而使我们更好地了解了中国古代审美思想的许多特点。

В.阿列克谢耶夫的著作《中国印刷术在科学教育中的应用》和《中国诗论中的中国诗》是对上述系列研究的一种特殊补充。其中《中国诗论中的中国诗》深入研究了一部最珍贵的中国诗选——18世纪著名的百科全书《四库全书》诗歌部分。

В.阿列克谢耶夫同样非常关注中国文学史和俄中两国人民伟大文化的相互关系问题。他写了关于中国语言、文字、文化、人文科学、艺术、语言史等方面的大量著作。

在诠释中国文学问题时，В.阿列克谢耶夫力求遵循先进的方法论和唯物主义世界观。这便有利于将其著作同其前辈们的著作，其中也包括В.瓦西里耶夫的方法论，区别开来；对В.瓦西里耶夫来说，儒家处世哲学是其研究中国文学的最初的出发点。

1966年，（已故的）В.阿列克谢耶夫文集《中国民间画》问世。该集收集院士未发表过的早期论文编辑而成。书中保存下来的学术遗产对丰富和加深我们对中国人民传统文化的理解很有助益。

В.阿列克谢耶夫的论著《中国文学》的出版是对苏联汉学研究的一大贡献。收入本书的文章有研究中国文学、中国文学史及俄译问题的论文，也有常以流畅的同义异文作补充的学术和艺术译品的范文。编入本书的还包括那些早期发表的但已绝版的珍品。不久前出版的В.阿列克谢耶夫《关于东方的科学》一书，包容了学者几乎50年学术生涯的劳动成果。收入本书的这些论文和文献展示了其各种各样的各个方面的学术创作。

В.阿列克谢耶夫也是中国诗歌和散文作品的天才翻译家，其译作不仅在苏联而且在世界汉学界都堪称艺术译品的典范之作。他完成了李白、陆机、司空图、文天祥、欧阳修及其他许多中国诗人和作家的诗歌作品的优秀译品。他翻译的短篇小说集《聊斋志异》（蒲松龄）艺术价值很高。他多年致力于《聊斋志异》研究，使这部作品成为苏联读者得以读懂的文学作品。

在当代对中国文学研究做出显著贡献的苏联汉学家还有：Л.艾德林（Л.З.Эйдлин）、Л.切尔卡斯基（Л.Е.Черкасский）、В.索罗金（В.Ф.Сорокин）、李福清（Б.Л.Рифтин）、И.利谢维奇（И.С.Лисевич）、Е.谢列勃里亚科夫（Е.А.Серебряков）、К.戈雷基娜（К.И.Голыгина）、В.彼特罗夫（В.В.Петров）、А.热洛霍夫采夫（А.Н.Желоховцев）、Л.敏什科夫（Л.Н.Меньшиков）、В.谢马诺夫（В.И.Семанов）、О.菲什曼

(О.Л.Фишман)、Д.沃斯克列先斯基(Д.Н.Воскресенский)、Л.波兹德涅耶娃(Л.Д.Позднеева)、С.马尔科娃(С.Д.Маркова)、В.利西查(В.Я.Лисица)、В.阿德日马穆多娃(В.Аджимамудова)、И.齐佩罗维奇(И.Э.Циперович)等。

就文学研究者而言，马列主义方法论要求在分析艺术作品时坚持美学与社会历史进程的统一。作品的思想内容及其艺术表现形式，塑造的形象及典型人物，都处于一种不可离异的相互关联之中，它们有机地相互制约着。所以，只有用宽泛的社会学观点观察文学现象和现实并与文学创作中的艺术表现方法结合起来，才符合科学文艺学的要求。

在这方面，首先应提到Л.艾德林的著作。他的创造性劳动，既是可以触摸到的探索与发现，极大地丰富了我国文艺学的丰硕成果，又是以苏联汉学学派优秀的传统精神翻译中国语言艺术家们的最佳艺术品。

Л.艾德林的学术著作与译著《白居易四行诗》(1949)是对唐朝最受欢迎的诗人白居易(772—846)诗作进行精心语言研究的总结。白居易生活在中国诗歌高峰时期，当时纪念中国人民的伟大诗人李白和杜甫的活动方兴未艾。唐王朝存在300年，以大量的瑰丽的诗篇丰富了中国诗歌。这些诗歌一直活在中国文化之中，始终是创造它们的人民的永久骄傲。

就是说，Л.艾德林在中国以外首先成功地展示了白居易的诗歌天才，在其著述中指出白居易的主要品格是平凡而深刻的人道主义。

我们知道，中国诗圣们才华横溢。他们特别关注中国古代社会，他们留下的瑰丽诗篇流传至今，成为永放异彩的全人类文化宝库的不可分割的一部分。Л.艾德林撰写的《陶渊明及其诗歌》(1972)就是研究中国古代语言艺术大师陶渊明的鸿篇巨制。该著作论述了唐诗继承中国历代诗歌传统，沿着陶渊明开创的朴实的创作道路前进，善于在诗歌创作中表现丰富而伟大的人民精神。

在论述陶渊明时，В.阿列克谢耶夫院士指出，陶渊明"在中国诗歌中起到了我国普希金的作用"。他(陶渊明)"第一个把诗歌从宫廷关系和长期压在中国诗人肩上的社会与信仰的等级观念的重荷中解放出来"。

Л.艾德林还写了很多研究中国文学史的学术著述，这些著作在我国汉学界占有显赫地位。

Л.艾德林还翻译了大量中国诗歌和散文作品。从我们看来，Л.艾德林的研究著述只因以艺术作品文本，以其可靠诠释的翻译为依据，因而具有科学的论据。Л.艾德林认为，诗可能有多译，既可如是译，又可另外译。但是，确切的翻译在于每一位译者应按原作的艺术原理创作出忠实传达原作思想的诗。因为诗中不可能存在这样的两种美——只有外在美或只有内在美。古典作品具有特别本质的特征：它离我们不仅时间久远，这本身就已相当重要，而且生活环境也离我们相去甚远。因此，翻译、研究古典作品要求非常慎重而且特别周密。要磨砺它不是十年而是上百年，犹如海水滚圆、磨光海中的花岗岩和碧石一般。

Л.艾德林的另一种见解对我们颇有教益：翻译作品贴近原作并不是一个绝对数值，它在不同诗歌的翻译中有不同的理解。中国语言艺术家其中包括白居易、孟浩然、陶渊明及其他诗歌泰斗们的诗歌艺术典范著作中所显示出来的高超诗艺都提供了这一论断的充分论据。在这方面应提到Л.艾德林的译著《中国古典诗歌》(1977)。

Н.康拉德（Н.И.Конрад）所著《中国文学史简编》(1959)具有很大的学术价值。这部著作的特点是涉足了广阔的文史领域。书中援引了原文作者许多独具特色的评价和观察，尽管他们中某些人还要求再进一步深入研究和适当论证。《中国文学史简编》，从某种意义上说，它是Н.康拉德在此之前著述的总结性成果。在这之前他写了许多研究中国文学诸问题的著作。其中值得注意的论文有《关于文学关系问题》《现实主义与东方文学问题》《中国和日本的封建文学》。在这些论文中作者阐释了中国文学在同外国文学的相互联系中文学创作的最重要过程，同时还深入研究了关于东方文学现实主义的一个关键问题。

曹植（192—232）的辞赋创作是中国古典诗歌的优秀诗篇之一。在公元2—3世纪，这种诗体的特点是它正由铺叙事物的叙事诗转向抒情诗（短赋），确立五言诗，在民歌基础上创立乐府诗体。

Л.切尔卡斯基在其《曹植的诗》(1963)一书中给自己提出了一个目标：指出曹植诗歌同民歌的有机联系，阐释诗人的创作道路、诗歌的创新特质及其审美价值，从而确立了曹植在中国文学史上的地位。

书中非常注意对2—3世纪整体文学的分析，以汉代末代皇帝封号命名的建安文学对其后数世纪中国诗歌的发展起了很大作用。

曹植的诗充溢着人道主义与抒情情调。关于这一点，Л.切尔卡斯基在其著作中援引诗人大量的诗句，对其进行了细微而深刻的阐释。这些诗中渗透着许多矛盾思想——立业的志向化为抑郁的思虑；建功的追求变为愁苦的叹息；兴奋与忧郁，立业之志与其不可实现——这就是曹植诗歌激情洋溢的源泉，就是其诗歌的灵魂。产生于民间创作的新五言诗在曹植的诗作中达到了最高水平。

研究中国现代诗歌史上重要的20年的学术力著《中国二三十年代的新诗》（1972）也出自Л.切尔卡斯基的手笔。作者的注意力集中于艺术方向、文体形式、传统与革新等问题。大概，这是首次运用世界文艺学理论分析中国的现实主义、浪漫主义和象征主义诗人创作的美学思想和艺术特色。书中评述了中国自由诗、欧化诗、抒情短诗和史诗，精心研究了中国著名诗人的创作。

Л.切尔卡斯基在其著述中指出，中国诗歌已成为世界文学交往中的积极参与者，它与东西方各国文学的直接和间接的联系在加紧扩大和深化，因而得到了迅速发展。

著述者认为，二三十年代的中国诗歌作品在许多方面确定了诗歌，首先是战争年代诗歌，的未来命运。

在《马雅可夫斯基在中国》（1976）一书中，Л.切尔卡斯基较早地阐释了过去未曾研究过的В.马雅可夫斯基（В.Маяковский）的诗对中国革命诗歌形成与发展的影响问题，首次对伟大的无产阶级诗人作品的汉译译品进行了科学的分析。

就中国读者认识马雅可夫斯基的诗歌方面，论著作者将其分为若干阶段。他指出，马雅可夫斯基对中国革命文学形成和发展的影响是深刻而多面的。中国诗人们效法马雅可夫斯基，极力追求去做人民的"引路人"，同时又当人民的"公仆"。

在《中国二三十年代的新诗》的续集《中国战争年代的诗歌》（1980）学术著述中，作者以丰富的资料分析了抗日战争（1937—1945）和人民解放战争（1946—1949）时期的中国诗歌，分析了其形式、风格、结构和艺术形象之审美，彻底研究了这一时期的中国诗歌同世界进步的首先是俄国和苏联的诗歌的关系，设专章对当时最著名的诗人创作进行了考察。著者涉猎了近200部诗集，还不包括集体出版物（合集）和期刊中发表的诗。

对于中国二三十年代诗歌的创新应探索的不是形象和借喻（尽管比喻是别开生面的和令人出其不意的，而拟人写法也有普遍性特点：周围一切都被赋予了精神和视觉的因素），而首先应是诗歌本身及其创造者及其精神文明的积极意义，探索主题的新颖，将诗歌形式的创新（进行曲、歌曲、史诗和抒情史诗等),探索自由诗的推广及普及。

作者继之又写出了研究俄罗斯经典作品在东方——理论与翻译实践问题的著作。

俄罗斯古典文学译成东方各国语言的理论与实践问题被认为是各民族文学相互作用与相互影响的语义问题,因为艺术翻译是各民族文学相互作用和相互影响——这最复杂形式的主要环节。

研究翻译年表和选择原则,研究翻译过程中各种综合问题,为翻译史、诗学和修辞学,为辨别东方文学的共性和特性提供了必要资料。

Л.切尔卡斯基进行了一种正本清源的尝试:在什么条件下翻译才能成为一种非同一民族的文学现象,才能完成思想的、审美的和认识的功能,才能如同本国原作那样完成这一切。

著者认为俄罗斯文学与东方各民族文学沟通的特殊形式是编译(转述),即符合民族特殊性的改写与改编。要十分注意完全相符的译文问题,从传达作品风格入手,善于分析复杂句式结构的各种不同的语义界限。对具体译文的研究使著者得出结论:修辞与文体的格调首先依赖于诠释者(译者)的既定标准,而这一标准又依靠作者一定的民族模式、文化传统、情趣与习惯而决定。正是这种因素的文学传统(民俗影响、教育传统、同义词使用、写景的民族范式、引入诗文的附加语与同义词系列等)影响着译文的风格。

Л.切尔卡斯基也是一位翻译实践家。他翻译出版了一大批中国古典和现代诗集及当代散文集。

В.索罗金的第一部大部头著作是学术专著《鲁迅世界观的形成》(1958)。专著用三章篇幅详尽地论述了鲁迅早期作品的思想倾向和作品中反映出的美学主张,揭示了鲁迅第一篇文言小说《怀旧》的创新意义;著者认为社会问题与道德问题的综合产物是《呐喊》集中短篇小说的基础;他还就鲁迅当时关于中国历史命运和中国人的民族特性的概念分析了天才的讽刺中篇小说《阿Q正传》。В.索罗金同时发表了一系列研究鲁迅创作的论文,翻译了鲁迅的一些短篇小说,如《怀旧》《孤独者》《理水》等。

在1962年发表的学术专著《茅盾的创作道路》中,В.索罗金首次为国外提供了在中国文化生活中数十年起着主导作用的著名文学家的生活与工作的广阔画面。在论述茅盾20年代初倾向于"自然主义"的文学观时,研究者认为这些观点就是批判现实主义的实际纲领。在以下的评论中著者又指出，随着中国革命形势的发展，茅盾在揭露当权者反人民的政策、批判小资产阶级知识分子动摇性的同时，更加重视描写工农群众为争取权利、为争取社会正义而进行的斗争。该著还论述了抗日战争时期茅盾爱国与民主的创作方向和1949年之后多方面的活动。

在与Л.艾德林合著的《中国文学简编》（1962）中，B.索罗金撰写了关于古典散文和戏剧的章节，同时还写了一章《近几年的文学》。正如批评界所指出的那样，著者在有限的空间内成功地为我们提供了关于中国文学史各重要阶段及其最生动的文学现象的概念，提供了其文学的艺术和思想特色的概念；成功地展示了人民政权时期中国语言大师们的文学成就。在中国精神生活中，"左倾"思想极力干扰文学艺术的发展，这一苦难历程连同"文化大革命"的理论与实践，在B.索罗金主持并参与撰写的集体学术专著《中国文化之命运》（1978）中都看到了应有的批判审查。

在不同时期，B.索罗金还发表了许多评论叶圣陶、老舍、叶紫、艾芜和其他一些20世纪作家的论文。他还翻译出版了叶圣陶的长篇小说《倪焕之》和钱锺书的长篇小说《围城》，并翻译发表了茅盾、老舍、郁达夫、艾芜、王统照、王愿坚、茹志鹃的中短篇小说。最近几年，他编辑了几部中国近期发表的散文作品文集。为此翻译了王蒙、刘心武、冯骥才和韩少功等的中短篇小说。

B.索罗金在其他方面的学术兴趣是中国传统戏曲，尤其繁荣时期的元杂剧。其学术专著《中国8—14世纪的古典戏曲》（1979）是其多年研究的成果。该著第一部分通过元杂剧的形成过程展现了由各种成分——诗词、散文、民间传说和戏曲——介入并形成的戏剧品位与特征；第二部分分析了元杂剧的唱词与对白的结构和语言特色。同时，著者对照迄今历代各种版本和珍藏文献发现，尽管后来经多次加工整理，但剧本的基本内容及其思想内涵并未遭受本质性的改变；在构思新颖的第三部分，著者分析了元杂剧人物的基本类型——帝王、将相、学者、青年恋人、商人等。这样，剧作者们的世界观也随之得到了改造，这其中同样反映了时代社会现实的画面；最后，在第四部分著者详尽地逐幕阐述了完整保存下来的162个元杂剧连同登场人物清单及其角色规定等内容。B.索罗金同时还是大量论述传统戏曲问题的论文的作者和《东方戏剧》卷（载于《世界文学丛书》）中国篇的编者，他为此翻译了四部剧本。

B.索罗金还为简明文学百科全书,同时也为《世界文学史》第三、六章等撰写了论文《中国文学》。

李福清(Б.Л.Рифтин)汉学研究的基本方向是中国大众文学、民间传说和古典小说。学术专著《长城的传说和民间创作的风格问题》(1961)、《中国的历史演义小说与民间创作传统》(1970)、《从神话到长篇小说》(1979)均出自他的手笔。

在上面第一部专著中,作者以论述中国口头文学最有意义的体裁形式(评书、弹词、传说故事、民歌、戏剧等)为宗旨,力求探明某种体裁形式的故事情节加工问题。李福清选取中国最驰名的一个民间传说——孟姜女哭长城的故事作为例子,试图揭示这一著名的民间故事情节的历史演化的规律性。这一民间故事的记载始于唐代。

从20世纪60年代中期,李福清就研究有关三国人物的系列传说故事,所以,在其第二部学术专著中他就详尽地研究了作为中国中世纪民间故事范本的《三国志平话》。他制定了分析这类作品的专门提纲。原来,研究者的视野不只瞄准这类民间读物——《平话》的思想基础(佛教思想、宗教融合思想影响、民间世界观因素),而且探讨这类读物同叙事诗传统(叙事诗的基调与情节)的关系,还有其人物描写的特点(外形面貌、人物情感、情节与思想描写、人物对话等)以及故事结构——这种结构体现了口头传说故事的许多表现程式和手法。

李福清在同一部著作中还分析了罗贯中的长篇历史演义小说《三国志演义》,集中主要精力探讨作者的思想及创作方法,尤其注意取自史料同借鉴民间传说和戏曲成分的关系。李福清不同于其前辈学者们,其研究宗旨不只研究鸿篇巨制《三国志演义》同上述史料和民间传说传统的关系,而且阐明了后来文字记载的民间说唱故事是如何产生的;罗贯中的《三国志演义》何时成了后来的中国流传于今的说唱故事的主要内容。著者在研究了说唱故事的各种特点,利用自己对说唱作品和五六十年代的说唱演员演技的考察后,对后期的说唱传统给予了极大的关注。

李福清的第三部著作《从神话到长篇小说:中国文学中人物进化的描写》似乎是其上述著述的直接续篇。李福清给自己提出了研究文学艺术中描写人物进化的任务后,他就转向了艺术创作源泉本身——古代神话传说中人类祖先女娲和伏羲形象的研究,阐明了他们同古代人类图腾概念的关系及其在文学与造型艺术中的特点。该著最详尽地探讨了中国古代的首领尧和舜的形象，阐明了这种形象从兽形变为人面兽身，最终全部变为人形的进化过程，后来在儒教传统下，这些人物逐渐被理想化，被尊为神灵，成了后世首领的典范。

在这同一部著作中，作者既研究了中世纪民间读物——平话和某些历史演义小说（《三国志演义》）人物的艺术肖像，填补了其过去著述的空白，又研究了神话传说（《宇宙起源的传说》）的人物肖像，展示了人物描写传统的继承性和这些人物在数千年间的进化。

李福清同样以其独具图书索引性质的著作而驰名，他展示了许多珍贵的手稿和木刻版本的中国叙事散文和民间故事作品。由他发现的在列宁格勒珍藏的曹雪芹的长篇小说《红楼梦》手稿，实际上有别于保存在中国的其他抄本。现在，北京出版了这一《红楼梦》手稿真迹复制本，卷首还附有李福清和Л.敏什科夫的研究性序文。

李福清从事中国古典和现代文学的传播工作，由他作序的俄文版长篇小说《金瓶梅》《三侠五义》《三国志演义》等已出版，早已筹备好的大型中国现代小说集已在虹出版社问世。李福清也从事翻译工作，主要翻译民间传说作品。他编译了一系列中国民间神话故事集。1972年，苏联艺术文学出版社出版了其中最有代表性的由他作序的一个集子。

存续了300年的宋代（10—13世纪）是中国文学史上具有重要意义的一个阶段，但至今世界汉学界对其研究还很不够。Е.谢列勃里亚科夫（Е.А.Серебряков）则属于那为数不多的研究者一员，他同其同行研究者一道，在自己的学术探索中，许多年来都很关注这一时期的文学遗产。他的著作在很大程度上填补了我们对于中国中世纪文学认识的极其重要的空白，使我们认识了中国古典诗歌的最重要的趋向和现实。

Е.谢列勃里亚科夫的著作《陆游〈入蜀记〉：翻译、评论和跋》（1968）展现了他对这一课题的系列研究。这首先是对中国著名诗人陆游（1125—1210）的旅行日记的俄文翻译，该日记系用古代汉语（文言）写成，读起来很困难，而且中国学者们也从来未诠释过。Е.谢列勃里亚科夫的译文附有详尽而可信的历史和语言方面的评论。该著研究部分介绍了中国中世纪文学中旅行日记体裁的独特风格。陆游文集属于那种最早的作品，即其不仅提供某种科学知识，而且在相当程度上营造了作者的精神世界。

Е.谢列勃里亚科夫展示了陆游描写宋代政治现实和官吏、农民日常生活特点的旅行日记的历史和民俗文化的重要意义。研究者非常注意,日记性质的笔记和保存下来的当时的许多诗篇都能使我们判定作者对诗歌创作素材加工整理所依从的创作规律。因而,他成功地找到了一条理解作品奥秘、理解中国诗歌语言技巧的卓有成效的道路。问题在于,在汉学文学界至今还存有认为中国古典诗歌似乎特别唯理性主义的评价。把陆游的诗作同有关的日记体笔记相比,便能显示出产生某种作品的生活境况,便能确认诗歌作品反映社会的精神面貌,它是艺术家力求通过文学形象体现个人抒情感受的想象劳动的成果。

在仔细分析大量的中世纪诗歌资料,同时认真掌握汉语文学批评的基础上,E.谢列勃里亚科夫又写出了另一部价值很大的学术著述《陆游:生平与创作》(1973)。中国作家们对陆游时常做出一些片面评价,仅注意其创作的爱国主义情调。除此之外,庸俗社会学观点的痕迹还经常贬低翻译并发表陆游某些诗作的意义。在国外汉学界只知道在澳大利亚出版了译本缺乏严肃学术意义的小册子《陆游——炼丹术士》。E.谢列勃里亚科夫的学术专著在世界学术界首次详尽全面地评述了留下了大量文学遗产(9000多首诗和大量散文作品)的中国诗歌经典作家之一——陆游的生活和创作道路。书中阐明了陆游的世界观体系是各种思想成分的综合体。著者注意解决儒家思想、道家"道"理、佛家禅宗、王安石的革新观点及非儒家学派思想对陆游的影响问题。这部学术专著包涵了许多重要的结论和考察,帮助我们回答关于中世纪诗人艺术创作中的个人的同全人类的经验、独立的个性化同传统因素关系的重要的理论性问题。该书再现了陆游的生机勃然的创作道路,阐明了诗人的政治见解、思想观点与审美观念。同时,该著述还具有重要的整体方法论的意义,因为在著作中分析研究了一系列诗歌创作理论的、中世纪作家世界观的、抒情诗中形象特征的、中国古典文学传统意义的及其审美特征的重要难题。

E.谢列勃里亚科夫还有一部学术专著是《10—11世纪的中国诗歌:诗与词》(1979)。它探讨了对诗歌研究欠缺的时期,以及古典诗歌的两种主要文体。转向10—11世纪文学的研究,使他得以论述词这种文体的产生与形成,得以阐明这一文体与传统诗歌文体的相互关系。

K.戈雷基娜的《中国雅洁文学理论》(1971)一书写的是关于19世纪中国文学思想与美学思想研究,亦即关于中国传统文艺理论的,论述了20世纪前20年即中国文艺理论发展中转折时期的文艺理论。论者在评价传统文艺理论时强调指出，那时的文艺理论总具有一种文体程式，只有到了20世纪初才产生了新的综合性的文学思维。该著作开篇就论述了列入"雅洁"文学范围的文学文体。著者介绍了几个世纪以来传统语言学所使用的术语、传统艺术性与思想性的定义、修饰语的风格等等。18世纪末中国雅洁文学已经成熟。著者论述了雅洁文学的组成后结论道：突破传统文体体系的一个主要标志是，既突破文体界限，分为"艺术性"与"实用性"文体，又突破了已经很久不适应文学文体的传统的文学体系本身。然而，直到19世纪末，真正的文学文体（中长篇小说、话剧、词）仍被排在体系之外，认为它们不是"雅洁"文学。

书中论述了当时主要的文学流派——以方苞、姚鼐、刘大櫆等为首的桐城派代表作家文学与创作观和这一时期的文学思潮，探讨了这一流派的活动及其大多数保守思想的转变；论述了在学术界鲜为人知的但却是联合清末最著名的代表词人而组成的"常州词派"；研究了19世纪某些纪念碑式的论著，如刘熙载的学术专著《艺概》。书中尤其关注那些以自己的著作和活动促进了新观点形成的人，那些同儒家教条主义进行斗争的文人、学者（首推王国维和鲁迅），精心地研究了他们的专著和论文。

К.戈雷基娜的著作《中世纪初的中国散文》（1983）是有关神话小说和叙事故事起源问题研究的著述。他分析了长期处于中国传统文学评论界关注之外的中国文艺散文——小说，分析了中国文学最民主的，在民间最受欢迎的一个文学领域。К.戈雷基娜的著作似乎填补了当时无论在中国还是在西方都很少有人研究的令人遗憾的空白。

这部著作的意义还在于，它仿佛是一种联结晚唐小说研究（О.菲什曼、И.索科洛娃、К.戈雷基娜著作）和上述哲理神话性古典散文研究（李福清等的著作）链条中一个不可或缺的"环"。

К.戈雷基娜其后的著作《中世纪中国短篇小说：素材来源及其发展》（1980）阐明了中世纪（7—14世纪）短篇小说是中国文学史最重要的组成部分。也就是说，短篇小说这一文体具体体现了早期文学的发展进程：散文要素的组成和在此基础上叙事故事的产生。课题的选择对研究文学进程的意义是不容置疑的，因为小说文学中的叙事故事的产生问题，无论在苏联还是在外国汉学界都还不是研究对象。除此之外，研究中国小说文学的散文的起源及其形成的规律性，对认识（理解）远东地区其他国家的类似现象是非常重要的。

K.戈雷基娜吸收了许多包括鲜为人知和不被人知的最初学术生活的文献(在最近一批文献中有珍藏于加尔瓦尔大学文集的16世纪的木刻家,该集还收集了大量其他文集中所没有的13—14世纪的短篇小说),利用这些丰富的资料完成了自己提出的关于叙事散文的起源与形成的研究课题。

# 中国文学研究与翻译在苏联*(二)
费德林

天才的研究家B.彼特罗夫(В.В.Петров)的学术兴趣的基本范围是19—20世纪的中国文学史。他发表的第一批著作,是对中华人民共和国建国初期的中国文学典型新现象的研究。这些评论文章是:《新中国的文学》(1950)、《新阶段:关于第一届文代会的资料》(1950)、《走向社会主义现实主义道路的中国文学》(1954)。这些论文几乎完全利用中国文学期刊上的资料写成。其基本目的是使苏联读者了解中国文学独具特色的发展过程,了解新作品的人物及其反映的问题。

B.彼特罗夫最关心中国新诗,他特别感兴趣的是中国诗歌发展的基本趋势(论文:《当代中国诗歌》,1951)和苏联诗歌对中国现代诗歌创作的影响(论文:《马雅可夫斯基与中国现代诗歌》,1952)。这些课题对苏联汉学界来说都是些新课题,可以说,B.彼特罗夫是在一块处女地上动土,在其工作进程中获得了实际的知识。他同中国诗人们(柯仲平、李季、严辰、田间、袁水拍、戈壁洲、萧三等)的直接接触给了他真正的帮助。他会见过他们中的一部分人,同另一部分人也保持着通信联系。中国诗人们给他寄来了自己的诗集,帮助建立了可靠的研究基础。

在研究中国现代诗歌的过程中,B.彼特罗夫明显地确立了其对伟大的现代诗人艾青创作的特殊兴趣。研究者集中精力研究艾青的传记和作品,与诗人通信,搜集诗人的著作。当他收集到某些并不很丰富的资料后,便写出了论述艾青的《艾青评传》(1954)。该著深入研究了艾青各个时期的创作,深刻分析了他的文艺美学观、独具特色的创作风格及其自由体诗歌。B.彼特罗夫特别注意揭示艾青与时代的关系、与中国人民争取民族独立和革命胜利的

---

\* 译自苏联《远东问题》1987年第1期。(Проблемы Дальнего Востока.1987, №1.)

斗争的关系,特别注意其作品的爱国主义和国际主义的基调。该著是以过去任何学者都未曾追求过的独具特色的中国素材写成的。从一定意义上说,它可能堪称首创性的,因为在它之前关于艾青的研究专著从未有过,甚至在中国。

B.彼特罗夫的学术兴趣范围是鲁迅、郭沫若、茅盾、老舍、巴金、郁达夫、丁玲等作家的作品。1954年,他翻译出版了鲁迅的《野草》,后来多次再版。随后,又发表了研究鲁迅的论文(1956年写了《中国人民的作家》,1958年写了《鲁迅与中国诗歌》)。1960年,B.彼特罗夫又出版了学术专著《鲁迅:生平与创作论》,学者在很多地方都避开了对鲁迅小说的分析,而详尽深入地研究了鲁迅杂文的特点,以丰富广博的资料论述了鲁迅在中国宣传俄罗斯古典文学和苏联文学时所做的巨大工作。B.彼特罗夫一面依靠苏联汉学界对鲁迅研究的成果,同时还力求最充分地利用中国文献资料、传记资料和中国鲁迅研究的成果。B.彼特罗夫发表了其中包括《鲁迅与苏联》(1976)的论文后,其后一个时期他便经常致力于中国古典文学作家的生平与创作的研究。1971年,《鲁迅中短篇小说集》作为《世界文学丛书》出版了新版本。B.彼特罗夫给这个版本撰写了详细的汉学研究的评论文章,后来在出版鲁迅其他著作时,也采用了这篇评论(1981、1986)。

当20世纪50年代艺术文学出版社着手出版由费德林校审的《郭沫若文集》时,B.彼特罗夫也应邀参与工作。他翻译了郭沫若的《棠棣之花》(1953)、《虎符》(1955)、《王昭君》《卓文君》和《高渐离》(1958)等剧本。这些利用中国古代历史题材创作的剧本需要附以充分详尽的评论,于是B.彼特罗夫撰写了这种评论文章,并于1958年发表在《郭沫若文集》第二卷中。

1955年,巴金的短篇小说集首次译成俄文出版。B.彼特罗夫给这部集子撰写了简短的前言,向苏联读者介绍了这位著名的中国作家的生平与创作。这仅是第一步,其后作者将深入地研究巴金的创作。

1960年,B.彼特罗夫参与筹备出版俄文版《曹禺戏剧集》(两卷本),并撰写了《后记》。在《郁达夫的创作道路》(1972)论文中,B.彼特罗夫特别注意揭示郁达夫创作风格的特点,同时竭力阐释在二三十年代之交和抗日民族解放战争时期郁达夫的文学活动。B.彼特罗夫在各个时期都发表了许多评论郭沫若、丁玲、茅盾作品的论文。作者还写了论述鲁迅的一系列论文,诸如《鲁迅和郁达夫》(1967)、《〈朝花夕拾〉的社会背景》(1971)、《鲁迅和瞿秋白》（1975）等。

中国30年代文学的发展与深化，使B.彼特罗夫对诸如中国革命文学思想和美学基础的形成这样的重要问题产生了浓厚的兴趣，中国革命文学始终以马克思主义美学和苏联文学为基准。结果，B.彼特罗夫撰写并发表了许多篇论文：《中国早期的列宁论文学与艺术问题著作的翻译》（1970）和《苏联文学在1928—1930年的中国》（1977）。上述第一篇论文，竭力再现了中国早期译介列宁的《党的组织和党的文学》及列宁论列夫·托尔斯泰的论文的最丰富的画面，很有特色。学者在自己的构成本文基础的历史书刊评述式的评论中，提出了个人的见解，他指出，列宁著作的翻译对中国革命文学产生了巨大的思想影响。

从70年代末，B.彼特罗夫的文学研究开始转向19世纪的中国文学。他参与了中国近代文学分期问题的讨论会，并发表了论文《关于19—20世纪初中国文学的分期问题》（1977）。在其论文中，他仔细研究了中国研究者的论文中有代表性的有关分期问题的各种学术观点，提出了一些依据文学进程的分期原则进行分期的新方法，会上讨论了作者提出的新观点。

提出这一分期方案，B.彼特罗夫便从目前汉学研究所达到的实际把握文学资料的成就，走向了制定假定性分期纲要的水平，而不是相反，正如经常发生的那样。

B.彼特罗夫为高尔基主编的9卷本《世界文学史》撰写了论述中国19世纪文学的章节。

最近几年，B.彼特罗夫为出版自己的导师B.阿列克谢耶夫院士的著作（《中国文学》，1978；《关于东方的科学》，1982）花费了许多时间和精力。在这方面还可指出，B.彼特罗夫编撰和出版了《B.阿列克谢耶夫著作简介及研究文献》（1972、1983），并附有B.阿列克谢耶夫翻译的中国文学作品的作者汉语名字索引和作品汉语目录索引。

汉学文艺理论家A.热洛霍夫采夫的汉学研究工作是从对中国中世纪文献的研究开始的。1958—1969年，其研究成果有：学术专著《中世纪中国华北市民小说》（1969）和一系列研究这一课题的论文，同时还为《世界文学史》撰写了专章（1984）：《佛教翻译文学》《7—9世纪哲学散文》《10—13世纪哲学散文》《10—13世纪宋代民间小说》。

1966年，A.热洛霍夫采夫在中国见习时，目睹了中国的"文化大革命"，这改变了其对中国现代研究的学术兴趣。1968年，他在《新世界》

（Новый мир）杂志上发表了见闻录——《"文革"近距离目击记》，后来又出版了单行本（1973）。这本书被译成了多种文字，在法国、土耳其、保加利亚、捷克、意大利等国出版。1969—1979年，A.热洛霍夫采夫写了《中国的文艺理论与政治斗争》（1979），后来又发表了许多相近题目的论文。其中为集体学术专著《中国文化的命运》撰写了专章。

中国某些作家的创作及其遗著的命运以及他们的国际影响成了A.热洛霍夫采夫的研究课题。他写了有关鲁迅的论文，有《"文革"后鲁迅著作在中国的遭遇》《鲁迅纪念日在中国》《鲁迅在美国汉学界》等。

A.热洛霍夫采夫还发表了论述郭沫若创作的论文《郭沫若最后的历史剧》和《郭沫若——"文革"的"英雄"还是受害者？》。

研究者尤其注意研究邓拓（1912—1966）的政治作品。他写了论文《论邓拓的杂文》（载于《远东问题》1972年第2期），并为邓拓选集《燕山夜话》俄文版撰写了序言（1974），还写了论文《邓拓死后的遭遇》（载于《远东问题》1984年第3期）。论述陈白尘创作的著作有《70年代下半期中国文学的代表趋向，以历史剧〈大风歌〉为例》（载于论著《研究远东文学的理论问题》，1982年）。关于作家巴金，A.热洛霍夫采夫发表了论文《巴金：爱国主义作家》（载于《远东问题》1983年第4期）。70—80年代的中国文学和文化发展的共同趋势是A.热洛霍夫采夫研究的主要课题。他一连写出了下列论文：《中国文学的新方向》（载于《思想斗争与当代文化》，1972年）、《新文化的理想》（载于论著《中国的文学与文化》，1972年）和《在十字路口：中国当代文学》（载于《文艺评论》1981年第1期）。

中国文化传统对当代现实的作用和中国古典文学对中国当代文学的影响具有重大意义。A.热洛霍夫采夫撰写的许多论文都论及了这一宽泛的课题，对其进行了深入研究。

由于80年代中国恢复了出版俄国和苏联文学作品，A.热洛霍夫采夫便撰写了论文《中国人喜欢读苏联作家的作品》（载于《苏联文学》1981年第8期）、《俄国古典文学在中国（1977—1980）》（载于论著《俄国古典文学在东方国家》，1982年）。在中国古典文学方面，A.热洛霍夫采夫写了论文《中国宋代散文》（《玉石观音·序言》，1972年）、《韩愈与柳宗元之文艺观》（载于论著《历史—语言学研究》，1974年）、《论骈文词语之语源与意义》（载于《亚非人民》1979年第3期。与Ю.M.克罗勒合作）等。A.热洛霍夫采夫同样积极翻译中国现代作家的作品。

1964年，施奈德（М.Е.Шнейдер）的著述《瞿秋白（1899—1935）的创作道路》问世，该著对著名的中国马克思主义文艺批评家、中共领导人之一、作家、诗人、翻译家瞿秋白的遗著进行了研究。同时，学术专著《俄国古典作品在中国：翻译、评价、创造性发展》（1977）也出自施奈德的手笔，在苏联文学研究中最早描述了俄罗斯文学在中国传播的情景；简述了普希金、陀思妥耶夫斯基、А.奥斯特洛夫斯基、契诃夫、列夫·托尔斯泰、高尔基等作家作品在中国传播、普及和创造性把握的诸阶段。施奈德还是俄文版《瞿秋白选集》（1975）的编者、译者以及序言与注释的作者。

Л.敏什科夫撰写了大量关于中国文学史和古文献研究方面的著作。《中国话剧改革》（1959）是其具有独创性的著作之一。该著论述了20世纪50年代中国古典戏剧改革运动的历史；论述和分析了中国古典戏剧的历史剧、生活剧和荒诞剧的内容以及在改革过程中中国传统剧目所产生的种种变化。

同时，还应提到Л.敏什科夫的论文《〈西厢记〉及其在中国戏剧史上的作用》（1960），该论文论述了14世纪初的中国戏曲，评论了中国戏曲发展的"黄金时代"的一部最辉煌的典范剧作。

Л.敏什科夫关于中国文学的戏曲叙事文体问题的论著具有毋庸置疑的意义。为探索中国戏剧的起源，作者转向了这一课题的研究。20世纪在敦煌文书中发现的"变文"文体作品引起了他的极大关注。这种"变文"文体是于8—11世纪在古都长安及其周围的佛教和道教寺院中发展起来的。对保存在罗伊王（ЛО ИВАН）的敦煌文书（С.奥利坚布尔格于1914—1915年远征考察的收藏物）的研究促进了这一课题的深入研究。Л.敏什科夫从1957年一直主持这个课题组的工作，我们可以说出其主要的一部著作是《中国敦煌文书：苏文秀佛教文学文献》。

毫无疑问，Л.敏什科夫的论著《艺术方法与文学过程：中国文学素材之运用》（1966），应该受到关注。该著论述了研究文学形式与修辞对理解文学发展过程的重要性。同时还应提及其论著《关于中国文学史的分期问题》（《远东文学史的理论问题》，1968年）。

作者查清了与中国历史朝代相一致的文学文体现实发展的事实，因而提出了关于历史进程对文学进程影响方式的设想。

还必须提及Л.敏什科夫的论著《中国文学中的佛教寓言》。该著分析了佛教寓言文学传入中国的历史和中国获取佛教文学素材的过程，重点分析了写于5世纪的直到20世纪还不断再版和修订的名著《百喻经》的历史背景，对作品进行了重点研究。Л.敏什科夫翻译了许多中国戏剧文学作品，其中包括王实甫的戏剧作品《崔莺莺待月西厢记》、郑光祖的《迷青琐倩女离魂》及其他许多作品。Л.敏什科夫还翻译了王维、李白、张继、高适、鲁迅诗作以及朝鲜作家写的汉诗，翻译了中国古代和现代作家的短篇小说，经常发表在各种出版物和杂志上。

在B.谢马诺夫的著作中应该提及论著《鲁迅及其先驱者》（1967），该著论述了鲁迅与其先驱文学的关系。其论著《18世纪末—20世纪初中国长篇小说的嬗变》（1970）研究了中国暴露性小说的风格，是一部很有学术价值的著作。他也翻译了许多中国现代作家的作品。

О.菲什曼的《中国讽刺长篇小说（启蒙时代）》（1966）是一部研究文学遗产的著作。书中分析了中国讽刺长篇小说及其文学先驱者。О.菲什曼还写了一部《三位中国短篇小说作家（13—17世纪）：蒲松龄、纪昀、袁枚》（1980）。作者分析了中国三位大散文作家的作品，研究了中国短篇小说、短小散文的一种文体——笔记小说。素材的特殊性决定了利用统计方法的必要性（显示作品内容、神奇人物的作用、道德价值标准、故事发生地点与历史年表等的统计表）。

许多苏联汉学文艺研究家奋力专注于中国文学艺术重要文献的全面研究，将它们译成俄文，阐释过去和现在中国文学创作中的许多重大问题。

这里，应该注意下列集体著作：《中国古代文学》（1969），该著分析了中国古代典籍《诗经》《易经》《史记》，研究了中国神话的特点，探讨了文学与民间创作的相互关系等；《中国文学与文化》，这是一部纪念B.阿列克谢耶夫90周年诞辰的论文集（1972），书中辑录了有关院士学术活动的资料，同时也收编了许多篇论述中国文学史各个时期作品的论文——《中国文学研究在苏联》（1973），这是一部探讨包括中国古代、近代、现当代文学的广阔领域的论文集。

中国古代诗集经典《诗经》（俄文版）的问世是对俄国汉学的卓越贡献，其全部诗篇皆由A.什图金（А.А.Штукин）首次译成俄文。

同时，中国文学语言鼻祖、《楚辞》诗体奠基者、中国古代诗人屈原（公元前4—公元前3世纪）诗集俄文版的面世，也是值得称颂的。屈原诗歌全部译成俄文，如同《诗经》一样，也是首次进行的。尽管屈原生活的时代离我们数千年，然而诗人的缪斯（诗神）却离我们很近。诗作中充溢的那种真正诗歌的永恒的源泉诸如对祖国、对人民、对人类的爱，非常顽强而有力。诗人在其创作中确立了人道主义与爱国主义的高尚原则。

中国许多大诗人的作品译成俄文出版，使四卷本的《中国诗选》得以问世。苏联读者以很大的兴趣迎接这部书的出版。书中召回了中国人民的天赋，以空前独具特色的新鲜气息展现了中国历代著名语言艺术家的爱国主义思想、人道主义精神和热爱自由的追求。

俄文版《中国诗选》是苏中文艺研究家和语文学家、编辑家和翻译家学术友好交流的成果；究其资料之丰富和风格之多样，它是截至目前在中国国外出版的中国诗歌选集中，堪称独一无二的出版精品。

《诗选》第一卷，除编选了《诗经》的民歌、颂诗和国风外，还编入了屈原的《楚辞》，公元3—7世纪时期的诗人们的诗作：中国古代著名的将领曹操（2—3世纪）及其儿子曹丕、曹植的五言诗，还有令人叹服的陶渊明（4—5世纪）的诗歌和美丽动人的民歌汉代乐府诗等。

第二卷编选的全是中国诗歌"黄金时代"——唐代的诗歌，不朽的一代诗杰创作繁荣时期的作品：李白、杜甫、白居易、元稹、王维、孟浩然、韩愈和许多其他诗人的作品，这些诗人的名字永远非常亲切地活在中国人的心中。

第三卷包含了三个时代：宋（10—13世纪）、明（14—17世纪）和清代（17—19世纪）诗歌，当时活跃于诗坛的诗人有：苏东坡、欧阳修、柳永、陆游、李清照、辛弃疾，而后来则有林则徐、黄遵宪等。这一时期产生了新的诗歌形式和具有独特风格的高超诗艺，虽然再也达不到唐朝诗歌的高峰了。

1919—1957年的中国新诗占据了整个第四卷。与诸如郭沫若、萧三、田间、臧克家诗人的诗一起，广泛推出了其他一些首次译成俄文的新诗。该卷刊载了许多人民政权胜利后写的诗作，其中许多诗作讴歌了列宁和苏中友谊。

在这方面，应该提到H.康拉德主编的最全的一部俄文版中国文学选本。正如编者在文选前言中所指出的那样，由于中国文学作品俄文译品的大量出版，这本《文选》的问世才成为可能。很遗憾，文选中所提供的文学艺术作品很不够，且编入了一些对文学创作本身并无直接关系的作品。譬如，选集中竟没有中国古代天才的语言艺术家贾谊（公元前3世纪—公元前2世纪）的任何一篇诗作，而却选载了吴起（公元前5世纪初—公元前4世纪末）的《吴子兵法》的序言，该文在历代文选中皆未选载，通常将其视为中国战争思想文献。

Б.瓦赫京（Б.Б.Вахтин）对汉代乐府民歌问题进行了深入细致的研究，首次将这种中国古代艺术文献的音乐诗歌作品译成了俄文。

唐朝时期的诗歌创作，是中国文学艺术的最高峰时代，经常吸引着许多文献研究家的关注。

E.谢列勃里亚科夫（E.A.Серебряков）著作深入研究了这一时期最著名的诗人——杜甫的创作；而O.菲什曼的著作《李白》则探讨了这一时期另一位最大的语言艺术家李白的诗作。这部著作的作者同时还翻译了唐朝的短篇小说，并撰写了论述这一文体的论文。李白的诗同时也被编入了《抒情诗选集》，卷首载有B.潘克拉托夫（В.И.Панкратов）为该集撰写的独具特色的评论文章。

附有B.克里弗佐夫（В.А.Кривцов）的领衔论文《论王维的诗歌》的《王维作品选集》是研究中国唐代不朽的语言艺术家王维诗歌创作的选集。这部书的价值，其中之一便是它提供了关于王维的文学语言艺术的最充分的概念，并帮助我们了解了中国诗歌的繁荣时期。

在唐诗研究方面，应研究1956年出版的一部《中国唐代诗歌》著作。这部著作充分地提供了唐代大诗人们的典范之作。由于对这一课题的深入研究，便出版了由A.基托维奇（А.Гитович）翻译的《三位唐代诗人》集。

在研究唐代语言文学艺术的著作中必须提到Л.波兹德涅耶娃论述元稹著名的《鸳鸯传》的著述及其论述诗人世界观的论文。但是，这仅仅是揭示元稹诗作特质的开端。

更替唐代的宋代文学一直很少有人阐释，只是最近苏联汉学家才开始研究在中国文学史上这一重要时期的语言艺术家们的诗歌创作。在这方面的首批著作中有由E.谢列勃里亚科夫撰写序文的《陆游诗集》。

20世纪50年代，在刊物上，在中国诗歌选集（《唐宋诗集》四卷本）中，刊载了M.瓦斯马诺夫（М.И.Васманов）翻译的首批译作。后来，他翻译的中国诗歌收入东方文学丛书一卷本《东方诗歌》。

各种单行本的翻译诗集先后问世：《辛弃疾诗集》（1961，1985）、李清照《漱玉词》（1970，1974）、中国古典诗集《梅花盛开》（在这本诗集中编选了李白、白居易、温庭筠、李煜、欧阳修、苏轼、李清照、秦观、陆游、辛弃疾等中国大诗人的诗词）。上述诗集均附有M.瓦斯马诺夫撰写的序言和评论。同时，他还准备好了一部中国女诗人诗集《爱情与忧伤诗》和一部中国古典诗词《玉箫之歌》。

近几年,苏联读者还结识了其他一些中国古典诗歌。1969年,在《东方古典诗集》中刊载了А.阿赫马托娃(А.Ахматова)的很精美的译作;而1979年,А.阿达利斯(А.Адалис)的诗《东方诗歌选集》问世。

А.什捷英别尔格(А.Штейнберг)与学者、汉学家В.苏霍鲁科夫(В.Сухоруков)密切合作,对中国伟大诗人王维(701—761)的诗歌作品所进行的移植尝试是非常成功的。В.苏霍鲁科夫是《王维诗歌集》(1979)一书的编者,该书之领衔论文、注释和汉诗的散文翻译等皆出自他的手笔。

同是在1979年,读者买到了由Л.艾德林主编的翻译王维、苏轼、关汉卿和高起诗歌的新译本:《8—14世纪的中国抒情诗集》。В.苏霍鲁科夫和И.斯米尔诺夫(И.Смирнов)完成了逐字逐句翻译的译作。从这些大部头译著中,我们同样会注意到Л.艾德林为东方文学丛书《印度、中国、朝鲜、越南、日本的古典诗歌》撰写的长篇文章。

苏联汉学、文艺研究家们在研究中国诗歌创作的同时也在研究艺术散文问题。近年来,这方面取得了显著成绩,许多重要的中国散文经典作品,长、中、短篇小说和故事被首次译成俄文。在这方面,首先应提到在人民日常生活基础上创作的英雄史诗——罗贯中的大部头长篇历史题材小说《三国志演义》,反映中国人民反抗封建统治的社会斗争生活的宏伟的文学经典作品施耐庵的《水浒传》、曹雪芹的《红楼梦》以及反教权倾向的长篇讽刺幻想小说《西游记》。

上述中国诗歌和散文作品也再三被译成欧洲(英、法、德)语言,然而,其翻译通常以某些原则为基础,这些翻译原则,与我们的艺术作品的翻译原则根本不同。譬如,欧洲的和美国的一些汉学家常常不译作品的全文,而只译其单独一部分或某些章节。在这种情况下,选译的资料完全依译者的性味而决定。他们经常随意删削那些在语言和民俗方面的困难之处,而有时则不顾汉文的原意,只相信自己的臆测、个人的杜撰,达到了任意仿造、随意改写原文的地步。譬如在西欧一些国家,涵义之曲解和阐释之随意性是极为经常的翻译现象。

有许多情况大家都很清楚,欧洲人翻译中国艺术作品尤其诗歌作品时,只是对翻译原作的一般转述,只是猜测形象和性格,而全然不注意保留原作的特点及其风格、艺术表现力,以及作家语言艺术的特色。这样,譬如,唐朝诗人白居易的诗歌不止一次由西欧和美国汉学家翻译,但大多数译作都存有很严重的缺陷,甚至连其中译得较好者——阿尔图尔·威廉的英译作品也平淡无华没有诗味，因而，没有传达出诗的主要含义。这是一种没有诗的诗，它破坏了原作的艺术准确性，没有传达出作品的内涵及其文学语言手段的修辞作用，没有再现作为一部完整、统一作品的原著的具体部分的特色。

翻译白居易诗歌的另一种方法，具有苏联汉学文艺家的独特风格。在各个时期，白居易的诗皆有俄文译本，但是提供白居易诗作最全的译本却是Л.艾德林的《白居易的四行诗》。应该充分注意到，在Л.艾德林包含158首白居易诗作的译本问世前，白居易的诗作仅有28首四行诗和2首长诗译成了俄文。Л.艾德林译本的主要优点是，译者正确理解了白居易的诗歌精神，清楚了其创作特点、思维过程和诗歌的语言系统。中国诗歌简练而含蓄，向译者–诗人提出了诗歌形式方面的严重要求；而Л.艾德林同样善于运用精练的俄语巧妙地、非常准确地将其表达出来。

苏联汉学文艺家们将翻译不视为"原作的反光"，而视为一种运用祖国语言准确传达原作的思想与艺术表现力的艺术。翻译应该保存历史的客观性，保持尽可能充分地传达原作的思想内涵。这对翻译技巧提出了很高的要求；翻译应使俄国读者最正确而准确地理解原作，使其形成关于诗歌原作反映的社会历史背景与精神生活的正确概念，传达出原作艺术方法的具体特色和独特风格。

中国文学作品译成俄文的最好范本是完全符合中国原作精神的译作。为此，翻译时要选择校勘精良的汉文版本，这种版本是在作者生前出版或按照此种版本校订过的。当然，任何逸出或改变原文的做法都是不允许的。对汉语原文和俄语译文的检查校订，确保了译文的准确性。在最可靠和最客观的汉语辞书和百科全书中对历史事实和被译作品中遇到的文学语义问题都有所诠释。

然而，中国文学作品译成俄文并未摆脱缺点，有时是很严重的缺点。在我们的实践中确立的翻译方法，从根本上保障了用俄语表达原作思想内容的准确性。翻译时保留原作的艺术特色问题，即对等翻译问题，一直远远未能同样顺利解决。这里经常出现译意极不准确和漏译问题。这在很大程度上被解释为汉俄语言性质截然不同，其语法结构相异，其句法与词法各有其明显特征所致。汉字文本译成俄文经常变为独特的译解符号，在其过程中发生了全部成语和句式结构的改写。在这里，机械地准确、逐字逐句地运用俄语方式再现原作，那是不可思议的，所以，将俄语句子套入汉文句子，就不可避免地破坏了原作的艺术与思想内涵的准确性。

这样,便出现了极为复杂的问题:除要求思想内涵完全相符以外,还要求传达出作品艺术的真实性、具体的个性、作者思考和表现其固有的幻想世界与形象思维的独具特色的艺术手法;换言之,译者应该传达出作者艺术手法的一切具有个性化的独特风格及其文学语言的艺术性。我们知道,正是作者的文学创作的这些特点与作品的思想内涵紧密相连,成为揭示作品思想内涵的手段,如果在译成外文的译作中不能准确地表达出这些特点,那就不能说这部译作是一部基本有价值的艺术作品。

马克思主义经典著作清楚地指出,在译作中不仅要保持原作思想内涵的准确性,而且要再现作者艺术手法的独特风格,这些都是必要的。恩格斯在为英译《资本论》撰写的《应该怎样翻译马克思著作》一文中,也强调指出了详细了解原文语言的成语和独具特色语句的必要性和在译作中再现并非单词的字面意义而是原作的真正内涵的重要性。对准确地表达原作的思想内涵及其语言风格的高要求,在翻译艺术文学作品中具有特殊的意义。

在将中国作家的作品译成俄文的翻译实践中,我们的弱点经常是对原作文学语言的表达和艺术风格的真实性把握都非常欠缺。这其中的原因是,翻译工作由各种人员完成:逐字逐句按字义翻译由懂汉语的人来做,而文字修饰则由诗人来干。这种被译作品的思想内涵与艺术部分的被肢解,导致了艺术翻译的失败。因为掌握汉语的人认为从语言角度来看,自己读懂了原著,其任务就是传达原著的思想内涵;而诗人或作家则认为自己要干的只是对俄文译品的文学润色,不依赖于文学原著,对他来说,原著是完全读不懂的。所以,便形成了内容与形式的机械结合。他认为自己的目的是增强译品的"美感"与"诗意"。这种本质性的缺陷,几乎对使用上述翻译首先是诗歌作品翻译的方法进行翻译的所有作品来说,都很有代表性,因为真正具有诗歌天赋的汉学文艺家是不多的。

同时,俄译中国散文作品的疏漏与艺术缺陷也很大。其原因基本是,中国原著的文学语言方式要求译者深入于汉字文本语言结构中,深入于被译作品作家的文字特点和创作风格中去。然而,远不是所有汉学家、翻译家都同时掌握原文语言与俄罗斯文学语言的各种各样的艺术语言手段。这就不能贴近具有极大具体个性的汉语原著文本,以便考虑到被译作品的特点,用俄语将上下文协调起来,再现原著。

然而,直到目前为止,俄译中国诗歌和散文作品积累起来的翻译经验，都是顺利解决有关翻译问题，诸如原作的艺术问题、思想与艺术表现的技巧问题，以便运用外语工具，最完善、最圆满地再现原著的主要基础。这就使我们能够着手出版40卷本的《中国文学丛书》。这是迄今在我国翻译实践中，前无古人的一部翻译巨著。

我敢说，我们的时代，是将外国作者的作品变为我国人民的精神生活财富的时代；人民，是全人类的精神瑰宝的继承人。

# 论毛泽东的诗词创作*

**Л.艾德林**

大凡一种富有诗意的政论文，其崇高的思想及其所展示的纯真和力量都极为超俗，能鼓舞人们去建功立业。这就是《共产党宣言》的诗，就是В.И.列宁和其他马克思主义理论工作者著作的诗，毛泽东著作的诗。

记得，我们许多翻译毛泽东选集的译者，最初阅读关于长征途中鲜为人知的故事的生动描写时，感到十分震撼；当时"天上每日几十架飞机侦察轰炸，地下几十万大军围追堵截，路上遇着了说不尽的艰难险阻"[1]，但红军仍继续前进！前进！当时我们想，怎么办呢？我们的表达能力有限，苏联读者能够感觉到我们体验的那份感动吗？

毛泽东论及当代事件的散文，其中含有积累了千百年中国诗歌创作的财富。他还引用过《诗经》的一些诗句。《诗经》这部书里，收集了公元前7到前6世纪的许多民歌、古代圣贤的寓言、古代民间小说描写的事件等，这一切，在毛泽东的散文中，都以最现代的方式，栩栩如生地表现了出来。这样，天才的历史学家司马迁在其《报任少卿书》中的话，又重新回到了现实生活中："人固有一死，或重于泰山，或轻于鸿毛。"毛泽东接着说，"张思德同志是为人民利益而死的，他的死是比泰山还要重的。"[2]毛泽东还援引了《列子》中关于"愚公移山"的优美寓言故事，说明世界上没有什么力量可以阻拦人的意志；所以这个故事也写入了中共七大的闭幕词中：太行山和王屋山被比作压在中国人民头上的帝国主义和封建主义两座大山。他说，"现在也有两座压在中国人民头上的大山，一座叫作帝国主义，一座叫作封建主

---

\* 译自《苏联中国学》1958年第1期。(Советское китаеведение.1958, №1.)

1 毛泽东《论反对日本帝国主义的策略》，载《毛泽东选集》，人民出版社1967年版，第136页。

2 毛泽东《为人民服务》，载《毛泽东选集》，人民出版社1967年版，第905页。

义。中国共产党早就下了决心,要挖掉这两座山。我们一定要坚持下去,一定要不断地工作,我们也会感动上帝的。这个上帝不是别人,就是全中国的人民大众。全国人民大众一齐起来和我们一道挖这两座山,有什么挖不平呢?"[1]

这些共产主义的诗,这些摆脱了资本主义世界所固有的自私、贪财污点的新人的诗,在毛泽东著作中都得到了生动的描写。加拿大医生白求恩的事迹表明,"他就是一个高尚的人,一个纯粹的人,一个有道德的人,一个脱离了低级趣味的人,一个有益于人民的人"[2]。他把自己的生命献给了中国革命,他的事迹在毛泽东《纪念白求恩》一文中这样写道,从前线回来的人说到白求恩,没有一个不佩服,没有一个不为他的精神所感动。每一个共产党员,一定要学习白求恩同志的这种真正共产主义者的精神。

在毛泽东著作中,总是以诗歌的魅力展现共产党人的思想和意志,这就是为什么在革命圣地总有一个人在关注另一个人;他关注的目的是彰显并培养那种人格,他们能帮助人类摆脱剥削制度,创建一个没有阶级的新社会。于是,他看中了中国人民的伟大儿子鲁迅,称他是中国文化革命新军的主将。他说:"鲁迅的骨头是最硬的,他没有丝毫的奴颜和媚骨,这是殖民地半殖民地人民最可宝贵的性格。"[3]

毛泽东的文章遵循马克思主义思想家的优良传统,将准确的政治措辞同对马克思列宁主义真理的富有诗意的生动的描写,紧密地结合在了一起。同时,这篇文章,无论在马克思列宁主义理论同中国革命实践相结合方面,还是在展现民族独特风格的文体形式方面,都继承和发扬了中国民族文学的优良传统。

这些就是毛泽东文章的特点。我们之所以谈这些文章,是因为它们极具毛泽东诗词创作的特色,必须认为,毛泽东的诗词创作与其政论体文章和理论性著作有着十分紧密的关系。

毛泽东诗词在中国早就广为人知:它们间或印刷一点,经常是以抄本的形式相互传阅。只是一年前(1957)《诗刊》杂志重新创刊时,编辑收集起18首毛泽东诗词,经作者审阅后,发表在了该刊的第1期(创刊号)上。这些诗词被翻译成了俄文,很快就被苏联《火焰》丛书杂志社和外国文学出版社出版了。毛泽东在致《诗刊》编辑部的信中指出,他没打算将这些诗"正

---

1 毛泽东《愚公移山》,载《毛泽东选集》,人民出版社1967年版,第1002页。

2 毛泽东《纪念白求恩》,载《毛泽东选集》,人民出版社1967年版,第621页。

3 毛泽东《新民主主义论》,载《毛泽东选集》,人民出版社1967年版,第658页。

式出版",因为它们属于旧体诗。这的确如此,毛泽东的诗是运用旧的传统的"词"和"五言""七言"诗形式创作的。"诗"是一种古典诗体形式,发生于古代,繁荣于唐代(618—907)。诗歌每行5个或7个汉字,合辙押韵,声调抑扬顿挫;"词"出现得较晚,约在中唐时期出现。"词"是按一定的"词牌"(字数)创作的,词具有自己配置诗行的严格规律,同样是合辙押韵的、富有旋律的诗歌,但仍保持区别于"诗"的不均衡的诗行标志(字数)。

唐代诗人李白、杜甫、白居易、杜牧的优秀诗篇,稍后朝代的诗人李煜、苏轼、李清照的抒情诗词,至今还活着,它们作为永恒的世界文化珍品,作为人类精神活动的诗歌记忆,将永远活在读者心中。古代的诗词爱好者,后代的模仿写作者,几乎原封不动地停留在原地,不仅在诗词形式方面,而且在思想内容方面。唐代和宋代诗人写的作品使其同代人担忧;但由于阅读了这些感人的诗词,我们却感到了那遥远边关当年动荡不安的生活气息。古典诗词的追随者们掌握了先辈诗人的创作方法和一切闪光的诗词创作技巧,仿佛将诗词凝固成了一种"永恒"状态,诗词中塞满了陈旧的内容。文学原来就在生活之中,它是文人对久远的生活画面记忆的一个苍白无力的"副本";它使我们按照新的方式去理解我们可能千百次见过的东西,去思考我们身边经常发生的事情。

然而,意想不到的事情发生了,被模仿者败坏的古典诗词的形式似乎已经不中用了,不需要了,人们终将自然地期待文学要贴近生活,创作出人民大众通俗易懂的诗歌作品。但是,要知道,这种古典形式也禁锢着民歌和民间文学,所以,新中国的诗人们试图解决使传统诗歌的旧形式与新语言、新内容相结合的艰巨任务。这里没有也不可能有统一的药方。在探寻中国诗歌发展道路的诗歌中,我们看到了郭沫若的自由诗和格律诗;看到了李季的近似民歌的《王贵与李香香》;看到了田间的"说书"风格的《赶车传》;看到了毛泽东、郭沫若和其他老一代诗人的古典诗词。

为什么唐宋诗词模仿者的诗歌似乎不行了,为什么这种诗歌形式在当代又重新复活并开始火爆起来?我们想回答这个问题,正好,对毛泽东创作的旧体诗词的分析,可以得出旧形式与新内容相结合的问题的答案。

这些诗词充满了年轻人在革命胜利前的革命激情,描绘了毛泽东这代年轻人的青春年华与成长经历;当年他们正风华正茂,经常在一起争论宇宙问题和祖国大地的命运问题,还抽空将其写成诗歌,以诗歌的形式互相勉励为国建功。这些诗描绘了在长征前的那段岁月,那些年他们创建了工农红军,中国第一支全副武装的军队出现在井冈山上,他们对胜利充满了信心,"黄洋界上炮声隆,报道敌军宵遁"。这些诗歌还描写了红军早期的战斗生活,描写了狭窄的山路和阴沉的森林;红军沿着这些山路,穿过密林,从井冈山转战来到江西和福建:他们不服老,继续不知疲倦地沿着山道前进!

这些诗词还描写了1934—1935年的长征。我们从毛泽东1935年12月撰写的论著《论反对日本帝国主义的策略》中了解到这一壮举,长征是中国工农红军集体功绩的最好的诗篇,数千名战士,在解放全中国使命的支撑下,鼓足干劲,"开动了每人的两只脚,长驱两万余里,纵横十一个省"[1],创造出了这一最壮丽的诗篇。那一年毛泽东赞扬了长征这一伟大壮举,我们从获得的几篇毛泽东诗词《娄山关》《十六字令三首》《长征》《六盘山》中都读到了这些信息:诗人的想象丰富,在这些作品中展现了战争片段,描绘了寓意深刻的画面和哲学思考。

1935年1月的娄山关。红军战士们在前进,清晨,经过娄山关,寒冷的天上挂着一轮惨淡的"晨月"。我们仿佛与诗人一起,不断听到高山上传来的"长空雁叫",还有山道上的"马蹄声碎,喇叭声咽"。新的一天过去了,不可逾越的娄山关被红军战士甩到了身后。于是诗人引擎高歌:

> 雄关漫道真如铁,
> 而今迈步从头越。
> 从头越,
> 苍山如海,
> 残阳如血。
> ——忆秦娥《娄山关》

诗人感到,人与自然是不可分的。中国诗歌的这一传统特点贯穿于毛泽东的全部诗词。在《十六字令三首》中,人达到了天与山的崇高:"天欲堕,赖以拄其间。"这些人,不是一般的人,而是红军战士,是与天顶和山峰之间的自然物同样出现的。这是寓意夸张的单枪匹马与自然力搏斗的人的形象,是提升了思想境界的人的形象,对这种人来说,没有克服不了的困难,这就是诗歌《长征》及其续篇《六盘山》中所展现的红军战士的形象。这支军

---

[1] 毛泽东《论反对日本帝国主义的策略》,载《毛泽东选集》,人民出版社1967年版,第136页。

队的战士们行军一年,把两万里路程甩在了自己的身后,"不到长城非好汉,屈指行程二万"。

只有战士诗人、统帅诗人才能写出这样的诗词,因为只有经历了一切战斗和行军磨难的人,才能如此观察到和感受到这一切人生体验;因为只有统帅人物才具有如此广阔的胸襟和视野,才能把握整个战斗画面的全景。这是思想家诗人写就的诗,他关怀全世界人类的幸福,被赋予了善良勇士的力量,帮他把昆仑山"裁为三截":他具有伟大的精神,为人类共同的幸福,他准备把中国的昆仑山献出三分之二:"一截遗欧,一截赠美,一截还东国。"于是,"太平世界,环球同此凉热"[1]。

10年之后,1945年,诗人又单独与自然对话了,"北国风光,千里冰封,万里雪飘"。他又从自然转向对人生的思考,他感到人的崇高不应比我们居住的美丽大地逊色;那些蜿蜒起伏的山脉,在雪天就像一条卷曲的银蛇;平原上的小丘则像一尊蜡像。这是诗人从高处俯瞰大地。诗人爱上了这雪后的景色:要是在"晴日",阳光照耀着远方的雪景,大地显露出那少女般的美丽,真是"分外妖娆"!诗人对自然画面的宏大想象力,变成了对中国历代风流帝王的沉思。诗人将我们引向了沁园春《雪》那个深刻而精彩的结尾:"俱往矣,数风流人物,还看今朝。"[2]这个"今朝",已经到了极不安宁的1945年,毛泽东从延安飞到重庆同国民党政府进行谈判。但是,到今天已经十分清楚,共产党胜利了,新中国航船的船舷已经明显地显露出来。他们为之而奋斗的理想巅峰,按毛泽东的话说,早在1940年初,就已露出了地平线。

"今朝"——它开辟了新时代之路,为了纪念它,为了为它争光,毛泽东创作了这些诗词。在1949年以后创作的这些诗词中,诗人愉悦的革命激情,以独特的艺术魅力,溢满了所有诗篇;当时昏暗还笼罩着全国,玩弄各种肮脏把戏的魔鬼刚被赶走,这时全中国人民迎来了新中国成立后的第一个国庆节。"诗人啊,诗歌创作的最佳源泉在哪里?"

在《北戴河》一诗中,诗人描绘了一幅中国永久性的"秋风"风景画,这在中国历代诗词中也可经常看到。诗人回忆起了曹操帝王写的诗句,魏武于207年东临三个古遗址。诗人在这里,以全新的观点,描绘了中国的山、水、风。但是,大多别具一格,国家面貌也很快发生了变化。诗歌《游泳》中反映的时代就稍晚些。毛泽东向长江对岸的巫山望去,发现了龟蛇,看

---

1 毛泽东《念奴娇·昆仑》,1935年10月。

2 毛泽东《沁园春·雪》,1936年2月。

见了飞越江面的未来长江大桥,看见了"高峡出平湖",看见了狂暴云雨到来截断了巫山,引来了古代诗人宋玉诗中的神女,"神女应无恙,当惊世界殊"。毛泽东的这些赞美人类争取解放的斗争、歌颂革命者的智慧和力量的诗词,为人们展开了新生活的诗篇,帮助人们建设这样的新生活。

  这就是革命内容同古典形式的和谐结合;这种古典形式数千年前就产生了,它是当时一些别出心裁的天才诗人激情爆发的产物,并在僵化状态下保存了500年。毛泽东掌握了这种赋有一切古典传统,赋有文学联想、想象与暗示,赋有许多古典诗词"典故"的古典诗词形式。我们想强调指出的是,在这些诗词中没有令人烦恼的古旧文辞,之所以如此,是因为所引古典诗人、古典小说中的古典词语和人物形象,都是古典诗歌中惯用的——这一切,在某种程度上,至今还存活着,那种陈词滥调的诗词,不管怎么说,它不是使中国人民骄傲的伟大诗歌,早就消亡了。古典语言及其相关的文学形象传统还活着,因为在中国农村和城市街道、"说书广场"、说书人还在传播它们,还因为,这些传统还存活在戏剧舞台上,中国的传统戏曲在民间熟悉得可以倒背如流。中国农民尽管不识字,但是,没有一个农民不记得自己伟大诗人的名字,不记得一两首他们的诗歌。毛泽东的"典故"与广大著名形象和真正的民间故事密切相关。在中国谁不知道"黄鹤楼"的民间传说?谁不知道一位神道在此驾鹤升天的故事?——"黄鹤知何去?剩有游人处。"毛泽东的这首诗是借用唐朝诗人崔颢的诗《黄鹤楼》创作的。玉龙飞天的飞雪形象从民间诗歌中来到了《昆仑》诗中。毛泽东写道:"夏日消溶,江河横溢,人或为鱼鳖。"这个人变鱼的形象,在儒家编年史《左传》中可以找到出处:"微禹,吾其鱼乎!"[1]

  古代民间传说与现实生活相结合,神话与当代革命现实的大胆结合,这一特色,毛泽东在今年(1958年)元月7日《人民日报》上发表的诗词中,表现得尤其突出。这些诗词是为纪念两位中国革命烈士而写的——这两位烈士,一位是1933年9月在战斗中牺牲的柳直荀烈士,一位是1930年被国民党反动派杀害的杨开慧烈士。这首词是用抑扬顿挫的"蝶恋花"词牌撰写的,共8行诗,其中,第二行和第六行是九言诗,其余是七言诗。

    我失骄杨君失柳,

---

  1 《左传•昭公元年》,载《四书五经》,北京:线装书局2010年版,第1506页:"刘子曰:'美哉禹功!明德远矣。微禹,吾其鱼乎!'"本为歌颂大禹治水的功绩,如无禹治水,则人皆将变成鱼。

杨柳轻飏直上重霄九。
问讯吴刚何所有,
吴刚捧出桂花酒。

寂寞嫦娥舒广袖,
万里长空且为忠魂舞。
忽报人间曾伏虎,
泪飞顿作倾盆雨。
　　——蝶恋花《答李淑一》

　　在这首关于具有马克思主义世界观的共产党人的诗歌中,诗人提到了中国神话传说中的吴刚,他终生砍伐长在月亮上的桂皮树,也提到了月亮仙女嫦娥。他们都曾居住在人间,现在他们出来欢迎到他们这里来的地球人的英灵。他们为人类幸福做出的贡献永垂不朽,尽管杨和柳早已离开我们,但是人们永不忘记,他们完成了自己的人生,他们在生活中以巨大的愉悦坚信革命的胜利。应该这样去理解诗人。革命胜利了,老虎被打倒了,按传统说法,意思就是,中国的人民革命消灭了帝国主义、封建主义和官僚资本主义。这首富有革命激情的诗歌与过去的痛苦一起,带来了革命的乐观主义精神,化悲痛为力量。

　　毛泽东在自己的诗歌中又将注意力转向了历史,他又回忆起了过去帝王的一些业绩,以便赞扬文化的真正创造者——中国人民。在这里,他为了赞美当代中国人,他运用了古代著名的"崇高"之定义,在谈到这一问题时,他说:"俱往矣,数风流人物,还看今朝!"伟大诗人苏轼写过:"大江东去,浪淘尽千古风流人物。"毛泽东就是这样借用苏轼的诗句,给其词义做了另外的解读。

　　在毛泽东的诗词中,我们看到了中国极为庄重的地名——赤县,它是古代战乱时期一个国家的古遗址。公元3世纪,曹操的军队曾经经过这里,成为当代有名的古迹。在《北戴河》一诗中,诗人谈到了曹操在这里写下的诗"东临碣石有遗篇"。接着,亲自对这位古诗人做了回答。我们在曹操那里读过"秋风萧瑟,洪波涌起";毛泽东在《北戴河》的结尾则高歌:"萧瑟秋风今又是,换了人间。"在中文文本中,虽是重复曹操关于秋风的词语,但因调换了个别词序,却出现了新意。

古代楚国的天空，即当今湖北的天空，在《游泳》一诗中，毛泽东聚精会神地专注那楚国的天空（"极目楚天舒"），这便引起我们对孟浩然乃至许多其他古代诗人天空的注意。在这首诗中，我们发现了孔子《论语》中的词语，遇到了不少来自公元3世纪至宋玉时代诗歌中的神仙。毛泽东经常运用古典诗歌所固有的修辞性疑问手法："问苍茫大地，谁主沉浮？"（《长沙》）"今日向何方？"（《元旦》）"谁持彩练当空舞？"（《大柏地》）"千秋功罪，谁人曾与评说？"（《昆仑》）他还运用古诗中常见的书信形式写诗，如《和柳亚子先生》一诗。

毛泽东诗词中对古典形式和"典故"改革的实质首先在于，要将使用的全部古典形式和"典故"同创作诗词的结构、内容及其生活之源，有机地、适当地结合起来。诗人用典的风度之潇洒，再次证明了这位当代诗词大师驾驭古典诗词的灵活性。周振甫在注释《昆仑》[1]一诗时，就列举了毛泽东用典的创作风格的例子。诗人说："安得倚天抽宝剑。"在中国古典诗词中，有"倚天之剑"[2]的形象，此剑是万能的。李白在《大猎赋》中就曾这样高歌："于是擢倚天之剑。"毛泽东将"倚天之剑"分为"倚天"和"抽剑"两个字符，给擎天之柱赋予了另外的思考和含义。

在诗歌《六盘山》中提到了"苍龙"——"苍龙"在这里是象征日本侵略者的，它首次以这种意义被引入毛泽东诗词之中。言外之意是，在"苍龙"之旁，在东方还卧着一只青龙。

毛泽东诗词中活跃着一种当代性，如果没有表达思想的固有方式，没有描述的形象语言，没有启用与其相关的术语，那是很难想象的。倘是那样，我们精心探讨的诗歌的语言成分则会变成另一种样子，不再是古典诗词的样子了，还能如诗人在诗歌《昆仑》中说的那样，"环球同此凉热"，或在那里碰上"遗欧""赠美""还东国"，或美谈"不要这高，不要这多雪"，或如在《长征》一诗中说的"红军不怕远征难"，或闻《井冈山》中的"炮声隆"吗！这些新的词汇和短语给毛泽东的"古典"诗词增添了五光十色；原来，"诗"和"词"的形式具有极大的张力，变得生机盎然了，仿佛从隐藏数百年的幕后走到了前台。

---

1　参见臧克家讲解、周振甫注释《毛主席诗词18首讲解》，北京：中国青年出版社1957年版。

2　如宋玉《大言赋》"方地为车，圆天为盖，长剑耿耿倚天外"，李白《大猎赋》"于是擢倚天之剑"等。

在这里，我们看到了诗人创造性地运用了中国共产党提出的"推陈出新"的口号。当然，阅读这种诗歌要求做好某种准备，但是，要知道，社会主义革命开启了新的可能性，提高了全国人民的文化水平，最终，把人民创造的一切都还给人民，包括中国诗歌的辉煌成就。掌握和发展古典诗歌形式，正如毛泽东诗词所证明的那样，这是发展中国诗歌的道路之一。

在中国，人民熟悉并喜爱毛泽东诗词。毛泽东诗词的俄文翻译，在俄罗斯读者面前，再次展现了兄弟般的中国人民的诗歌和生活中的精彩篇章。

# 鲁迅《阿Q正传》*

Л.艾德林

《呐喊》《彷徨》《野草》——这些都是鲁迅的文学作品集。编入该书的这些中短篇小说，均选译自上述这三本鲁迅文学作品集。这些艺术文学作品，足以使我们了解并喜欢上这位伟大的中国作家、思想家和革命家的文学创作。

鲁迅生活在一个多事之秋。他诞生于1881年。在本书卷首的作者《自传》中，鲁迅非常详尽地讲述了他的痛苦的童年和远离家乡后的苦闷的青年时代。他对童年时闹起的太平天国运动，仍记忆犹新——农民们起来造反，反对统治中国的满清王朝，建立了人人享福的"太平天国"。他18岁时，中国爆发了反对帝国主义的农民武装暴动[1]，后于1900年被八国联军镇压下去。从青年时代起，未来作家的内心深处，便萌生了一种对祖国人民的爱和对压迫者的恨的感情。

为了继续深造，鲁迅来到日本，考取了医学专科学校。他选择这所学校并不是偶然的：像当时的许多青年人那样，鲁迅认为医学能够全面提高国民的体质。为人民谋幸福的想法攫取了他，他似乎感到，这将是摆脱国人的肉体痛苦、解救像病中的父亲那样的不幸人们的病苦的最好途径。

当时，在日本留学的有许多中国青年学生。他们像鲁迅那样，都想为祖国尽力。20世纪初发生的许多重大事件——俄国1905年的革命，中国伟大的

---

\* 不是《阿Q正传》单行本，而是以《阿Q正传》命名的包括《阿Q正传》在内的鲁迅的中短篇小说集。本文系Л.艾德林为该《阿Q正传》俄译本撰写的序言《鲁迅》，现题目为编译者所改。译自俄译本《阿Q正传》，莫斯科：儿童文学出版社1959年版（«Подлинная история А-кью», Государственное Издательство Детской Литературы Министерства Просвещения РСФСР, Москва, 1959.）

1 系指1899—1900年在山东、直隶兴起，而后波及全国的义和团反帝爱国运动。

民主志士孙中山创建的革命组织"同盟会"——这一切都使鲁迅及其同学们在思考中国未来的发展道路。

青年鲁迅开始寻找帮助祖国人民的较之医学更为有效的办法。封建地主千百年来的统治所导致的农民的逆来顺受的奴性状况，使鲁迅极为忧虑和愤懑。当时，鲁迅还不懂马克思主义关于社会发展规律的科学。当时，他似乎感到，应该对人民群众进行教育，以便从沉睡中唤醒他们。

鲁迅带着这种想法，于1909年回到了中国。两年后，中国爆发了辛亥革命，推翻了清朝帝制。它初次告诫鲁迅：伴随辛亥革命的到来，中国历史上最后的一个封建王朝清朝结束了，民主共和国的思想得到了广泛的传播。但是，鲁迅，像当时所有进步知识分子那样，仍在期待着中国的改革，并为辛亥革命的不彻底性而感到痛苦和失望。资产阶级领导了1911年的辛亥革命；而无产阶级尚未自觉地加入进来。所以，推翻帝制后，帝国主义和封建主义的压迫，仍然沉重地压在劳动人民的肩头。

1917年10月，俄国的工人和农民举起了社会主义革命的大旗。这一浪潮很快就传到了中国。1919年5月，中国爆发了反帝、反封建的爱国运动。这一运动被称为五四运动，因为，在这一天，北京的大学生们，为抗议把过去德国在中国的领地转交给日本帝国主义，而组织了声势浩大的游行示威。青年学生们坚决要求将它们归还给中国人民。

五四运动，正如毛泽东所说："是在当时世界革命号召之下，是在俄国革命号召之下，是在列宁号召之下发生的。"[1] 它将笼罩中国社会的广大阶层，并对文学革命思想的发展产生巨大的影响。

中国共产党于1921年成立后，无产阶级作为一种新的政治力量，在中国社会活跃起来；五四运动在反对封建文化的斗争中，表现出了最深刻的彻底性。也就是说，五四运动在中国实行了那种最伟大的文化革命：它勇敢地反对几千年来压制中国人民思想的陈旧的儒家礼教，抛弃陈旧的封建文学，催生出了中国的新文学。

中国的文学革命，与五四运动和文化革命直接相关；"文学革命"这一术语，早在1917年初就已出现，并显露了其文化革命的内容要素：为创建新的现实主义文学而斗争。文学革命提出了文学的现实主义原则，宣扬文学服务于人民利益的思想，使用广大人民群众通俗易懂的语言创作文学作品：反映

---

[1] 毛泽东《新民主主义论》，《毛泽东选集》（1卷本），北京：人民出版社1967年版，第660页。

社会生活，描写人民的斗争。中国著名文艺理论家周扬的论点是正确的，他认为：文学革命虽然有其不足和局限性，但它是中国文学史上的第一次伟大革命；如果不发生这次革命，现在的人民文学就不会诞生。

鲁迅站在中国进步知识分子的前列，共同完成了文化革命和反对封建旧文化的任务。毛泽东称鲁迅是这支文化新军的最伟大和最英勇的旗手，[1] 他率领这支新军向着帝国主义和封建主义文化发起了猛烈进攻。伟大的革命作家鲁迅，开创了中国现实主义的新文学，并以自己的不朽作品，为长期闭关自守的中国文化开辟了通向广阔世界的道路。

鲁迅的创作是世界文学的一个新现象。这位作家的作品，作为一切悠久优良的文学传统与鲜活的革命创新和谐结合的典范，成为粉碎封建主义的柱石及一切封建礼教和奴役人民思想的文化的最有力的武器。

五四运动爆发前和爆发后的这一时期，是鲁迅政治思想形成的时期。由于他明白了一个真理：不是教育——正如他从前考虑的那样——而是进行积极的斗争才能使人民摆脱压迫，所以他掌握了马克思主义世界观。到20年代下半期，正如毛泽东所说，他已经成为共产主义的"信仰者"了。

鲁迅的几乎所有短篇小说和中篇小说都是在1918年至1926年间创作的，那时他还不是一位共产主义的"信仰者"。他明白中国的劳动人民，再也不能忍受封建地主和外国帝国主义使其必然遭受的苦难，但是，他仍然不能清楚地想象到，中国人民怎样才能得到解放。所以，鲁迅的笑声并不愉快，他的笑容里透出了何等的痛苦与悲愤！但是，在其短篇小说中，仍然没有流露出无望的情绪，小说中充满了最坚定有力的信念，中国人民不能不振奋起来！

大无畏精神，是鲁迅现实主义的基本特征之一。作家不怕描写最可怕的社会真实。他懂得，正确的诊断病情，是治病救人的最必要的步骤。

鲁迅的一系列作品问世后，反动派们总是大喊大叫，说什么鲁迅污蔑中国人民。然而，他是多么勇敢！多么坚信自己的正义！为了继续写出那些骇人听闻的社会真实，为了向全世界揭露半封建半殖民地中国的那种人类生存的惨状，也应该具有这种坚定性。

五四运动前，鲁迅已经闻名遐迩。中国知识分子参与五四运动时，已经知道了他的第一批作品。鲁迅以短篇小说《狂人日记》开篇，对中国的旧文

---

1 毛泽东《新民主主义论》，《毛泽东选集》（1卷本），第658页。

学而言，这篇小说全然是一部非同寻常的作品。"日记"的"疯"作者，生活在"四千年来时时吃人的地方"[1]。作品展现了旧中国整个社会的画面，鲁迅称它是"人吃人"的社会。中国文学最早作为社会制度的自觉的不共戴天的敌人，对使"人吃人"合法化的封建礼教进行了毫不妥协的揭露和批判。所以，他不仅暴露，而且还充满了希望，他说："你们要晓得将来是容不得吃人的人……"[2]

这篇中国新文学的第一篇作品，打破了旧文学的结构和语言程式（运用接近口语的文学语言进行写作），开了创作心理小说之先河；这一创作技巧，鲁迅在其后五四运动前夕发表的短篇小说《孔乙己》和《药》中，都已表现出来。

在短篇小说《药》中，鲁迅描写了贫穷而愚昧无知的人们：年轻的革命者虽为他们献出了生命，但他们还是来到杀害革命者的刑场抢买蘸满死难者鲜血的"人血馒头"；他们相信，这"人血馒头"能治儿子的肺痨。怎样激活、怎样惊醒这些人呢？他们在刑场围观，静静地听着刽子手说，这个"犯人"在生命的最后时刻，还使出力气，可怜那个残酷折磨他的狱吏呢！他之所以要可怜这个狱吏，是因为中国大地上的可怕的地狱之主让他这么干的。这是鲁迅本人在可怜他，在可怜那些聚精会神地听着刽子手讲说的茶馆里的围观者，并痛恨那些处死年轻革命者——夏瑜的人。作家虽然还不能想象怎么竟会发生这样的事，革命者的血怎么能救治小栓及其同命者的病，但是，他充满激情地描写了这个故事，他的短篇小说呼吁人民要投入战斗。无怪乎，鲁迅收集自己的作品出版的第一部作品集就取名《呐喊》——战斗的呐喊、召唤。

这种文学，是一种具有丰富的生活情节和深刻的心理分析的美质、异格的新文学；是描写新的主题和新的人物的新文学。鲁迅及其随后的许多中国作家们，都非常关注反对可恨的封建主义的主要力量——农民。而农民，在此之前的中国文学人物中，从来没有占据重要的位置，因为，过去的旧文学不可能真正彻底地批判封建主义制度。

鲁迅描绘了封建主义黑暗统治的中国农村。他在描写农村生活时，不以一个城市知识分子的眼光观察生活，也不依赖自己对童年生活的回忆。他必须亲自深入那种生活，以便弄清真正的真实，并向人们描写这一真实。

---

1　鲁迅《狂人日记》，《鲁迅全集》第1卷，乌鲁木齐：新疆人民出版社1995年版，第149页。
2　鲁迅《狂人日记》，《鲁迅全集》第1卷，第149页。

鲁迅不寻求所写故事发生地地名的多样化，他最常用的小镇的名字就是"鲁镇"。他所起的无论地名还是人物名字，都蕴涵着鲁迅所感触的中国现代农民的主要的典型特征。

中国农村仍按封建伦理道德生活着。这种伦理道德对帝国主义有利，所以他们大力扶持它。在这里，尊敬老人就意味着尊崇富人和显贵；在这里，农民们过得非常劳累、疲惫不堪，找不到同情怜悯之地；在这里，原本活泼可爱的男孩润土（《故乡》），因常年的繁重劳动而变成了一个枯瘦如柴的老农，生活的艰难"都苦得他像一个木偶人了"[1]。

但是，鲁迅描写的不仅这些。如果说在短篇小说《药》中读者还不认识年轻革命者夏瑜，而只是感到他的心灵之纯洁与伟大；那么，在较晚的短篇小说《一件小事》中，人力车夫这个人物就已经蕴涵着人民的力量和高尚品质的寓意。

鲁迅最优秀的作品之一是中篇小说《阿Q正传》。它以深刻的哲理和艺术的完美，令人惊叹！

鲁迅创作的基本方向和艺术风格，早在其《阿Q正传》发表前的短篇小说中就已经确定下来。读者通过这部中篇小说，认清了早已熟悉的鲁迅在描写情感方面的冷静；认识了鲁迅描写人物对话的生动、简洁、精确；还认清了忧郁的短篇小说《明天》的哲学幽默以及短篇小说《风波》的精美讽刺。暴露之勇敢性，使这部中篇小说获得了空前的艺术之力。

中篇小说《阿Q正传》的含义十分宽广。这是一个农村雇农的悲剧：此人，是农村最穷困潦倒的人，人人都可以支使他，人人又都鄙视他。阿Q的奴性是中国封建主和帝国主义者暴行的直接恶果。中篇小说故事发生的时间是所谓辛亥革命那年。这场革命究竟给中国农村带来了什么？给可怜的阿Q又带来了什么？要知道，甚至在阿Q那愚钝的头脑里，对美好的未来也微微闪动出某种想法：伴随革命而来的是什么。在他那被凌辱的心灵深处，也隐含着希望：他能成为一个人。但是，没有，他未能实现这一心愿。农村"知识分子"亲自"闹"起革命，为此偷了寺院里的一件青铜香炉。这些人不准阿Q革命。在这里，这种怪诞的描写，完全符合生活的真实：当时领导1911年辛亥革命的资产阶级没有发动农民，没有使农民阶层不断增长的愤怒释放出来。一切照旧，阿Q在狱中与几个被囚禁的青年农民蹲在一起。他们被捕，就像革

---

[1] 鲁迅《故乡》，《鲁迅全集》第1卷，第180页。

命前平常发生的事情一样，"一个说是"因为"举人老爷要追他祖父欠下来的陈租"[1]。

"奴性"，人们非常蔑视地在谈论阿Q，他们批评他是个未遂的犯人。鲁迅的中篇小说向读者回答了这个问题：谁使阿Q变成了这种人。难道法官的精神与阿Q的精神有区别吗？法官也向职位比他高的人卑躬屈膝，向塞满中国的外国帝国主义分子卑躬屈膝，向服侍帝国主义者的封建主卑躬屈膝。这种奴性心理，在《阿Q正传》问世后，被称为"阿Q精神"。它具体表现为其"精神胜利法"理论：失败者为了安慰自己，就说，战胜我，他还不配！用这种"精神胜利法"谅解了任何羞辱。于是，在中国，也就谅解了帝国主义的奴仆及帝国主义对中国的奴役。

鲁迅对不幸的阿Q悲惨命运的忧伤，是与对其奴性的愤懑糅合在一起的；他（阿Q）的愚钝的信条是："人生天地之间，大约本来有时要抓进抓出。"[2]这部描写阿Q悲惨命运的中篇小说，在每个正直人的面前，激起了对滋生类乎阿Q这种人的社会制度，对那些把个人幸福建立在对人类生命的肉体与精神奴役并毁灭的人们的不共戴天的仇恨，一言以蔽之，即激起了对封建主义和帝国主义的不共戴天的仇恨。这就是中篇小说《阿Q正传》的革命意义。只有一个担心祖国人民命运的真正的爱国者，才能写出这样的中篇小说——这就是鲁迅伟大的人类之爱和对凶残敌人永远仇恨的有力证明。

伟大艺术家的悟性，使鲁迅拓展了其作品的巨大意义。他找到了损害人民思想的霉菌——"精神胜利法""阿Q精神"，所以，他的整部中篇小说都十分明确地描写了推翻压迫者的统治，这是必然的。透过阿Q的听天由命和逆来顺受，鲁迅发现了隐藏在其内心深处的那种很快就要投身革命的内驱力。作家使我们深信，"眼下还被一堵高墙围着的中国人民，很快就要苏醒，就要斗争和开始说话"[3]。鲁迅在给《阿Q正传》第一个俄译本写的序言中，正是这么说的。

鲁迅非常熟悉自己所描写的人物。隐藏在任何角落里的当代中国社会的弊端，都逃脱不了他的锐利的目光。封建主义的主要支柱之一，就是对妇女的奴役。所以，鲁迅不止一次地反对这种恶行。《祝福》中祥林嫂的悲惨命

---

1　鲁迅《阿Q正传》，《鲁迅全集》第1卷，第206页。

2　鲁迅《阿Q正传》，《鲁迅全集》第1卷，第207页。

3　编译者根据俄文译出。

运，她在周围世界的孤独，她所遭遇的不幸——这一切，也都是旧中国农村妇女命中注定的遭遇。所以，鲁迅的这个短篇是为反对封建黑暗势力对妇女的迫害而创作的。

在鲁迅的艺术作品中，我们会遇到许多农村和城市的"知识分子"——他们是各种不同的人物：如为一点蝇头小利好记私仇的邻村茂源酒店的主人赵七爷（《风波》）；如未庄的一些微不足道的哄骗百姓的"思想统治者"（《阿Q正传》）；再如抛弃了旧思想，却找不到新思想，仿佛是生活中的多余人一样的吕纬甫（《在酒楼上》）；等等，还有许多别的人物。鲁迅运用不同的笔法描写了这些人物。他对吕纬甫的描写是经过深思熟虑的，他是一个像"蜂子和蝇子"一样，在外面"飞了一个小圈子，便又回来停在原地点"[1]的读书人。当鲁迅描写这个人起初充满理想，而今沉沦下去，对未来命运丧失了信心时，我们仿佛听到了鲁迅的声音里，充满了同情和悲愤。短篇小说《幸福的家庭》的主人公什么事情也干不成。他想创作一篇题名为《幸福的家庭》的作品，但他却生活在清贫之家，对劈柴和白菜的关怀塞满了他的生活，他很难创作下去。究竟什么是真正的幸福？他不知道，他的幸福观是庸俗的。该小说充满了幽默，它引人发笑，但这笑声是非常忧伤的。是的，《幸福的家庭》这篇名本身，就充满了讽刺的意味！

在优美的短篇小说《伤逝》中漫散着许多忧伤的描写。一对年轻恋人无力冲出封建意识的偏见和生活的困顿这张网；子君姑娘，因生活负担的重压，身体日渐衰弱，丢下自己的"希望"而"走"了。这篇抒情小说，是以第一人称，即以姑娘的男友的身份来抒写的，运用了与短篇小说《幸福的家庭》不同的艺术表现手法；但是，不管这篇还是那篇，均是年轻人的"理想"触及社会现实后而破灭的悲剧。当时，鲁迅虽未明确想象出年轻人应奔向革命的道路，但他的描写知识分子的短篇小说却永远引导读者思考这样的问题：知识分子只有与全国被压迫的劳动人民融合在一起，才能从半封建半殖民地中国给他们施加的桎梏中解放出来。

在我们编译的这本鲁迅中短篇小说集中，还译载了选自1927年6月出版的《野草》集中的散文诗。这些小型的艺术精品，写得非常精致，它们充满了丰富的诗意和深刻的哲理。它们紧密地联系鲁迅时代中国的黑暗现实，其中有些篇什，甚至只是作者瞬息情感的真实印记。难怪，鲁迅在为其写的短序

---

[1] 鲁迅《在酒楼上》，《鲁迅全集》第1卷，第338页。

中说："我爱自己的《野草》，但我恨被它们粉饰的大地。"[1]这些作品中"议论"较少，但它却引领我们去思考旧社会的伪善——在那里，实话受到惩罚，迎合人的谎言却得到褒奖。在短篇故事《聪明人和傻子和奴才》中，多么令人愤怒和痛心！一个名叫奴隶的人，害怕"傻子"的坚决行动。难道，读着这篇故事你没看见，为搭救被精神奴役的奴隶，需要像"傻子"采取的那种更加坚定、果敢的行动吗！

鲁迅作品在我们面前展现了一幅中国现代社会的画面。何等艰难，何等忧伤的画面！但是，在这幅画中，谁能使中国人从这一黑暗地区和无尽的痛苦中得到解放呢？我们没看见，好像艺术家的手还没画出来。尽管如此，鲁迅的作品对其时代而言，仍然具有非常优秀的特质：作品虽令读者惊心动魄，但却没有使他们感到悲观失望。而是恰恰相反，唤起了他们投入斗争，激起了他们对压迫者的痛恨，使他们充满了对劳动人民的爱并坚信：人民应得到最好的报应。鲁迅作品之所以如此，是因为他善于表现劳动人民内在的伟大、力量和美德。

我们能够说出鲁迅中短篇小说中的一个伟大的正面人物，即善良、忍耐、勇敢的中国人民；能说出忘记自己、去帮助倒在车旁的老妇人的人力车夫，能说出死于"祝福"之地的爱好劳动的瘦弱的祥林嫂，能说出来自美妙的、仿佛透出一线光明的短篇小说《社戏》的好心的六一公公。作家怀着满腔激情创作了这些作品，希望能搭救这些人。揭露反动势力的社会问题的尖锐性和不可调和性，成就了鲁迅这一时期的创作。

很难找到比鲁迅更为民族化的作家，他如此深刻地接受了中国古典文学的现实主义的人民性传统。但鲁迅没有任何的民族的狭隘性：他经常为欧洲文学的人物命运感到焦躁不安，尤其被那些创作了点燃起为争取人类幸福而斗争之火的作品的作家所吸引。他喜欢果戈理、契诃夫，赞扬高尔基，认为他是伟大的作家、高尚的人。鲁迅的人道主义，使他清醒地懂得人是为幸福而造的；他同情"小人物"，并立志唤起他们的为争取美好未来而必须具有的勇敢精神。《呐喊》和《彷徨》时期的鲁迅现实主义的这些和其他许多特点，使他与俄罗斯古典文学非常接近。

鲁迅所塑造的农民和知识分子形象，如此生动、清晰，就像奥斯特洛夫斯基的人物，像高尔基的各种不同人物那样，令人难忘！鲁迅首先关注自己人

---

[1] 编译者根据俄文译出。

物的精神世界，他惜墨如金，绝不详细描写那些多余的细节和情节，只描写整体中他所需要的那部分（就像中国画中含蓄会生出隐含的细节），他拓展出了广阔的人民生活的画面，他描写了封建压迫的一切危害性，唤起农民隐藏于表面，而经常隐藏于内心世界的"逆来顺受"中的将醒的革命性。

鲁迅的革命现实主义，与19世纪的俄国和西欧的批判现实主义是不同的，尽管它的基础与其有许多共同之点。它之所以与其不同，是因为推出了鲁迅与其他许多五四作家的文学革命，是发生在伟大天才高尔基文学正蓬勃发展，并给予年轻的中国文学以巨大影响的时期；是发生在苏联第一批社会主义现实主义文学优秀作品先后问世的时期。

鲁迅艺术作品的革命性在于其艺术形式。作家走在中国文化革命的前沿，他的伟大的成就之一，就是不使用只有少数受过专门训练的人才能读懂的旧的文学语言。鲁迅在其中短篇小说中，竭尽全力使用记入中国古典长篇小说中的生动的人民语言，给其注入新的内容——时代精神和作家的巨大天才，从而使其语言丰富多彩。鲁迅作品将千百年来的人民传统与现代生活统一于一体。鲁迅的艺术创作，远在1918—1926年时期，无论就其内容还是就其形式而言，均堪称是创新的、革命的文学。

鲁迅创作艺术作品的年代，对他而言，也是他参与革命斗争实践的时代。作家非常注意政论风格，从20年代末，政论已成为其创作中特有的风格。鲁迅在这些年的论文和杂文中，已经创作出了以其精神力量和正确方向而征服我们的能引导群众进行战斗并坚信斗争必胜的真正的英雄形象。在这些作品中，鲁迅作为中国社会主义现实主义文学的创始人而登台亮相。

苏联的战斗朋友鲁迅，在其文章中坚决反对对社会主义国家的污蔑，不倦地宣传俄国文学和苏联文学。他翻译了高尔基、富尔曼诺夫、肖洛霍夫、法捷耶夫的作品，编辑出版了许多苏联作家的作品。他逝世前没来得及译完的著作是果戈理的长篇小说《死魂灵》。

1936年10月19日，鲁迅在曾经通缉过他的国民党中国逝世。他没有放下手中的武器，像投入战斗的战士一样"走"了。他所崇敬的古代诗人屈原歌颂为国捐躯的将士的诗句，用来评价他很合适：

诚既勇兮又以武，
终刚强兮不可凌。

身既死兮神以灵，
魂魄毅兮为鬼雄。
————屈原《国殇》

伟大的作家和热情的革命家鲁迅的精神，永远活在人民中国的光荣的文学中，他将自己的全部精力和全部卓越的才干，都贡献给了推翻封建主义和帝国主义压迫的中国解放事业。

# 鲁迅在美国汉学界*

## A.热洛霍夫采夫

鲁迅著作的翻译与研究，在西方，尤其在美国，从来都不被视为纯学术问题。它总是被赋予一种沉重的政治含义。鲁迅是公认的中国左翼文艺运动的领袖，这首先就决定了美国对待他的态度。其实，美国对待鲁迅的不同态度，是以中美关系的发展状况为转移的。

鲁迅在世时，美国汉学无视鲁迅创作。美国反动集团总是怀着敌意对待发端于1919年五四运动的中国新文学，认为它是"亲共"的。当时，只有埃德加·斯诺的态度是个例外，他追求的目的就是宣传中国的新文学。

1936年鲁迅去世后，他在中国所取得的文学成就，使美国汉学界对他的态度发生了明显变化。鲁迅作品译本开始在美国出版，其创作被承认是中国现代文化的一部分。甚至，国民党当局，在鲁迅逝世后，也促使鲁迅作品在美国传播。这是对这位优秀作家创作的一种典型的政治投机事例。急需美国帮助的国民党反动派，为寻找中国文学在美国传播的路子，不知羞耻地把目光投向了生前曾被其跟踪、追捕、迫害的作家鲁迅的作品。然而，美国大学汉学界继续无视鲁迅和整个中国新文学，不承认它的审美价值。在五六十年代，中华人民共和国内对鲁迅的公认和推崇，激起了美国对他的极大成见。在这一时期，关于鲁迅，与其极端恶意地评说，不如完全沉默更好。

70年代中美关系的变化，导致美国汉学界重新审视其鲁迅观。此刻，西方国家开始积极研究鲁迅和出版鲁迅作品译本。这种对鲁迅的新的态度，较之过去，其学术思考是比较严肃的。在鲁迅研究方面，美国和西方汉学，总体来说，明显地落后于苏联汉学。显而易见，苏联学者的成绩，首先是以客观地对待这位伟大的中国作家，并系统地研究其文学遗产为前提的。

---

\* 译自苏联《远东问题》1982年第3期。（Проблемы Дальнего Востока.1982, №3.）

美国汉学的第一阶段,是美国人认识鲁迅创作的时期——翻译鲁迅生前出版的著作。我们应该将中国人译成英文并在中国出版的鲁迅作品同西方(包括美国)关于鲁迅的汉学著述加以区分。只有翻译语言的共性,才能把它们统一在一起。中国翻译家的工作不能确定或表现美国汉学界的态度和立场。

鲁迅作品的早期翻译,是中国人在中国完成的。还在1926年,梁社乾就把《阿Q正传》译成英文在上海出版了。[1]但是,在自己国家出版的外文读物,还不能证明国际上对该作家的认可。国外开始翻译并出版鲁迅著作的时刻,来得较晚。敬隐渔(J. B. Kyn Yn Yu)译的法文译本《阿Q正传》,经罗曼·罗兰推荐发表于《欧罗巴》(Europe)杂志(1926年第5—6期)上;而1929年,译者又补充、翻译了鲁迅短篇小说《孔乙己》和《故乡》,与法译本《阿Q正传》一起编入《中国现代作家短篇小说选集》在巴黎出版。该短篇集在英国由密尔斯(E. H. F. Mills)从法文转译成英文,于1930年在伦敦出版;而后,又于1931年在美国出版。[2]所以,在美国第一次认识作家鲁迅,似乎是通过第二手翻译完成的。所以,埃德加·斯诺非常犹疑地评价这次翻译。1935年,斯诺在谈及梁社乾和密尔斯翻译的两种鲁迅作品英译本时,他写道:"现在已经出版了两种英译本。但是,非常不幸,这两个译本中都含有许多随意添加和删减文字之处,以及粗陋的错误。"[3]

令人惊奇的是,美国的图书索引竟然没有提及密尔斯在纽约出版的译著,俨然做出它大概并不存在的样子;在吉布斯(D. A. Gibbs)的详细的图书索引里压根没有提到它,[4]只有专门研究《阿Q正传》在国外传播的中国文艺家戈宝权提到了密尔斯翻译的这部书。

在美国汉学界,首先关注鲁迅创作的是埃德加·斯诺。1935年他在纽约的《爱沙》(Эйша)杂志上发表了他翻译的鲁迅短篇小说《药》;1936年又发表了《风筝》。埃德加·斯诺成功地在美国出版了译自鲁迅和其他中国现代作家作品的译著。1935年,他在纽约出版了自己的译文集《活的中国》,1936年在伦敦再版。鲁迅的著名短篇小说《一件小事》《风筝》《药》《孔乙己》

---

1　G.K.Leung. *The True Story of Ah Q.* Shanghai, 1926.

2　*The Tragedy of Ah Q and Other Modern Chinese Stories* (tr. E. H. F. Mills from the French Original of Kyn Yn Yu). London, 1930; New York, 1931.

3　戈宝权《〈阿Q正传〉在国外》(中文版),北京:1981年版,第28页。

4　D.A.Gibbs. *A Bibliography of Sudies and Translations of Modern Chinese Literature, 1918-1942.* Cambridge, Mass., 1975.

《离婚》《祝福》等都编入了这个集子。[1]

美国纽约的《远东杂志》大约一年发表一次鲁迅作品译品。译者王际真翻译、发表了《风波》和《祝福》,而J.肯涅基翻译、发表了《故乡》[2]。1941年,美国哥伦比亚大学出版社出版了王际真翻译的鲁迅短篇小说集《阿Q及其他——鲁迅小说选》[3]。实际上,这本书是美国出版的第一本鲁迅选集,虽然过去国民党政府特派来与美国搞战时文化关系的中国人也曾翻译过它。在来美国前,王际真在为在华外国人创办的英文版《天下月刊》(Tienhsia Monthly)杂志社工作。正是这位王际真,1943年在美国又出版了中国现代作家作品选集,该集编译收录了鲁迅的短篇小说《端午节》和《示众》[4]。

在中华人民共和国,鲁迅著作是由杨宪益和格拉底斯·杨(即英裔中国籍人戴乃迭——译者注)翻译成英文的;这些译品在中国不止一次再版,譬如,四卷本的鲁迅选集在1980年前就出版了3次。在这些翻译的基础上,纽约版本的鲁迅短篇小说集(一卷本)于1972年问世。[5]20世纪50年代,鲁迅短篇小说集在美国仅出版了一次,是由进步出版社凯麦隆出版的。[6]

1974年,纽约出版了W.甄涅尔(W. J. F. Jenner)编译的《中国现代短篇小说集》,其中收录了鲁迅作品(1970年在伦敦出版)。[7]1974年,美国编译出版的中国短篇小说集《草鞋脚》[8]是中美学界的共同举措。这是一本1918—1933年的中国短篇小说集;这个集子是当年鲁迅和茅盾应伊罗生(Harold Isaacs)在美国出版的请求而准备好的。书是编辑好了,但是,当时没能出版,手稿在美国一直放了40年方才出版。这么晚才出版的原因,当然,不是突

---

1　E. Snow. *Living China. Modern Chinese Stories.* London, 1936; London, 1937.
　　斯诺在其另一本书中指出,他还有一本1935年纽约出版的书(E. Snow. *Red Star over China.* New York, 1968, p.245),这部书笔者未见到,美国天逸·李和D.吉布斯的图书索引没有记载,中国的索引书《鲁迅研究年刊》(西安, 1979)也没有记录。

2　载《远东杂志》第2卷第2期、第3期;第3卷第5期、第6期。

3　*Ah Q and Others:  Selected Stories of Lusin.* New York, 1941.

4　Wang Chi-Chen (tr.). *Contemporary Chinese Stories.* New York, 1943.

5　Lu Hsün. *Selected Works*, Vol.1–4.Peking, 1980; Lu Hsün. *Selected Stories.* New York.1972.

6　Lu Hsün, *Teacher of Chinese Revolutionary Literature.* New York, 1957.(转引自《鲁迅研究年刊》)。

7　W. J. F. Jenner (ed.).Modern Chinese Stories. New York, 1974; London, 1970.

8　Straw Sandals. *Chinese Short Stories 1918–1933.* Ed. by Harold R. Isaacs. Foreword by Lu Hsün. Cambridge, Mass., 1974.

然认识到了中国现代文学的美学价值，而是希望通过这种文化举措加强建立中美关系。该书编者伊罗生在其详细的前言中宣称："这本中国短篇小说集，在1934年就编好了。其目的是展现当时已持续15年的中国文学革命的发展历程。这些短篇小说，是根据这场文学革命的活动家之一、第一个真正的作家鲁迅及其青年朋友、当时被认为继鲁迅之后最优秀的作家茅盾的意见而编选的。本书编者们的意图在于，运用具体的文学资料彻底弄清中国文学运动从追求文学的人文精神和浪漫主义到开始注意其丰富的政治思想内容的发展进程。编者们的这一编辑意图，在当年震动全国的许多重大事件的影响下实现了。正如鲁迅先生在序言中指出的那样，本集出版的另一个目的是向西方读者介绍遭受国民党当局残酷镇压的作家们的作品。"

接下来，伊罗生说，这个集子最初考虑使用一个尖锐的书名《来自中国被窒息的声音》，后来改换成了《草鞋脚》。现在，事情过去了很多年，美国的编者和出版发起人本身也明白了，既然最初的书名是具有象征性的和正确的，那么，"这部手稿在美国档案室里存放的这些年间，事态发生了变化，时间给这个书名赋予了特殊的讽刺力量"[1]。

鲁迅和茅盾编选的这本集子，正如他们期望的那样，向英语国家的读者，首先是向全体美国读者，展现了中国文学，展现了中国进步作家的最优秀之作。该集中有16位作者。其中大部分作家在我们（苏联）这里都很熟悉——因为他们的作品不止一次地被译成俄文。他们中大多数作家的书在50年代就在苏联翻译出版了。然而，伊罗生编译的这个集子，却名副其实地成了一座30年代的文学纪念碑。参与本书写作的中国作家们的命运，在中国文学史上真正具有象征性意义。当他从中看到中国文学史上那些悲惨事件的影子时，伊罗生的态度是公正的，他说："30年代初，临近编译这本短篇小说集时，他们中有五位作家牺牲了：三位被国民党刽子手在1931年杀害；一位死于疾病；一位在1933年被国民党密探局特务追捕时击毙。鲁迅于1936年死于肺结核。还有两位作家在40年代被日本人杀害。两位作家当了共产党的专职领导，很多年没写东西，50年代去世，大概是自然死亡。还有三位作家是创造社成员，在'文化大革命'中无影无踪地消失了。他们中还有两位最著名的作家——茅盾和丁玲——遭遇'清洗'：丁玲在1957年，而茅盾在1965年被'清洗'。本书的16位作家中只剩下一位老作家郭沫若；他是毛泽东的私

---

1　*Chinese Short Stories 1918–1933*, pp.XI, XII.

人朋友和政府部门的要员。"[1]伊罗生的前言写于1973年，时间给他过去写的东西做了某些修正。现在，郭沫若没有了，茅盾也没有了，但是，在中国文坛上还有丁玲，她已被恢复名誉，很活跃、很积极：她再版了自己过去写的作品，给它们写了新的序言，并发表了许多报刊文章。伊罗生未曾提及的叶绍钧现在还活着，前不久，国家为他召开了庆贺会，祝贺他荣获中国优秀教育家和作家荣誉。

伊罗生自称在美国出版《草鞋脚》是美国汉学的"复活"。他同时还发表了为准备编译该书自己与鲁迅和茅盾的通信——该信件很快便在中国发表了：不但发表在专门的学术刊物上，而且还发表在多家报刊上[2]。毫无疑问，在30年代，伊罗生的确在努力出版鲁迅编选的这部书。但是，他的努力似乎是无效的；当然，其未成功的原因也是很清楚的：在该集序言中他宣称的目的——给被国民党镇压的牺牲者以说话的权利，同时展现1918—1933年中国先进的进步文学——无论如何，这与当时美国的对华政策是相悖的。正如伊罗生写道："纽约著名的出版家，按合同要出版这部短篇小说集，但是，稿子准备好以后，却'对它失去了热情'，因为'形势发生了变化'。接下来，两年间，《草鞋脚》遭到了一个又一个出版家的拒绝。"埃德加·斯诺编译的中国短篇小说集问世之后，伊罗生才停止了那些徒劳的麻烦事。[3]

显然，伊罗生意识到了，在美国出版中国文学与美国的政治方针有着直接的依赖关系。所以，他写道："书籍，作为一种思想，要等待自己的时代；现在，这部书的时代终于来临。"[4]当然，1972年尼克松总统访问北京后，出版这部放了40年的中国短篇小说集的"时代来了"。这里十分清楚，在事情"大白"之前，这部书是不值得一提的，如果伊罗生不打算推卸美国轻蔑中国文学为"共产党文学"40年的责任的话！这是不可能的，但是，伊罗生认为，在这部中国进步作家的短篇小说集中，许多作家（作者）本人就是共产党员和革命者、白色恐怖的牺牲者和中国革命的英雄，所以，他们的作品在美国不能出版，因为共产党的"反作用"会对纽约的出版家产生"不良影响"！有不少"自我揭发者"在伊罗生的前言中窥探出了许多"妙句"，作者在那里努力表述鲁迅是"反共分子"："他（鲁迅）的近年生活充满了对共产党工作人

---

1 *Chinese Short Stories 1918–1933*, p.XV.
2 《光明日报》，1979年12月5日。
3 *Chinese Short Stories 1918–1933*.p.XLIV.
4 *Chinese Short Stories 1918–1933*, p.XLV.

员的顽强而绝望的反抗。"¹事实上，这句话是鲁迅在同革命运动内部的教条主义者论战时反对教条主义的话，不止一次成为文艺理论家们关注的对象，也包括苏联的文艺理论家们。²伊罗生试图让鲁迅反对中共，这大致可以归责于他力图在美国较容易地出版这部书，只好按照那些具有反共情绪的美国出版家的口味，写了那些非原则的话。

美国汉学界对鲁迅的不友好，是使鲁迅作品在这个国家一直不能广泛传播的原因。鲁迅作品在美国出版，或印数很少，或为了象征两国的文化关系而迅速发表在专门的政治期刊上。密尔斯从法文转译过来的书，也不能认为是真正介绍鲁迅著作的书。埃·斯诺编译的书，那是另外的问题，但是，那里没有鲁迅单行本著作。

美国出版的鲁迅个人的第一部书，如上所述，是王际真怀着政治目的翻译的鲁迅作品，没有得到广泛关注。所以，鲁迅作品在美国没有成为人们文学生活的一部分，没有走出专业汉学研究和利益驱动的圈子，实质上，美国广大读者对鲁迅仍然一无所知。甚至，尼克松总统访华后，中美关系正常化了，美国也没有为鲁迅开辟一条通向美国广大读者的通道。

美国的关于鲁迅作品的学术研究，长期以来，实际上没有实现。鲁迅生前，埃·斯诺试图宣传他的作品，发表了《鲁迅——白话文学巨匠》的论文³。N.维尔斯、埃·斯诺夫妇的论文也对鲁迅做出了正面的评论。这篇论文被收入他编译的书《活的中国》⁴。

后来，这些论文甚至在1968年都没有引起美国图书索引学家的注意，其原因在于，这些文章都以应有的尊重在评论鲁迅。可是，美国的图书索引家们却喜欢关注那些歪曲地介绍鲁迅作品的著作⁵。不过，那样的著作发表得不多，因为鲁迅作品在美国被人为地冷落了。美国1968年出版的关于中国艺术散文的图书索引的作者天逸·李（音译）会说只有三篇论文，即T.A.夏

---

1　*Chinese Short Stories 1918–1933*, p.XIII.

2　В.И.谢马诺夫《鲁迅与教条主义》，载《亚非人民》1968年第2期，第64—73页。

3　E. Snow. *Lu Hsun, Master of Pai-Hua.* Asia , 1935, Vol.35, No.1.

4　N. Wales. *The Modern Chinese Literary Movement.* In: E. Snow. *Living China. Modern Chinese Short Stories.*London, 1937.

5　Tien-yi Li. *Chinese Fiction. A Bibliography of Books and Articles in Chinese and English.* New Haven, Conn., 1968.

（T.A.Hsia）、刘群若（Chun-jo Liu）、韦克兰德（J.H.Weakland）的论文[1]。图书索引学家作为重要学术著作专门提出来的T.A.夏和密尔斯的论文，仍然没有出版：第一篇是油印；第二篇作为未发表的学位论文保存起来。[2]这不就是美国汉学界轻视鲁迅作品的明证吗？

在美国，没有资金出版已经写好的研究鲁迅的博士论文，这不会是偶然的现象，大概是对中国作家缺乏善意的一个征兆。不过，在尼克松总统访华之后，在美国很快便筹集到资金，开始出版关于鲁迅的著作。培尔·夏·陈（Pearl Hsia Chen）1953年写成的博士论文，脱稿后23年，终于在1976年问世了。[3]威廉·舒尔兹的博士论文至今仍未出版，尽管1955年就完成研究。就其标题的名字，可知它是阐释鲁迅最紧张的创作阶段的。[4] T.A.夏在1968年出版的个人论文集中，发表了自己研究鲁迅的论文[5]，而密尔斯则放下1963年未出版的博士论文，继续从事鲁迅研究，并写出新的研究论文发表于1977年出版的剑桥大学论文集[6]。T.A.夏的著作等了9年、密尔斯的著作等了11年、P.H.陈的博士论文等了23年才出版，而威廉·舒尔兹的著作仍然没有出版，虽然美国汉学家们的论文经常援引这部著作的论点，这就证明：在学术活动中应该关注这部著作。

中美关系的正常化使美国汉学界对中国现代文学研究措手不及，鲁迅作品研究的现状就是一个很有说服力的事例，只好毫无争辩地迅速承认，鲁迅永远是中国伟大的作家。积极研究中国现代文学的工作开始了。在70年代，美国汉学家开始积极出版研究鲁迅的著作，再版过去年间封存在美国的书稿，这些书就这样走出了国门。除了上面提到的P.H.陈的博士论文外，还发

---

1　T. A. Hsia.Aspects of the Power of Darkness in Lu Hsün. *Journal of Asian Studies*, *1964*, Vol.23, No.2; Chün-jo Liu. The Heroes and Heroines of Modern Chinese Fiction; From Ah Q to Wu Tzu-hsu. *Journal of Asian Studies*, 1957, Vol.16, No.2; J. H. Weakland. Lusins（Lu Hsün） Ah Q： a Rejected Image of Chinese Characted. *Pacific Spectator*, 1956, No.10.

2　T.A.Hsia. *Lu Hsün and the Dissolution of the League of Leftist Writers*（mimeo）. Seattle, 1959; H.C.Mills. *Lu Hsün: 1927–1936, the Years on the Left.* Doctoral Diss. New York, 1963.

3　Pearl Hsia Ch´en. *The Social Thought of Lu Hsün*（1881–1936）. New York, 1976.

4　W. R. Schultz. *Lu Hsün: the Greative Years.* Ph.D. Diss. Univ. of Washington, 1955.

5　T. A. Hsia. *The Gate of Darkness.Studies on the Leftist Literaly Movement in China.* Seattle. London, 1968.

6　M. Goldman（ed.）. *Modern Chinese Literature in the May Fourth Era.* Cambridge, Mass. London, 1977.

表了P.D.哈南的论文学巨匠鲁迅的重要论文[1]、C.T.夏（C. T. Hsia）著作中评论鲁迅的详细章节[2]。黄松康（Huang Sung Kang）[3]1957年在美国出版的学术专著再版了，威廉·莱尔（W. A. Lyell）的新著《鲁迅的现实观》[4]也出版了。

毫不奇怪，在这种既定情况下（政治形势突变、美国汉学总体落后，急需大力关注鲁迅），美国汉学应该关注苏联汉学在鲁迅研究方面的经验和成绩。

美国翻译并出版了苏联汉学家、当今莫斯科大学教授В.И.谢马诺夫的研究著作《鲁迅与他的先驱者们》（莫斯科，1976）[5]。这在人文学科中不是常有的事。它本身就证明了美国汉学在中国当代文学与文化问题研究方面落后了。译者阿利别尔只好承认："我总感到震惊，系统研究鲁迅的英文资料数量不多，首先是缺乏文献索引。问题在于，那种中文著作也没有，尽管有大量的出版物。在对这位伟大作家的研究方面，还有许多工作要做。所以，我能为之做出微薄的贡献感到自豪！"[6]阿利别尔以其对谢马诺夫著作的翻译对美国汉学真正做出了贡献，他的努力理应得到认可，如果没有其他方面问题的话。

译者和前言的作者阿利别尔不仅是一位汉学家，而且还是一位苏联学家。他于1971年在印地安纳大学答辩的博士论文《苏联的鲁迅评论家》（阿利别尔，现任南卡罗利纳州大学教授）"填补"了美国汉学的明显空白：他在前言中千方百计地尽力给苏联汉学，尤其给研究鲁迅的汉学著作抹黑。阿利别尔的过于自信，令人讨厌！他以其刚愎自用着手批判苏联的学术著作，这种"刚愎自用"是毫无理由的，美国汉学在鲁迅研究方面没有什么值得骄傲的。

对待鲁迅作品的不友好态度在西方已延续了半个世纪，这不可能是偶然性的，所以，阿利别尔以这种"理由"表示惊讶是徒劳的。其原因，对于任

---

1　P. D. Hanan.The Technique Lu Hsün's Fiction.*Harvard Journal of Asiatic Studies*, 1974, Vol.34, pp.53–96.

2　C. T. Hsia. A *History of Modern Chinese Fiction.1917–1957.* New Haven, 1961.

3　Huang Sung Kang. *Lu Hsün and the New Culture Movement of Modern China.* Westport. Conn., 1975.

4　W. A. Lyell. В.И.Semanov. Jr.*Lu Hsün's Vision of Reality.* Berkeley, Calif., 1976.

5　*Lu Hsün and his Predecessors.* Tr. and ed.by Charles J. Alber. New York. 1980, 175p.

6　*Lu Hsün and his Predecessors*, p.XXVI.

何一位没有成见、有思想的读者来说,都是十分清楚的:鲁迅的革命性、他转向马克思主义立场的过程、他宣传苏联文学和马列主义文艺理论——这些都刺激了资产阶级汉学家。政治的偏见使他们丧失了公平的评判能力。在一部美国出版的关于中国文学史的著作中,对鲁迅的评论是:"他的注意力,很快就被吸引到日文和德文翻译的许多共产主义的文章中。左翼分子视其为革命文学元老而加以欢迎。他秘密躲进上海的外国租界里,用不断更换的笔名痛斥国民政府。鲁迅经常受到中共地下工作者的指示。"[1]这就是美国汉学拒绝研究鲁迅作品的原因。然而,这并没妨碍阿利别尔高傲地批评苏联的鲁迅研究者。

其实,在苏联还在1929年就出版了《阿Q正传》两种版本:莫斯科版本和列宁格勒版本[2],当时无论在英国还是在美国,都还没有翻译鲁迅的这部大部头作品。但是,苏联当时对这位作家的评价,却没使阿利别尔满意。当然,我们现在对鲁迅作品的评价也是别具一格,任何人都不会认为鲁迅是"小中产阶级激进主义思想家"[3],但是,真理是在探索中认识的,而在那个时代,无论在英国还是在美国,都没有进行这样的探索。阿利别尔不得不承认,早在1938年在苏联鲁迅的名字就受到高度敬仰了,但在这里他又幸灾乐祸,说什么在1938年出版的(鲁迅逝世)周年纪念文集[4]中"论文和译文都很糟"。我们只好重新提及一下:当时在美国,大概,还没有任何鲁迅作品的译本。

关于苏联老一辈汉学家,美国作者说,他们"没有备好白话文学这一课",后来写的一些关于中国现代文学论著,可称为"表面化的、不真实的,带有明显肤浅思想"的书。只有那种没有搞过真正学术研究的作者,才能容许自己做出这样的评价。当时,1956年,美国由于在政治上敌视中华人民共和国,大概还没有开始研究中国当代文学。

50年代下半期,苏联的鲁迅研究形成了很大规模,研究质量迅速提高,得到了世界的认可。甚至,阿利别尔也不得不承认,Л·波兹德涅耶娃的

---

1　Ch'ên Shou-yi. *Chinese Literature*. A Historical Introduction. New York, 1961, p.644.

2　《阿Q正传》,《浪潮》,列宁格勒:1929年版;《真实的传记》,中短篇小说集,莫斯科:1929年版。

3　Б.А.瓦西里耶夫《帝国主义时代中国文学中的外国影响》,载《苏联科学院东方学研究所论文集》第1卷,莫斯科:1932年版,第36页。

4　《鲁迅(1881—1936)》,纪念中国当代伟大作家论文、译文集,莫斯科、列宁格勒:1938年版。

著作[1]"远远超过了西方的研究著作,在中国和日本产生了很大影响",这里引用了日本评论家的资料[2]。关于B.彼特罗夫和B.索罗金[3]的著作,阿利别尔也承认是对鲁迅作品研究的"文学贡献",不过,伴随赞许也留下了贬义,说什么,由于第一作者的社会历史观和第二作者的社会心理观而降低了其文学价值。这种不友好态度走得太远了,甚至连B.彼特罗夫对鲁迅使用的"爱民者"这个词,美国作者都带有讽刺意味地称它是"彼特罗夫新词"。认为鲁迅对人民的爱使独具个性的冷嘲热讽变得毫无意义。除此之外,来自美国的俄语"新词"的行家应该知道,"爱民者"(народолюбец)这个词,在俄罗斯文学中早就存在,至少从19世纪初,在П.А.维亚泽姆斯基,稍后在Г.И.乌斯宾斯基、Г.В.普列哈诺夫的作品中就使用过这个词。

阿利别尔企图向美国读者介绍,苏联汉学是肤浅的、非学术的和歪曲客观真实的,但是,他承担不起这个任务,并坠入了自相矛盾之中。索罗金和彼特罗夫的著作是那么不同,在一个很肤浅的小标题下硬要把它们抄写在一起,美国的苏联学家未能成功。他面临的最大困难是,В.И.谢马诺夫的著作是他选来翻译的,选择翻译这本书是因为它具有明显的优点,是关注前驱汉学家研究成果的最新著作,他不得不撰写评论这部书的文章。阿利别尔似乎被迫采取低劣的蛊惑手段:"我认为,令人震惊的,不是歪曲程度,而是作者的客观性标准。在书中个别章节,尤其在第三章的文学分析部分,你简直感觉不到,苏联批评家是在搞研究工作。"这种想使苏联鲁迅研究的不同著述相对立的企图,是极不严肃的。反历史的对待苏联汉学与政治偏见相结合,彻底使阿利别尔丧失了客观评判的能力。

1967年出版的谢马诺夫的著作,获得了苏联汉学界的高度评价。[4]谢马诺夫的著作在匈牙利汉学家Э.加尔的评论中得到了正确评价。他专门指出:"谢马诺夫的著作利用了鲁迅研究苏联学派较早的优秀著作。"[5]因

---

1　Л.Д.波兹德涅耶娃《鲁迅:生平与创作》(1881—1936),莫斯科:1959年版。

2　卡瓦卡米·丘久(Каваками Кюдзю),载《中国文学研究在苏俄》1964年第27卷,第19期。

3　В.В.彼特罗夫《鲁迅:生平与创作简论》,莫斯科:1960年版;В.Ф.索罗金《鲁迅世界观的形成》(早期政论文和《呐喊》集),莫斯科:1958年版。

4　В.Ф.索罗金《评В.И.谢马诺夫的〈鲁迅与他的先驱者们〉》,载《亚非人民》1968年第1期,第195—197页; Soviet Sinology in the Past Fifty Years (Literature). Moscow. 1967.

5　E. Galla. В.И.Семанов. Лу Синь и его предшественики. Acta Orientalia Academia Scientiarum Hungaricae , 1969. T.XXII, Fasc.3, pp.390-392.

而，无论如何不能使它们对立起来。

美国汉学杂志不久前发表了E.维德莫尔（加尔瓦尔大学）的一篇评论谢马诺夫著作的文章，这一次摆脱了美国苏联学的投机行为。[1]作者在该杂志上回敬了评论者，就鲁迅作品对19世纪末20世纪初中国谴责小说传统的继承性问题与其进行了辩论。[2]这就是说，在美国汉学中，完全能够认真严肃地对待苏联的学术著作，很遗憾，阿利别尔似乎力不从心。

苏联汉学家的著作在美国的出版，在美国汉学界引起了强烈反响，而且，大多数评论者没有采取阿利别尔的"苏联学的"立场。A.吉尔利克在评论谢氏著作时写道："革命时代所催生的鲁迅，认清了革命之动因后，成了一个伟大的人和文学战士。也就是说，这种革命激情造就了他创作的文学作品。在这里，谢马诺夫已经指出了他的价值。"[3]

专业汉学杂志的评论者直接反驳阿利别尔的观点，指出谢马诺夫的学术著作摧毁了在美国业已形成的关于苏联汉学著作品格的带有偏见的、教条主义的观念，所以，它似乎完全不像美国苏联学家所创造的关于"苏联典型的学术著作"的神话。评论家正确地懂得，分歧的存在，不在苏联学术和著者之间，而在美国关于苏联学术和真实性的畅销观念之间。[4]

1981年，全世界都在庆祝中国伟大作家鲁迅100周年诞辰。为此，V.什瓦尔兹（V. Schwarcz）发表了对中国文学研究家、1978年出版的鲁迅研究学术专著的作者——袁良骏访谈录。"30年过去了，我们重新开始对话，"V.什瓦尔兹写道，"鲁迅是怎样成为马克思主义者的？这个问题，既不是现实的问题，也不是研究中国现当代史的西方学者的一般问题。"[5]V.什瓦尔兹的观点是对的。他说，美国汉学30年没有同中国学者对话，对鲁迅也不感兴趣。政治思辨给美国汉学带来多么惊人的变化：学者们出版的杂志，现在能对鲁迅怎样成为马克思主义者问题感兴趣，并能组织学者同中国文学研究家真正讨论这个问题。交谈者什瓦尔兹的态度，的确，感到苦于肤浅：袁良骏坚决否定"四人帮"统治时期所写的一切评论鲁迅的著作。这就是他对学术做出

---

1　E. Widmer. *Lu Xun and His Predecessors*（Lu Sin' i ego predshestvenniki. Moscow, 1967）——"*Modern Chinese Literature Newsletter*", 1975, Vol.1, No.2, pp.8–15.

2　*Modern Chinese Literature Newsletter*, 1976, Vol.2, No.1.

3　*Pacific Affairs*, 1981, Vol.54, No.1, p.146.

4　In：*Chinese Literature*, 1981, No.1, pp.283–285.

5　V. Schwarcz. *How Lu Xun Became a Marxist*：*Coversations with Yuan Liangjun*. Bulletin of Concerned Asian Scholars, 1981, Vol.13, No.3, p.146.

的简单贡献。

美国汉学界近50年来对待鲁迅的态度,明显地表现了政治形势对这个国家的学术所产生的主导地位的影响。鲁迅,作为"创作奇观",早已被埃·斯诺理解和珍重,但是,可能,由于政治基调所致,那时鲁迅及其创作被人为地忽视。直到70年代,美国汉学家才积极研究中国现代文学。很快便出现了转机,出版了多年存入档案室的手稿,再版了过去的著作,创办了《中国文学》杂志,在该杂志中,当代中国课题占据重要位置。

现在,美国汉学对鲁迅作品的价值没什么争议了。1981年8月,在蒙特利(加利佛尼亚)召开了一次"鲁迅及其文学遗产"研讨会,特邀中国学者出席了大会。鲁迅作品克服了西方国家偏见的障碍。现在那里可以研究鲁迅了。但是,能为广大读者出版他的作品吗?至今尚未做成。中国作家鲁迅,对于美国读者来说,还仍然是或全然不知他为何许人也,或认为他是与一般的流行观念,有关遥远中国的异国风情相关的圣人。

苏联汉学在研究和传播鲁迅作品方面的功绩,是无可争议的。我们对鲁迅很了解、很亲切;他的名字大家都熟悉,从1929年至1981年,他的作品在苏联的总印数已超过175万册。只在1981年,这位中国大作家的《选集》就出版了俄文版7.5万册,乌克兰文版3.0万册。中国作家在苏联具有这样的知名度和普及性,这在美国是不可想象的。

# 郭沫若简论[*]
费德林

1892年11月16日，郭沫若生于四川省乐山县（现乐山市）沙湾镇的一个富裕的农民家庭里。

郭沫若幼年时期就接触了中国古典诗歌。在母亲的教养熏陶下，幼年的郭沫若就爱上了中国文学史上被称为"黄金时代"的唐朝的诗人们。正如郭沫若在自己的回忆录中所说，与其说是那些他总也读不懂的中国古诗的意义，倒不如说是那些诗的音响韵律激发起了他幼时的想象力。大约六七岁时，郭沫若就已经记住了诸如《唐诗三百首》《千家诗》等许多中国古典诗歌。中国最大的诗人之一，《诗品》的作者司空图（9—10世纪）的作品尤其使他着迷。司空图的诗论对郭沫若的整个创作产生了巨大的影响。

作家在父母跟前度过了童年时代，6岁时入私塾。当时的私塾除开设在此之前作为教育中国少年的唯一源泉——中国古籍之外，刚刚开始引进现代算术教科书。1900年，郭沫若还在村塾读书时就开始了自己初期的诗歌创作。从1907年，年轻的诗人就开始迷恋于阅读中国著名文学家林纾（1852—1924）翻译的外国文学作品。几年后，他便拜读了泰戈尔、惠特曼、海涅、雪莱的诗歌，潜心研究屠格涅夫、托尔斯泰、契诃夫、高尔基的作品。惠特曼的歌颂人、歌颂人的劳动、歌颂愉快的生活感受和大自然的作品对郭沫若的早期创作给予了很大的影响。郭沫若还很年轻的时候就以极大的兴趣攻读了中国历史文学家司马迁（前145—前86）的《史记》和曹雪芹（1722—1763）的《红楼梦》及其他古典名著。1910年，这位未来的作家来到

---

[*] 译自俄文版《郭沫若选集》，费德林领衔论文《郭沫若》，莫斯科：国家文艺出版社1955年版。(ГО МО-ЖО ИЗБРАННЫЕ СОЧИНЕНИЯ, Государственное издательство художественной литературы, Москва, 1955.)

四川省会成都市上中学。在这里他初次参与了国家的社会生活。在带有反帝性质的学生罢课时，郭沫若当选为学生联合会的代表。郭沫若1918年升入日本九州帝国大学，1923年毕业。

1921年郭沫若创办了创造社，该社周围聚集着一批革命作家。后来他便成了这一中国文学史上作为联合浪漫派作家的著名社团的思想鼓舞者。创造社的成员们宣告向封建文化和古典主义进行决战，为建立现代新文学而开展斗争。虽然创造社的某些成员还没有摆脱外国颓废派文学的影响，但这对创造社活动的共同方针并起不了决定作用。后来，这个文学社团还提出了革命文学的口号。

在1924—1927年的中国反帝反封建的大革命时期，郭沫若率领创造社的左翼作家们彻底站在革命文艺的立场，与其他中国进步作家们一起奠定了人民革命文学的基础。

> 从1924年起，郭沫若加强对马克思主义文献的研究，翻译了许多马克思主义经典著作，从而促进了其世界观的形成，并帮助他以崭新的观点审视周围的社会环境和中国的政治社会生活。郭沫若指出：由于这一缘故，自此他便成了一个马克思主义者。思想的成熟改变了他的生活，他从此更加注意社会活动，参加了1925—1927年的大革命运动，也参加了1927年的"八一"起义。[1]

作为社会活动家和作家的郭沫若的形成，是与中国民族解放运动新时期的开端，与与之相关联的革命斗争的新方式同步发生的。它正处于这样一个时代：革命的新生力量——中国工人阶级已经登上历史舞台，在其后的中国人民民族解放斗争中它将成为一个决定性的力量。此时，中国共产党也已经诞生。

郭沫若在其早期创作阶段就已经同在作品中歪曲生活真理、毒化社会意识的作家进行了不调和的斗争。他严厉地斥责曾一度影响了中国文艺生活的资产阶级个人主义。郭沫若将高尚地服务于集体、社会、人民的社会主义思想同唯利是图的资产阶级个人主义尖锐地对立起来。

1926年，郭沫若在其《文艺家的觉悟》一文中写道：

---

1 《郭沫若选集·自序》。

我在这儿可以斩钉截铁地说一句话：我们现在所需要的文艺是站在第四阶级说话的文艺，这种文艺在形式上是现实主义的，在内容上是社会主义的。除此以外的文艺都已经是过去的了。包含帝王思想宗教思想的古典主义，主张个人主义自由主义的浪漫主义，都已过去了。

郭沫若是最早公开宣告文艺创作应同中国共产党领导的反帝反封建斗争紧密联系的文艺家之一。

著名文学评论家冯雪峰在其《论民主革命的文艺运动》论文中指出，1928年以郭沫若为首领的创造社提出了"从文学革命到革命文学"的革命文学口号。创造社号召诗人和作家从辩证唯物主义和历史唯物主义立场出发描写客观现实生活中的事变和真实，创建与中国人民争取民族和社会解放的革命斗争密切联系的革命文学。

蒋介石和国民党反动派的反革命叛变所导致的1924—1927年的中国大革命的失败迫使郭沫若侨居日本，郭沫若在政治流亡的危难中在那里一直居留到1937年。当蒋介石背叛革命时，郭沫若发表了《请看今日之蒋介石》的檄文，揭露蒋介石和国民党反动派的反革命叛变。1927年国民党政府发布了追捕郭沫若的逮捕令。这一逮捕令直到10年之后方才撤销，那已是中国人民抗日民族解放战争开始以后了。

侨居岁月对郭沫若来说并不是一种损失，住在日本期间，他加紧从事中国历史和中国古代社会的研究。郭沫若写出了一系列极有价值的科学专著：《甲骨文字研究》《卜辞通纂》《古代火之研究》《先秦天道观之进展》《屈原研究》及其他许多著作。在《中国古代社会研究》一书中，作者站在历史唯物主义的立场用崭新的观点诠释了中国社会的分期问题，并首次说明了古代中国奴隶社会的关系问题。

郭沫若的异乎寻常的多才博学、完全创新的科研活动、积极主动的社会政治工作以及直接参与中国人民的革命运动，这一切便决定了郭沫若作品的开阔、精深、博学。郭沫若不仅是一位诗人，而且同时还是一位散文作家、剧作家、批评家、文艺理论家以及直接反映当代重要事件的优秀的政论家。

郭沫若创作了许多本诗集，主要有：《女神》（1921）、《星空》（1923）、《瓶》（1927）、《恢复》（1928）、《前茅》（1928）等。他还写出了一系列中长篇小说：《落叶》（1925）、《塔》（1926）、《橄榄》（1926）、《水平线下》（1928）、《武汉时代》（或《骑士》）（1930）、《童年时代》（1929）、《反正前后》（1929）、《创造十年》（1932）、《北伐》（1937）及其他作品。郭沫若还创作了不少剧作：《三个叛逆的女性》（1925）、《屈原》（1942）、《虎符》（1942）、《高渐离》（1942）、《甘愿做炮灰》（1938）等。

郭沫若也写了一些反映其参与广泛的文艺政论活动特点的著作。政论首先应提到以下论著：《从文学革命到革命文学》（1928）、《羽书集》（1947）、《今昔蒲剑》（1949）、《沸羹集》（1950）、《天地玄黄》（1950）、《抱箭集》（1951）及其他。郭沫若的文艺批评和政论文章是在直接联系本人的艺术创作实践中同时发展起来的。

郭沫若属于那一派中国文学艺术家，他们最早懂得：中国封建阶级社会分化为两极，一极是占绝大多数人的被贫困所折磨的被压迫者世界；另一极则是仅占极少数人的压迫者、刽子手世界。郭沫若在其早期创作活动中就已经努力在生活中去探求反抗极端不合理的现存社会制度的力量。

如果说在其早期作品中郭沫若往往以浪漫主义情调歌者的面目出现，那么在其后的作品中他便作为具有独特艺术风格的成熟的现实主义大师出现在读者面前。但在作家的早期诗作中就已经出现了富于诗情的革命浪漫主义的主人公。这些人物是现实生活本身和一定历史条件下尖锐的社会斗争经验启示艺术家而创作的。

郭沫若早期作品（《女神》《瓶》《星空》《前茅》《函谷关》《三个叛逆的女性》）中的浪漫主义形象的意义在于，他们以其独特的艺术魅力使我们感觉到了作者认为最应珍重的是人的性格特征。郭沫若的这些作品洋溢着异乎寻常的激情，充满了革命的义愤。它们的问世深刻地激励了广大的读者，尤其进步青年。我们不仅从作品内容的表达而且从艺术形式的表现中都能发现作者那种毫不妥协的斗争精神。最令人深思的是，随着社会压迫的加强，作家的这种毫不妥协的情感在每部新的作品中都表现得越来越强烈。这证明作家的思想在不断地发展。郭沫若是中国作家中最早一个阐明了文学与社会生活之间、艺术家的创作与人民争取解放的斗争之间、文学与革命之间的密切关系的作家。郭沫若写道："反抗精神，革命，无论如何，是一切文艺之母。"[1]

郭沫若20年代的诗歌创作是与1919年反帝反封建的五四运动紧密相连的；其作品充满了对于封建传统思想和反动统治的憎恨，愤怒地揭露了社会的不平等现象。

郭沫若的艺术作品，其诗歌、话剧和政论在中国革命时期对知识分子尤其广大的青年和学生给予了巨大的影响。他的充满了反对人类压迫和侮辱的革命精神的天才诗歌作品增强了人们对于人民和革命力量的信心。

郭沫若作品甚至早期剧作的特点是同一切旧的、陈腐的事物做不倦的斗争。所以，话剧《三个叛逆的女性》的主人公是三个女性，作者分别赋予了历史名人的名字——王昭君、卓文君和聂嫈。她们向旧道德、封建制度和陈腐的传统观念进行了毫不妥协的斗争。这个深受全国各地进步读者热烈欢迎的话剧给旧中国的社会和政治制度，给封建思想和道德以沉重的打击。其历史剧《甘愿做炮灰》《湘累》《虎符》《高渐离》及其他剧作的意义也是如此。

郭沫若研究中国历史并非一般的经院式探究。他通过伟大的中国人民的英雄过去使中国古代爱国将士的赫赫战绩及祖国优秀儿女们所进行的爱国斗争复活了，以便用这些范例鼓舞当今中国的民主力量，并号召他们投入反抗外国侵略者和奴役者的斗争。

在抗日战争的炽热时期，郭沫若创作的历史剧《屈原》是有其特殊意义的。郭沫若在该剧中揭示了屈原活动的历史意义及其在中国文学发展中的作用。

屈原（前340—前278）是中国不朽的诗人。他的诗以其热情洋溢的形象、语言的丰富表现力和非凡的诗歌想象使人陶醉。屈原的作品《九歌》《天问》《招魂》《惜往日》及其他总题为《九章》的诗作之所以具有取之不尽的艺术魅力，是因为作品从表达当时最先进思想的"人"的观点出发提出了诸多当时难以解答的问题。屈原生活和从事创作的时代的最重要的历史事变决定了诗人的世界观及其创作的发展。屈原是中国文学中传统的爱国主义方向的奠基者。

郭沫若的历史悲剧《屈原》的问世是当年中国文学生活中最大的事件。是诗人、作家、剧作家的毫无疑义的巨大创作成就之一。

---

[1]《〈西厢记〉艺术上的批判与其作者的性格》。

1942年发表的这部剧作的主要价值在于，郭沫若成功地利用历史悲剧这一文学样式，深刻地表达了自己对当时笼罩全国的国民党专制和反动势力的强烈抗议。

郭沫若剧作家的高超的技艺，使话剧写得对当代中国读者和观众来说易懂而亲切，他们从作品中真实地看到了作者对国民党的反动武力，对蒋介石的监狱制度和当时笼罩中国的黑暗势力的愤怒抗议。

郭沫若作为世界作家和学者的优秀作品的传播者和译者成就卓著。他的译著甚丰：他翻译了马克思、恩格斯合著的《德意志意识形态》，马克思的《政治经济学批判》，列夫·托尔斯泰的《战争与和平》（与高植合译——译者），屠格涅夫的长篇小说《新时代》，歌德的《浮士德》和《真实与诗艺》，裴默·伽亚谟的诗歌及其他许多作品。在中国人民的抗日战争和苏联人民的伟大卫国战争年代，郭沫若非常注意普及俄苏作家的作品。为此，他经常呼吁中国诗人和作家向俄苏文学大师们学习，借鉴他们的战斗的革命经验，向他们看齐。郭沫若写道：

> 高尔基对中国现代文学的影响，径直是超文学的。他被中国的作家们崇敬、爱慕、追随；他的生活被赋予了神性，他的作品被视为了《圣经》，尤其是他的《文学论》，对于中国的影响是决不亚于在苏联本国。文艺工作者的生活态度和创作过程，普遍而深刻地受着了指示。我们借此不仅可以知道应该如何去创作或创作些什么，而且还学习了应该如何生活或成为一个怎样的人。高尔基在我们文艺工作者精神上所占的地位，在中国长远的文艺史上，似乎还找不出一个人可以和他匹敌（《洪流与溪涧》）。

郭沫若作为最早的译者开始在中国翻译和宣传马雅可夫斯基的当代最优秀的诗。还在1929年他就将马雅可夫斯基的《我们的进行曲》《巴尔芬如何知道法律是保护工人的一段故事》和《非常的冒险——夏季马雅可夫斯基在别墅中有感》译成汉语，编入《新俄诗选》出版。

1945年郭沫若在苏联参观莫斯科马雅可夫斯基博物馆时，在此赋诗题词，诗曰：

> 革命的诗人"进攻阶级"的伟大的儿子。中国人早就知道你的名字。你

的歌声好像风暴,飞过了中央亚细亚。任何的山岳沙漠海洋都阻挡不了你!

——《苏联纪行》

郭沫若矢志不移地拥护中苏两国伟大人民的牢固的联盟和友谊。在国民党反动派在国内煽起反苏游行示威的黑暗日子里,在苏联人民进行反法西斯瘟疫的大规模战斗时刻,郭沫若的声音喊得尤其英勇无畏。1944年十月革命节时,郭沫若赋诗向英雄的苏联人民献出了自己的"兄弟般的敬礼"……

1945年,郭沫若应苏联科学院邀请赴苏参加苏联科学院成立220周年纪念活动。这次,郭沫若访问了苏联的许多城市,参观了许多工厂和集体农庄,了解了社会主义共和国在恢复和发展经济和文化中所取得的巨大成绩,于是回国后便出版了作为访苏日记的著作《苏联纪行》。作者在该书《前记》中写道:

> 在苏联足足滞留了50天,时间虽然并不算长,但所看到的似乎比住了50年的人还要多。我自己是抱着唐僧取经到西天去的精神到苏联去的,有了这样的好机会……这自然是很光荣的事,多年的宿愿得到了这样意外的满足。

以中国人民的历史性的胜利而告成的中国人民革命消灭了不合理的社会制度,郭沫若在其整个创作生涯中为反对这种不合理的生活制度曾进行了不倦的斗争。现在中国人民面前展现出一条条崭新的道路,展现了空前广阔和光明的前景:自由、欢乐的生活开始了。

郭沫若是为实现民主改革、为争取全国人民的解放而坚决反对国民党独裁专制的勇敢战士。在国民党反动派黑暗统治的恐怖岁月里,郭沫若始终不渝地站在勇敢战士的最前列。

当1946年2月10日在重庆召开群众大会宣讲第一届政治协商会议工作成绩时,群众大会的组织者中有的遭到了来自四面八方的国民党特务走狗的殴打,当时郭沫若也在场,他也受了重伤。

抗日战争期间,郭沫若领导了中国进步文学艺术工作者运动。战争刚刚开始,他就呼吁文艺工作者们要集中自己的全部力量痛击日本强盗,誓死坚守岗位，一直战斗到彻底消灭日本帝国主义。

由于意识到爱国主义的天职而激动起来的中国进步的文艺工作者们热烈响应祖国的召唤，站到了民族解放斗争的旗帜之下。在抗日战争中到处展开了尖锐的斗争，不仅在武装力量之间而且在包括文化战线在内的一切战线之中。

郭沫若为反对反人民的资产阶级的反革命文学，争取建立人民的现实主义的革命文学而英勇战斗。他不顾警察的书刊检查，也不顾反动政府的通缉和威胁，到处做报告、讲演、发文章，从而确立了先进的革命文学的原则。他发表在各种私人出版社的文章正具有这一特征，它们是：《新文艺的使命》《沿着进化的路向前进》《为革命的民权而呼吁》《文艺与民主》《向人民大众学习》《人民的文艺》《人民至上主义的文艺》等。

古今的包括中国人民在内的各国人民的真正的艺术佳作都是植根于人民的土壤之中。郭沫若说，诗歌也是起源于人民之中，应该歌唱人民。

郭沫若在《今天创作底路》一文中呼吁作家们在作品中要反映人民的现实生活，努力用自己的艺术形象去再现伟大的人民事业。

郭沫若在其另一篇论文中写道："今天是人民的世纪，我们所需要的文艺也应当是人民的文艺。""人民的文艺是以人民为本位的文艺……因而它必须是大众化的，现实主义的，民族的，同时又是国际主义的文艺。"[1]

如果诗人、作家、艺术家精神非常丰富，如果他集全部感情和意志同自己的人民保持密切联系，那么他的与人民创作有机联系的天才就能繁荣和充实真正的文学艺术。人民，这最客观、最公道的批评家，总是给予那种文学艺术以很高的评价，因为从那些作品中他找到了自己的内心世界，听到了自己的亲切语言。

抗战胜利后，郭沫若同中国全体进步作家一道为建立新中国及其文学艺术贡献了自己的全部精力。

1949年7月，在刚解放的北平召开了中华全国第一届文学艺术工作者代表大会。全国进步作家和艺术工作者云集北平，欢聚一堂。这是民主战士——文学艺术工作者——第一次自由的盛会，这次大会的召开只有在中国人民解放军战胜了国民党数百万军队之后才可能实现。

大会主席团主席郭沫若在致开幕词时指出："现在摆在中国文学艺术工

---

[1] 《人民的文艺》。

作者面前的任务是利用强大的文学艺术武器发展群众的革命意识，提高他们的劳动热情，为争取新的民主建设尽快完满的胜利而努力奋斗。"郭沫若说，作家和所有文艺工作者都应同封建的、买办的和法西斯的思想观念开展斗争。

郭沫若提醒大家，中国共产党领袖毛泽东早就规定了中国新文艺的总方针。毛泽东号召文艺工作者提高自己的文化素养，创造出适应革命思想高要求的新的艺术形式。

郭沫若的文学创作是与他的社会政治活动分不开的，它直接同人民争取民主自由、争取和平的斗争紧密相连。

人民革命在中国取得胜利之后，郭沫若被委任社会和政府的要职。他先后荣任政务院副总理、文化教育委员会主任、中国人民政治协商会议民族委员会副主席、中国科学院院长、中国文学艺术联合会主席、中国人民保卫世界和平委员会主席、中苏友好协会副主席、中央人民政府委员会委员等要职。

郭沫若是新中国的杰出代表，文化与科学的最大的活动家。他把自己的天才献给了争取祖国自由和独立、争取世界和平的伟大斗争事业。因而，他曾荣获1951年度斯大林保卫世界和平奖金。

# 论茅盾《子夜》[*]
费德林

一

茅盾是在1919年反帝反封建的五四运动高潮中进入中国文坛的最有天才的老一代作家之一。

1896年，茅盾诞生于浙江省桐乡县（现桐乡市）中部。其父爱好中国文学，千方百计培养孩子们热爱祖国语言。其母教子有方，从孩提时代就教他们读书、背诵优秀的艺术文学范本。茅盾快9岁时就阅读了大量的文学书籍，这在很大程度上培养起了他对传统文学的审美鉴赏与爱好。中学毕业后，茅盾考取了北京大学预科，但因家庭生活困难，未能如愿进入大学。19岁时，这个年轻人就在中国最大的出版社——上海商务印书馆编译所任助理编辑。他将编辑工作与个人进修结合在一起，读了很多书，学会了多种外语。

在俄国伟大"十月思想"影响下爆发的1919年的五四运动，是中国马克思主义同人民运动相结合的产物，受到了未来作家的大力支持。茅盾开始参与社会生活，参加马克思主义小组，结识马克思主义文学。这一切都促进了他的思想成长，帮助他正确评价社会现实现象，丰富了其社会经验与知识。

全国的爱国主义运动在作家的意识中唤起了一种崇高的志向，他立志献身于文学创作事业，从而，效忠于祖国人民。

1921年，茅盾与其他进步作家一起，创办了坚持现实主义方向的文学团

---

[*] 本文系费德林为《子夜》俄译本（莫斯科：国家文艺出版社1959年版）撰写的《序言》，现题目为译者所加。（《Перед рассветом•предисловие》, Москва, 1959.）

体"文学研究会"。从研究会创建初期,茅盾在其中就起着主导作用,他以坚定的奋斗目标献出了自己的文学作品。

中国共产党的成立,使茅盾看到了中国人民实现解放的可能性。还在1920年,即中国共产党成立前一年,茅盾就加入了共产主义小组,从此,他就投身于革命事业,把自己的全部精力和艺术家与战士的才华全部献给了它。

在1924—1927年的大革命时期,茅盾参加了北伐革命军,在此做政治工作,编辑《民国日报》,发表文章和做报告。作家注意研究周围环境,积累未来创作的素材。

1927年,茅盾发表了早期的艺术作品,其长篇小说《蚀》(《幻灭》《动摇》[1]《追求》三部曲)问世了。该作品描写了在1924—1927年的大革命时期,中国小资产阶级知识分子的不彻底性、不坚定性和动摇性。

20世纪30年代,茅盾创作了一系列最有意义的作品:长篇小说《虹》[2]、中篇小说《三人行》[3]、长篇小说《子夜》[4]《第一阶段的故事》等。

长篇小说《虹》,包含了1919—1925年间发生的大量事件;他描写的主题,不是不坚定的知识分子的幻灭和动摇,而是勇敢的、朝气蓬勃的斗争。作家成功地展示了生动的正面人物的性格,其中尤其推出(塑造)了年轻姑娘梅女士的形象,她经历了复杂的思想斗争和震撼之后,终于加入到争取祖国自由的坚强战士的队伍中来。

在茅盾早期的作品中就已经形成了其基本的创作特色:首先是表现时代的重大社会现实,描写社会各阶层的典型代表及其性格与思想

---

1 《动摇》俄译本有2种:(1)《动摇》(长篇小说)俄译本,С.辛译,Б.А.瓦西里耶夫、В.Г.鲁德曼编,列宁格勒:国家文艺出版社1935年版,256页;(2)Е.谢列勃里亚科夫译,载费德林编《茅盾文集》(俄译本)第1卷,莫斯科:国家文艺出版社1956年版。

2 《虹》俄译本(1—7章,Б.利西查译;8—10章,Б.穆德罗夫译),载费德林编《茅盾文集》(俄译本)第1卷,莫斯科:国家文艺出版社1956年版。

3 В.罗日杰斯特宾斯卡娅、Е.伊利伊娜娅译《三人行》俄译本,载费德林编《茅盾文集》(俄译本)第3卷,莫斯科:国家文艺出版社1956年版。

4 《子夜》俄译本有4种:(1)《子夜》(长篇小说)俄译本,霍富、В.鲁德曼译,В.鲁德曼作序,列宁格勒:国家文艺出版社1937年版,653页;(2)《子夜》俄译本(删减本),В.鲁德曼译并作序,莫斯科:国家文艺出版社1952年版,484页;(3)《子夜》(长篇小说)俄译本,1—13章,В.鲁德曼译;14—19章,Л.乌里茨卡娅译,载《茅盾选集》俄译本,费德林主编并作序,莫斯科:国家文艺出版社1955年版;(4)《子夜》俄译本,В.鲁德曼、Л.乌里茨卡娅译,载费德林编《茅盾文集》(俄译本)第2卷(561页),莫斯科:国家文艺出版社1956年版。

世界。

茅盾的文学作品是中国20—30年代社会生活的百科全书。任何一位中国作家,都不能像茅盾那样,在其中、长篇小说中描绘出如此广阔的中国现代社会的画面,塑造出如此广泛的同时代人的形象系列和摆出那么多重大的时代课题。

## 二

茅盾的长篇小说《子夜》(1932)是中国20世纪30年代初最优秀的文学作品之一。

在该长篇小说中,茅盾善于描写中国历史上最关键、最艰难的历史时期——20年代末和30年代初——的中国社会广阔的生活画面。从而成为中国现实主义的艺术大师。

该长篇小说的主题思想是,旧中国全国经济依附于外国帝国主义,其结果必然导致民族工业的破产。小说揭露了为奴役中国人民而勾结外国帝国主义的买办阶级、大资产阶级和地主阶级的反动本质,描写了国内尖锐的阶级斗争、革命运动高潮和英勇的反帝斗争。

在这部长篇小说中,我们从茅盾这位编年史作家的人物身上,看到了上海各社会阶层及其对立面的形形色色的面孔及其矛盾冲突。

英美资本的入侵,外国资本家与中国资本家的利益冲突,中国劳动者权益被冲击——这一切,都以这种种现象被暴露无遗的上海为样板,被全部描写出来。该小说激发起了为祖国领土命运而担忧的感情,它呼吁中国爱国者要团结一致,对人民的美好、光明的未来充满了坚定的信心。

长篇小说《子夜》,与茅盾的其他作品不同,作品中洋溢着愉快的、生机勃勃的激情。该长篇小说的名字"子夜",就是"黎明前的黑夜"之意,这其中便蕴涵着人民的光明的力量必然战胜笼罩于全国的国民党的黑暗势力的内涵。作家重点描写了,尽管黑暗似乎是深沉的,但是黑夜并非无尽头,黑暗过后,黎明必将到来。

长篇小说《子夜》再现了中国政治和社会生活的生动画面:国民党的专制独裁和外国压迫者的统治所造成的困难的经济形势、城市里对工人的残酷剥削、农村里力不可支的苛捐杂税、农民的武装暴动、中国共产党领导的无产阶级革命运动、粉碎国民党围剿的工农红军的英勇斗争……都栩栩如生地映入读者的眼帘。

作家塑造了庞大的人物形象系列:在这里,一方面,有为牟取暴利而善于应变的工厂主、银行家、交易所的投机商、地主和绅士;另一方面,还有罢工工人、革命家、暴动的农民。这是两种对立的形象系列,两个对立的人物世界——历史注定行将衰亡的人物世界和革命的新生力量的世界。

在长篇小说《子夜》中,茅盾揭露了中国人民不共戴天的敌人帝国主义的经济扩张——他们妄图依靠买办资产阶级和地主阶级中的走狗实现其奴役中国的计划。

作家令人信服地描写了帝国主义的忠实奴仆买办阶级的典型人物:他们为谋取个人暴利敢于铤而走险,干出一切叛卖勾当。他们总是与外国资本勾结在一起,恶毒地使民族工业破产,掠夺中国人民的自然财富。

作家尤其成功地描写了以赵伯韬为代表的买办-冒险家的典型,他曾厚颜无耻地说,中国人办企业,没有外国人帮忙,定是虎头蛇尾。换句话说,必遭破产。对这些像赵伯韬之流的投机商和金融巨头来说,他们衡量事物的唯一标准,就是钞票、可耻的交易和投机买卖。赵伯韬就以投机商蛮横无理的语调郑重地说道:"所以我说其中有奥妙啦!花了钱可以打胜仗,这是大家都知道的。但是花了钱也可以叫人家打败仗,那就没有几个人想得到了。——人家得了钱,何乐而不败一仗。"[1]

作品突出地刻画了吴荪甫这一形象,他是与大买办资产阶级相对立的中产阶级的化身。作家以吴荪甫这一形象令读者相信:中国民族资产阶级是何等软弱和无助!因其社会本质所决定,他总把个人利益和发财致富置于民族和革命利益之上。

该作品中还描写了其他不少生动形象。这里既有善于说废话和蒙骗的政治冒险家典型唐云山,也有如女冒险家刘玉英之类的上海半上流社会的少妇们,还有类乎大工厂主周仲伟之流,口头上讲着爱国语言,实则干着卖国勾当的大企业家们。

在这部长篇小说中,同时也描写了革命营垒中的代表人物,上海工商企业中的先进工人们。他们在中国共产党领导下,为民族和社会的解放进行着英勇的斗争。

---

1 《子夜》,北京:人民文学出版社2004年版,第44页。

## 三

在1931年日本侵略者侵占中国东北后,以及在后来的抗日民族解放战争（1937—1945)时期,茅盾创作了许多优秀的短篇小说和随笔,发表了许多政论文章,对动员文艺工作者参加抗战保卫祖国做了大量的工作。

在其短篇小说《中国一日》《报酬》[1]《新年夜》[2]中,作家有力地揭露了国民党的贪官污吏——他们盗窃国家资财,用人民的血泪养肥自己,大发国难之财。

作家对贪官污吏的揭露激情,对国民党政权的专制独裁、对变节分子和投机分子的公开愤恨,引起了执政者们的不安。于是,特务机关加强了对茅盾的跟踪和监视。1940年底,茅盾被迫离开了国统区。他逃到了香港,在那里找到了一个临时避难所,并与其他进步文化工作者取得了联系。这期间,他一边努力做社会工作,一边还完成了一部新的长篇小说《腐蚀》。该作品有力地揭露了国民党秘密特务机关的卑劣活动。

1942年,茅盾创作了大部头长篇小说《霜叶红似二月花》第一部;1945年又创作了其第一部剧本《清明前后》。

茅盾还撰写了许多文艺理论和政论性著作,其中有许多作家评论:《论鲁迅》《王鲁彦论》《徐志摩论》《落花生论》,同时,还撰写了许多学术专著:《创作的准备》《西洋文学通论》[3]《中国神话》[4]等。

中国人民革命的胜利,实现了作家的朝夕思慕的想法。人民的胜利给文学艺术家带来了应得的信任和爱戴。茅盾被任命为中央政府文化部部长。全国文艺工作者代表大会选举茅盾为中华全国文学工作者协会[5]主席,并任《人民文学》杂志主编。

---

1　未查到原作篇目,只好按俄文译出。

2　未查到原作篇目,只好按俄文译出。

3　本文作者译为Западная литература（《西方文学》),不准确。

4　此处原文是Мифология Китая（《中国神话》);茅盾先生研究中国神话的作品至少有四五种:《中国神话的研究》,载《小说月报》1925年（1月10日)第16卷1号;《神话的研究》(理论),上海:商务印书馆1928年版;《中国神话研究ABC》(上下册),上海:世界书局1929年版;《神话杂论》(理论),上海:世界书局1929年。此处系泛指茅盾的"中国神话"研究,非具体指某一部作品。

5　中国作家协会前身。

中华人民共和国建国初期，茅盾在从事创建中国新文化的繁忙的国务工作同时，还发表了许多政论性文章和报告。

茅盾是苏联文学在中国的不倦的普及者和宣传者。他翻译了K.西蒙诺夫的剧本《俄罗斯问题》、B.格洛斯曼的中篇小说《人民是不朽的》、B.卡塔耶夫[1]的中篇小说《团的儿子》和描写苏联伟大卫国战争的苏联作家短篇小说集等。

中国最大的语言艺术家、中国最有天才的现实主义艺术大师之一茅盾正值创作的繁盛期。始终严格要求自己、严格要求自己的创作、不倦地进行创造性探索，这就是优秀作家茅盾的全部生活道路。

诞生于中国人民深刻而尖锐的阶级斗争的矿藏中的茅盾的艺术创作，带有鲜明的社会（时代）性。他的创作于不同时代、不同环境下的作品，充满了必须推翻旧社会的热情洋溢的说服力，充满了对中国人民的强大力量、对光明的新世界最后胜利的坚定信念。

---

[1] 1946年10月，上海万象书店出版的茅盾译的苏联中篇小说《团的儿子》著者为卡泰耶夫。当时系根据英译转译，音译不准，现按俄文矫正为卡塔耶夫。

# 诗人与战士的道路*
## ——《血字》（殷夫诗集）俄译本序言
Г.亚罗斯拉夫采夫

殷夫（1909—1931）的创作历程，是在中国最艰苦的年代：第一次国内革命战争（1924—1927）和第二次国内革命战争（1927—1937）初期完成的。这一时期，中国的进步作家鲁迅、瞿秋白等，为创建真正的无产阶级文学，进行了英勇、顽强的斗争。殷夫——中国革命的歌手的年轻的歌声，也加入了他们的行列。

殷夫的真实姓名是徐白莽（实际为徐孝杰，字之白，号柏庭——译者）。生于浙江省象山县大徐村。其父是县城的医生，殷夫读小学时，他就去世了；其母是一个温存、善良的妇女，她肩负起了教育幼小殷夫的重任。

从童年时代起，家乡的大地、山川就成了殷夫的朋友：那松林掩映下的山顶，长满茶林和竹林的山坡；还有，那大海，那一望无垠的稻田和棉地……他跟大人们一起去打猎和捕鱼，母亲给他讲的故事，早期进入他生活的书籍，这一切，都激活了幼小白莽的想象力，拓展了他童年概念的世界。善于思考、易于激动的男孩经常跑进山中，站在山坡上长时间观察南方的夜空。在其早期诗歌中，他描写了自己这种初始的少年感觉。什么东西都不能使他漠不关心：观赏那春天带给他的一瓣嫩绿的叶，倾听那虫声和杜鹃凄绝的悲啼。殷夫希望"戴着诗意的花圈，美丽又庄朴，在灵府的首座"。

在1926年，"五卅"运动（1925）后第一次国内革命战争最昌盛时期，殷夫来到了上海；此时的上海，正被共产党领导的无产阶级的战斗行动搞得沸

---

\* 译自殷夫诗集《血字》俄译本，莫斯科：艺术文学出版社1964年版。

（Инь Фу, Слова, омытые Кровью. Издательство "художественная литература", Москва, 1964.）

沸扬扬。从这时起，到这位诗人和战士短暂的一生的终点，他的命运都与这座巨大的工业城市连接在一起。这个年轻人考进了浦东中学，那里按教学大纲开设欧洲语言。激进的大学生活，唤起了殷夫的政治意识。他初步结识了马克思主义文学，学习了В.И.列宁的著作；他阅读了翻译过来的苏联作家的作品，他竭力了解苏联生活的真实情况。爱好劳动、求知欲强、性格直爽的殷夫，很快就受到了同学们的尊敬，结识了许多工厂青年。

　　1927年春，背叛革命的蒋介石粉碎了上海工人纠察队，在全城进行了空前的大屠杀。中国第一次国内革命战争遭到了失败。反共的白色恐怖开始了。蒋介石按照"同情共产党的嫌疑犯"逮捕了许多人。大学生们也没有逃脱这一惩罚。4月，曾公开而激烈批评学校当局的殷夫被捕。国民党徒对这个年轻人进行了严刑拷打，以枪毙威胁他。

　　在狱中，殷夫写了自己的第一部长诗《在死神未到之前》，诗中塑造了一位坚强的青年战士的形象，他以其所有的聪明才智悟出了：真正的革命者的天职是，直到生命的最后一息，也要忠诚于革命事业。

　　　　我全身起了寒战，
　　　　我似乎想痛哭一阵；
　　　　然而我抑止了，朋友，
　　　　我突然又见了"可怕的革命"！

　　　　朋友，有什么呢？
　　　　革命的本身就是牺牲，
　　　　就是死，就是流血，
　　　　就是在刀枪下走奔！

　　　　牢狱应该是我们的家庭；
　　　　我们应该完结我们的生命，
　　　　在森严的刑场上，
　　　　我们的眼泪决不因恐惧而洒淋！

　　　　忏悔吧，可怜的弱者，
　　　　死去！死是光荣的责任。

让血染成一条出路,
引导着同志向前进行!
——《在死神未到之前·五》

殷夫的哥哥徐培根,时任南京政府的要职。由于他的干涉,经过3个月,殷夫被释放出狱。

1927年秋,殷夫考入同济大学。在这里,很快他就参加了大学生的革命工作;他与地下和半地下刊物建立了密切关系;掌握德语后,他阅读了译成德语的匈牙利革命的歌手山德尔·裴多菲的许多作品。裴多菲的英雄般的生活,他的充满了对被压迫者的热烈同情、对统治阶级的无比愤恨的热情洋溢的诗歌,使殷夫激动不已,在这个中国年轻诗人的心中,产生了强烈的反响。

1927年末,他因被怀疑是共产党而第二次被捕。然而,在哥哥的帮助下,他很快又回到了学校。徐培根和其他弟兄们千方百计想使白莽脱离革命工作。为了引诱年轻人脱离他生命中最高价值的革命工作,他们允诺他,要么去当官,要么去欧洲留学。殷夫明白他们的简单意图,他拒绝了与其出身阶级捆绑在一起的一切要求。诗人经受了与兄弟们纷争的痛苦,但是,要回到过去的想法,使他愤恨:"我觉得,我的青春,/已把热焰燃尽,/我以后的途道,/干枯又艰困,/我不能不负上重任。"为了追寻"新生","把以前的一切殡葬了,/把恩惠仇爱都结束了,/此后我开始在世上驰骋"(《跋诗》)。"我在竹涛的微怨声下,/已诀别了往年的心灵和生的憧憬。"(《虫声》)革命者的良心提示殷夫,要走他在《给母亲》一诗中所描写的那条路:"此后,我得再造我的前程。"诗人耳边传来附近火山熔岩的轰鸣,较之"朗吟颓伤歌调"逃脱斗争的"秋虫",诗人则:

我枕着将爆的火山,
火山要喷射鲜火深红,
把我的血流成小溪,骨成灰,
我祈祷着一个死的从容。
——《地心》

殷夫在同济大学学习一年半时间写的许多诗歌,都描写了关于革命中个人"我"的深刻思考。但是,抒情主题的主观情调,并没有降低其作品的社会意义,相反,却使它显得更加真实。譬如诗歌《归来》中的"我的热情""青春的狂悖"等诗句,诗人本是面对个人的,然而却使人感受到是面对每一个珍重革命事业的人:

> 归来哟!我的热情,
> 恢复我已过的生命:
> 尽日是工作与兴奋,
> 每夜是红花的梦影!
> 回归哟!来占我空心!
> ——《归来》

殷夫,像其他同时代作家一样,认为,在大革命失败后国民党反动派血腥恐怖时期,文学的一个主要任务,就是唤起社会最先觉悟人群的政治觉悟和勇气,使他们不要脱离斗争;要提高未来战斗的巨大力量——年轻人的革命精神,保护他们免受失败主义情绪和悲观主义的侵害。"忍耐吧,可怜的人,忍耐过这漫长的夜,冷厉的暴风加紧,秋虫的哀鸣更形残衰。鲜红的早晨朝曦,也是叫他们带来消信,黑暗和风暴终要过去,你呀,洁圣的光芒,永存!"(《孤泪》)诗歌《月夜闻鸡声》以下面的召唤结束:

> 踏着虹的桥,星河的大道,
> 星儿向着你的来向奔跑,
> 你向前走去欢迎明晨,
> 你因为必要做着第一个百灵!
> ——《月夜闻鸡声》

不是抱怨,而是斗争——这是这一时期殷夫诗歌的基调。

与上述题材紧密相连,殷夫创作的其他题材,是革命斗争中中国妇女的地位。殷夫认为,在半封建半殖民地的黑暗中国,妇女被"钉在三重十字架之上"(《东方的玛利亚》),受尽了侮辱和奴役;在革命时代她们获得了精神自由,应该同男子一样参加人民的解放斗争事业。

殷夫作品(《我们初次相见》《祝——》《我醒时……》等)中的妇女形

象,是聪慧的、精神丰富的姑娘形象,共同的事业使诗人与她们连接在一起。在《写给一个新时代的姑娘》(1929.12)一诗中,他塑造了一个女革命者形象的典范。

殷夫认为,妇女应该成为平等的社会一员。他在日记中写道:"我相信,在未来社会的政治生活中,妇女将与男子起着同样的作用……列宁的著作帮助我懂得了这一点。"

在描写妇女形象时,诗人不止一次强调指出,描写人的精神美,要比描写纯粹的外表美更重要。

大都市生活的题材,在殷夫的创作中,占有显著的地位。大量犀利、深刻的诗句描写了"高傲地""摊在黄浦江边"的,以"铁的骨骼,白的齿""吃人的上海":"马路上扬着死尸的泥尘,每颗尘屑都曾把人血吸饮"。在诗歌《无题的》(1929年春)中,诗人痛斥了外国人在上海的专横跋扈,揭露了社会的人与人之间的不平等及其所导致的精神贫乏、生活贫困和卖淫行径。在诗歌《一个红的笑》和《都市的黄昏》中,作者歌颂了大都市的真正主人——工人,"明日清朝"是属于无产阶级的。

这一主题思想,在《血字》组诗之一《上海礼赞》(1929.4)一诗中得到了充分发展。在回忆1925年5月上海街道上血腥镇压游行示威者的惨象时,诗人悲痛地写道:

> 上海我们礼赞你的功就,
> 我们惩罚你的罪疣。
> ——《上海礼赞》

殷夫为上海诞生了中国无产阶级感到自豪,但是,他又严厉地批判了它竟"允许"在街道上屠杀革命群众。诗歌结束时,诗人表现出了,对上海的"光明未来"充满了信心:"但你将永久不腐不死,但你必要诊探一次。"(《上海礼赞》)

非常值得注意的有两首诗:一首是寓意深刻的诗歌《花瓶》(1928),一首是讽刺诗歌《奴才的悲泪》(1930)。在这两首诗中,殷夫准确地确定了在中国进步作家同"新月派"作家辩论时自己的立场。"新月派"代表作家(胡适、徐志摩、梁实秋)否定文学艺术在阶级社会中的阶级性,贬低"必须创建革命文学"的意见。这实际上是引导进步作家脱离革命运动,拒绝参加社会斗争。梁实秋低估了革命和艺术创作中群众的作用,他指出,文学和艺术,似乎,可以任意选择。

鲁迅和革命文学派"创造社"(成仿吾),同时联合"新月派"(蒋光慈),殷夫也参与其中,对"新月派"论调进行了激烈论争;在同"新月派"的斗争中,尽管他们的观点不尽相同,但是,他们都站在论战的同一方,捍卫了文学的阶级性,保护了文学创作与革命运动的密切联系。

反对"新月派"的共同斗争,从思想上拉近了革命文学捍卫者的距离,这就为1930年成立左翼作家联盟,创造了一个先决条件。

在诗歌《花瓶》中,殷夫塑造了"和谐"的,而不是"高雅"的花瓶形象;还在文学辩论的初期,殷夫就确立了诗歌的通俗性和人民性原则——不是为少数人而是为多数人服务。所以那花瓶"她不插芙蓉和玫瑰,(这些让他人狂昧!)野花采自田野,集团中的成员!"(《花瓶》)这就是说,诗歌应该为广大的人民群众服务。在《奴才的悲泪》一诗中,诗人揭露了以反动统治的辩护士胡适为首的资产阶级知识分子的背叛行为。

因此可以说,殷夫在同济大学学习期间,就完成了其革命诗人的形成过程:创作了大量反映人民群众革命斗争的深刻题材的诗歌。虽然殷夫的诗歌不都具有同等的艺术价值,但是,他的坚定立场是:文学艺术应该为千百万人,而不是为有所"选择"的少数人服务。

1928—1929年,是殷夫与上海工人运动联系的诞生和巩固时期。这一时期,殷夫以各种不同的笔名,在上海的杂志上发表诗歌作品,经常发表他作品的刊物有《太阳月刊》等。同济大学校长在聚精会神地监视着这个不安分学生的"可疑活动"。当殷夫了解到,他们打算开除他,并将此事报了警后,便于1929年3月离开学校,完全献身于文学与革命工作。这就更加加剧了他同哥哥们的矛盾,他们禁止母亲同自己的小儿子来往,并以断绝对母亲的经济支援威胁她。1929年4月12日,正是蒋介石发动反革命政变满2周年之时,殷夫写了诗歌《别了,哥哥》,诗中诗人向整个剥削阶级发起了愤怒的挑战。为了揭露徐培根趋炎附势、追逐名利,不关心人民的疾苦(哥哥,你"有的是安逸、功业和名号,是统治者们荣赏的爵禄,或是薄纸糊成的高帽"),殷夫坚定地声明:

别了,哥哥,别了,
此后各走前途,

再见的机会是在,
当我们和你隶属着的阶级交了战火。
——《别了,哥哥》

该诗具有强烈的政论性,充满了高度的革命热情,诗中的每一个字真正是用勇敢、热烈的心血洗清的。殷夫离开学校并与哥哥彻底决裂后,举办了扫盲培训班,成立了马列主义理论研究小组,组织了各种会议。他的革命宣传工作,在长诗《一九二九年的五月一日》中得到了艺术的再现。这是一部厚重的成熟的诗歌,描写了一位青年革命者,为了完成党交给的任务,在工厂发动工人搞了一次五一集会,并成功地发展成为游行示威。长诗的主人公是一位坚持党性原则、具有很高政治觉悟的榜样。

长诗《一九二九年的五月一日》,是在白色恐怖十分猖獗之时完成的,它促进并巩固了人民群众的革命觉悟。它不仅指出了资本主义社会必然灭亡的历史规律,而且指出了中国工人阶级争取自身解放的现实道路,指出了工人阶级能够完成这一革命任务。在这一作品中,殷夫塑造了作为当代正面人物的无产阶级革命者的典型形象:他发动群众,在残酷的白色恐怖下,投入政治的和经济的斗争。该长诗是完全从社会主义现实主义立场出发创作的。

1929年夏天,殷夫与鲁迅首次会面。这次会面,对诗人生命中最后一年半的创作和命运产生了很大的影响。

鲁迅集中精力阅读了诗人的作品,同他交谈了中国文学的任务。殷夫洗耳恭听鲁迅的谈话,高度评价他的批评意见,与他讨论自己的创作计划,其中,也谈到了他想把Ф.格拉德科夫的长篇小说《水泥》译成汉语的愿望。这种友谊的结果,很快便表现出来:青年诗人重新审视了自己全部的早期诗歌,改写了许多作品,并开始准备出版诗集《孩儿塔》,其中同名诗歌描写了中国儿童的苦难命运。这一主题,还是鲁迅先生给予提示的。

1929年7—8月间,殷夫第三次被捕入狱。但是很快就被释放,重新从事革命工作。这年秋天,殷夫创作了战斗诗歌组诗《我们的诗歌》,目标对准了唯美诗派"新月派",因为"新月派"成员在其宣言中轻蔑地称无产阶级革命文学战士为"爱好口号"派。

殷夫给宣言的捍卫者以坚决的反击,指出革命时代的诗歌,已经到了告别"他的贵妇人和夜莺"的时候了,应该创作人民需要的新歌(《我们的诗歌》组诗之一:《罗曼蒂克的时代》)。

20年代末，尽管反动派猖獗，但是国内又重新成长起了革命高潮。第二次国内革命战争开始了。凭着革命诗人的敏锐感觉，殷夫感受到一个新的时代就要到来。在诗歌《时代的代谢》《我们》《写给一个新时代的姑娘》《前进吧，中国！》《我们是青年的布尔什维克》中，诗人高兴地描写了革命已成为现实，并梦想着共产主义——这人类未来的春天。

　　1930年，对殷夫来说，发生了几件大事：3月，他加入了左翼作家联盟；5月，他与其朋友们——革命作家柔石、胡也频和其他左联成员一起加入了中国共产党；还有消息说，这时殷夫学习了俄语。他在《巴尔底山》杂志任编辑；在左联的半地下和地下刊物《拓荒者》《萌芽月刊》上发表诗歌和论文；在鲁迅主编的杂志《奔流》上发表论文、随笔和翻译作品。他还创办了杂志《摩登青年》，在该杂志上他以各种不同笔名发表了本属于他的许多资料。殷夫最著名的散文作品有短篇小说：《"King Coal"——流浪笔记之一》（《煤炭大王》）、《下雨时》《小母亲》《基督教徒的仁慈》《音乐会的晚上》；剧本：《斗争》；随笔：《"March 8"s——A sketch》（《3月8日》）等，同时，他还在（主要在）《列宁青年》杂志上发表了许多政论性文章。

　　殷夫还没进入中国文坛时，白话诗就已在中国牢牢确立。闻一多、蒋光慈、刘半农、朱自清等，创造了新型诗歌语言的光辉典范。殷夫《孩儿塔》诗集中的大多数诗歌，都是运用五四运动后中国诗歌业已习惯的韵律格式进行创作的。诗歌的诗节，通常，分作四行诗。值得提出的是，当诗人运用这种诗歌形式进行创作时，这种形式并没有束缚住他的诗歌思维。

　　中国自由体诗歌的发展与繁荣和殷夫的名字紧密相连。他的1929—1930年的诗歌（如，《时代的代谢》），都是紧密地运用严格的诗歌既定韵律和有节奏、有限度的诗节创作的。殷夫故意利用诗节的"杂乱无章"，使长、短诗行相互替换，抛开诗节的基本原理，使诗节成为诗歌结构的某种成分，改变了可能出现的不定数诗行的周期。这样的诗行变化周期，表现出了统一的诗歌思维。殷夫的自由诗，没有受到形式主义框框的束缚，他的诗歌形式的标准是：符合诗歌内容的要求，隶属于诗歌宽泛"容量"的题材。

　　在诗歌的诗节变化周期中，为了改变诗节的结构，殷夫的诗歌语言，使人感到具有一种演说家的激情——诗人力求使自己的语言贴近群众，因为他需要有广大的读者和听众。最具有说服力的是，殷夫运用自由诗体创作了许多最具社会性的尖锐作品：《血字》和《我们的诗歌》组诗中的许多诗篇，诗歌《我们》《时代的代谢》《我们是青年的布尔什维克》等都是很有代表性的作品。同样，在长诗《一九二九年五月一日》或在诗歌《别了，哥哥》中，虽然都是用传统形式写的，但是却使人感到与自由诗非常亲近：殷夫的那种演说家语言的韵律，那种语调和句法结构的变换，宛若在自由诗中那么潇洒不羁。

殷夫能发展成为艺术家关键在于，其早期诗歌具有很强烈的主观论成分，诗歌中反映的思想，常常是通过个人"我"的知觉表现出来，诗人转而去表现群众的思想，力求利用诗歌这一工具表现大多数人的思想感情。因此，殷夫的诗歌中有许多复数意义的诗句："我们的诗歌""我们的意识""我们的团结"。这种诗歌赋有一种独特的表现力和独特的韵律。它们中的每一个词都能发出召唤、揭露和战斗的信息。这些诗歌所展现的，不是"懒散的愁容"和"秋虫的哀鸣"，而是"大声疾呼的血字""红笑"，是类乎"我枕着将爆的火山"，都市像"铁的骨骼，白的齿"，"烟囱不再飞舞着烟"等种种夸张的描写。他视野中的"花"的革命形象，不是'芙蓉和玫瑰'，而是"采自田野"的"野花"，或是"一朵傲慢的白花"。

最后，谈一下最悲痛的事情。1931年1月17日，国民党警察局逮捕了殷夫及其战友胡也频、柔石、李伟森、冯铿。与他们一起被捕的还有18位革命者。

被捕人员从一个监狱被弄到另一个监狱，每次都要经历严刑拷打和审讯，但是，他们顽强地经受住了考验。狱外的"左联"成员，想去救他们，但那是办不到的，因为，他们被关在哪里？时下的命运如何？有着种种不同的传说。后来，消息终于大白：1931年2月7—8号的夜里，国民党密探局对23位共产党员进行了最野蛮最残酷的迫害：在上海龙华警备司令部，用机关枪把他们杀害了。

国民党不敢公布被害作家的名字。摆在左翼作家联盟面前的紧迫任务是，迅速把革命作家被害的真相告诉全国人民，向社会各界揭露蒋介石集团的罪行。

尽管反动当局不断监视和制造白色恐怖，左联作家还是组织出版了《前哨》"纪念战死者专号"（1931年第1卷第1期）。在这期刊物上，发表了鲁迅愤怒的文章《中国无产阶级革命文学和前驱的血》，鲁迅写道：

> 然而，我们的这几个同志已被暗杀了，这自然是无产阶级革命文学的若干的损失，我们的很大的悲痛。但无产阶级革命文学却仍然滋长，因为这是属于革命的广大劳苦群众的，大众存在一日，壮大一日，无产阶级革命

文学也就滋长一日。

革命作家被难的消息，引起了中国进步作家和诗人的极大愤慨，他们撰写了许多纪念文章和诗歌。鲁迅先生在《为了忘却的纪念》一文中写道："但我知道，即使不是我，将来总会有记起他们，再说他们的时候的……"

中国人民虔诚地纪念自己的把生命献给革命事业的最优秀的战士们。殷夫的光辉的一生，他的不朽的作品的纯真的革命激情，无疑，会引起俄国读者的极大关注。

# 漫长道路的里程碑*
## ——《巴金选集》俄译本序言
### B.索罗金

20世纪中国最大的作家之一巴金的创作道路延续了60多年。这期间中国和全世界经历了巨大的变迁。自然,作家在许多方面,创作内容、艺术表现手法等,也都发生了变化。然而,其主要的东西仍旧未变:作家对人的责任意识,作家对真理和正义的追求,作家对解放全人类思想的忠诚没有变,决心使人类摆脱各种社会与精神的奴役状态没有变。

巴金出版了数十本著作:长篇小说、中篇小说、短篇小说、政论与传记著作、翻译著作等。正如在一本书中只能容纳"选集中的选集"一样,在本序中我们仅能试图指出作家巴金面貌的主要特点,阐释其漫长文学生涯的主要阶段。

1904年,离当今世道似乎不可思议的遥远。清王朝,就像统治俄国至少300年的罗曼诺夫王朝,似乎还稳坐在北京的"金銮殿"上。但事实上,清朝的统治已经不能独占——在许多大城市,主要是沿海城市,西方列强都已签订了租让合同;而在东北,皇帝的家乡,沙俄和日本为了在这块富庶的边疆地带争夺势力范围,进行了日俄战争。就连在帝国的臣民中,也出现了许多要求改革的叛乱者和极端分子,企图动摇清王朝制度的统治基础。然而在内地,如在四川省,这些状况暂时还很少令人感觉到。

四川省府——成都,庞大地坐落在自古人口密集的、富庶的大平原上。市内有许多古塔、竹舍、园亭和富足的庄园:庄园关着红漆大门,门口有两只石狮守护着。就在这样一个庄园里,1904年11月25日,李姓家中诞生

---

\* 译自B.索罗金主编《巴金选集》俄文版,莫斯科:虹出版社1991年版。(Ба Цзинь Избранное: Сборник/ Составл.и предисл. В. Сорокина; Пер.с кит. М.: Радуга, 1991.)

了第二个儿子。孩子的父亲，就像他的祖父和曾祖父那样，属于有官衔的读书人；父祖曾祖三人的官职均达县官级别，此后便告老还乡。孩子起名叫李尧棠，过了不多久又给他起了个"学名"叫李芾甘，通常在传记词典中才能查到。

据作家回忆，他的童年过得非常安逸，一直在"父母疼爱和家庭温暖"的氛围中度过。他所受的教育，如同家教一样：教四书五经和识字，进庙宇给佛祖烧香，教他给祖先的牌位叩头等。庄园大墙外，发生了重大事变——1911年的辛亥革命推翻了清朝皇帝，在军阀集团之间不可避免地发生了内战。而在李家大院里却依然如故，甚至连其父母的早逝都很少引起变化，老太爷紧紧握住了抚养教育孙子们的大权。

巴金15岁时，1919年爆发的五四爱国运动席卷了全中国。运动在首都开始后，很快便蔓延到全国各地。这是一种思想更新和纳入现代世界文化的热潮，这是对第一次世界大战后世界"巴黎和会"事件的一种强烈的反应；当然，也是对俄国革命的一种积极响应。大学生和青年教师是这次运动的骨干，对他们中的大多数人来说，参加运动则确立了其未来的人生道路，引导他们走上了文学、科学、政治斗争之路。李芾甘也不例外，他回忆几十年前的许多往事时说：他开始领会了五四运动时期的新思想。突然展现的全新的世界，使他感到震惊。但是，他渴望全身心地接受这些全新的思想。他感到通俗易懂，他爱上了一切进步的新思想，憎恨一切落后的旧思想。

1920年，巴金的祖父打算给他安排一个虽很一般但却很有希望的职业——邮政部门工作，巴金违背祖父的意愿，与哥哥一起报考了外语学校英语部（在这之前，他在传教士学校培训班学习）。3年后，兄弟俩离开了成都，为了继续深造，他们来到了比较发达的沿海城市，先到上海，后到南京。但巴金没有直接就去，而是采取了有意识地脱离旧的环境、告别旧的生活方式的行动，开始在这矛盾重重的动乱世界里寻找独立自主的人生道路。寻找的共同方向是清晰的：从黑暗走向光明，从奴隶走向自由，从传统的压迫走向人的个性的解放。但是，怎样的道路能引领他尽快到达目的地呢？五四运动后全国风行许多政治派别，究竟献身于哪种派别好呢？

李芾甘选择了无政府主义。那年他刚满16岁。当时他初步结识了几位著名的无政府主义活动家和理论家诸如克罗泡特金（П.А.Кропоткин）和艾玛·戈勒德门（Эмма Голдмэн）的某些著作，他就加入了无政府主义组织，同其联系20多年。"无政府—共产主义"乌托邦和克罗泡特金的个性魅力使年轻人产生了深刻印象。巴金不但坚持翻译了克罗泡特金的《伦理学》和《革命者回忆录》中的某些篇什,而且还选择了未来作家的文学笔名,这都足以证明巴金当年对无政府主义的倾心。事实上,"金",按上海口音读"Кин",没有其他意思,就是俄国"革命—公爵"的姓的最后一个音节。笔名的第一个音节是"巴",这个"巴"字在某种程度上与巴枯宁的名字有关。但是,需要记住,"巴"还是作家家乡四川的简称。关于巴枯宁的事,巴金在自己的著作中很少提及。很清楚,巴金更亲近其他的俄国虚无主义者和民粹主义者,尤其喜欢薇娜·妃格念尔和C.M.斯捷普尼阿克·克拉弗钦斯基,后来,巴金同样使这些人的著作变成了中国读者的精神财富。

巴金对无政府主义的迷恋,在其创作中不能不显露出来。何况,在其20年代的政论文中,他以其信仰学说的勇气,不但批判资本主义共和国,而且还批评无产阶级专政思想,批评苏联的社会制度。在巴金早期创作的艺术作品中都能发现这种影响的痕迹。

笔者认为,是巴金的年龄、气质、敏锐高洁的处世态度,以及从个人生活经验中产生的那种认为封建社会压抑人的个性发展的意识,使巴金走上了信奉无政府主义的道路。出身于富豪家庭的巴金难得接触到社会问题的真面貌。但是,他个人物质生活的富足,使他产生了——起初是潜在地,而后是显意识地——一种对大多数不幸同胞的道德责任感。责任是什么呢,年轻的巴金,使用了这样的语言:要为创建一个"人人都能安居乐业","迅速铲除恶势力"的新社会而斗争。实现这种社会的方法,就是要"通过拨乱反正,通过解放思想",通过否定"社会、国家、宗教、家庭赋予个体的一切负担"。这些话很具体地谈到了旧社会、旧国家、传统的父权制家庭,但是,其理想所探讨的却是建立在共同财产均衡基础上的没有政府、没有社会等级制度的人的共性。要达到这一状态,必须进行社会变革;这种变革"不是靠政党,而是靠群众的直接行动"实现的。

这些理论学说的诱惑力是显而易见的;它们的乌托邦性没有立刻显露出来。在无政府主义的影响下,过去哪里能找到像这位成都青年这样成熟的活动家呢?热情的,急躁的,为自己家庭的特权状态而感到某种罪恶感的巴金,在无政府主义的理论中,看到了迅速实现公平正义、让人尽快甩掉传统道德束缚的道路。由此,不能不赞成这些中国文学家,他们指出,斗争的目的和理想,归根到底,不是分离,而是联合;巴金及其志同道合者们与中国成长起来的共产主义运动联合在了一起,作家的最终生平和活动都极其令人信服地证明了这一点。

与迷恋政治并行不悖,年轻的巴金又爱上了文学。他在家时结识了中国古典文学,现在又接触了用口语写作的新文学。巴金立刻就挑选出了充满严肃的生活真理和深刻的心理描写的鲁迅的短篇小说;他总是称鲁迅是他的第一位导师——因为,他个人的艺术手法与鲁迅的区别不大。在这方面,毫无疑问,他也接近于其他外国导师——И.С.屠格涅夫。巴金翻译了屠格涅夫的许多作品(主要译自英语):《父与子》《春水》《处女地》《木木》和散文诗等,极具感染力。敏锐地关注当代社会的思想进程,关注正确对待妇女的青年人的思想探索,将这些互不相似的作家连接了起来。

Л.托尔斯泰("我在他的作品里首先看到的是通向真理的道路,我沿着这条道路拿起了笔……")和А.契诃夫(1955年巴金发表了研究契诃夫的随笔)对于作家巴金的形成给予了极其重大的影响。最近数十年,巴金尤其钟情于革命者、思想家、艺术家А.И.赫尔岑,他完成了《往事与随想》大部分篇章的翻译,便是有力证据。当然,年轻作家的形成不只是受俄国文学的影响,他还吸纳了欧洲经典著作,获得了西方和东方(尤其法国和日本)当代文学成就的滋养。正是这一切,巴金自己也承认,他的许多创作同行(从伟大的鲁迅开始)的作品,俄国古典文学和后来的苏联文学,对他都具有特殊的意义。这里所谈的这一切,无论减少点儿,或是添加点儿都没什么,问题不在于俄罗斯古典文学的最高质量,而是在于两国、两社会利用适合于本国国情解决的问题的相似性。

1925年,巴金获得了中学毕业证,他试图报考北京大学,但因患结核病,不允许他报考。通过上海医疗训练班,巴金于1927年1月来到了法国,以便"更深地研究"无政府主义。在路途中他写了第一篇比较长的文学作品(他发表诗歌和散文较早),那就是《航海笔记》,即他后来发表的许多《旅行札记》的雏形。在《航海笔记》中,我们发现了一句格言:"除了反抗,没有其他挽救人类的办法!"(按俄文译出)这句格言,我们有权认为,它是作家信念的象征之一。

搬到拉丁街区后,离潘捷昂不远,巴金独自住在这里。白天自修,晚上到法语培训班听课。但是,医生禁止他住在巴黎,他只好又搬到沙托·季耶利亚市马尔那河岸边,在这里,他几乎住了一年多。

半个世纪之后,巴金称这一时期是他的幸福生活时期之一。但是很快,外界的情况使他心中经常感到很沉重。而从国内又传来了当他离开中国时刚刚积聚力量的革命浪潮现在正走向衰弱的消息,接着又传来恐怖杀戮和反动势力进攻的噩耗。从大西洋也传来了工人卡克和王某被诬告而遭杀害的消息。巴金尤其感到震惊,因为他曾与蹲在监狱中的王某通过信,赞扬了他的勇敢精神和战士的智慧。作家的感情难以遏抑地一泻而倾注于纸端,于是便产生了中篇小说《灭亡》。它于1928年被发表在主要的文学杂志《小说月报》上。现在,苏联读者早就同它见面了。

该中篇小说活动的时间和地点书中写得很清楚:20年代中期,上海笼罩在反动将军孙传芳的军阀("军阀",我国文献中似乎通常称它是一个从英语中借来的术语)专政之下。小说的第一章就描写了军阀专政笼罩下的城市的悲惨气氛,写得笔调生硬,色彩粗俗。在桥上,有着一具被汽车轧死的人的尸体,遍体血污,脑浆挤出,惨然之极!一位穿着讲究的轿车主人偕同自己的摩登女伴急急忙忙仿佛要办一件"很重要的事"。殷勤的警察,准备在10分钟内完成车主的指示:将这个"畜生"扔到远处去。这时来了一帮人,他们十分激昂,无比愤怒,他们是自愿来控告这一事件的,不过不是控告这位大轿车的车主,他算不得什么重要人物,充其量是领导卫戍区的一个秘书。事件的见证人是一个长着一双发光的眼睛的坏青年。他就是小说的主人公——杜大心。

作者给杜大心赋予了坚定、热情、复杂的性格气质,具有承担超过个人痛苦的他人痛苦的能力。他为在桥上惨死的亡人哭泣,但也可能是,为更多的不明白其痛苦根源的人们哭泣,以便发动他们同他们一起进行斗争。他需要帮助,杜大心也应该这么做。为此他开始了自己的政治活动;为此,他拒绝了自己的幸福爱情,毫不犹豫地走向了忠贞的死亡。

杜大心从外省来到上海开始在大学读书后,他参加了"信仰社会主义思想"的组织(1957年作者作了最后的修订,在小学教本中讲述了关于无政府主义的事)。他很快就放弃了学业,全身心地埋头于工会工作。在这种情况下,在工会委员会的20名委员中,只有一位是他的真正的志同道合者,他就是青年工人张为群;为群热情地期盼着革命,并为接近它做好了一切准备。但是,当他试图扩展地下文学组织时,军警逮捕了他。

作品对张遭残杀的描写,是小说最重头的场面;然而,血腥的惨象与围观群众的举止却截然相反,他们并不觉得这是多么惊人的惨景。革命者在这漠不关心的当地群众中产生了孤独之感。笼罩着杜大心的这种感觉,促使他反思这种"直接行动",在这之前,他似乎并不是这种人。当他认为这个年轻工人的悲惨遭遇有自己的责任时,小说主人公决定对镇压机关的主要代表人物——卫戍区司令采取报复行动。他知道,在这种情况下自己将会牺牲,反正事情已经办了,不过,司令命大仅仅受了一点轻伤。

这种不幸事件的发生有何规律性,主人公的这种自我牺牲精神能为其奋斗的事业带来现实的利益吗?小说没有直接回答,然而,最后的结束语却引领我们去思考,杜大心的牺牲促使他心爱的李静淑参加了革命,首先是为政治让路。

著名中国现代文学研究家В.В.彼特罗夫,为向苏联读者介绍巴金的创作,做了大量工作;他撰写了论述杜大心形象的矛盾性文章,为此,他援引了主人公本人的话:"矛盾,矛盾,矛盾构成了我的全部生活。"笔者仍然认为,这个形象具有内在的统一性,因为杜大心经常碰到矛盾的事,所以,他顺理成章地决定不能放弃自己的原则。这首先就得涉及自己如何对待爱情的问题;他以极大的意志力,拒绝了自己爱情中的所谓"美的享受",平心静气地、专心致志地投入到人民教育界的工作中去。推动他这么做的因素,主要是对那些多灾多难和极端贫困人们的一种责任感。这种责任感,杜大心还在童年时就产生了。当时他看到了许多被饿死的人的尸体,胡乱扔到了公用的大坑里。这时他的同情心、责任感就产生了,而且每碰到上头来人的专横与霸道、下头穷人遭受的磨难时,这种同情心与责任感就更加强烈起来。"革命究竟何时到来?"工人张为群问主人公。关于这个问题,主人公杜大心也在问自己。杜大心是一个感情易于激动,而且难以控制的人,也是一个疾病缠身的人。他采取自杀立功方式,当然,这种行动并非单纯为了给朋友报仇,而且也希望引起社会的强烈反响。

巴金在中篇小说《死去的太阳》(1930)中,再次描写了"直接行动"的主题。厂领导王学礼认为在外国资本企业中举行罢工没有成功的可能,于是,放火烧了工厂。结果,王牺牲了。而停产也给工友们增添了额外负担。作者消极地对待恐怖活动,这在《死去的太阳》中表现得比较明显。

巴金于1931年写完并于次年修改完毕的中篇小说《新生》问世了。在该作品中我们遇到了在《灭亡》中已经熟悉的人物李静淑和她的哥哥李冷,但是,他们发生了多么惊人的变化!李冷是一位温情的、有理智的、善待周围人的大学生,为了度过残酷的失望生活,他屈服于"否定一切"的情绪,逐渐走向了自觉革命的道路。他有自己崇敬的榜样——他的妹妹及其女友文珠便是;他们都走到了"人民"中,走进了工厂,以便帮助工人提高自觉意识。巴金的早期作品,经常被评价为"太黑暗",传播"无信仰和悲观主义"而被否定;而中篇小说《新生》,在这方面,不会再受到指责了:作品中散发着希望的曙光。即使李冷牺牲了,但他的妹妹及其女友已经逃出了监狱,并准备继续投入战斗。"我们的事业是不会死的。"他们说,"我们会活在事业里,在事业里我们也会得到新生。"

有趣的是,在《新生》中,巴金拒绝了那个最重要的,列宁同意定义的,无政府主义的个人主义特点。"我们应该在大众的幸福中去求自己的幸福,在大众的解放中去求自己的自由。"(赵科员语)小说将读者引向了这方面。为了实现这一事业口号,只有先进战士的决心是不够的,应该在"集体生活"和"群众感情"中发生质的变化。小说的主人公们为此而生活和劳动着。

30年代上半期是巴金创作积极性最高涨的时期,他的笔不知疲倦地创作出了长篇小说、中篇小说、短篇小说集、随笔、散文诗。回忆这些年时,作家写道:"过去的回忆又来折磨我了。我想到在上海的生活,我想到那些在斗争中的朋友,我想到过去的爱和恨。悲哀和快乐,受苦和同情,希望和挣扎,我想到过去的一切。"于是,他不停地写呀写,不考虑健康和疲劳的事……他的手不间断地,在纸上迅速地移动,仿佛许多人在利用他的笔,发泄自己的痛苦。

巴金参与文学和社会活动变得更加明显。他没有加入文学社团和派别,他接近进步文学运动中心中国左翼作家联盟,接近它的主要代表人物。对他来说,与鲁迅的相识具有特殊意义;鲁迅首先高度评价了巴金的创作,称"巴金是一个有热情的有进步思想的作家,在屈指可数的好作家之列的作家"。他参加过抗日运动,参加过反对国民党镇压和"礼貌"限制的活动,使自己吃了不少苦头。

这一时期的左翼文学运动给自己提出了新的任务:尽量充分地抓住处于极其复杂和矛盾中的中国的社会现实,确定社会发展的主要趋势,创作出鼓舞群众及其先锋队的各种代表人物的典型形象(典型这一词,最早被广泛运用)。这一任务的提出,证明了这一时期创作状况的繁荣,但是,这其中也隐含着文学创作的过于政治化和公式化的危险。明显的愿望就是扩大作家的眼界,描写尚未形成艺术描写对象的社会现实,巴金推动了这一工作。煤矿生活给他提供了某些创作素材:短篇小说《煤坑》、中篇小说《砂丁》、长篇小说《萌芽》《雪》。在这些作品中有许多"溶胶体",它源自作家的想象力，但主要还是源于生活。矿工的命运很悲惨，他们的劳动负担很重，他们的饭碗很苦。井下经常发生坍塌和水灾，形成极大的死亡威胁，反抗政权的想法在所难免。但这仍然是自发行为，不够成熟。此后便产生了阶级意识，痛恨压迫者。这样的素材足够多，但是当开始写时，如何开头，作者说还拿不准，这是真实的。

自然，巴金几乎尚未关注中华民族的基本成分农民的生活。作家太"城市人"了，他深入了解农民心理，以便观察其是否真正发生了变化，就像最耐不住气的左翼文学家们所宣扬的那样。短篇小说《五十多个》就证实了这一点。作品中描写了一个农民，他打算离开因洪水和土匪而遭破产的农村，去寻找工作和饭碗。疲惫不堪的路途走了整半年，但是，困难拉近了农民的关系，他们增强了意志。他们冲过黑暗和严寒，战胜密林和群山，终于来到了他们相信会有光明的世界。当他们的领导，一位农村的铁匠，高呼"我相信夜就要完了"时，世界发生了明显的变化：呈现在我们眼前的不再是农村现实生活的场景，而是人的精神战胜一切障碍的象征性的浪漫主义的画面。

巴金的许多作品（主要是短篇小说）证明了作家的体裁范围扩大了。其影响已传播到国外，作品中的许多主人公都是外国人。读者在第一部短篇小说集《复仇集》中就同他们见面了；他们都是普通人，通常是些讨人喜欢的人物——法国寡妇和波兰政治侨民，意大利革命者和提着"沉默的巴拉莱卡琴"的俄罗斯犯人。小说集中的许多短篇小说，譬如稍后的《马赛的夜》，都是用第一人称写的。尽管不一定在每个事件中都能找到符合作者传记痕迹的引领故事的人物，但是描写的可信度却大为增强。于是，这些作品的没有用语言表白的主旋律也显得更加令人信服：所有的人，中国人和外国人，尽管生活方式不同，但他们的爱、恨和欢乐却是一致的。

法国大革命历史小说系列，尤其值得提及的有编入文集《丹东的悲哀》的《马拉之死》和《罗伯斯庇尔的秘密》。巴金在不同的创作时期，都非常关注法国大革命的教训，关注其领袖人物的形象，而得出的思考结论也并非都是相同的。作家在思考在历史的关键时刻武力的作用问题。反革命的恐怖（杀害了"人民的朋友"马拉）必然引起革命的恐怖。但是，那次革命，革命者却成了牺牲品；丹东失去了盟友，最终，巴金描写到：他又回到了凶残的暴君罗伯斯庇尔的足下。值得注意的是，这一小说系列完成于1934年，当时反动派和法西斯分子在中国、德国、日本和其他国家，正扩大实施恐怖手段，但是巴金的预先警告，极大地引起了进步力量的关注：不要重犯惨痛的错误，要牢记行动后果。

不管高超描绘之作的主题对巴金早期创作的评价多么重要，但是，作家关注的中心问题仍然是中国青年：他们寻找生活出路、个人幸福和服务社会的问题；征服陈腐的禁区或公开进行暴动；爱情和革命问题等。就连那种仿佛有魔力的，在一些刻板肤浅的变态之作中被"进步批评家"公平指责的题材，在巴金的作品中还在出现。但充满了现实的，有分量的内容。巴金于1931—1933年创作的长篇小说《爱情的三部曲》（包括中篇小说《雾》《雨》《电》）就证明了这一点。

读者认识了三部曲中的第一部中篇小说的人物；所有三部中篇小说的情节都是独立的，但是，某些共同的人物却是有联系的。在三部曲中展现的主要是当时和前不久的一些大学生，他们比较富裕（显然靠父母供给），在一切事件中，物质生活问题是不必担心的。他们中的许多人赶上了这样的时代，正如无比幸福的至圣所说："我还不去爱，但是，当我有了意中人时，我便去爱，寻找一个我爱上的人。"中篇小说《雾》中的人物：从日本归国想重新开始的作家周如水和女大学生张若兰，他们处在恋爱之中。幸福仿佛近在咫尺。但是，在这年轻人的内心深处也有不喜欢的人，父母给他娶的不识字的妻子，还有儿子。良心不允许他真正地离婚，将命运同爱情连在一起。可能，他担心来自父亲的经济供给问题。无论如何，周放弃了自己的幸福，后来，他才知道，妻子早就死了，新婚的障碍已经不存在了。反面榜样周如水教我们拒绝陈腐的观念，加强决定自己命运的决心。

在三部曲的第二部小说中，周如水又在恋爱，又没有得到幸福。他的新女友李佩珠，太独立自主，幻想参加革命工作，而他却害怕这事。个人碌碌无为的意识，使他走上了自杀之路，但是，他这种行动是秘密进行的，连他的朋友们都未发现。他有两个朋友：一个是社会工作狂，也就是革命工作者、禁欲主义者和讽刺家陈真；另一个是热情的，有时喜怒无常的吴仁民。对第一位朋友来说，爱情只是其工作的绊脚石。他有许多优秀品质。他能远离吗？但是，作者准备让他突然死于汽车轮子之下。可能，巴金这样的打算是想展现，这种自我克制和奋不顾身，并不是奔向崇高目标道路上可信赖的品质。

吴仁民，正如在其热情洋溢的政治计划中所设想的那样，经历了最为复杂的历练。由于接受了启蒙教育，他来参与了革命行动；由于坚信爱情的力量，他的希望破灭了。他失去了，同时，又重新获得了爱情；他陷入了人生的矛盾网中，但又重新找到了出路，他仍然没有丧失信心，他深信"革命不会死亡，光明的未来一定会到来！"在这方面，李佩珠支持了他。李佩珠已成为三部曲最后一部小说的核心人物了。在追忆人物信念的影响下，中篇小说的女主人公——朋友们称她是早期标准的"小资产阶级女郎"，开始锻炼作家的意志和勇敢精神，与过去决裂，以坚定的步伐，沿着为人民事业而斗争的道路阔步前进。在这里，诞生并巩固了李佩珠与吴仁民的爱情。于是，青年人也来关注这一问题："个人幸福与集体幸福并不矛盾，爱情不是不轨行为。"

《爱情的三部曲》描写了青年人，是为青年人而写的。就是说，它进入了生活，它是被内战的炮弹和演说家的语言所震撼的产物；它描写了城市的中心大道，这里与工人居住区的黑暗与贫穷截然相反，街上五颜六色的各种旗帜和店铺橱窗的刺眼的光芒，使人眼花缭乱。年轻人找到了独立自主的道路，但是还需要帮助。其珍贵价值在于，巴金为努力帮助年轻人，与他们平等对话，与他们在一起，共同思考、争论、吃苦和享乐。他不是预言家，不是导师，而是谋士和朋友。这其中似乎是很幼稚的问题，其实，它完全展现了一位冷静的思想家的作为，作家已十分严肃地回答了这一问题；他没有隐瞒可能出现的风险和障碍，他仍然希望克服他们，号召他们要有争取正义和自由的理想。巴金的描写手法使年轻人倾心，它令人激动，使人产生动力，具有浪漫主义精神，具有从光明向阴暗、从胜利向失望急剧转变的力量。巴金一鼓作气写成的早期作品，读者一口气读完之后，便原谅了作品中有时碰到的一些重复的情节和相似或近似的描写语言。

毫无争议，在巴金早期的创作中，过去最受欢迎，今后将长期受到欢迎的，仍然是长篇小说《家》（1931）。它的自传性根基十分明显，但是它的概括力是毫无疑义的；作者利用这种力量，从自己的童年和青年时代的记忆中，挑选出了最本质的，对大家都很重要的素材，创作出了内部分成若干等级的，即将崩溃的父权制封建大家庭的生动画面。

高家这个富裕的大家庭的家规似乎是很牢固的。和过去一样，它的年迈主人，因家人议论有关儒家教义和仁爱与道德问题，大发雷霆，压制家人，给家庭造成了一种可怕的氛围。家中严格遵守祭祖仪式和其他许多古人流传下来的礼仪和礼节；但事实上，家中成年人的态度中已经渗入了许多伪善的、令人质疑的东西，反而引起了公开的抵制。老高家的孩子们是在无所事事、饱食终日和拼命玩耍中度过时光的，而且，每个人的内心深处都有些背着别人的一些个人爱情的打算。家中的老太爷至高无上地保持着这家庭内部的体面，为此，自己把个人的年轻的女佣人赠给了老色徒儿子做小，致使年轻的女佣因此而自杀；为了履行老太爷的指示，其同伙把其孙子之妻从家里偷偷拉出去生孩子，因失去了医生的帮助，结果孕妇身亡。高老太爷全然不是那种恶人，不，他是真诚地想帮助家庭，只是他看到的家庭的利益，是通过腐朽传统的棱镜观察的。他的最后的后悔和死亡，就意味着反人道的旧家庭制度崩溃的开始。

这个家庭未来会怎样呢？小说中老高家的三个孙子又使它活现出来。老大觉新，心里同情新思想，谴责老太爷的专制，但是，他已经颓废了，丧失了生活意志，准备自我牺牲。老二，觉民，天生比较积极，他身上有许多长处，但是，他自私自利，他需要社会利益，他希望有的都得到了——他同自己爱的姑娘结了婚，他拒绝参加暴动而留在家中。只有三弟觉慧，他不仅意识到要战胜家庭的危机，而且知道这些家庭制度，是与时代的要求和理想不相容的。由于同情五四运动的口号，他坚决参加了五四运动；由于对家庭制度的不满，他转而参加了反对封建主义道德的暴动。这一形象特别吸引众多青年读者，他们中的许多人，都想那样度过人生，或只是表示要实现这一选择。

过了一段时间，巴金又回到了描写高家命运的写作，他创作了两部长篇小说：《春》（1938）和《秋》（1940）；这样，就形成了《激流三部曲》。如果试图用某些语言表达这部容量庞大、人物密集众多的作品的基本内容的话，那么，应该说，在《春》中，其关注的焦点是那些深受封建婚姻制度之苦的青年妇女的命运。他们中的一部分人，很快就被摧毁；另一部分人，企图徒劳地反抗；第三部分人，包括长篇小说的主要人物，由于具有先进思想，他们有力量，并取得了胜利。在《秋》中，高家最后分裂阶段，很惨，当时，觉新颤抖着手，决定要独立自主地生活下去。但是，随着他的儿子，这个老高家的唯一继承人的死亡，这个大家庭仍然没有"合法的"主人，年轻一代按着自己的生活方式生活。"并没有一个永久的秋天。"结尾时，一位女主人公（琴）说："秋天过了，春天就会来的。"从巴金的其他许多著作中，读者也晓得了，春天来得总是缓慢而且艰难！

《激流三部曲》的最后两部，较之第一部作品，没有引起读者的多少关注，部分原因是，那些年国家出现了其他许多值得关注的问题。开始于1937年的日本帝国主义的侵华战争，迅速蔓延全中国，带来了极大的牺牲和破坏，要求全中国军民高度紧张抗敌。在最早一批奋起抗日的知识分子中，就有巴金。1937年10月19日，他给一位日本作家写了一封公开信。信中说："我们素来憎恶战争。但我们绝非甘心任人宰割的民族。当我们的自由与生存受到威胁的时候，我们是知道怎样起来防卫的……中国人民是流了够多的血以后才来发动抗日运动的。这是自发的民众运动，没有力量可以阻止它，也没有力量可以抗拒它。"

巴金最早正式参加了社团组织——中华全国文艺界抗敌协会。他主编了几种爱国文学期刊，当然，写了许多时评、随笔、短篇小说（其中一篇《蒙娜丽莎》选入本卷）。长篇小说《火》是巴金对抗战文学的重要贡献。《火》由3部小说组成，写于1940年至1943年之间。该长篇小说的创作意图，是展现奋起与侵略者搏斗的上海青年的爱国主义精神，主要在前线附近农村进行宣传鼓动工作，联合社会各阶层力量共同抗日。优秀的长篇小说作品把作者的爱国热情和小说人物的志向，很快传播到全国各地，迅速变成了抗日救国的现实行动。但是，小说中描写的是一支进行自己的恐怖和冒险行动的独立部队，所以没搞出什么名堂。也就是说，巴金似乎还没有发现，抗日战争时期的年轻人在寻找而且已经找到了同进步力量联系的组织关系。在《火》的艺术蓝图中，很难使巴金取得明显成功。

在战争年代，巴金多次、经常不得不到全国转转，沿途看到了平民百姓的困苦、军队的虚弱和无任何战备、国民党政权的软弱无力和贪污受贿。战争初期的动员鼓励变成了灰心丧气，周围社会似乎更加陷入了寒冷与黑暗状态。随着作家内心世界的变化，其创作方法也发生了重大变化：其浪漫主义的满腔热情、热烈的争论不见了；加强了心理描写，注意具体情节和环境，描写容量变得更大，更匀称、谐和、优美。40年代中期的短篇小说集《小人小事》，中篇小说《憩园》和《第四病室》，尤其长篇小说《寒夜》，都证明了这一点。作者的自我评价也通常是很满意的。通常认为，在其长篇小说中使人明显地感到了契诃夫的影响，他似乎继承了赋有俄罗斯文学特征的，生活在丑恶大世界的"小人物"主题。读者自己能判定这些指责的正义性，我们只是发现，在巴金的处世中，显现出了中国的前辈作家们：鲁迅、郁达夫及其他作家。

该长篇小说结束于1946年的最后一天，但是其活动却是发生在抗日战争时期的临时首都重庆；在空袭前线，物价昂贵，拖延了7年的战争使人们疲惫不堪。这里描写了一家，按当时的概念，平庸的中等知识分子家庭：他，是一位出版社的校对员；她，是一个银行职员；还有他的母亲和13岁的儿子，大家仿佛都很喜欢这孩子，但是谁也没有真正地去关照他。日子过得平庸知足:丈夫、谦虚、知爱,在班上吃尽了"逆来顺受"的苦头,工资微薄,又添了新病;妻子,显得年轻,讨人爱恋。她相信现在一切都很好,将来混得钱更多;母亲非常疼爱儿子,自然,不大喜欢儿媳妇。每一个人物有权按自己的方式生活,但是,每个人还可相互指责,这样,这个家庭剧便演得很入迷,剧终时,丈夫去世了(具有命运讽刺意味的是,这一天正是日本投降纪念日),而妻子,早就走了,现在,已经成了寡妇,又回到家中,既没找到带着儿子的婆母,甚至,也没找到丈夫的墓地。仿佛找不到事故的任何肇事者。这就直接造成了这种社会环境,形成了这种价值连城的社会风尚和社会制度。

不用进行复杂的计算便可得知,《寒夜》中的人物是巴金早期作品中人物的同龄人(比如《爱情的三部曲》的人物),很可能,他们还是同窗好友。他们没有辜负作家的期望,但是,作者在《寒夜》中把他们视为,按布洛克的外国话说,就是"善良的无望人"。尤其还了解到,他们的其他一些同龄人,在共产党领导下,同那些巴金一直与其搏斗的旧社会势力进行了最后的坚决的斗争。巴金更加注意倾听共产党的声音,开始结识马克思列宁主义。当人民共和国的胜利到来之时,巴金在社会主义新文化建设队伍中,占据了重要的位置。

上述几十年,巴金很少脱离工人阶层,回避一切"例行公事"的形式主义,所以,应该说,巴金是自己改变了自己的生活形象。巴金当了上海作家协会主席、中国作家协会副主席,担任了两个大型文学期刊的主编,还成为世界保卫和平大会委员会委员,他曾作为中国代表团成员出席世界和平大会并在会上做了发言。他还出版了许多随笔集、旅行笔记。其中,有一篇《友谊》,是献给苏联的,在50年代,巴金曾5次出访苏联。在这里,在其他一些政论文中,巴金曾以最热情的语言,讲述了他对俄国和苏联文化的热爱和向往,讲述了发展两国友好关系的期望。

朝鲜战争时期,巴金两次造访了这个多灾多难的国家,在那里住了大约一年。结果出版了4部短篇小说集和随笔集。在这些作品中,作家记述了中国同胞帮助朝鲜兄弟的精神面貌和光荣事迹。《一个侦察兵的故事》,正如我们感觉到的那样,符合巴金这一系列作品的概念,指出了其永久不变的国际主义精神。

巴金曾不止一次地谈到文学理论与实践的问题,每次他都强调,他自己也提不出什么绝招和处方。他只好参加50年代开展的思想改造运动,在运动中,他尽量做出了自己最起码的"贡献"。但是,作家也参加了其他类型的运动。那是在1958年，他屈从政治宣传热潮，也参加了歌颂"大跃进"的"大合唱"，因为他是真诚的，正如后来他承认的：很可惜，"自己没能追上这飞快的"，痛苦实现"冒进"的速度。这并未改变其社会舆论，上级的指示十分清楚，这一年要在许多机关刊物上，开展对巴金创作的"大讨论"（预先确定了批判结论）。批评家姚文元，未来的"四人帮"分子，他将批判巴金的作品，作为无产阶级思想同资产阶级、小资产阶级及其他阶级思想之间的阶级斗争。这一次，没有做出组织结论，但是，至少，直到"文化大革命"前，巴金没有出版一部新书。只是完成了14卷本文集的出版，远不够全集的数量，为此，作家重新编辑了自己早期的作品，加入其中，有时难免出现一些更改。

应该说，"文化大革命"这杯苦酒没有绕过巴金，同样，也没有绕过所有正直的中国知识分子。已经远不是年轻的艺术家，而是被宣布为"反革命分子""资产阶级作家"的巴金，只好在"地狱"里转了一圈——被侮辱和殴打，上"批斗会"和进"牛棚"蹲监狱（一种即兴创作的监狱），禁止干业务工作，要进行"劳动改造"。巴金之妻是一位忠贞、勇敢的女性，在她的支持帮助下，丈夫才免于自杀。当她不幸去世并同时出现了某些宽松时，巴金开始寻找自己的"避难所"，在翻译赫尔岑的《往事与思考》中汲取坚毅之力。赫尔岑及其战友们同专制制度的斗争使巴金产生了信心和增强了希望。此事绝非偶然，巴金将"文革"后创作的5部政论文集收集在一起出版了，书名为《随想录》。

在这几部文集中，每一部都有自己独特的标题，总共有150篇独立的作品，每篇的容量都在一页半至数十页之间。它们的表现形式多种多样，内容更加丰富多彩。回忆录、公开信、随笔、致读者、关于阅读与对当前事件的反响的谈话（有时也不是些大事）——这一目录可能会被延续下去。巴金的这个系列作品的创作始于1978年12月，完成于1984年5月。这样，摆在我们面前的，年近85岁的巴金撰写的这部书，就是他的创作生涯的总结。这是从多灾多难的痛苦教训中聪明起来的人的一种思考；他思考个人和国家的大事；他思考一生中哪些事办成了，哪些事没办成，哪些事还没做；思考生活中起着重要作用的人的故事；思考他曾访问过的国家和城市；思考储存在他脑海中的书。

作者在其作品的具体描述中，不管谈论什么，都能提出一些当代中国的迫切问题。当他讲到，经过半个世纪的隔绝后，他又重新来到了巴黎时，他阐释了世界文化联系和消除隔绝状态的重要性。当他抱怨自己的朋友和亲人的艰难的、悲惨的命运时,他决心要为关怀和保护人而斗争!尤其要为关怀和保护像蒙难惨死的优秀作家老舍那样的人而斗争!"文化大革命"时,巴金曾多次从各种不同的视角关注活过来的人。他坚定地昭示同胞们,要全面、深刻地接受这个痛苦的教训,以便避免类似事件的重演。"文革"这场灾难过去了才3年,有些人就提出要停止回忆、揭露"文革"活动,劝告"不要播种苦恼",要"鼓励人们往前看"!巴金对这种人的指责,就表现出了其有力的驳斥。与他们恰恰相反,巴金建议成立"文化大革命"博物馆,以便不仅使当代人,而且也使后代人,都能了解国家和人民所经历的这场灾难的真相。

要讲真话,不要害怕真理,比如痛苦就是痛苦,要具体分析某种错误和错误意见——作家做出了榜样,引导读者要这样做。要勇敢承认,不是一切都能发现的,"文化大革命"初期,他"没有登上讲坛,没有揭发其他人,仅仅是因为,他没有那种可能,如果有,也会认为是很大的幸运",这就使人意识到,当时他接受了蛊惑宣传,也想成为那种类型的艺术家。

老作家巴金在其《随想录》中,讲了许多对其祖国很重要的东西,对我们大家都很重要的东西。他缝制作品的每一道细密的针脚,都在述说着对人类和祖国人民未来前途的关怀,都在深刻思考中国的福祉。"我家乡的泥土,我祖国的土地,我永远同你们在一起接受阳光雨露,与花树、禾苗一同生长。"

苏联读者结识巴金创作已经几乎40年了,我们已经出版了他的两卷本文集和许多少数民族语言版的巴金著作单行本。要相信,当前我们同这位已经很熟悉的、现代中国老作家的作品的相识,大大拓宽了中国作家协会的代表人物、优秀的语言大师、爱国主义者和国际主义者——巴金的艺术面貌和创作道路的概念。

# 论老舍的文艺美学观*
## 3.阿勃德拉赫马诺娃

20世纪五六十年代中国的文化生活成了激烈的政治思想斗争的舞台。那时,反对战斗的反人道主义、文化虚无主义、文艺功利主义的人有职业的文艺理论家,诸如巴人、路翎、马寒冰、冯雪峰、胡风、陈企霞、陈亚丁及其他许多人。这些文艺工作者公开反对当时的文艺方针,他们的言论受到了经常作为政治责难的严厉批评。

除此之外,也有一些作家、演员、艺术家,他们仍然致力于发展真正的社会主义文化的基本理论,他们中的某些人如艾芜、巴金、丁玲、老舍、夏衍、田汉、曹禺、沙汀等就肩负起了文艺批评家的重任。

这些大作家的文艺批评工作,通常使人感到那是他们的副业。然而,譬如老舍,这位享有世界盛誉的散文家和剧作家,当时却将撰写文艺批评视为自己主要的任务之一。这样,他才能直接而有成效地探讨现代社会的迫切问题,并对艺术事业的发展给予一定的影响,他对此很感兴趣。据作家夫人胡絜青统计,老舍一生撰写论文和短评达1000多篇[1]。

现在,中国似乎又重新出版老舍这方面的著作。有些论者写道:老舍先生"作为一位有独特风格的文艺评论家,我们则很不熟悉"[2]。近几年,70年代末80年代初,一下子就出版了老舍的包括论文、短评、随笔和回忆录的文集四大卷。一位中国当代的老舍研究家对批评家的老舍这样评论道:"老舍先生在写文章的时候,不为当时的政治气候所左右,一切出于真诚的那种勇气和胆识。"[3]他强调指出,必须批驳过去那些认为老舍的文艺批评缺

---

\* 译自苏联《远东问题》,1987年第1期。(Проблемы Дальнего Востока.1987, No1.)

1 胡絜青《老舍生活与创作自述·跋》,北京:人民文学出版社1982年版,第436页。

2 吴怀斌、曾广灿《老舍文艺评论集·编后记》,合肥:安徽人民出版社1982年版,第209页。

3 王行之《老舍论剧·编者附言》,北京:中国戏剧出版社1981年版,第301页。

乏"理论深度"的非难，而应"把先生请进文艺理论家们的殿堂"[1]。1982年在济南召开的老舍创作学术研讨会的课题就是老舍的文艺美学观。论者一致认为，在极左路线的影响下，长期以来，对老舍作品的评价都不够客观。

中国文学界对老舍文艺批评的确认和重新评价，证明了这些论著直到现在尚未失去其积极意义；老舍在五六十年代所论及的中国文学艺术的许多重大问题今天仍然具有其现实性。他的关于发展中国文艺批评的思想很有价值。

研究老舍的文艺批评活动，不仅能深刻理解这位多才多艺的天才的全部意义，而且能拓宽我们的文艺批评观念，了解进步的文艺工作者们为反对导致"文革"灾难的方针而进行的种种斗争方式和方法。

文艺评论的综合性质，允许带有强烈的政治色彩，但却不能有损于科学的美学原理。然而，在中国却恰恰发生了这样的事情：50年代末，随着极左倾向在文艺政策中的漫延，文艺批评的思想理论水平急剧下降，某些指令性批评文章更加离开了科学的分析，更加经常地利用文艺作品图解作家的思想政治观点，更加广泛地推行挂"政治标签"的办法，组织一次次激烈的批评运动。

老舍清楚地看到大多数指令性批评文章的弱点是缺乏科学的客观态度，偏于庸俗社会学观点，表现出了趣味主义和主观主义。他希望能有远见卓识的、学识渊博的批评家出现，他认为批评文章应有专业作家的见地。亦即文艺批评应切入作品的最深处。不是从表面，而是从作品内部去研究，成为深谙作家创作技巧的全部秘诀的批评。老舍指出，批评文章应言简意赅，实事求是，然而时行的文章大多则是引文丰富，唯独没有自己的思想。[2] 批评的基本原则应是与人为善。

老舍高度评价文艺批评的社会作用，强调指出了其多种功能。他说："考据家的责任是：以唯物辩证方法，就作品本身去研究、分析和考证，从而把作品的真正价值与社会意义介绍出来，使人民更了解、更珍爱民族遗产，提高欣赏能力。"[3]老舍认为，文艺批评应建立在马克思列宁主义科学的基础之上。我们可以看出，作者密切结合文艺批评的审美与教化任

---

1 《老舍论剧·编者附言》，第301页。
2 《福星集》。
3 《老舍文艺评论集·编后记》，第40页。

务，就其概念而言，它是研究作品和充当文学与读者之间的中介，揭示出了这种或那种文艺现象的真正意义，并使之成为广大读者或观众的见解。

老舍文章的任务是双重的：它们既面向文学创作者，又面向广大读者。批评家懂得，这二者是相辅相成的：只要运用社会主义现实主义的创作方法创造出崭新的艺术品，就能使观众和读者产生共识，引起共鸣。

怎样才能使人民克服千百年来因袭的愚昧落后而成为自己文化的真正主人？老舍曾三番五次地提出这一问题，并警告解决文艺"大众化"问题的庸俗化途径的危险性。作者深知其复杂性：既需要创作出不致降为原始文艺和陈规旧套的真正艺术品，但又要使其成为广大群众通俗易懂的作品。为此必须简洁而朴素地描写真实，因为只有不是三两人而是所有人都喜闻乐见的作品才是好作品。[1]当时，中国理论界从实用主义立场出发，往往把"人民性"的范畴描述得很狭窄。老舍不赞成把文学艺术题材的范围仅仅局限于描写工农兵生活的艺术见解。他强调指出：作家有权写自己愿意写的、更为熟悉的题材。[2]问题在于作家只要站在人民立场，就能与人民思想感情连在一起。[3]

作者同重社会伦理轻美学价值的传统审美意识残余进行了不倦的斗争。苏联汉学界指出，当时中国"大多数人初次结识现实主义文学，仍然按旧的标准和习惯欣赏作品，亦即首先刻意仿照作品主人公找出其现实生活中的模特儿"[4]。为此，老舍提出了艺术形象与其原型的对比关系问题。在这方面，老舍继承了鲁迅的事业（鲁迅早在20年代就为正确看待文学人物而斗争），指出文学人物是具有美学意义的"拼凑起来"的典型，而不是描写现实中的具体人。[5]老舍这样议论道："我写的是小说，因为它是小说，我就需按照创作规律去创造人物，既不给我写自传，也不给某个友人写传记。"[6]

然而，批评的命题绝不是随意提出来的，作者强调，一定要"研究作品本身"，传统的中国文艺学理论通常从自传性方面审视文学作品。于是，老舍在《红楼梦》论战的论文《〈红楼梦〉不是梦》中写道：这部古典小说长

---

1　《福星集》。

2　《自由与作家》。

3　《福星集》。

4　А.Н.热洛霍夫采夫《中国的文艺理论与政治斗争》，莫斯科：国家文艺出版社1979年版，第50页。

5　Л.Д.波兹德涅耶娃《鲁迅生平与创作》，莫斯科：国家文艺出版社1959年版，第50页。

6　《老舍文艺评论集·编后记》，第41页。

期以来,被视为作者生活的描摹。他断定,这种情况势必削弱作品的社会影响,它简直成了个"谜",读者只顾猜"谜"而忘了小说本身,胡思乱想问道:"《红楼梦》的作者有多少女友,谁是他的太太?"[1]作者嘲弄了类似的"练习题"后写道:"我要明白的是《红楼梦》反映了什么现实意义,创作了何等的人物等等,而不是曹雪芹身上长着几颗痣。"[2]由此可以看出,老舍不仅反对传统的烦琐哲学,而且反对阻碍现实主义艺术健康发展的"左倾"庸俗社会学。

老舍批评了对待文学作品的庸俗化态度之后,竭力揭示审美的本质和艺术形象的特性。他在一系列论文中总结自己丰富的创作经验,参照其他作者的作品,阐释了典型形象的形成过程。老舍认为某些现代文学作品的主要缺陷是过于自然主义,或恰恰相反——形象抽象而概念化。作家阐明了自己的这样的艺术思想:艺术形象乃是共性与个性、现象与本质的辩证统一。老舍分析其剧本《龙须沟》的人物特点,指出:他竭力使其中每个人物一方面体现作品的主要思想,另一方面要写成一个完全充满"人情"的活生生的人。[3]老舍论述了概括和揭示生活本质的重要性,同时也强调了塑造生动活泼的形象的责任性。形象的本质,按他的想法,应以具体的人物形象来显现:绝不允许离开人物心理和生活细节描写概念化人物、掺进直接说教的形象内容。老舍分析自己的剧本《方珍珠》的优缺点,从而指出,描写具有个性的情节,其表现力大大胜于喊口号。[4]老舍不是随便讲这番话的,当时确有很多作家在文艺作品中逐字逐句地抄录了大量标语口号。

正如老舍所识,只有深刻认识生活,才能塑造人物形象,才能将感觉经验与理性知识一并注入形象之中。这些经验与知识,对于诱发作家把分散的认识与印象概括为具体的典型形象的想象力,起着决定性作用。充分占有资料后,容许从其中筛选出最有特色、最有代表性的素材,以小见大,表现"人物全部生活与性格","还是那句话:知道的多,写的少"。[5]

所以,老舍像反对胡编乱造的形象那样反对将其变为思想的传声筒、笨拙的道德工具和粗制滥造的宣传品。他捍卫积极的创造性的艺术个性,将

---

1 《老舍文艺评论集·编后记》,第42页。
2 《老舍文艺评论集·编后记》,第43页。
3 《福星集》。
4 《福星集》。
5 《出口成章》。

其视为一种特殊的认识形式和独特的精神生产过程,并为此进行了不懈的斗争。他强调指出,艺术首先具有审美性质,而当时的指令性评论却将注意力集中于艺术的认识和教化功能,实质上它已退化为政治宣传品的变种。[1]对于大多数中国批评家来说,政治标准高于艺术标准已成为不可争议的命题,由此便导致了轻视文学作品的审美价值,缺乏对于文学本文的艺术分析。[2]

老舍同这类艺术观点进行了激烈的论争。当然,他并不否认文学艺术的教育作用,相反,他却强调文学艺术应成为社会主义建设事业的一部分;[3]然而,对他而言,艺术的教化功能只能借助于其艺术感化而实现。既然老舍的立论触及当时盛行的文艺方针的深刻实质,那么,他只好尽可能地掩饰其"造反"的立场。老舍揭示了文艺批评的基本方法论原则:用内容与形式统一论研究作品。为此,他选取的文章样式不是提出问题的论文,而是评论。论者分析了中国传统京剧《将相和》取得巨大成功的原因。老舍在创作剧本、高度评价表演艺术的过程中,逐渐形成了自己的主要艺术思想:传统戏剧取得成功的真正原因在于其创作者懂得艺术的审美价值与教化功能是不可分割的。

老舍力图给"思想教育"这个概念以更宽泛、更正确的阐释……摆在老舍面前的任务是论争不能用宣传功能的标准对待艺术作品,同样也不能忽视其思想性的特征。他指出,中国社会的观众需要看思想内容好的戏,所以大家欢迎京戏《将相和》。请留意,笔者所说的思想性,系指传统剧目的,而不是其他别的。戏剧一定得吸引人,这就是说,人们在享受优美的戏曲曲调、鲜艳的服饰场面、熟练的武打艺术、卓越的表演艺术之美的同时就受到了思想教育。[4]

老舍不仅论述了注意研究作品艺术的必要性,而且以此作为自己文艺批评的基本原则。在其评论新书、剧本、电影等的大量论文中经常对作品的语言、结构、人物系统进行分析,有时还专门分层次进行,先分析艺术形式,后分析思想内容,改变了作品研究的传统方法。在其评论傣族民间叙事长诗《娥并与桑洛》的论文中,其实也是从句子开始分析的,并且根据对作品风

---

1 《中国文化的命运》,莫斯科:国家文艺出版社1978年版,第23页。
2 《中国文化的命运》,第23页。
3 《福星集》。
4 《福星集》。

格特点的考察，总结出了带有共性的命题：论民间文学审视与描绘世界的独特性。[1]

　　立论的逻辑性是老舍评论的特点，其论著不仅给人以审美享受，而且展现了傣族的历史画卷，反映出了傣族人民在反抗压迫斗争中的英勇顽强精神。同时，在此还触目可见：论者力图强调作品审美价值的重要性，并将其置于文艺批评的首位。

　　对老舍和茅盾的艺术观加以对比有助于充分认识老舍这种文艺观的重要性和原则性。茅盾，这位当时任中华人民共和国文化部部长的杰出作家，几乎离开了文学创作，但仍作为批评家参与文艺批评。让我们比较一下他们分别撰写评论K.西蒙诺夫的同一个剧本《俄罗斯问题》的两篇论文吧!他们的题目各异：《看了〈俄罗斯问题〉的彩排》和《〈俄罗斯问题〉的教育意义》。茅盾的论文充分适应文章标题论述了剧本的教育和宣传意义……老舍则详细研究了剧本的戏剧冲突、故事情节和人物形象。他指出把西蒙诺夫的剧本搬上中国舞台是非常困难的。不仅如此，他还对剧院和影院上演的各种剧本异文进行了比较，阐述了对剧本主角的妻子形象的各种见解，谈到了最初他以对作品社会道德冲突的极大关注拜读了剧本。

　　剧本的思想教育作用自然也没逃脱老舍的注意……这两篇评论令人感到各有其不同的功能性风格。如果说茅盾的短评保持一种政论文风格的话，那么老舍的评论则大多运用了随便谈话式口吻。

　　老舍花费了许多精力培养年轻的人才。他写了许多交流创作经验和技巧的文章和小册子。但他从来都不忘记提醒和强调要成为一个真正的作家是很艰苦的。他向青年人提出了一系列艰巨而复杂的任务：培养马克思列宁主义世界观、掌握共产主义道德标准、积极深入人民生活、积累丰富的生活经验和中外文化的渊博知识、不倦地劳动和不断地完善自己的创作技巧。除此之外，老舍还写了许多书评和随笔，在这些文章中，他赞扬了有经验的舞台大师们的精湛技艺，赞扬了著名作家、剧作家电影导演和艺术家们的天才。诸如，他论述了梅兰芳、周信芳、巴金、赵树理、欧阳予倩、曹禺、夏衍、齐白石及其他许多人。

　　老舍评论"京剧行家"和"鼓书大王"刘保全的短评很有情趣。其题目《记忆犹新》就挺意味深长。老舍在这篇不长的评论中十分清楚地展示了

---

　　1　《老舍文艺评论集·编后记》，第61页。

演员表演艺术的感染力。作者为此采取了他独特的表现手法：用报道剧场观众反应的热烈场面来写刘保全的精彩表演，只是到结尾时才写道：这就是他40年前所得到的一些印象。艺术夸张是老舍写作的主要原则。在处理题材的方法上，是采取热情洋溢的描写还是运用合乎逻辑的报道，显然作者选取了前者，描写演员的精湛技艺同"报道"观众的热烈反响是平行进行的。作者的个人感受写得简洁而巧妙，语言选择精当、短评运用叠句、对称结构和适应语调运行的文字节奏感提高了其表现力。这就清楚地表明了艺术家老舍的写作技巧；短评不仅表达了作者对演员表演艺术的观感，而且鲜明地描写了天才演员的艺术个性、舞台风格以及观众的反应等。

作家激烈反对那种所谓标语口号式文学。他认为，作家的政治热情越高，越应严格要求自己创作的艺术性。如果只关心忠实传达政治方针，那么作品就变成了"苍白无力的宣传品"，仿佛成了"没有血肉的影子"。

在评论新书、剧本和影片的评论中，老舍辛辣地嘲笑了所有缺乏生活经验、装腔作势、离真正艺术差之甚远的作家。在评论一部电影时，他这样写道："看：青年男女刚要谈爱情，也不怎么即鹞子翻身，谈起业务学习，或世界大事来。老太太刚要思念在远处工作的孙女，即突然喊出：'小兰你是国家的孩子，我不该不放心你！'本来可以用几句话解决的地方，却须使一位呆如木鸡的干部出场，作10分或15分钟的政治报告。这样，电影即与化妆讲演相差无几，所不同者只是多花多少万元的费用而已。以上所举，全非实例，实例也许更可怕一些。"[1]

老舍对作品的诗意、结构的完美、风格的凝练、人物系统的深思熟虑都有很高很严格的要求。他写过许多文章论述青年作家形成个人独特风格的必要性。在1958年写的《福星集》中他指出，近年来出现了轻视语言的现象，认为如果思想内容正确，那么叙述风格就不重要了。但这是不对的，深刻的思想与准确的语言是相互联系着的。

老舍在高度评价新文学成就的同时，也看到了阻碍它繁荣的东西，但他并不怕谈论这些。他预先指出作家深入社会生活是完全必要的，然而，他仍然写道：现在作家过多地忙于许多事务性工作，实在没有时间搞创作。于是他呼吁：不要用粗暴的行政手段来代替对艺术领域的思想领导……为了批评某些不懂行的领导对创作活动的干涉，老舍写道，如果某位领导迫使他们使

---

[1] 《老舍文艺评论集·编后记》，第159页。

未写活的木瓜似的人物行动起来,那么他们应向他讲解什么是艺术。[1]作家同样讽刺地批评了忘记艺术特点而把数量标准提到首位的创作实践。他在一次公开讲演中公开嘲笑"大跃进"政策。"大家努力赶活儿,见面一问:你演多少场?五百六十场。好,我们演一万二千场!(众笑)这样的干劲很好,但艺术的精致好像受了点损伤。"[2]

作者非常担忧新文学中的讽刺作品和幽默作品的命运。他写了一系列论文称赞这种文学体裁,提出它有权存在的充分论据。老舍运用历史先例这样论证道:历史上的"多么专暴的统治者也扼杀不了讽刺文学。反之,压迫越凶,通过讽刺而来的抗议就越厉害"[3]。他利用别的方法恢复了讽刺作品的名位。大家知道,中国经常大搞批评和自我批评运动,于是老舍声称:"讽刺文学是最尖锐的批评和自我批评,通过艺术形象使大家看清楚我们拥护什么和反对什么,我们怎会不需要它呢?"[4]

相声是人民群众最喜闻乐见的一种讽刺作品形式。谈到创作相声作品的困难时,老舍指出这种艺术形式的特征是其"笑"的性质。这时他仿佛表明是应该运用这种"笑"的武器的。他指出某些过于政治化的相声作品几乎达到了怪诞程度……

老舍主张在中国新文学中复兴讽刺幽默作品,力求深入研究非现实主义。他谴责那些逃避现代生活难题的作者。但在当时的中国谈论不利和失败是行不通的,创作人员只指望粉饰现实。不仅如此,被认为故意歪曲、诋毁社会现实的"写真实"也在被禁之列。在《谈讽刺》一文中,老舍论述了讽刺作品作家创作道路之艰难,其作品或被"缄默"冷落,或被不真实地斥之为"蔑视"社会主义现实……

中国当代批评家们指出,老舍的论文就其形式与风格而言源于当代文艺批评的公共背景。譬如,王行之指出,这些评论的共同特点是篇幅不大、实话实说、亲切生动、言之有物、发人深思的短小精悍文章。[5]不可否认,这种看法是正确的,但对其并未附加任何解释和结论。

"作家的风格,如同艺术家的风格一样,不是技术问题,而是视觉问

---

1 《福星集》。

2 《老舍论剧》,第95页。

3 老舍《谈讽刺》,载《文艺报》1956年第14号。

4 老舍《谈讽刺》,载《文艺报》1956年第14号。

5 《老舍论剧》,第301页。

题。"（M.Пруст）让我们再补充一句，在绘画艺术中情况亦然。所以，在指令性批评的背景上急剧分化出老舍论文的原因必须从其思想美学观中去探寻。

正如已经指出的那样，文艺批评在当时已成为政治斗争的武器。鉴于这种情况，论文的作者们对作品或社会问题所表达的通常主要的不是自己个人的态度，而是一定派别的意见。在当时情势下，许多批评家只好迎合当时评估标准而写文章。

老舍则坚持原则性立场。他在自己的评论文章中不止一次地谈到，他并不追求所提问题的权威性，只不过表述自己的思想和感想而已。他十分强调个人的艺术感觉。这种优秀专家、学者的独具特色的学术立场，在当时审美艺术贬值、提倡一种内容一个尺寸的文艺作品之时，尤其具有重大意义。

老舍的文学评论，广泛地融进了作家个人的创作感受，因而形成了其深刻的独特个性。正如胡絜青指出的那样，他写了许多与本人创作有直接关系的短评。就像散乱的脚印，断断续续地几乎辑录了他的各个阶段的生活。老舍写了许多独具特色的自述评论，总结了自己一部部长篇巨著的创作经验。他在其提出问题的论文中经常做些"抒情插话"，插入一些关于个人健康、朋友、创作提纲等的议论。

这一特点给老舍的文学批评赋予了信任、真诚、友好谈话式的情调。这种特征在当时的中国是独一无二的，任何人都不能以如此风格写作。因而，它具有重大意义。评论的字里行间流露的民主作风与促膝谈心的语气，促成并沟通了与读者的亲密联系。读者满怀对批评家的爱戴和信任，深深被他对社会主义理想的执着追求和对创作崭新艺术的热烈关注所感染。

老舍的评论作品的个性是与这些作品的政论性分不开的。就他而言，当然是其个性与社会性的结合。在其概念中，个人的命运总是与人民和祖国的命运连在一起的。就其性格气质和思维方式而言，他是非常民主的，其社会主义思想与其所固有的本性有机地糅和在了一起。难怪，著名作家巴金在回忆老舍时称老舍是"热烈歌颂新中国的最大的'歌德派'"[1]。

老舍的个人生活同祖国人民的生活是不可分割的，这在其1961年撰写的关于纪念义和团运动60周年的论文《轻松一下心情》已经形容尽致地表现出来。作者对这一历史事件的态度独具个性；须知，这一事件直接牵涉到老舍

---

1　巴金《怀念老舍同志》。

一家——他父亲毁于这次事件,这就决定了老舍的个人命运。这篇论文成了他的历史剧《义和团》的别具一格的《后记》,成了读者阅读剧本时所参阅的有关社会历史的和个人传记的背景。在这里,传记成分(作家及其家庭的命运)、历史因素(义和团农民起义的进程和意义)以及政论性素材(揭露帝国主义的凶恶本质和宣传社会主义制度)等交织在一起,互融互补,相得益彰。

这篇论文运用不同语义层次的巧妙结合结构成篇,并按时空分别进行论述:它描写了20世纪初的东北三省,也描写了60年代的人民共和国。在这里既描绘出了一个被分化为两种敌对的社会制度的世界,也描绘出了北京的贫民街巷,在作者的视野里,中国劳动人民的痛苦命运,也就是他家的不幸。

该论文富于热情洋溢的表现手法,大量的铿锵有力的语言是增强其表达力和政论性激情的重要工具。这里,既有回忆童年时的淡淡忧愁,也有因其父惨死而产生的痛苦与悲伤;既有对外国压迫者的仇恨,也有对旧社会儿童命运的怜悯,还有对新中国儿童的幸福童年的喜悦与骄傲。在这里,既有对外国凶手、强盗"文明"和"勇敢"精神的惊人嘲讽,也有关于旧社会黎民百姓愤懑的描绘;既有对社会主义社会的讴歌,也有对潜在帝国主义侵略威胁的未来的不安……

老舍不是专业批评家。30年代中期,他开始转向这一工作,但真正特别关注还是在1949年以后。摆在祖国面前的宏伟任务引起了作家的极大关注。中国社会主义建设的热烈场面、崭新的社会关系的形成,引起了各阶层人民的意识和心态的深刻变化。社会主义文艺在这一进程中使命地起到了积极的建设性的作用。老舍强烈地感到必须发展思想成熟的、行之有效的文艺批评,使其真正成为发展文学艺术的催化剂。他不满于当时中国的文艺批评,故毅然决然地参与了这项重要工作。老舍以自己的名望和权威企望捍卫中国文学的创作起点。渊博的学识、敏锐的艺术审美力、大艺术家的犀利手笔,以及强烈的"匹夫"之责和热望看到民族艺术的繁荣——这就是文学批评家老舍的基本点。

老舍很快便意识到在当时文艺政策中流露出来的一切庸俗社会学和极左倾向都是与社会主义思想格格不入的。他撰写的全部文艺批评作品都是为了反对上述的错误倾向。其中某些文章,其论争的倾向性和目的性都特别强烈。在尖锐地批评文艺作品中的一些不健康现象时他写道:他不想谴责任何人，也不想追究个人责任，但每当他回忆起这些事，总感到痛心疾首！这样，老舍便成了"文革"的首批殉难者之一。转眼许多年过去了，现在在中国又可以评说老舍了：近年发表了许多回忆老舍的回忆录和评论老舍作品的论文；再版老舍作品，现已出齐15卷本的老舍文集，想必，我们从中可以发现作家的地位和珍贵的文学遗产。

　　浸透着善良与正义、人道主义与民主思想的老舍作品得到了全世界的公认。他的论文和1949年后创作的文学作品，热情洋溢的社会主义赞歌，使我们感到特别亲切和理解。

# 曹禺的话剧艺术*

Л.А.尼科利斯卡娅

一

曹禺，中国优秀的现代剧作家之一。悲剧《雷雨》《日出》《原野》，喜剧《北京人》，话剧《桥》《家》《明朗的天》和《正在想》都出自曹禺的手笔。曹禺的这些作品，绝大多数都成为五四运动后中国文学作品的"黄金储备"。

曹禺的创作独具特色。他有自己的视野、自己的人物、自己的问题范围。他的话剧艺术，不仅同中国现代话剧艺术和现代戏剧艺术共同的发展进程有机地联系在一起，而且同整个中国文学及其现实主义命运的共同发展进程有机地联系在一起。

曹禺（真名万家宝），1910年生于湖北省。作家的少年和青年时代，正值五四运动的高潮时期，正逢中国新民主主义革命的开端时期。这一时期发生的许多重大事件，对未来的剧作家及其创作都产生了重大的影响。

曹禺在家受到了传统的初级教育，在南开中学接受了中学教育，并考入了天津的最高学府和文化中心南开大学就读（后来转入清华大学，译者注）。南开"新剧社"在该校学生生活中占有很重要的地位。曹禺是该剧社话剧组的积极参与者。曹禺的母亲是京剧的极大爱好者。他继承了母亲的爱好，对戏剧舞台产生了极大的兴趣。

在中学读书时，他就对阅读19世纪的英国文学、法国文学和俄国文学作品产生了浓厚的兴趣，开始学习和研究高尔基、萧伯纳和其他现代作家

---

\* 译自《苏联中国学》1958年第4期。（Советское китаеведение.1958, No4.）

的作品，最吸引他的是话剧艺术。他阅读了许多剧作，仔细地写了读书笔记，他力求通过原文语言阅读和研究外国话剧艺术，倾听他们录制的话剧录音。广泛地结识世界文化，大大拓宽了曹禺的视野，有力地影响到艺术家的形成。

还在青年时期，曹禺就写过短篇小说，翻译过莫泊桑的独幕话剧和短篇小说，编辑过大学生文学杂志，也尝试过自己在话剧方面的创作和表演能力。

曹禺的第一部悲剧《雷雨》（我们这里广泛知道的剧名是《暴风雨》）于1934年发表在中国进步文学期刊《文学季刊》上。这一时期是中国进步文学蓬勃发展的时期，它与中国文化革命的深化密切相关。

《雷雨》很快引起了社会舆论的关注，这位年轻的剧作家、清华大学的研究生获得了应得的荣誉。剧本很快被译成日文并在日本演出。该剧在中国剧院里上演较晚（当时国民党当局禁演），但《雷雨》至今未离开中国舞台。《雷雨》被译成了俄语，并成功地进入了莫斯科和苏联其他城市。

在欧洲话剧艺术的卓越影响下创作的《雷雨》中，充分反映了20世纪20年代的中国社会现实，开始打破了存在数世纪的、陈旧的世界话剧的格局。在过去话剧创作的历史中，被赋予了深刻的社会内涵，公开反对整个的资本主义时代。作者善于通过剧中人物，一个大家庭成员的个体感受，真实地描写了中国的资产阶级人物和即将到来的"雷雨"，即革命的"暴风雨"，它将势不可挡地清除掉一切腐朽的精神垃圾。

悲剧的剧情在煤矿老板周朴园家中展开。我们眼前仿佛浮现出一部资产阶级家庭的编年史。剧情的进一步发展与揭示许多过去的人物有关。按照时间发展的顺序，全家的家族关系真相大白。一个悲剧情节改变了剧情的发展，当然，这一切都顺理成章地成为一场悲剧。

该悲剧的一个中心人物是一位"女囚"蘩漪，周朴园之妻。她争取自己的幸福、争取自己的人格尊严的斗争，构成了《雷雨》戏剧冲突的重要线索。蘩漪在丈夫家中没有找到幸福。她很快就意识到了这个自私自利者老周的微不足道和残酷无情：他经常挖苦她，压制她的任何希望。

蘩漪出场前就已成熟的矛盾冲突，在每一场戏中，在众多剧中人的动作中已经显示出来。失去了人权和自由的蘩漪被迫隐瞒着自己的感情，但是，她决心要获得自己的爱。充满生命渴望的蘩漪，能承受任何艰难险阻,但她仍然未能逃脱周朴园的"天庭"范围,在她生命的最后时刻,她又成了丈夫的奴仆。没法解决的冲突,最后,以蘩漪的悲剧而告终:她失去了理智。

由于蘩漪性格的独特的个性化,其中反映了20世纪第一个25年,中国妇女在家庭和社会生活中的无权地位的典型性问题。在描写女主人公为争取个人的幸福而斗争时,剧作家把我们引向了一个当代中国社会的根本性问题——必须解决封建的家庭制度。因这一制度视统治阶级为国家体制的基础,必须废止。同时,他也描写了掌权者的道德责任。

这些问题,曹禺通过另一位社会制度的牺牲品形象,即女仆,后来被迫成为周的姘头的鲁妈形象,展现了出来。鲁妈年轻时被奸污后连同新生婴儿一起被周赶出家门。因为他们的出现会妨碍周娶富家之女蘩漪为妻。

这一情节的基调,很切合旧中国的生活现实,我们在中国的传统剧目中都能看到。鲁妈形象与京剧《秦香莲》和《琵琶记》中的女主人公形象遥相呼应。但是,在旧戏中展现的只是一般的单线发展的情节,关注的焦点是运用传统的表现方法只描写一个中心人物形象。而曹禺则对所有出场人物给予了深刻的心理分析,以便创作出栩栩如生的现实主义的人物形象。

鲁妈终生遭受的不幸和痛苦没有折服她,没有像摧残掉蘩漪那样将她摧残掉。不知疲倦的劳动者鲁妈仍然是一个具有坚强意志的人。勇敢与爱好劳动,真诚与人道主义,道德纯真与高尚的人格——这些中国人民的美德——帮助她忍受了个人的内心苦痛,挺住了一切不幸和灾难。

周朴园的人品与蘩漪和鲁妈的截然相反。在其容貌上明显地显露出了一个资产者的社会心理特征。按常规中国出现的资产阶级,由于特殊的历史条件,它在自己的国家起不到欧洲资产者当年所起的作用。他们仅仅声明自己的存在之后,在外国帝国主义势力和封建统治阶级面前就畏缩了。他们不能更新人民的精神面貌,反而继承了地主阶级的恶习和迷信风俗。剧作家利用周朴园形象揭示了旧中国的民族资产阶级和地主阶级的特征:残忍、卑鄙、缺德。

这些特征,在周朴园大儿子的性格中,表露无遗。他仿佛是个影子紧步其父的后尘,重复着父亲的生活之路。周萍厌倦了这位感情细腻、给他带来极大痛苦的女人——父亲之妻。的确,他表现出希望结束过去的关系,但是,畏缩和利己主义阻碍他控制住自己。

鲁妈(侍萍)之女四凤形象,仿佛重复着过去,与鲁妈形象遥相呼应。作者以此强调了这种思想：中国的平民百姓，尤其妇女，一代接着一代，在封建制度的压迫下受苦受难。

周家的大儿子迷恋上了家中的侍女——淳朴、真诚的四凤。她与他建立了这种关系，因为她不知道，他是她的同父异母哥哥。当这一秘密被揭开之时，四凤就自杀了。这就是所谓罪孽应得的惩罚。

这一主题在《雷雨》中的出现，给当时评论该剧为命运悲剧的某些批评家提供了有力的证据。然而，那种错误的批评意见遮蔽了该剧的社会含义，当时，作为曹禺，他首先就是反对社会的邪恶。

周朴园的小儿子周冲，与鲁妈和四凤形象很亲近，但没有血缘关系，在道德上是无可指摘的，真诚的年轻人生活在幻想之中，没有发觉黑暗的现实。但是最终，父亲的行为暴露了一个残忍的刚愎自用者的真面目，他与母亲的"爱情"，是一种淫荡行为。

仆役鲁贵的形象在该话剧中具有某种社会意义。平民百姓早就看清了巴结贵族老爷的"狗腿子"的真面目，并引申到就像传统剧目中的第二个"白脸"的角色。伪君子与胆小鬼——鲁贵，背地里辱骂老爷，但在他们面前却总是卑躬屈膝地应声"听到"了。对他来说没什么正经事儿，他不珍惜女儿的名誉，他做好了一切准备，只要能拿到钱，能满足自己的癖好就成。鲁贵是剥削者周的不可避免的、符合规律性的同路人。目前还存在着周、鲁贵式的人物，他们总能找到自己的位置，他们善于适应主人。

动乱的社会制度孕育了这种社会现象，工人鲁大海形象也与这一主题有关；他是周家煤矿工人罢工的发起人和组织者。周老板利用欺骗和贿赂的手段战胜了罢工工人，但是，他感到一种致他于死地的新生力量出现了。剧作家通过这一形象断言：未来属于这一势力。

在同《文艺报》记者谈话时曹禺提起了一件往事，此事帮助他认清了能够粉碎现存社会制度的新生力量。他说："'九一八'事变时，我参加了抗日救亡运动。有一次我们同学们成立了一个宣传队，开赴到保定。在火车上，我们碰到了一位面容很讨人喜欢的30来岁的工人……他的知识使我们震惊，他表述得使我们感到几乎是教授水平。关于目前的事件，他讲得很简练，也很清晰，仿佛是在谈论平常的家务事，做出了许多结论。谈话结束时，他又补充说：'大学生们，你们做得对！好好干！'他的话鼓舞了我们，我们问，你是谁？他回答是工人……我开始明白了，在被压迫和被剥削的劳动人民阶层中，有许多有智慧的，有聪明才干的人，这些人被称为'产业工人'。这些不明显的,但却记忆深刻的印象,有力地帮助我创作出了《雷雨》。"[1]

在国统区,鲁大海这一角色,被说成是为自己妹妹四凤报仇的粗人,他的独白,说得很快,声音很低。事实上,鲁大海的语言,清晰、严厉、深通事理。他的语言充满了对阶级敌人的仇恨。他的对话揭露了周的罪恶,公开揭发了他的罪行。

曹禺人物的语言个性化鲜明。于是,在周朴园的对话中,发出了充满冷酷无情、顽固不化的声音,他的话——就是命令!从鲁妈的对话中流露出了温情和崇高。四凤的语言展示了其直爽、真诚的个性。周冲的语言渲染着一种抒情浪漫的色调。鲁贵说话忽而阿谀奉承,忽而大耍无赖,他的思想总是很愚昧。繁漪的充满爱欲不安的语言,传达出了她的深刻的感受。

曹禺的话剧是用北京方言写的,语言通俗,切合人物实际。为了充分揭示人物性格,剧作家善于选取方言和行话词汇。(尤其在其稍后的话剧《日出》中,当他描写社会渣滓的生活时。)

曹禺总是运用人物的心理知识,艺术地安排场次。他指出了人物心灵的每一个动作,指出了每一个单独的姿势。他的剧情解说详细地规定了环境特点和出场路线,仿佛勾画出了一幅导演设计的演出蓝图。作者的语言,在人物对话中,明显地区别于人物语言。在其中表现出了作者对自己人物的态度——同情或是巧妙的讽刺等。

曹禺在话剧舞台上多层面地使用了自然场景,这是中国话剧艺术的一种新形式。在这方面,曹禺紧步契诃夫的后尘。雷雨、日出、蝉鸣的出现,促使深入地揭示人物性格和增强了话剧的思想内涵。

雷雨助推了剧情的发展,突出了人物的性格,解决了戏剧冲突;有力地增强了舞台的效果。遭遇了一场"雷雨"的这一昼夜,展现了最强劲的暴风雨,描写了剧中人物生命的最痛苦时刻。剧情以巨大的张力发展着,剧终时达到了白热化。

在第一幕,剧作家很快便引出所有的出场人物;对其剧情场次和人物个性进行了初步曝光。空气中使人感到了一种即将来临的雷雨的征兆:燥热和气闷。这一情景与剧中人物的心情遥相呼应(四凤见到母亲之前的惊慌失措,周萍打算出走引起的繁漪的担心和痛苦)。剧情的展开发生在第二幕,当时,周萍坚决声明要离家出走,此时,鲁妈出现在房里。接着,剧情便沿着两

---

1 《文艺报》1957年第2期,第1—2页。

条情节线迅速扩展开来：繁漪辗转反侧，做好了一切准备，把持着自己周围的一切宠物；鲁妈渴望尽快领走四凤，逃离这个痛苦之地。但是，家庭关系乱作一团，变得更加错综复杂。暴雨来临：天空变黑，听到了霹雳的雷声。终于，大自然咆哮发作起来，夺走了四凤、萍和冲的生命。舞台上只留下了鲁妈——这人性的化身。剧终时，鸣响起了光明的谐音：鲁大海复活之后，将去建设新世界！

曹禺的创作从家庭生活题材转向了更加宽泛的社会题材，描写了中国的资产阶级社会。1935年，曹禺创作了他的第二部悲剧《日出》。

在同《文艺报》记者的谈话中，曹禺在同其他人的谈话中答道："在天津我到处看到了荒淫无耻的官员和商人、流浪汉、妓女、大烟鬼。我跑到了上海，但是，那里全都同样黑暗。强烈的愤恨使我充满了激情，不由得一股脑儿倾泻出来……我回忆起了童年读过的'歌本'中的一句话：'当太阳升起时，你们就死亡吧！'这些语言表达了我心中对现实社会的态度。"

曹禺在悲剧的引言中援引了《道德经》的话：

　　天之道，其犹张弓与？高者抑之，下者举之；有余者损之，不足者补之。天之道，损有余而补不足。人之道，则不然，损不足以奉有余。孰能有余以奉天下，唯有道者。（是以圣人为而不恃，功成而不处，其不欲见贤。）

揭露资本主义社会里贬贫爱富的思想是曹禺话剧的主旋律。作者描绘了30年代许多大城市的可怕的生活画面，描写了私有制世界的个人悲剧。话剧充满了暴露性的激情。曹禺创作了完整的性格系列：从资本主义社会的银行大亨开始，到社会底层的代表人物——妓女为止。话剧中没有固定的中心情节或主要的出场人物——它是多层次的、多冲突的组合。曹禺在对交际花陈白露的性格描写方面，达到了揭示剧中人物内心世界的社会心理的最大概括。她富有天资，但我们认识她时，她已经与表面看来富丽堂皇的，而实质却是空虚的罪恶社会来往了；她同自己的阶层断绝了关系，甚至，忘记了自己的真实姓名竹均。在金钱腐蚀力的影响下，白露很快领会了资本社会已经形成的观点。甚至，在她眼中，爱情就像她眼中的新朋友——可以花钱轻易买到的货物一样。为了享受所有的"幸福生活"，她开始做了银行家的姘头。这种生活使陈白露淫荡堕落。但是，她在结束生命前仍没有绝望。随着她的童年时期的男友方达生的出现（舞台上公开了《日出》剧名），陈白露的悲剧开始了。

方达生的出现，唤醒了陈白露昔日的幻想和希望；她那纯洁而光明的激情涌上心头，她深沉地望着达生。在她心中贞洁的竹均与姘头白露相遇了。她开始明白了社会的丑恶和残酷，可她过去从未发现过。看着少女、少男这些"小东西"被推到可耻之路，白露第一次感受到对人的怜悯和希望保护他们。她的心中在进行着一场人与奴隶之间、同情与冷酷之间、名誉与失节之间的斗争。

陈白露刚刚获得了一个良好的开端，初步唤起了自己的人格尊严，但是在她与周围社会之间却裂开了一条鸿沟。社会与个人的分歧和纷争，迫使女主人公离开了人世。

她说过一句话："太阳升起来了，黑暗留在后面。而太阳不是我们的，我们要睡了……"这句话是给她已经与之绝交的整个社会敲起的丧钟。

作者曾不止一次地向我们展示了光明未来的思想，取其象征意义。宾馆一片沉寂，随着朝日的第一道光线摄入窗口，窗外传来建筑新楼的泥瓦匠的铿锵有力的歌声。

但是，在日出之前，每个人的生活，在这金钱统治的社会里，就是一场悲剧。你瞧，那个恶毒的人物银行家、生活的放荡者潘月亭。他欺压百姓，人们在他面前得弯下腰，而他从他们身上榨尽全部汁液后，则将他们作为生活垃圾抛掉。然而，他本人，像这个社会里的所有人一样，在更阔更有钱的大地主面前也是卑躬屈膝和忐忑不安的。他的贪欲没个界限。他追逐金钱和权力，玩弄阴谋诡计和交易所的骗人勾当，使职工最后结账时总遭破产。这种无限盈利和竞争的铁石心肠的规律，自然灾害和资本主义社会统治下的无政府状态，将手下职工从社会阶梯的顶端摔下来，沦落为贫民，成为过去的奴隶——小职员李石清和黄省三就是这种受害者。

"小人物"，统治者的牺牲品，本来同自己的主子肩并肩往前走。可是在银行小录事黄省三的上空却经常悬挂着一种丢掉"可怜饭碗"的威胁。对他的诚实劳动的"奖赏"，就是踢他一次给3元钱，他很满足，只要能买点毒药，以便毒死孩子们，使他们免遭注定要饿死的痛苦。

黄省三缺乏斗争的思想。他在极端绝望的时候，只是敢于进行口头上的争辩：敢于正视自己的痛苦，讲出自己的痛苦真实。黄省三说过这样的话："你们真是没有良心哪，你们这样对待我！"这正是人道主义剧作家要说的话。

另外，作者还描写了银行小录事李石清形象：他仇恨主子，但为了巴结他，还得拼命地干活。李石清竭力阿谀奉承，尽量适应主人，帮助他剥削像他本人那样的穷人。为了效劳主人，他甚至连自己的临危的儿子都忘了。但是，一点小事也得感激主人。李石清明白，"什么道德，服务，那是他们骗人。你按部就班地干，做到老也是穷死"。潘月亭的破产，给他提供了幸灾乐祸的极大快感。

艺术家正确地捕捉到了资本主义时代的根本矛盾，并以令人信服的艺术手法将其描绘出来。但是，在话剧中，反对资本家的敌对势力，仅仅体现在一个小职员形象身上，当然，他也解决不了这个矛盾。黄省三在最好的情况下能意识到不必进行斗争，然而，他被迫也得适应主人，不能同他斗争。从此，资本主义社会的人的虚伪就产生了：每个人都有两张面孔——忽而，要把自己嫁给某人；忽而，事实上，她又嫁给了另一个人。

社会型悲剧的长廊补充了"洋博士"张乔治这一人物形象。他是一个不学无术的人，尽管他有一切学术职称。他的所有文化归结为，他善于向周围大多数不懂的人炫耀自己的外国话。他不习惯说中国话，更愿意说外国话。张乔治，这是半殖民地社会制度的必然现象。然而，作者没有揭示出具有深刻内涵的这一形象的社会根源，仅局限于只是描写他的某些特点：高傲自大、卑鄙下贱、微不足道的小人物。

《日出》中的每个形象都暗示着充满深刻社会危机的典型的规律性。但是，这种规律性是以各种程度的可信度流露出来的。这样，作者对知识分子方达生性格的揭示就显得不够清晰。方达生幻想挽救生活没着落的被侮辱的人，幻想同社会恶行进行斗争。但是，他不了解生活，没有看到恶行的源头。这一形象具有抒情性，是以某种讽刺意味描绘的。然而，从整体来看，仍然是模糊不清的，因为，作者本人，大概，也不全然清楚。

曹禺通常以同样精细的艺术手法锤炼其主要人物和甚至起不到多大作用的次要人物的性格。这一艺术长廊中的王福升、小东西、妓女翠喜等形象，都塑造得清晰而准确。在小东西和翠喜形象方面，曹禺写道："这两个人物我用来描述这'人类渣滓'的两个阶段，对那残酷境遇的两种反应。一个小，一个老；一个偷偷走上死的路（看看报纸吧，随时可以发现这类的事情），一个如大多数的这类女人，不得已必须活下去。死了的死了，活着的多半要遭翠喜一样的命运，这群人我们不应忘掉。这是在这'损不足以奉有余'的社会里最黑暗的一个角落，最需要阳光的。"曹禺像茅盾（《子夜》）那样,令人信服地描写了中国资本主义社会的瓦解。

在《日出》中,作者的思想进步十分明显。这部话剧描写的内容,比《雷雨》更加深刻地批判了当时的社会制度。然而,曹禺仍然没有准确的政治纲领,还部分地约束自己描写那些积极战士的激进思想。他承认未来是属于工人的,但仍然将工人排斥在舞台之外:"我描摹的只是日出以前的事情,有了阳光的人们始终藏在背景后,没有显明地走到面前。我写出了希望,一种令人兴奋的希望;我暗示出一个伟大的未来,但也只是暗示着。"[1]

《日出》全剧贯穿了作者对那些制造生活贫困和生理缺陷的人的强烈的憎恨。在该剧中,就像在《雷雨》中那样,使人感到了欧洲话剧艺术的影响,尤其契诃夫的影响。这些影响表现为:从表面看来似乎没有情节,但内在的进程却推动着剧情的发展;在塑造形象的艺术手法和借用自然现象作用的表现手法等。在这里,"日出"完成了曹禺第一部悲剧中"雷雨"的同样功能:帮助揭示了作者对该素材的思考和构思。

整部《日出》乃是一幅宽阔的艺术画品。陈白露、潘月亭、黄省三、"小东西"及其他人物的生活经历,为我们提供了关于抗日战争前夕中国资本主义社会的完整而鲜明的概念。话剧的场面分别在旅馆(第一、第二和第四幕)和妓院(第三幕)展开。剧情跨度时间为一周。在这段时间内,所有人物的命运发生了根本变化:潘月亭破产了,陈白露的房内戏玩得入迷,黄省三则失去了理智。

在《日出》中,曹禺是一位人道主义者。他的每行文字都洋溢着对人的爱和为其不幸而产生的痛苦,他力求帮助他们,使他们产生希望。剧作家严厉地批判了当时中国社会的可怕现实。所以,国民党时期禁演该剧,尤其禁演第三幕——因为它更加残酷地揭露了社会的脓疱。

1937年,曹禺转向描写农民与地主斗争的主题。他创作了悲剧《原野》。然而,转向描写五四运动前时代的剧作家,不熟悉农村,没有发现社会冲突中的典型人物。于是,集中精力分析了主要人物农民仇虎的心理活动,描写了他在施报家仇前后的精神状态。仇虎本人并不是典型的农民人物。这种虽有力气但并不稳重的人的感情,无论如何不是其阶级所固有的感情。他做了一场噩梦:梦见父亲、地主、婴儿的形象立在他的眼前,他怕得要死。在这里,曹禺对表现主义做出了某种屈从和顺应。仇虎在一系列事件中

---

[1] 《日出·跋》。

所说的话,仿佛不很一致:一会儿说是与自己过去的女友华实说话,一会儿又说是与站在他跟前的熟人说话。

关注时代的作者试图描写农民与地主敌对的社会根源,但是写得难以令人信服。曹禺早期阶段的创作,以话剧《原野》的问世而告终;当时,该作品主要再现了否定的必遭灭亡的社会现象。作者对正面素材的写作提纲还迷惑不清,对光明未来的希望,描写的也仅仅是种暗示(《雷雨》中的工人鲁大海,《日出》幕后的建筑工人们,《原野》中的继承人)。

## 二

抗日战争时期,中国话剧艺术剧院得到了大力发展,成为宣传教育的有效武器,尤其在共产党领导的军队里。话剧往往就产生于这样的剧院。中国进步作家们积极参加反抗外国侵略者的斗争。1938年成立的中华全国文艺界抗敌协会安排了他们的工作。

这些年是曹禺大转折的时期。抗战初期的前半年,中国人民取得了很大战绩,当时国民党在社会舆论的压力下,被迫同意中共提出的统一战线,并表现出某种抗日的样子。被这种战绩鼓舞起来的剧作家,于1939年,创作了话剧《蜕变》。在该剧中,作者的注意力没有集中于人物性格的塑造上,而是集中于描写社会现象——社会的"蜕变"上。该话剧反映了武汉失守(1938年)前,中国知识分子阶层的思想情绪。中国文学史家王瑶称它是抗日战争时期描写社会进步的典范之作。

该剧批判力度强,说理张力小。他出色地、现实主义地描写了丁大夫的坚毅、刚强的性格。他的具有坚定目标的,积极而坚定的天性占了上风,充满了合理性。作者对这一社会"蜕变"的过程,描写得有些理想化。曹禺在这些年没有充分想象出真实的历史进程。只是靠艺术家的敏锐直觉暗示:挽救祖国的道路,在人民手中。

话剧在当时起到了很积极的作用:它使人们产生了改变社会制度的希望,召唤人民进行严厉的斗争。所以,蒋介石禁止它上演,阻止进步文化活动家重返舞台。由于剧作家的这种困境,大家也要求删节一些尖锐之处,甚至要删去"抗战必胜"的一些象征性的暗示。譬如,坚持删除下面这一情节:丁大夫欢送李司令时,向他挥舞了红腰带——这条红腰带可以使人联想起红旗。

对于蒋介石领导的这一切要求，剧作家拒绝回答，他说写剧本是个人的事，请容许他按自己的方式去做。

从1939年末，甚至从武汉沦陷起，反动派就开始发起进攻：追捕进步作家和社会活动家，关闭出版进步文学的印刷厂，抓住纸张经营权，提高印刷进步出版物的税率，于是，图书市场上低级趣味的色情小说和侦探小说泛滥成灾。

在同反动派的不断斗争中发展起来的话剧艺术被迫采取隐喻的艺术方式。因而，历史题材的话剧（郭沫若、欧阳予倩等的话剧）获得了广泛的发展。曹禺重新回到了家庭主题。1940年，他创作了喜剧《北京人》（即《北京猿人》）。剧作家描写了中国贵族的诞生、"贵族家室"的荒芜。我们眼前展现出了曾家萧条的家庭生活画面，曾家使人变得懒惰和萎靡不振。曾皓老人本人曾经爱好劳动，后来变成了一个毫无用处的人、可怜的利己主义者、胆小怕死的人。全家谁也不需要他，都在等着他的死亡和遗产。只有外甥女愫方真诚无私地服侍他，为了抵债，只好把家业抵债给了发财的邻居——家庭的债主，最后一件东西，是曾皓很感兴趣的，为自己准备好的豪华的油漆棺材。

曹禺运用曾老的儿子曾文清和姑爷江泰的形象揭露了远去的世界。文清懒于思考、说话、起床、穿衣、干点一般的脑力或体力劳动，他甚至懒于弄清自己的感情。文清不仅懒惰，而且也很怯懦。冷淡和怯懦不允许他打破他已习惯的束缚，他只是阅读古典诗词和同妻子争吵，妻子已经和他过了20年了，他仍拿她当外人。与沉默寡言、不愿活动的文清相反，江泰大声说笑，忙于"活动"。他是一个官员，从事"化学"研究，搞得肥皂生产破了产。江泰坚信，他会想出一个招儿，让金钱向他滚滚而来。他从事相面活动，最后把混的钱都献给了古希腊圣哲，以便了解自己的命运，在镜前观察自己的鼻子、脸的特点，以便了解幸福何年会向他微笑。他异想天开地说："我爱钱，我想钱，我一直想发一笔大财，我要把我的钱，送给朋友用，散给穷人花。我要像杜甫的诗说的，盖起无数的高楼大厦，叫天下的穷朋友白吃白喝白住，研究科学，研究美术，研究文学，研究他们每个人喜欢的东西，为中国，为人类谋幸福。"这就使他的空谈和吹牛变成了一种自我暴露："我们整天在天上计划，而整天在地下妥协。我们只会叹气。做梦，苦恼，活着只是给有用的人糟蹋粮食，我们是活死人，死活人，活人死！"江泰为了要钱就去进攻老人。但是，财源已经消失，必须拿棺材去抵债。江泰就意外地为自己拿到了"崇高的天职"——向朋友借钱。有了希望的家庭度过了一个不眠之夜。他昏睡不醒的样子,丢了钱,在警察伴送下,于拂晓时分回来了。当时棺材已经运走了。而曾皓老人抱着全部希望,不离开自己的金银珠宝,搂着它坐在那里。当他看见人们不经心地弄走了棺材,可能碰着墙划破了木漆时,他痛苦地流出了眼泪,大声喊道:"你争取有儿子和孙子,究竟为了啥?为了像这群老鼠一样的这些儿子和孙子吗!"这些人去拿走了一切,什么东西也没留。对一些不值钱的东西,他们讲究"高尚的美德",讲究"伟大的解放全人类"等。文清的妻子思懿引入了更加别样的"美德"花招。伪善者、冷酷无情的利己主义者,文清追求个人最大的好处,思懿把自己描绘成一位伟大的"殉道者"。她撒谎,在人前装模作样,撒的谎令人信服!

所有家庭成员都非常敬仰儒家思想。他们关心的仅是传宗接代。文清和思懿的儿子曾霆刚满17岁,他还与孩子们玩放风筝、钓金鱼,而他已经该当父亲了。当人们试图给他讲解这个时,他就哭泣。他的妻子瑞贞,比丈夫大不了几岁,但在生活经验方面,比他老成得多。她吃尽了丈夫任性的痛苦,她离家出走,去寻找幸福生活。

曹禺深信,家庭的蜕变,是因循守旧生活方式、压制人的美德的结果,是在统治者腐化堕落的影响下缺乏新生活记忆的结果,是使人失去了理智和思考的结果。

1942年,曹禺专注好友巴金于30年代初创作的颇受欢迎的长篇小说《家》,创作了同名话剧《家》。在该剧中,也碰上了在《北京人》中出现的问题,引起了剧作家的兴趣。

散文作家的作品经过改编搬上舞台,在中国文学中具有悠久的传统;剧作家经常成功创作出卓越的剧作,这些作品在将来会以一种独立思考的精神生活存活下来。曹禺充分有效地运用了这些传统。

巴金的同名长篇小说,很接近于曹禺的创作精神。它同样是在批判现实主义的轨道上创作出来的。批判现实主义作家开阔了观察社会现实的眼界,发动同社会的畸形现象进行斗争。在这方面,这些作品在中国反帝反封建的革命中起到了积极作用。

巴金的长篇小说再现了20世纪20年代中国封建大家庭生活的典型画面,再现了它的瓦解和崩溃的全过程。该著全部激情的目的在于反对封建生活方式,探索生活的新道路。

曹禺的话剧剧情,如同巴金的小说那样,在高家大家庭里展开。剧中保留了小说中的人物及其性格，然而，其主要的情节线，却是觉新、瑞珏和梅的命运，围绕这条线揭示了全书的主题。觉新和梅互相爱慕，但是老人的意志和偏见将他们分离，让人抬着花轿给觉新娶来了另一个媳妇瑞珏。小说惜墨如金地写道："觉新结了婚，仿佛被珠宝玩弄了。"该剧的剧情和总体画面都扩展了（发展为4幕8场话剧）。如果说，原长篇小说的基本艺术手法是反衬的话，那么，话剧剧本那浓缩的色调及其浓度都聚焦在了揭露旧世界上。

人物对社会生活的自觉的不满情绪是戏剧冲突的基础。曹禺，像巴金一样，揭露了残酷的封建民俗，老高的姘头——陈，充当了这些封建迷信的收藏者。她冷酷无情，形迹可疑。她有一伙人，掌管着这些封建迷信民俗。

该剧中的敌对势力，大部分是在原著中那些处于阴暗角落的人物形象。老高的朋友，作品中偶尔出现的人物冯乐山，是一个基本的反面人物，作品不仅展示了他的伦理道德，而且还展示了他的社会面貌，他积极同进步势力做斗争，由于他的告发，觉慧被逮捕了。

曹禺揭示了觉新和温柔的瑞珏的心理戏剧。觉新感受到了时代的影响，同情新思想，他心中反对老人的暴政，但他受过祖先崇拜精神教条的教育，他不能提出任何异议，他坚守自己的信条。意志薄弱而心地善良的觉新屈服于旧的传统，而它们却毁坏了他的一生。

所以，觉新和瑞珏婚礼过后便被关进了一间房子里。他们全然是陌生人，他们相互之间，甚至一次也没有见过。他们仍处于各自依赖思考度日；觉新目光注视着窗外那片鲜花盛开的梅园，倾听着湖面上传来的杜鹃鸟的凄楚的叫声。

剧作家利用了小说中描写的自然风景，而且补充和扩展了它们。它们给自己带来了很大的艺术载荷。鲜花盛开的梅林，不是中国人喜欢的一般的广泛常见的树。它象征着觉新对梅的爱（姑娘的名字叫"梅"，"梅花"之意）。这注定会给他带来痛苦的，正如杜鹃鸟那样。盛开的梅花就在觉新的眼前，他回忆起了他过去的爱。

剧中人物不幸的根源就是旧的生活方式，曹禺以自己的作品激励人们同这种制度进行斗争。

曹禺在其第一个创作阶段就提升了家庭主题的创作，而现在他更加扩展地描写了抗日战争前夜中国半封建社会的总体画面。

国民党警察局追捕进步作家。一点儿小事也会引起怀疑，他们安排对作家进行监视。于是，曹禺，因在四川一个县城教过书，就被怀疑同情共产党。他遭到了搜查和没收信函,作家只好逃离。曹禺出发前,必须弄清楚,这些警察要检查什么。这时,在解放区革命中心延安城里,似乎,正在上演曹禺的话剧《日出》。首演非常成功,演员们十分兴奋地演完了全剧。剧院集体决定给作者发一封贺电。贺电被地方邮局拦截了,这似乎就够了,因为作家已陷入"不可靠的"之列。

曹禺又专注翻译活动。1944年,他翻译的莎士比亚的诗歌悲剧《罗密欧与朱丽叶》问世。曹禺的这一创作活动是在国民党时期完成的。剧作家,像那时的许多作家一样,非常沉默。他在美国短暂逗留之后又回到上海,在那里一直住到人民解放军解放了这座城市。

## 三

随着中华人民共和国的建立,中国作家的社会地位发生了本质的变化。作家系进步的战士,在社会主义建设中积极为人民工作。

曹禺从内心里欢呼人民共和国的胜利。在1949年7月召开的第一届中国作家代表大会上,剧作家曹禺出席了大会并做了发言,在其发言中,他表示热烈希望服务于人民,积极参与新中国的文化建设。

为争取理解人民中国的社会现实,剧作家开始努力学习毛泽东著作,积极参加社会活动。为了深入生活,理解其中的新生事物,曹禺参观了一些新的建筑物。1950年,他去了黄河大型水利建筑工程工地;1951年参加了安徽省的土地改革工作;1952年,作家忙于北京高校教师的政治思想教育工作,此工作是中共北京市委开展的。曹禺还作为中国代表团成员出访了苏联、捷克斯洛伐克、蒙古人民共和国、印度、日本。

1954年,曹禺被选为全国人民代表大会代表和北京市人民代表大会代表。1957年(应为1956年7月),他加入了中国共产党。曹禺在许多作家机构中担任着重要的领导工作:他是全国作协书记处书记,中华全国文联全委会成员,许多文学艺术期刊编委会委员。

1954年,曹禺的新话剧《明朗的天》问世了,它描写了中国知识分子思想改造的问题。

该剧剧情是在1948—1953年发生的许多重大事件的背景下展开的:人民解放军包围北京城,傅作义将军和平起义,中华人民共和国成立,终于,朝鲜战争爆发。剧情发生地点:北京医学院和罗克费勒建立的"洋人"附属医院,也就是美国在华文化扩张政策的一个支撑点。

新中国成立后,美帝利用这些间谍活动机构反对中华人民共和国。尤其在朝鲜战争初期,他们搞得更加活跃。1950年,人民政府颁发了法令:从1950年起,这些机构统归中国政权机关管理,结束帝国主义在中国的文化扩张。

然而,反动文化的毒素,已经渗入到思想领域,渗入到工作作风和许多知识分子的生活中去。"为科学而科学"的理论,在这一领域,已成为主导思想。

人民政府过去采取,现在也正在采取有力措施,以便掌握这些知识分子,吸引大专家们专心致力于自己的本职工作,使他们习惯于另一种思想意识"为人类而科学",把自己的工作视为为人民服务。而知识分子本身的成分也很驳杂,在本阶层中有先进的,也有落后分子。该剧描写了知识分子思想改造的复杂过程,塑造了著名学者、细菌学教授凌士湘和医生陈洪友、江道宗。

曹禺最早关注正面人物。凌士湘心醉神迷地热爱科学,他的全部思想和整个生命都献给了科学事业。他的座右铭是:"在任何情况下,要研究,研究,再研究。"他脱离了外部世界,真诚、顽强地工作在静静的办公室里,从事世界发明。他深信,科学能给人类带来福祉。他热爱自己的祖国,但是,远离政治,他不懂政治,也不想弄懂。凌士湘全然埋头于自己的事业。他不知道,也没发现周围在创造什么。轻信而心地善良的他相信,像美国间谍,主持医学院和附属医院工作的贾克逊医生,他是一位学者、美国人,给中国人传授知识的朋友。

凌士湘自己也没有发现自己已落入贾克逊的魔掌,自己的学术成果,事与愿违,已被利用反对自己的祖国和人民。但是,他不想看到这种情况,他不明白,为什么共产党要同美国帝国主义进行斗争。共产党为此做了大量的解释和教育工作,揭露了金钱仆役的惨无人道,揭露了他们杀害了工人赵树德的妻子;在为普通人谋福利的斗争中,共产党人表现出了自我牺牲精神(朱安形象),凌士湘个人参与反对细菌战展览会的准备工作,并亲自奔赴朝鲜战场,这都使学者相信共产党的事业是伟大而正义的事业。他与过去彻底决裂,成了一位保卫和平、加强人民共和国的积极战士。

中国的批评家们正确地指出了该著的缺点,对剧中人物的塑造太理想化了:"凌士湘是出污泥而不染。"这一点,作者也解释道:"问题不在于是否知道凌士湘犯过多大的过错，或者他已经介入进去；问题在于，他能认识到自己行为的犯罪性质，认识到自己的行为，与革命的人道主义是不相容的，与新中国的人民医生的称号也是格格不入的。崇拜美国的凌士湘，善于"接受批评，划清朋友和敌人"。

按照剧情发展的逻辑，曹禺应该涉足两个矛盾冲突的势力：反动派江道宗和共产党员董观山冲突势力。但是，没有这样，江道宗仍然放到后面来写。

关于塑造共产党员的形象，正如作者本人指出的那样，他没有充分地想象出他们的心理状态，所写人物，没有在其思考的艺术视野中立起来。董观山的许多对话，是作者对董和协和医学院党组织书记谈话的逐字逐句地记录，这并不奇怪，因为曹禺所了解的共产党员的形象，还是概念性的东西。曹禺成功塑造了陈洪友的性格。他是一个很实际的善于随机应变的人，他能适应任何情况，所以，他获得了圆满成功。由于政治的原因，他仿佛远离组织，但是，在任何情况下他总是应声附和掌权人的意见。

作者十分清楚，知识分子的思想改造应该在共产党领导下进行，这在该剧中得到了充分反映。在搜集素材的过程中，曹禺拜访了北京的医院、高等学校，同行政和党委领导者谈话，同普通工人和职员谈话。大家热情而自愿地答应了他的要求，给他提供了大量素材。《明朗的天》，按作者的说法，是一种集体劳动，而他本人只是这个集体的一分子，当时，就像过去创作时那样，他独自蹲在办公室里创作的。

曹禺善于描写人民中国的知识分子思想领域的本质性变化，所以，《明朗的天》收到了在更大的读者和观众阶层的热烈欢迎。该剧于1954年完成，很快被搬上了北京人民艺术剧院的舞台，在两个月内，天天上演，座无虚席。1956年春，在全国话剧会演中，《明朗的天》获得了一等奖。

该剧具有很大的教育意义，它提出了许多批判性地重新审视过去的问题，指出了唯一正确的道路：为人民服务。该剧具有强烈的现实性，当时全国正在开展紧张的思想领域的斗争。

曹禺积极参加了这场残酷的战斗。他经常在期刊上发表文章，以满腔的仇恨和愤怒痛斥人民的叛逆者。在这一斗争过程中，显示出了作者思想水平的提高。1957年，他在一篇文章中写道：他只是创作了一部歌颂党的话剧《明朗的天》，他力求团结知识分子，进行思想改造。在《明朗的天》中，他没有说一句不是发自内心的话。在自己一生中，他做的事不多，总共写了几个剧本，但是他最痛恨那种人，把创作劳动当成虚假宣传的工具。只有今天他才明白，人真正能够洗净自己的脸和心，改造自己，那时就能看清了自己的真面目。《明朗的天》，可以称得上是作家这一阶段的作品。随着这部作品的问世，在剧作家的创作中便出现了一些本质性的新特点。

现在，曹禺仍然满怀创作激情和创作规划。他想创作一部描写中国劳动人民的话剧——《阳光照耀下的人》。

# 柳·伊·康德拉绍娃访谈录*

访谈对象：柳德米拉·伊万诺芙娜·康德拉绍娃[1]
采访者：S.冈巴诺娃

**问**：您好！童年时，我们都向往成为某某家。我们童年的理想，有时非常准确地反映我们出生和成长的时代。您的童年和少年，适逢俄罗斯非常艰难的年代。请您告诉我，您和全家是怎样渡过了那个年代的？当时您向往什么？您的理想实现了吗？

**答**：出生于20世纪30年代的人，都目睹了战争，尽管不明白随后将会发生什么，但是，他们却明白主要的一条：还存在要进犯我们祖国的敌人。所以，所有的长辈要么去前线保卫祖国，要么在后方帮助支前工作。当战争爆发时，我已经是一个懂事的8岁的小姑娘，到秋天就该上小学一年级了。但是，这是我人生经历的唯一能牢记的一年，当时莫斯科的所有学校都关闭了。大概，苏联欧洲地区的所有学校都处于这种状态。1942年，我终于上了小学，但是，已经不是读一年级，而是很快就读了二年级，因为我已经学会了阅读和解题，虽然有许多最基本的知识还不懂，譬如，怎样正确地使用铅笔和钢笔。后来，在缺乏老师教导的情况下，我掌握了其他一些有益的技能：自学了钢琴，学会了裁缝和编织，学会了打字和印刷，而成年时期就已经基本掌握了计算机。我就是这样在困难生活中，逐渐成了一名痛苦的自修者。我的父亲供给家庭最必要的物品，我任何时候都不曾挨饿，甚至在严酷的战争年代，我总能吃上饭，穿上衣。但是，我很想探寻一下，能否给我买一架钢琴，聘一位教师？回答这一问题，当时我的父母，既没有功夫，也没有余钱……我记得，战争第一年时，我们家住在缺乏供暖的房子里，房间里安

---

\* 译自何培忠、石之瑜、[俄]季塔连科等编《当代俄罗斯中国学家访谈录》（一）中的本文俄文稿，北京：中国社会科学出版社2015年版。

1 现任职务：俄罗斯科学院远东研究所研究员；学术专长：中国工业经济。

了一个带烟囱的小铁炉子——烟囱直接捅进壁炉的出气管道。在战争年代的第一个冬天，在走廊的墙壁上，房门上，总覆盖着一层霜，我对此很感兴趣：在这白色的墙上，我可以涂写字母和数字。

后来，为我们建造的楼房暂时停工，有些住户无法安置，需要搬到其他楼房去住，弄得其他楼房拥挤不堪。原住户的主人们，只好很客气地忍受着我们的到来，成了战争的另一种负担……我记得那充满各种飞机的莫斯科的天空；记得那用各种纸带交叉糊起来的玻璃窗子；记得那报警的呼啸之声，还有在我家地下室防空洞里的不眠之夜，收音机里传出的报道战争进程的列维坦之声。我听到的第一次战争报道，就是全体同套房邻居聚集在收音机旁收听的。当时我无论如何也不明白，为什么听着听着，所有的女人都突然号啕大哭了起来？从此，我知晓了前线发生的一切大事，知道了许多军官的名字；知道了瓦图京为什么是最可爱的人。所以，我在地图上挑选出了那个可以更名为瓦图京斯克的城市。

我的哥哥1922年出生，中学毕业后立刻奔赴前线。父亲也加入了民兵组织，但是，不久由于健康状况不佳，被迫离开民兵组织，经过几个钟头在日光下的逗留，他喉咙里溢满了血。这时哥哥在前线也受了伤，由于天气过度严寒，哥哥得了多种疾病，但他仍然活了下来。于是，他仍旧留在部队服役，军事学院毕业之后，他晋升为校级军衔，但他没活到晋升将军军衔时——离晋升少将还差两个月，就离开了人世，年仅50岁。

我上小学初期，学校里连写字的纸张都没有，同学们都在旧报纸的边白上用铅笔写字。当时我们既干瘦又苍白，吃点馅饼和小面包算是增加营养，我们吃起来都感觉很香甜。当时在学校里，我周围有一批女孩和成年妇女，这就给我提供了单独学习的机会。后来，将我从这种失去男人注意的枯燥生活中拯救出来的是戏剧小组，这个戏剧小组，是由隔壁男校的文学女教师柳鲍维·卡鲍组织的。那时她已将教学工作与写作活动结合起来，并且还独出心裁地组建了戏剧小组。我成了戏剧小组的第一批演员，但我并不打算报考戏剧学院，因为七年级时，我已经决定将来要当一名外交家。那么，我脑海里怎么会出现这一念头？至今，我也弄不清楚。当时我没有同周围任何人交谈过自己的理想。只有我三年级时的最好的女友玛丽娜·法明斯卡娅赞美过我这一想法，并跟我一起跑遍莫斯科的各家书店，去寻找《外交百科全书》。

**问**：那么，您又是怎样改变了个人的想法，从外交转而迷上了汉学的呢？

**答**：我中学学习成绩全是"5分"，所以毕业时获得了金质奖章。但是现在我才明白，当时我学的各门功课都是中学教学大纲特别规定的内容，关于国际关系的补充知识，中学里根本不需要。在最后十年级时，我已经选好了自己的学院：莫斯科东方学院（МИВ）中国分院。这是我自己选择的，我选择这一专业，没经过任何人提醒；关心我的父母由于受教育不多，他们的劝告对我无济于事。父亲只上了四年教会学校，母亲从来没上过学，不识字。事实上，这并没有阻碍她在革命年代成为米柳京斯基巷子中心电话站的"电话小姐"。我们的学校就坐落在米柳京斯基巷子，后来更名为玛律赫列夫斯基街，而现在又叫米柳京斯基街。母亲给我讲过，这个电话站，在革命时期原在红军手中，一度被白军夺去，后来，红军又夺了回来。那些人（白军）不仅胆大，而且是真正的奸商。

我从父亲身上继承了自学的天赋。他是一位非常机智、能干的人，他独立掌握了打字机技术专业，并且他还具有音乐天赋，能很好地弹着吉他为母亲歌唱轻声伴奏。母亲唱得很不错，所以客人们从不感到寂寞。我所选择的东方学院，差不多是莫斯科唯一的高等学校，要进入这所学校，即使金奖获得者也必须通过外语考试，并通过座谈面试才行。我顺利地攻克了一道道难关，我的工农出身也不无帮助。我的同班同学伊拉·塔姆，出身于知识分子家庭，对她家来说，德语几乎成了母语，却没有考上。面对如此复杂艰深的课文，她没有考上，由于这种意想不到的突然事件的发生，这个女孩的生活急剧地改变了既定方向。

**问**：请告诉我，您为什么要选择这一专业？

**答**：我研究中国和中国语言的愿望，与两种情况有关：我对国际关系和1949年发生在中国的革命的爱好和倾心不知从何而来，当我对中国还真正一无所知时，我就很快把自己对人类光明未来的全部希望寄托给了中国。当时，我们全体年轻的共青团员们，都是幻想全世界劳动人民团结起来，共建世界公正社会制度的浪漫主义者。我认为中国是一个繁荣昌盛的强大国家，它已经摆脱了经济落后的面貌，正在与苏联团结一致共同建设共产主义社会。这种关于社会公正和中俄两国人民的友谊的理想（正如著名歌曲所唱："俄国人和中国人，永远是兄弟。"），在我过来的全部岁月中，我一直在坚守不移。如果说，我自己的国家给我奠定了坚实的基础的话，那么，中国则证实了我的全部期望是正确的。对于中国的研究，使我的生活充满了严肃的思考和鲜活的印记。的确，我没有成为外交家，但我丝毫都不遗憾。科学，并非一项没有兴趣的事业，它永远为思考提供精神食粮。任何职业中都有一个新旧交代的交合点，人总是要离开自己的岗位的。但是，这种令人忧郁的命运吓不倒真正的学者，他将永远处于探索之中，他总要抽出时间把自己的思想记录下来。中国给了我真诚的友谊。在这个国家我结识了那么多好人，进行了那么多次最有兴味的交谈！如果说我国的企业家有时会抱怨追逐个人利益的中国伙伴，达不成谅解的话，那么，在科学领域则可以毫无冲突地克服学术观点的分歧。

赫鲁晓夫害怕培养中国学家过多，他认为，会说俄语的中国人完全可以代替俄国的汉语专家，所以，他1954年专断独行地做出了撤销东方学院的决定；这一决定使我对中国的这颗赤诚之心忧郁不堪。当时，我第一次，也是我人生的最后一次，感到了自己的无用，很想改行。

**问**：但是，您仍然成功地留在了这个专业……

**答**：我在东方学院读到三年级时，国家授予我们一个特权：可以不学某些课程而进入苏联的任何高校。现在我才明白，当时我应该转入莫斯科大学经济系。但是，我们汉语8班全体同学，处于感情团结和别无他途，便效法同级同学鲁宾·布尔拉茨基，该同学经过3次报考莫斯科大学地理系失败后，最后终于实现了自己的理想。这样，我与本班同学一起插班到地理系二年级就读，条件是已通过一年级各门功课考试。我们要学的课程不少：地质学、地貌学、大地测量学、土壤学、气候学等所有自然科学课程，我们几乎都听不懂。起初，我打算放弃中国学而专攻气候学，但经过几个月的高等数学和物理学学习后，发现我在东方学院学习数年，对这些课程已经丧失了兴趣，于是，我决定回归家园，投奔了经济地理教研室，这里对我的中国知识和尚未学成的汉语大有裨益。在这里学习十分有趣，这里有许多迷恋地球科学的教育家、一年一度的科学考察、生机勃勃的文化生活。研究过中国的大学生得到了教授们的支持。程序员安乌钦是战争年代转战整个中国东北地区的苏联首批军人，他写出了一部回忆这段战争生活的优秀作品。他经常谈起这些故事，与我们共同分享他的战争回忆。有一个大教室就搬到了汉语办公室附近，该教室由奥弗季延科管理，他曾经发表过关于内蒙古的专题论文。由于做书法作业时，我们利用了中国文献（文学），这也给我们提供了某些优惠条件。1957年,我的第一篇学术论文《中国的水能资源》在《中学地理》杂志上发表了。该论文还配有一幅大地图,图文并茂,十分得体。

**问**：您何时如愿,不仅在地图上,而且亲眼看到了中国?

**答**：我在地理系读了3年,克服了最艰难的障碍——大地测量学考试。1957年夏天,我参加了大地测量学毕业实习:测量大地,收集数据,并提交这份倒霉的尾巴。但是,在这次大地测量实习时,我似乎感到有点力所不及。此时,领导通知我从实习地直接到校长办公室,办公室告诉我:学校决定派我到中国北京大学继续深造,并于9月份成行。按照中苏互派留学生的规定,苏联赴华第一批大学生已经满额。

那天,我们整装待发,按原话说就是像阅兵一样集合起来,连穿的衣服和鞋子都代表了莫斯科大学独特的风格,学校派了专门领队,并供给一切出国费用。所以,当我们经过8天辛劳的旅途到达北京时,我们都蜂拥而至地跑到北京车站站台上,当时我们穿着当时流行的大衣,戴着时髦的帽子,走在穿着最朴素的中国人中间。中国人通常穿着蓝色或黑色棉布上衣,自己剪裁的宽松的裤子和破旧的平底布鞋。他们惊奇地看着我们,但是,他们不只看我们的服装,而且观看我们那张不习惯的白色皮肤的脸和具有独特的非中国神色的眼睛。甚至,当我们在中国人附近换衣服时,他们也没减少对我们这些人的关注,所以,在大街上,我们经常与富有好奇心的友善地对我们微笑的人走在一起。我们在这个幅员辽阔的国度里成了"外星人",以至于很长时间我都感到自己文化的独特性,很难习惯于拥挤、中国饮食和音乐。当我们开始说汉语时,更加引起了过路人的注意。我们的交谈者怎么也听不懂我们的发音,不相信从我们的口中能冒出他们熟悉的单词。但是后来,当他们确信能够听懂我们的意思时,他们无比高兴。

**问**：请告诉我,北大给您形成了怎样的印象?这些年,它展现了怎样的面貌?

**答**：当苏联大学生开始在北京大学学习时,北大建校才50周年。北京大学创建于20世纪前夜,俨然展现出了一派中国建筑艺术风格。教学楼、宿舍楼,这一切都闪烁着金色的光芒,漂亮的大屋顶和圆柱体令人悦目。就连大学校园公园里的水塔,也是以中国宝塔的风格建造的,它的倒影掩映在长满莲花的未名湖中。大学校园四周围着围墙,这对有幸戴着校徽的全体师生的学习、工作和生活来说，都是十分必要的。进入大学校园要坚守衣帽整洁的传统风格，校门口还保存着两只巨大的石狮子。我至今还保存着白色字体的"北京大学"校徽（教师校徽是白地红字），它是出入学校的许可证。我们很热爱北大，喜欢沿着它的狭窄小路散步，喜欢以美丽的建筑为背景拍照。那时不允许汽车开进学校，夜晚的灯光是暗淡的。房间内设备极为简陋，甚至只在外国学生宿舍里才有暖气，教室里很冷，加之，中国大学生们机械地理解宿舍卫生章程，认为清新空气相对有益，所以经常打开通风的小天窗。我们都穿着棉大衣、戴着棉帽子坐在教室里听课，然而，仍是寒气刺骨。关节炎是青年人中最普遍的一种病症。我们也没能幸免。

**问**：那么您是怎样完成了学习任务？须知，您读的全部课程都是中文教材。

**答**：当时地理系主任是侯仁之教授。那时他才40岁出头，但是，他已经是一位著名的历史地理专家。这门课程，对外国大学生来说，是一门很难的课程，因为它要求学生要具有古汉语知识和中国历史知识。侯仁之教授指导我们完成个人作业，他给我们讲解古文，希望我们回国后将它们译成俄文。但是，对于这么大的任务，我们感到似乎难以胜任。作为深入研究，我们着手翻译《中国古代地理》，但是，只有在中国专家的辅导帮助下，我们才胜利完成了任务。我希望我国的地质学家们能使用这一著作。

学校给我们列出的许多课程是根据我们在莫斯科大学的学习成绩安排的，所以，我们能很好地集中精力攻读中国课程：中国自然地理、经济地理、历史地理。北大往届毕业生，年轻教授胡兆量（Ху Чжао-лян）给我们教授经济地理课。我现在还保存着这门课的课堂笔记，现在我确信，这些讲课都具有极高的水平。经济地理教研室创建于1955年，当时我们是大学三年级学生，今天我们便被列为该专业的第一批毕业生。2010年时，第一届毕业生已毕业了50周年，我的同级同学们，现在都已退休，大家都准备要庆祝这个对我们来说值得纪念的日子。侯仁之已成为世界著名的学者，尤其他的关于北京及其历史和地理的学术著作，获得了世界学术界极大的声誉。

**问**：您现在同他们保持着联系吗？

**答**：有一次我出差到中国时，出席了一次给他（侯教授）颁发某项国际奖的隆重的颁奖大会。会上他认出了我，非常高兴。我每次去北京都去拜会胡兆良教授。他把自己的著作赠给我，其中有《中国文化地理》这部书。当然，这部书很值得译成俄语。

这些年，我有一位最好的中国朋友黄发成，他是我的辅导教师。起初，老师的讲课我听不明白，何况他们讲的也不是标准的北京话。课堂上我努力记汉语笔记，因为回答老师的问题不许通过译员。在这方面，我的辅导教师给了我很大帮助。他几乎每天晚上都到我们外国学生宿舍来，同我一起整理我的写得很潦草的笔记，讲解一切我没有听明白的词语和内容。渐渐地，我的汉语水平提高了，教授的口音已经不妨碍我听懂讲课的内容了。中国高校的考试通常采取笔试方式，对我们来说，也不例外。写毕业论文，也像所有课业一样，也得使用汉语写作。我的论文题目是《苏南经济地理述记》。这是沿着上海至北京铁路线的一条城市链，也包括苏州和无锡。

课后所有时间我都用来攻读汉语和阅读地理文献。有一次，老师要我讲授关于苏联地理科学概况的讲座。似乎，我能胜任。当时，我们的中国同学不得不参加许多会议，讨论党的方针政策，顺便也按会议召集者的意见，批判那些对党不十分忠诚的人。我的朋友黄发成属于那种竭尽全力工作的人，因为他出身于地主家庭。尽管在这之前黄发成已经与自己的家庭断绝关系，但是，剥削阶级出身的烙印还没从他身上清除。人们并不留意这样的事实：他的母亲是地主的小老婆，事实上，她是家中的女仆，全家的重活都由她承担。

**问**：你们，作为外国学生，能够避免这杯苦酒吗？

**答**：当时很少吸收外国学生参加星期六义务劳动和星期日集体工作。但是，有一次，仍然决定要检验一下我们的共产主义觉悟，邀请我们参加北京附近的十三陵水库建设。如果说我们住在学校里，按中国的标准，那是住在温室里的话，那么，在十三陵待的那几天，我们就完全、充分地深入了中国的生活。我们吃的是掺上咸味蔓菁的黏米，夜宿在硬板床上，整日抬土筐。这样，我们从这条狭窄的缝隙中便窥探了中国人民的生活。

我在中国学习的那几年也不得不参与"大跃进"运动，当时中国领导人企图在三年内使国家生产总值赶超英国。这个吸引了数亿人参加的巨大的社会经济实验，博得了历史学家的极大关注。许多西方学者为其撰写了许多有趣的著作，而我国仅出版了科诺瓦洛夫（Коновалов）和亚列缅科（Яременко）撰写的两本小册子。Ю.В.亚列缅科，原是苏联大学生来华学习的第一班的学生，他的关于中国"大跃进"的著作引起了特别的关注。事实上，亚列缅科不是大学生，而是研究生。后来，他成为苏联科学院院士和经济预测研究所所长。但是，他很早就离开了人世，使我国的经济科学，使他的所有同人和学生们，蒙受了极大损失。但是，他在朋友们的心目中，永远是一位忠于自己的事业、忠于祖国的真正杰出的学者，永远是一位富于同情心的人，对待任何人都是愉悦而和善的人。遗憾的是，他未能阻止俄国的"大跃进"方案，未能实现市场改革。

关于"大跃进"时期的中国状况，我接触的不只是关于北京大学的生活方面，尽管这里也发生过许多奇怪的事情。当时我不得不观察到的是，整个大学都担当起了与麻雀战斗的重任，大学生和教授们摇动着红旗大炼钢铁，犹如迫使一只瘦弱的小鸡飞上天，只弄得筋疲力尽，还没落地就晕死了。我保存了当时一些原始炼铁炉的照片。炉子里还在炼着铁。一些不明用途的肮脏铁锭，浪费了大量铁矿石和劳动力，甚至连家庭必备的铁器家具也都给搭进去了。代替过去农业合作社的人民公社是管理国家行政人员的基层行政单位。公社内废除了八小时工作制和宅前院后的自留地，实现了个人财产的完全社会化。不仅所有的农业生产工具加入了公社财产，而且属于农民个人所有的房子、余粮、干活的牲口和猪也加入了公社财产。农民，实际上变成了劳动大军的士兵，由行政干部决定去干任何活路，包括兴修水利、修建道路、创办小型工业企业。社会化也触及到了生活领域。公社社员开始免费在公共食堂里吃饭，每个孩子都能进幼儿园受教育，老人们都被送往敬老院。为了提高粮食产量，喜欢运用深翻地密植播种的种植方法。要求合理地节约资金，将其集中使用在不必审查就可办理的基本建设上去。这是多么荒唐的幻想，虽然它很快就结束了，但却造成了资金的浪费、土壤失肥和粮食减产。

"大跃进"运动，不仅给我们留下了痛苦的回忆，而且也给我们留下了许多新的建筑和更加宏伟的蓝图。我们是天安门广场上兴建人民大会堂和中国革命博物馆的见证人。中国工人建造楼房，没有塔型吊车，而是借助建筑木材搭起的架子，许多工人在上面跑着运送建筑材料。这些建筑至今还装扮着北京的主要广场，而它们的内部设施令人惊叹中国人民的构想和能力。而在十三陵水利枢纽，工程质量低下，它长期没水，因为水都渗入了劣质的泥土中。到十三陵水库去可以看到许多古建筑遗迹，然而，我没去成：起初，中国官方人物不让去，他们明白我们会失望的；后来，形势不允许我们去。

我在长江治理委员会工作时，勉强了解到"大跃进"给未来设计的宏伟蓝图；北京的大学生、地理学家们被长江迷住了。关于我的长江旅行，关于我的在三峡地区建造世界上最大的水电站的设计蓝图，我撰写了一篇论文《长江的未来》，该论文发表于《周围世界》1959年10月号，临近中华人民共和国成立10周年之际。该刊还成功地发表了我自己的许多照片。

我尤其感兴趣的是这一事件的社会–哲学层面的问题：该事件试图使中国跳过社会主义阶段，直接转入共产主义社会制度。

**问**："大跃进"的政策今后会间接地产生或时常会产生一些不愉快的后果。您怎样去涉足它呢？

**答**：从中国公开宣布"大跃进"时刻起，中苏两国人民的友谊就开始产生了一些"故障"。我国的专家不能接受这种做法；不同意违背一切技术规范。中国人，从自己方面出发，也不能顺从苏联专家企图使一切回到臭名昭著的"规范"上来。按照赫鲁晓夫的唯心主义的决定，召回在华苏联专家，这便使"大跃进"危机的出路大大复杂化了，自然使中国领导人感到心如刀绞。

中国人对自己"老大哥"行为的不满，在苏联大学生中广泛传播开来。当我领取毕业证后，便离开了北京，我的朋友黄发成没有给我送行，为此我非常抱屈。但是，正如很多很多年以后弄清的那样，学校领导不允许他去，以便表现出对苏联叛徒的谴责。"文化大革命"时，围攻苏联大使馆和戕害苏联人的消息传到我们那里，引起了很长时间的不愉快。你瞧，那时我第二次（也是最后一次）感到遗憾的是，我把自己的生活与中国联系在了一起。我的朋友黄发成的经历可以作为被迫害的例证。大学毕业后，他被分配到内蒙古工作，在那里他体验了突然降到国家头上的"文化大革命"的一切苦难。在共同的困苦中，他在内蒙古度过了20年，没有可能从事自己所热爱的科学事业。改革开放初期，他回到了南方自己的家乡广州，他彻底恢复了名誉，被委任为广东科学院党委书记的高位。这样，他的工作要求及其工作受到了尊重，证明了他始终忠于自己的国家。但是，他要从事历史地理研究的最大希望，仍然没有得到满足。我很长时间，几乎40年同他失去了联系，从90年代末，我们又开始联系上，与他相会数次，并一直保持书信联系。我曾几次邀请他到俄罗斯来，但由于自己妻子与儿子的身体欠佳，他不敢长时间离开他们，一直未能成行。

**问:** 从中国回国后,您的职业生涯如何?

**答:** 回国之后,我被分到汉学研究所工作,一年后,汉学研究所改组,我被调到当时刚刚成立的苏联科学院世界社会主义制度经济研究所,在那里我工作了几乎40年,经历了学术晋升的所有阶段,从科学技术助手,到主要科学助理。该研究所研究生班毕业后,于1984年我进行并通过了副博士论文答辩,到年龄足够大时还进行和通过了博士论文答辩。起初,汉语部在研究所里是个足够大的部门,但是,从80年代起,人们开始离开这里转到其他单位,如转到更适合汉学专业的远东研究所,转到外交部门工作,苏联解体后有的人干脆离开去经商了。

**问:** 在中国"文化大革命"期间,中国学家的工作怎样?

**答:** 归国后,在1965年,正值"文化大革命"前夕,我去过中国一趟,产生了将发生大事的感觉。后来,到中国来的次数就少了。从被派往中国担任研究部的外事助理以来,我们获得了许多珍贵的鲜为人知的信息。但是,中国本身封锁外部世界,官方统计资料的处理工作几乎完全停止。在那里我们可以搞到些情报,但经常是计算资料,将其与外国学者的估价加以比较。一部分中国学家对其他学者的评价持有异议。每个研究所(世界社会主义制度经济研究所、远东研究所、工人运动研究所)都介绍自己专门的学校,扮演中国经济情况的独立仲裁人。我们的研究所(ИЭМСС)占据着中心地位,正如后来显示的那样,最接近于现实。

**问:** 您似乎每次到中国来,那里都发生一些重大的社会政治事件和重大的经济事件。请您讲述一下,您对1989年事件的印象。

**答:** 1989年,我有机会到中国在北京师范大学实习了半年。这样,我在中国便赶上了春夏之交的事件,这个事件已经过去了20年,我不由自主地便联想到,这一事件同后期苏联国内发生的一系列隆隆作响的橙色革命可做对比。当时,观看的人似乎感到,大学生风潮不会危及共和国的存在。但是,这一事件的危险性,在苏联被验证,人们对后来执行的改革方针没有产生任何怀疑。两方面的利益——官方的利益和不满的大学生的利益——对外则是一致的。这就是国家的安定,改革的深化,政治制度的民主化。但是,我还是不完全明白,为什么国家领导人长期不制止这种混乱局面,以致使事件发展到顶峰。显然,大学生们要求改革显露出了急躁情绪,因为他们缺乏中国历史知识,西方变种的民主制不适合于中国。可能,中国的官员,像其他社会主义国家的官员一样,也不是一贯正确的,但是须知,他们表现出来了实行改革的首创精神,他们使反对经济新秩序的"四人帮"坐了班房。

那时我,当然,体验到了对学生的强烈好感,感到自己就是他们的弟兄。但是现在,上了年纪的我,非常惊叹邓小平的果断,他承担起了一切责任,将稳定和改革放在高于一切的位置,然后,坚决支持继续推行市场改革。中国的政治改革,现在、将来都要进行,但是,它们不应动摇国家的统一,要坚决执行摆脱经济的落后性,提高人民福祉的方针政策。

北师大的领导静静地安排我在国内旅游,他们相信,我具有汉语常识,不会丢失的。我首先到了广州,在那里访问了中国社会科学院经济研究所。我还清楚地记得李克华教授(很遗憾,他已经去世),他同我交谈了好几个钟点。黄发成也会给我很大帮助的,当时他已调至中国科学院工作,关于此事我一点都不知道,我们完全是同行,但是,我们的相遇不得不又等了整整10年。从广州出发,我乘公共汽车来到了厦门市。整整一昼夜,我都处在中国人的包围之中,我观察着他们日常生活中的一举一动。

**问**:您后来回来的次数不多,从"文化大革命"结束到您来北京师范大学实习,这期间几乎过了30年。在这期间您从事的什么课题研究?您个人获得了什么成果?在这一时期,苏联的中国研究大体来说发展怎么样?

**答**:1970年,我第二次结婚,嫁给了康德拉绍夫·佩特尔·季莫费耶维奇为妻,并且改了姓。很长一段时间,我仿佛成了两个人,给自己的著作署名时,忽而写一个姓,忽而又写另一个姓。有时感到很难为情,当我推荐自己的以康德拉绍夫姓署名的著作时,人家会请我推荐自己本人的著作。

20世纪70年代和80年代,与我到拉丁美洲的生活联系在了一起;我先到古巴,后到了墨西哥,我的丈夫在那里做外交工作。这样,我来到了另一个大陆,结识了另一种文化。来到古巴后,我认识了一位有趣的女士,著名的中国外交家刘莎。按其外貌和情趣,她仿佛就是第二个我。后来查明,人们同样叫我们刘德米拉,因为它的简化字Лю Ся的俄语读音,与刘莎的汉语读音基本相同。刘莎的命运与俄罗斯紧密地连结在一起。她的父亲,在旅居俄国期间坚持共产国际路线,是一位著名的中国革命者,那时,他就同斯莫林斯克农村的一位普通俄国女子结了婚。我与刘莎几乎是同年出生。现在,我在斯莫林斯克地区有一处小别墅,我只是在夏天最好的时期去那里住两三个星期,以便利用这个时间,写一点尚未列入我所研究计划的著作。

刘莎到古巴任公使参赞后,很快就开始同苏联外交家进行联系,表现出对他们的友好心愿和很好的俄语水平。她长期代替缺席的大使工作。当她从我的丈夫那里了解到我是汉学家时,她很快就表现出了要同我相识的愿望。这样,我就开始与她交往了,我们很快就发展成为真正的友谊。很长一段时间,刘莎都隐瞒着自己的苏联之根,但是,她同我共同分享了自己对莫斯科的回忆:在那里,她与自己的丈夫一起在国际关系学院学习,很熟悉地结识了许多当时在苏联留学的中国大学生。她的家庭在"文化大革命"中惨遭迫害。刘莎勇敢地经受住了这一切考验,她培育成长了三个儿子,完成了辉煌的外交工作业绩。后来,我与她有时在中国相会,有时在莫斯科相会。正是那时,她告诉了我她的家庭情况,并了解了她父亲的遭遇。起初,她的大儿子在美国大学毕业后留在了美国工作;后来,她的二儿子也到了美国哥哥那里;过了一段时间后,刘莎亲自与小儿子一起也来到了美国。她在美国到处寻找能给父亲治好病的医生,起初,她想找个俄国医生,后来找了个美国医生。她到美国后,我们的联系就中断了,我甚至都不知道,她是否回到了北京,退休后生活过得怎样。在那段相处的日子里,她同我共同享受着对未来的向往:她期盼着自己的关于国际关系的博士论文的答辩。

我在古巴时就学会了西班牙语,已经达到了相当水平,阅读政治文献毫无问题,但是,要说西班牙语,至今我也不去冒险。在墨西哥时,佩特尔每天都给我带来一厚叠子墨西哥报纸,我从它们中弄到了许多对他和自己很有趣味的信息。

世界社会主义制度经济研究所是培养苏联(后来是俄罗斯)中国研究干部的大熔炉。在这个部门工作的是些当代的重量级人物,诸如外交部第一副部长А.И.杰尼索夫(А.И.Денисов)、驻中国商务代表С.齐普拉科夫(С.Цыплаков),俄罗斯科学院远东研究所副所长В.Я.波尔佳科夫(В.Я.Портяков)。这两个人都是科学院博士,还有一些人是候补博士。我的过去的研究生娜塔莎·科尔涅伊丘克(Наташа Корнейчук)现在就工作在联合国大会的高级职位上。

当时的世界社会主义制度经济研究所所长О.Т.鲍戈莫洛夫(О.Т.Богомолов)院士把研究所办成了"自由思想的策源地",为此,现在还有一些人在责备他。他和我们的共同过错在于,我们真正地渴望改革,但是，这样的改革，并不会毁掉苏联，而是使它更加巩固，给它赋予"第二次生命"。这不是我们的过错，而是我们的不幸，事件的进展在按好坏的程序表进行着。在本所工作过的那些著名的改革活动家，诸如新闻工作者拉齐斯、利西奇金等都是希望自己伟大国家的公民过上美好生活的真诚的共产党员。我们这些中国学家，被认为是过分的乐观主义者，总是以著名的怀疑主义的宿命论对待中国的成绩，但是，对我国正面的预测仍然洗耳恭听。俄国和中国改革的比较，当时并不是太普及的事情，我们想走自己的路。很希望此事就要发生。

奥列格·季莫费耶维奇·鲍戈莫洛夫（Олег Тимофеевич Богомолов）到苏联共产党机关的研究所担任所长时，刚40岁出头，我们大多数人都比较年轻。他领导我们的那些年，他一直是我们的学科带头人。我们认为他文化素养高，尊重同事，会安排生活并从中得到乐趣。每年在新年前夕，他都在所里举办"白菜肉包子"晚会，在晚会上，我们总以幽默的方式批评我们所里的领导、个别人物和我国的状况。发给我国社会制度的"SOS"信号，就是1970年从我们的幽默家口中传出去的，当时我们正在进行"白菜肉包子"晚会，祝贺新校长就任；我们把舞台装饰成了一只轮船的甲板，喜送校长新的航程，在这里还装饰了几个救生圈，上面题词"SOS制度"。校长认为我们是开玩笑，但是，后来校长承认，当时他很担心反动分子出现在这个党务工作者盛大的晚会上。我们向同事释放的"讽刺挖苦"是善意的、包容的，没有超出相互尊重人格的范围。有时，他们是非常敏锐的人。所以，1980年奥运会那年相会时，我们就给每个同事授予了各种体育项目"冠军"的称号。记得，我获得了跳远冠军的称号，我在考虑着每年飞越大洋到达拉丁美洲的情景，而阿列克桑德尔·德米特里耶维奇·涅基佩洛夫，当时他很年轻，且为复合型学者，因为他沿着学术晋升的阶梯提拔很快，他获得了跳高冠军的称号。与此相当，他现在是俄罗斯科学院副院长，我们一直把他看作所里的"根苗"。

我们所长的自由主义思想还表现在对待毕业于国际关系学院的中国侨民郭丹青（Го Даньцин，音译）的工作上。郭的命运也可以认为是独一无二的。他在苏联学习期间，认识了一位俄罗斯姑娘，他与她结婚之后便留在了苏联。他对待"文化大革命"的消极情绪，是完全有道理的，但是超出了政治可信赖的范围。所以，当苏联官方利用完那些他认识的具有反对派情绪的人弄来的信息后，仍然要他在24小时内离开苏联。所以，他被迫抛弃了自己的家庭和儿子回国。当他回到中国时，那里已经开展起"文化大革命"，所以就把他当作"苏联间谍",投进了监狱,他在狱中蹲了8年。释放后,他当了大学教师,重新建立了家庭,恢复了与在俄罗斯的儿子的联系。但是,他的俄罗斯妻子年轻时就去世了,而他的学术升迁似乎也不那么顺利,怎么可能顺利呢!他来到了俄罗斯,他在中国时我一次也没有碰上他。最主要的是,他没有怨恨,他总是高兴地欢迎发生在中国的一切变化,他对政治科学保留着强烈的兴趣。

**问:** 您在世界社会主义制度经济研究所工作这么多年,看来您在那里工作得很得意。您转到远东研究所工作与什么有关? 这事怎么发生的?

**答:** 在2000年,所里派我到越南去参加一个国际会议。在我们代表团成员中有一位远东研究所所长,复旦大学毕业生季塔连科。他建议我调到远东研究所工作(或现在,或任何时间)。我与远东研究所总是保持着密切的关系,我几乎参加了他们所有的会议,经常与我所尊重的学者交换学术观点。我亲自或通过著作认识了许多学者。我的调动有一个很重要的理由,我所热爱的研究所失去了自己的学术研究项目,看来,我不能就这样打发最后的时光。除此之外,我的兴趣范围是很宽广的,在这方面,没有比远东研究所更适合我的了。然而,采取这样最重要的决定,对我来说,也全然不是这么简单的事,在这种行为中,显露出了某种"变节"成分。

**问:** 对您这位变节分子没有进行声讨吗? 您还成功地保持着与过去同事们的关系吗?

**答:** 我现在仍继续与O.T.鲍戈莫洛夫积极合作,他现在仍留在名誉所长的位子上;同时,我与国际政治与经济研究单位的工作者们都有积极合作,因为这些单位都是在原来国际经济与政治研究所的基础上建立起来的,也包括现在的经济研究所全体成员。

**问:** 您采取这样的决定,从不感到遗憾吗?

**答:** 没有,我从来不为采取这样的决定而感到遗憾,即使我到了一个新的单位,我从来也不会感到自己是最得意的。因此,我能把自己全身心地献给学术工作,甚至,允许自己更换专业兴趣。所长对我挪动单位很支持,为此,我对他非常感激。远东研究所从事国内形势研究和对东北亚,远不只中国的外事联络和研究。但是,它仍然首先是俄罗斯联邦著名的可靠的学术机构，它深入地研究中国社会的各个领域，包括其历史、经济、哲学和文化。它对形成实事求是的社会舆论，对发展俄中面向21世纪的平等、信任的战略伙伴关系，做出了重要贡献。研究所的工作人员都是具有高级专业知识的专家，精通汉语及其他东方语言和欧洲语言，不断关注地缘政治变化，经常访问他们所研究的国家，所以，能获得第一手信息资料。还有很重要的一点是，在这里，可以获得自己感兴趣的任何问题的咨询，可以参与所里的各项措施，参加研究中心系统范围的各种学术会见活动。

尽管几乎每年都缩减我们的经费开支，但所长总能想出办法，解决我们学者的国外出差和邀请外国学者的经费问题。本研究所在国外受到了应得的尊重，它与中国社会科学院签订了一系列学术合作协议。

关于学术观点的巨大分歧，可以认为这是学术机构的自然现象；本研究所里不存在中国的反对者，或者，甚至可以直言不讳地说，没有那种对中国不怀好意的人。本所的同事们将反对"中国威胁论"视为自己的任务，为加强中俄两国人民的友谊，努力去做一切可做的事。本所试图将自己的立场转达到"高层"人士和普通公民中去。倾听读者的意见，出书拥有了读者销路，每年有40部专著和论集问世。本所出刊的杂志《远东问题》，被译成了英语。

**问：**在这种情况下，大概，我们也有必要承认，在当代俄罗斯汉学中也不是都那么和谐的。您首先能找出哪些问题？

**答：**我们的政治领导要求我们多出书。干部的老龄化问题尤其令人担心。科技工作者的工资不高，吓跑了有创造性的年轻人，使科学后继问题更加复杂化。高级学术水平的汉学家的培养，需要多年的顽强拼搏和广泛的兴趣爱好。本所非常关注年轻学者的工作，开办了面试和函授的研究生班，它是收费入学的单位，许多中国学生都前来报名学习。我准备辅导约十位研究生进行候补博士论文答辩，这些学生中，其中有三位中国学生，两位越南学生。很不好的一点是，在研究班上课时，年轻人很少希望联系自己的学术前程。

**问：**您认为您个人对苏联和后期苏联中国学的贡献怎样？

**答：**涉及我个人对科学的贡献时，我想谈三个学术问题，即不管怎样，我出版的学术著作取得了辉煌成绩。首先，它是中国的经济学和统计学。我的著作的基本方向之一是不断地关注中国的经济形势。在60年代，我作为年轻的学者研究中国工业个别领域的状况：黑色金属、化学工业（化肥生产）、机器制造等。信息化给我带来了著名的美籍华人中国学家吴运利（音译）的学术观点。

我收集起来的这些信息资料，是某些论述中国工业化所有问题的较大著述的基础。这些著作是在70年代末、80年代中期出版的：《中国经济：可能性与现实性》（集体著作，我承担了全部课题的三分之二，包括绪言和结语）；我的个人专著：《中国的工业：比例相称与比例失调》；专著《中国工业体系形成的特征》，是在博士论文基础上写成的。它是以我娘家的姓莫洛德佐娃署名出版的。

我的经济研究的总结性著作，是专著《中国工业体系形成的特征（1949—1958）》，该书关注的重点是：中国第五、第六个五年计划时期的工业发展，首先是在表征中国总体经济潜能的工业中的工业化发展和工业结构改进的发展进程。该著仔细分析研究了这一时期，包括改革最初七年的中国经济，指出这一时期的特点是：工业发展的极不稳定性。

在新千年的前夜，我试图以自己的著作《工业化（中国）》（为庆祝中华人民共和国建国50周年而写的专著《中国走在现代化与改革的大道上》之一章），来给中国的工业化做一个总结。

问：您写的许多著作都是关于中华人民共和国的社会经济发展和经济改革的……

答：我写的论文《中国改革的"陷阱"》和小册子《中国在深化改革》，都探讨了80年代末和90年代初中国改革转型期的特性。在这一时期，中国更换了以下四种转向市场经济的概念：(1)"计划经济为主，市场经济为辅"（1979—1984）；(2)具有计划与市场"双规"制的，有计划的市场经济（1984—1989）；(3)经过调整的有计划的市场经济（1989—1992）；(4)社会主义的市场经济观念（1992—1995）。可以认为，这些概念的暂时界定，就是改革第一个十年和第二个十年初期各个阶段的划分。

在俄罗斯科学院国际经济和政治研究所编的论文集《中国：转向市场经济的得与失》中，收入了我的题为《中国市场转换的变体》的论文。在这篇论文中，我强调了中国改革的动机性，强调了改革与整顿时期交替轮换，并大力推广各种实验方法。后来，我又试图根据逐渐深化市场改革的方法，将中国经济改革划分出几个主要阶段。该论文集的第二部分，发表了著名的俄罗斯学者在其圆桌会议上的发言，论及了俄罗斯与中国的改革对比问题。其中，我的论文是《社会主义市场经济理论阐释》。

在临近中国改革开放二十年时，正好我与O.T.鲍戈莫洛夫院士合写的两篇论文发表了：一篇是《中国经济内幕的秘密》，另一篇是《中国脱去了老皮》。在这两篇论文中，我们将中国的经济改革划分为两个阶段，即1989年事件前和事件后两个改革阶段。论文中，改善了对中国改革的许多特殊性问题的评价。

在拙著《从社会结构及其协同能力和现代化的理论观点谈历史进程的分期问题》中，参考中国历史资料，提高了对中国历史进程进行分期的一般理论水平。

问：最近，您在研究什么课题？我们知道，现在，您的兴趣范围大大扩展了，但是，您也没有终止对社会经济领域的研究。可能，您想把著作或问题归一归类。

答：是的。不久前我出版了一本小册子，即纪念活动选题之一，题目是《中华人民共和国经济改革三十年》。这是一篇在俄罗斯科学院经济研究所国际经济和政治研究部举办的学术会议上的发言稿，该研究部是在俄罗斯科学院国际经济和政治研究所的基础上成立的。在该报告中，著者深入探讨了改革者树立的共同目标、达到的效果和产生的问题。整个改革时期分为三个阶段。在最初的十年，计划与市场通过相互妥协（折中）的途径为主，也就是，地方上出现了行政干预与市场调控经济相结合的经济模式。接近80年代末，组成了建立在那种标准的多元论和合同-承包关系基础之上的，独具特色的二元论经济体制。在改革的第三个十年，邓小平去世和1998年亚洲金融危机后，在对待现代化的方向问题方面，中国出现了两种对立的派别：一派主张，最大限度让国内外资本共同参与发展中国经济；另一派则主张，为了调动经济增长的一切积极因素，遵守社会主义建设的共同法规，要实行有限制地吸收准入的外资。

问：还有哪些选题您感到尤其亲切？

答：我受的地理教育和多次到中国旅游，经常激起我对地域选题的兴趣。从我的第一篇论文在《中学地理》杂志发表开始，我就转向了各个方面的中国地域政治，我的候补博士论文，就是关于中国经济特区的论题。中国的经济改革为我的区域研究提供了新的构想;这种经济改革,在两种地区政策的不同变体,即自给自足经济与市场经济之间划了一条分界线。这两条道路必择其一,按其下列方向,进行深入研究:

• 改革前,最高统帅部做出了地方自给制的决定,在地方建立起了封闭式的工业体系,其方针是依靠本地生产,供应本地居民的所有必需品。随着市场改革的开始,提出了创建国内统一的自由(内部)市场的目标,这种市场具有各行各业的地区专门生产与销售的部门,与外地区经贸也有广泛联系。

• 改革前,"平均配置生产"原则占优势地位,企图达到像加速发展落后地区那样,还有赖于遏制比较发达地区的发展。伴随改革,必须承认经济发展不平衡的客观规律,于是提出了让一部分地区先富起来的口号,这就意味着,自觉地让一部分地区在一定程度上先进入市场,使居民生活超过其他地区先富起来。

• 改革前,在开展备战的形势下,特别重视最安全的、遥远的边疆地区,许多物质都发配到那里去,建设西南地区国防三线。改革改变了这些地区的吸引力,比较发达的沿海地区被认为是优先发展的地区。

• 在计划经济体制条件下,地方的经济权受到了限制。改革提出了权力集中与分散合理结合的问题,包括经济预算方面。

• 改革前,发展外事特权被认为完全是中央机关的权力,改革时期,某些地区取得了进入国外市场,并广泛利用国外市场的权利。

• 改革前,实行阻止城市化的政策。所以,国内移居在国家的严格控制之下。在改革时期,城市化进程大大加快,并开始制定有关城乡关系的新政策,在基层国家机关与经济密集区范围内施行。

• 在改革开始前,慢慢拉平了地区间的经济水平。支撑沿海地区的支点,催生了区域分析的发展,为此,国家制定了有关经济特区的地区经济发展纲要。

**问**:您发表了大量有关地区选题的论文,您是否要在论及这些问题的学术大会上发言?

**答**:我在俄罗斯科学院远东研究所及其研究中心的某些发言,涉及地区政策的一些观点,譬如:《中华人民共和国的经济预算制度:财权集中与分散的相互关系》(2003)、《中国城市改革与国土资源配置变化》(2005)、《中华人民共和国：关于区域经济发展的新变化图表》(2006)、《关于创建城乡一体化制的中国途径》(2008)。2002年，在莫斯科召开的国际汉学大会上，我做了题为《中国的地方政策与实行联邦问题》的报告。2007年，在乌鲁木齐召开的关于中俄两国在能源和自然资源方面的区域合作大会上，我做了题为《在阿勒泰边界跨越边境合作的"欧洲"模式》的报告。

还有些小文章也论及了中国的某些地区——如武汉、上海、西部地区，尤其是新疆。近几年，我继续关注中国国土资源配置的变化，这在我的文章中都会看到，如《中国国土资源配置改革》，在同期刊物上，还发表了我的庆祝中国改革三十周年的《祝词》。

我的最近的一篇关于地区问题选题的文章是：《地区经济发展管理：中国经验》，这篇文章带有综合性的特点。

**问**：据说，您现在又开始研究国资改革的问题，这是怎么回事？

**答**：由于注意到社会科学很有意思，我就从经济改革初期开始研究中国国资的改革体制问题。在1980年，我就发表了札记《关于中国国家资产的性质问题》，而后，又写了一篇论文：《中国工业中经济改革的基本方向》。

我在北京师范大学实习期间，听了很多课，进行过多次关于工业企业改革问题的咨询。

我的一系列阐述各种工业企业的论文，就是我的实习成果，其中也包括与中国学者合作的论文。这些论文都发表在《管理理论与实践问题》杂志上。1996—1997年，我在选题会议上做了关于中国国企改革的发言，而在1997年，我在俄罗斯科学院国际经济与政治研究所完成了一部《中华人民共和国工业机构改革》论文集，其中编入了论文《中国：国营工业机构改革与转型》。划分不同的资产形式问题，对中国国有化分散进程与具有中间阶段经济的一些国家的"正常"的私有化的区分问题，在我下面的两篇论文中都有涉猎：《中华人民共和国经济机构：私有化或现代化？》《产权的自由化：中国的变化》。在其中的第一篇论文中，十分有趣地将中国机构改革的中国经验与许多俄罗斯权威学者的观点做了对照，其中，就包括曾任俄罗斯科学院国际经济与政治研究所所长，现任俄罗斯科学院副院长的А.Д.涅基佩洛夫（А.Д.Негипелов）的观点。

**问**：究竟在多大程度上，可将中国的改革同私有化等同视之？

**答**：这个问题，在我的文章《具有中国特色的私有化（资产形式的分类问题）》（载《文明对话中的中国》，俄罗斯科学院远东研究所纪念所长 М.Л.季塔连科院士70诞辰论文集）中已经讨论过。我赞同那些中国理论家的观点，他们广征博引，明确地阐明了国营与"混合"资产的界限，他们没有在股份制资产与私营资本主义资产之间画等号。

我对"国家资产管理"这一课题，总是特别感兴趣，我的中国研究生刘传同（ЛюЧуань-тун，音译）就选了这一课题。我们两人合写了两篇论文：《中国：管理国资的新途径》和《中华人民共和国国资管理制度的基本阶段》。

**问**：您是长期从事中华人民共和国社会—经济发展战略问题研究的学者，因此，您可能比任何人都更加感兴趣地提出如下问题，诸如中国的现代状况，中国经济发展的规律性以及发展前景等问题。

**答**：对中华人民共和国社会与经济发展战略的研究——这是所有中国学研究课题的最重要、最复杂的课题。关于这一课题的专门研究著作，目前在俄罗斯中国学界尚不多见，但是，任何一位，甚至从事更加具体的政治和经济问题研究的严肃的研究者，都不会停留在对一般发展方向、国家领导人所建议的最终和中间目标以及衡量其成就的总体标准的分析层面。

改革开始之前，中华人民共和国的社会—经济发展战略问题一直触动着我，从其内部斗争中，可以看出，当时两个对立的派别都在坚持自己路线的正确性。

随着中国改革的开始，深入研究中国发展战略问题，开始引起极大关注，国内外出版了大量的研究著作，其中包括中国著名学者的著作。这一时期我发表的一篇论文就专门探讨了中华人民共和国经济管理的观念问题。在我的某些涉及战略性课题研究的著作中，都分析研究了中国特色社会主义的理论内容及其改革的途径。我在北京师范大学实习时，就撰写了论文《各种经济利益的整合问题》，发表于中国的《经济科学》杂志。还在2005年，我参加了俄罗斯哲学研究所召开的学术大会，而在2006年，我的大部头学术专著《中国在寻找自己的道路》出版了，该著企图系统地探讨通向现代经济改革的要冲及其基本内容。论著中还涉猎了历史选择的一般的理论问题、从自然地理和历史发展特性观点出发的中国特色问题;单独地审视中华人民共和国成立后第一个和第二个三十年的经济发展战略和进行的改革策略。

该著的最后一章,阐释了中华人民共和国的社会-经济制度的鉴定同质问题。为总结归纳上述分析,须指出如下几个关键问题:

• 要在中国历史中去探寻许多现代现象的根源,且不要也不能拒绝历史。中国面对的传统的东方文明,具有独特的精工细作的农业经济和扎实的国家根源。这种经济的发展导致科学技术发展缓慢、耕种面积不足和过剩的人口压力。

这种经济的发展具有从衰微到兴旺再到停滞的周期性特征。每次巨大的周期变化,都起于国家作用的加强,国家逐渐向私营经济势力让步,随之,便产生了新的威胁和国家基础的新的加强和巩固。

• 解决导致中国落后于西方国家的小农经济方式,中国在20世纪开创了一个具有两条对立的发展道路的革命局面:一条是效法西方发达国家,攫取世界文明财富,走现代化的发展道路;一条是为过去的历史辩解,强调走传统的独立自主的发展道路。在开展资本主义与社会主义斗争的环境下,两种对立的势力,在社会-经济体系的各个领域,都充分地表现了出来。

• 我们认为,中国选择社会主义的发展道路,不仅因为马克思列宁主义思想的影响,而且还因为有第一个社会主义国家的榜样;它按照国家领导者征召的脚本,成功地实现了国家的工业化。资本主义,作为敌视中国的一种势力,对中国来说不仅是一种被奴役的威胁,而且还是破坏中国传统基础的危机。

但是在后革命阶段,由于国家政权基础的脆弱,加之军事专制制度的存在,社会主义被赋予了军事共产主义的面貌,于是出现了强加于国家的政治运动:"大跃进"和"文化大革命"。

毛泽东去世后,其接班人被解职,中国实行了改革开放的政策,废止了过去的计划经济制度和空想社会主义的实验。下列方针是其新的发展战略的基础:广泛地发展市场经济,大力宣传"有计划的市场经济"的社会主义,利用多种资产和经济方式,抛弃闭关自守的发展模式,发挥有利于吸引外资和利用世界市场的潜能。

在当代中国的许多经济报告中，总结了中国多年来的改革实践，准确地展现了中国发展战略的"强国富民"的战略思想，初步确定了五项基本发展目标：坚持政治与社会的安定，保证经济高速平稳发展，遵守社会公平原则，满足国民的基本要求，保护生态环境。初步实现了从优先发展粗放经济向优先发展集约经济过度的发展道路。

中国的经济改革，与坚持资本主义方针的其他具有过度经济的国家不同，中国改革的目标看起来有点异样：是的，它既不是苏联社会主义模式，也不是军事共产主义模式，而且，也不是充满残酷竞争和道德腐败的资本主义模式。它还保留着共产党及其专制制度，其本身对亚洲国家来说也并非独有的，往往被视为管理国家和防止经济落后于发达国家的保证。

中国在走自己的道路，它既区别于国家主义的，也不同于非自由主义的道路；改革中发生的对社会主义的改良，使国家接近于处于市场机器零件中的资本主义，但是，其市场经济的主体及其劳资利益的捆绑关系，则区别于资本主义。中国名字破译出的金色中原的概念，是重要的、珍贵的中庸思想，它遵守应有的国际标准，平衡一切极端行为，坚持源于金色中原的和谐发展的理念，用最佳的手段调整人与自然、人与人，即社会成员之间、各族群之间的相互关系，以上这些理念，可以认为是当代中国的民族思想。现在为了宣传这种和谐发展的理念，中国向全世界展示了自己对待世界的基本理论和对待国际关系的准则。这种通向社会发展目标的哲学途径，由于不断加强自己的具体步伐，彻底动摇了"中国威胁论"信徒的立场。

在《中国在寻找新的道路》著述中，我提出了社会文明与社会结构相结合的历史分析的新方法。历史的分期归根到底不在于分解出了某些相互变换的历史阶段，而在于提出了要进行深入的阶段分析，作为其基础，应掌握历史进程的主要转折点，第一步要按"自然社会"路线进行分期；第二步要按历史进程的全球化路线进行分期；第三步，依据文明特点、阶段特征和发展状况划分历史阶段；直到第四步，才对每个个别地区或大的地区进行详细的历史分期。

在两个历史交叉点上的历史时代，具有一定的社会发展的稳定性。这种"发展"带有极大的"惯性"。这种"惯性"是天然"固有"的。请参见：

- 拙著《自然与人的对比关系》和《以三大生产之一为主的生产结

构：第一产业（农业），第二产业（工业），第三产业（服务业，包括信息产业）》。

- 本人编《作为确定财产形式和用工方法的生产方式或生产制度》。
- 拙著《财产和管理制度中的私营和国营成分的对比关系》。
- 拙著《市场（经济的）与行政（非经济的）管理方法的对比关系》。

在近年发表的著述中，我尤其珍爱论说文《中国社会思想对国家和社会建设模式选择的影响》，该文载于《经济与社会环境：下意识地相互影响》论集，该集由俄罗斯科学院国际经济与政治研究所前所长О.Т.勃戈莫洛夫（О.Т.Богомолов）院士编校。他召集作者集体，向他们提出了重要任务：填补阐释经济与政治、文化相互作用的重大课题，评价经济发展的非物质因素的作用。О.Т.勃戈莫洛夫在其为该集撰写的序言中，准确地阐释了摆在国家面前的超级任务："把崇高理想的信念还给俄罗斯人民，恢复他们为历史命运与伟大过去而骄傲的感情，唤起社会的精神与道德的力量。"我很高兴自己处在与基里勒都主教、俄罗斯科学院О.Т.勃戈莫洛夫和В.С.斯捷平院士、С.Ю.格拉齐耶夫（现为院士）和Б.Н.库兹戈通讯院士以及А.И.沃勒科夫、Ю.А.克拉欣、Г.С.利西奇金、А.Н.勃鲁捷涅茨等博士在一起的写作集体中。我应邀加入这个著名学者的写作集体，我认为首先应归结为：自己对中国及其经验具有极大的兴趣。

问：从经济到政治就一步之遥？

答：我从中国社会经济发展模式和宏观经济调控特点中，着手研究中国内部政策问题。实际引起我兴趣的是，中国做出政治与经济决定的机械论、各种政治势力的较量、政治与经济改革的关系。我将中华人民共和国成立后的整个时期视为一个宏伟壮丽的改革时代，可以认为，第一个30年是探寻社会发展方向的时期，这一时期伴随着尖锐的政治斗争——有时是公开的，但大多是隐蔽的。我出席了2008年2月内政部召开的一次会议，会上我做了如下发言：粉碎林彪集团时，令人感兴趣的是担心"文化大革命"反复的实用主义派，他们加强了军事政权。1972—1973年，出现了支持新方针一派力量的团结局面，其中包括运用广泛给"文革"受害者恢复政治名誉的方法，开展党和国家机关的恢复工作。通过放弃令人讨厌的"文革"教条，国内形势达到了比较正常的状态，所以，中共中央才做出决定召开党的"第十次代表大会"（1973年8月）。极左路线反对派的大团结，使未来顺利地粉碎了坚决阻止改革创举的"四人帮"。如果说，粉碎"四人帮"可以认为是经济改革的序幕的话，那么，消灭林彪则是这个"序幕"的先声，这有助于终止国家普遍军国主义化的进程，使毛泽东周围的人失去了军队支持。极左分子地位的削弱，确定了未来事态的发展。

**问：**您关于探寻中国自己的民主模式的见解是什么？

**答：**中国政权的理想是不得削弱国家权力。中国大部分地区和居民要求加强国家权力，首先为了确保国家对外的安全和内部的稳定。西方派的民主机构，其中包括多党制和议会制，产生了戒备的心态。许多人确认，在中国这个巨大的人口密集地，由于教育和自律水平暂时还不高，其制度的专制性有其道理。确认这一民主思想的极端观点，在西方的文本中相当广泛地传播开来，以此反对传统思维，同时又干扰中国的现代化。问题在于，为防止制度破坏和国家分裂，要创建保存三条"安全带"的自己的标准。这种标准就是，混合的经济体制和软化的权力主义，人民物质财富的增长和确保社会安定的上访制度。中国民主模式的建立，不是按人民政权的教条，或推翻人民政权，而是政权与人民联盟创建的，这就是说，政权服务于人民，而人民支持忠于自己的政权——这就是中国古代思想家墨子的公理："上者天鬼有厚乎其为政长也，下者万民有便利乎其为政长也。"（《墨子》）

在对外课题的选题中，我对有关全球化和欧洲的情节、中国与中亚诸国的关系特感兴趣。可以列举下列著作《欧亚大陆——我们共同的家园》（关于亚洲国家的未来发展战略问题）、《全球化与社会发展的别无选择》《中亚：国家协作与安全问题》（评论）、《中国与美国中部地区的共同之处》。论述俄、美、中关系的不长的论文《怎样使美-俄-中三角（关系）成为等边三角（关系）》刊载于《俄罗斯战略》杂志。

**问：**您写了大量的论文，都能容易发表吗？或者遇到过什么困难？如果是，那与什么有关？

**答：**困难，通常会有的。《中俄战略伙伴关系：是或否？》这篇论文，最初准备给卡尔涅加基金出版的"Pro et Contra"杂志，但是，编辑部拒绝发表，我并不伤心。在任何情况下，我都感到自己没错。我似乎感到，好像文章并没有回答自己提出的问题，他们在期待着我回答。不要回答坚定的

"是",大概,应该说"否"。但是,这回我的研究所"搭救"了我,它在自己的简报上拿出相当页码发表了这篇文章。这篇文章综述了俄罗斯学者的观点,他们完全给予了肯定的回答,但也存有一些细微的差别。这就是为什么会发生这样的情况,俄罗斯远东研究所的工作人员原来都是加强中俄友好关系的最勤恳的支持者。

**问**: 您有什么论据会坚定地说"是"?

**答**: 我的关于俄中关系的最后一次发言,我给它赋予了这样的题目《俄中伙伴关系:新型的国际关系声明》。为了强调中国对俄罗斯的不可替代的作用,我阐释道,俄中既是最近的地理邻邦,又可在经济上取长补短,具有明显的互补性。中国的国际援助、扩大两国互惠的经贸往来与科技联系、与中国合作开发远东地区,这对俄罗斯极为重要;俄罗斯作为可靠的军事-政治后方,作为重要的原料产地和科学技术的支柱,对中国也很重要。任何冲突和纠纷都不能磨灭两国人民的相互情谊和两国领导人的相互信任。

俄中关系的特点是,两国彼此不是战略竞争对手,而是经济发展的互惠的伙伴。两国人口和经济潜力的差异,经济综合体结构成分的不同,彼此又都无霸权的诉求,所以,两国之间在世界和地区市场上不存在竞争斗争。同时,两国都处于同一个大陆空间,有很大的经济互补性,这就为两国提供了一个很好的机遇,使原来的民族利益纠纷问题变成了共同发展的事业范围。当维护各自一方利益的追求变为双方协调一致的追求时,新型的国际关系就形成了。

必须充分地认识到发展经济的任务与改善民生的一致性;与之相关的还要合理地利用现有的自然资源与人力资源,通过和谐一致的途径保存好生态环境,共同努力发展基础设施,以便调整好相互的平衡关系,利用好俄罗斯天然位置的一切优势。这些任务的完成要求加强两国领导人的联系,制订宏大的协作方案,并相互帮助共同实现。

**问**: 您的兴趣从何时扩展到不只对中国边疆,甚至对整个中国大陆?请告诉我,您在拉丁美洲的生活经验给您提供了哪些东西,首先是在业务方面?

**答**: 90年代中期,我没有中止在苏联国际经济研究所的工作,请假三四个月,到墨西哥我丈夫工作的地方去了。这样,我取得了结识这样一个美好国家的生活的机会。在墨西哥，我的西班牙语使我每天都浏览一大堆墨西哥报纸。在获取信息和浏览印象的基础上，同时也在向俄罗斯外交人员咨询，首先是向我丈夫咨询的基础上，我撰写了不少关于墨西哥的文章，这些文章都先后发表在俄罗斯科学院国际经济与政治研究所出版的各种期刊和出版物上。

我对墨西哥的兴趣持续时间不长。尽管在公开出版的著作中，甚至在一次国际会议上，我都讲过自己的看法，但是，我不经常谈墨西哥的经济，而讲中国的经济，为此引起了受众的重视。

**问：**您瞧，我手里拿着一本书，我读一下题目《老子道德经》，Л.И.康德拉绍娃译，莫斯科，2005年出版。《道德经》已有不少俄语版本。为什么您要突然亲自做这件事？您想摆脱一直压抑着您的经济与政治两大难题，而要"休息"一下吗？

**答：**我转向老子，可以认为是偶然的，虽然世界上没有完全偶然的事。我的老朋友德米特里·弗拉基米罗维奇·库普里亚诺夫，在同我的一次谈话中，他谈到自己迷上了中国和印度哲学经典，并给了我几本书，其中就有《道德经》。拿在我手中的这几本经典哲学翻译著作，当时并没引起我多大的兴趣，因为我打算专攻汉语原典著作，并尝试自己的翻译能力。很快我便弄清楚了，经文是由有节奏的韵文构成，如果企图翻译好它，必须从翻译诗歌入手。摆在我面前的第二个任务，就是充分理解原典文本，毫无折扣地领会其古典性与异己性，尽量翻译成读者容易读懂和喜欢阅读的译著，也就是说，要用通俗的俄语进行诠释。我有意识地将原文中不加注释就读不懂的曲折文字进行了一定的删节。换句话说，既然专家们能够翻译其他"历史"文献或阅读不经翻译的原典经文，我就应该翻译一部使一般读者都能读懂的经典作品。

翻译成了我最喜欢做的功课，我将其视为一种纯粹的业余嗜好。我与老子的"交往"已长达整整一年，当我即将译完并与我的同行们共享愉悦之时，没有得到他们多大的赞许。他们似乎觉得，我干的并非自己的事。事实上，当我熟悉了原著后，我的某些"不怀好意的人"都表示道歉，但是，我的翻译有时仍然不同于他们所接受的"标准"，并不列入认真讨论的课题。我很希望亲自说明，这诗，不是我的诗，而是老子的诗，我仅是对老子的一种诠释，文责自负。我竭尽全力去理解老子，并将其学说传播到广大的中国以外的读者之中。老子思想给我展现了许多超现代的东西,仿佛世界在2500年间没有发生任何变化。当然,译者在何种程度上能成为原著的合作者,不得而知,但是,译者仅此这点是做到了:既不随意添加,也不刻意过细地对待原著。为了略加说明自己所从事的工作,在这里我们将读到已出版的仅第33章的译诗,当时出版者未征求我的意见,就发表在了一本文集的封底上:"知人者智,自知者明。胜人者有力,自胜者强。知足者富。强行者有志。不失其所者久。死而不亡者寿。"

在最后综合分析老子的作品及其道与德的内容时,我对无为的内涵提出了自己的诠释观点,无为,在大多数情况下都译为不作为(недеяние)(为适应俄语常规,应运用俄语术语"бездействие""无所作为")。根据《道德经》的内容和汉字"为"("用缰绳牵大象")的原始内涵,"为"应理解为不是一般意义上的"作为",也就是,不是作为完成"某事"的一个具体的劳动"行为",而是行为的"作用"或"影响",也就是使客体投入到主体的"力场和能场"的"行为"。"为",这是迅猛的"暴力""专横""压迫"之力;而"无为",则是"非暴力""忍让",按当代术语表述,就是"宽容""无为",这类乎当年要求人们的最重要的思想行为准则,康德的著名伦理箴言:"莫害人!"康德告诫道:"你要像对待自己的脸面那样对待人类;要像对待自己的脸面那样对待他人;任何时候都不能像对待物件那样对待人。"

我从以下几个方面讲述了我对老子学说实质的理解:《道德经》的许多片断给我提供了解读原著的基础。最早的原作,可能是为国家执政者上奏的关于改革和整顿国家的呈文。如果说孔子学说及其正统概念是依靠各种组织形式(通过礼或法)实现的,那么,老子学说中,则把自我管理机构放到了一切管理制度的首要位置,管理人类社会。老子学说是一种非暴力模式("莫害人!"),也就是,在弱国中,管理国家的任务是尽量少干涉事物发展的自然进程。然而,老子式自由又提出了个人道德的力量,即每个人都按照自己内心的制约机制去生活和工作;执政者只有为社会谋利益并开启人们智慧(入道)的,才是有道德的执政者。于是,老子按照人与自然的关系,选择了"工艺基因文明"(Техногенная цивилизация)(直译为"技术文明",俄文网站定义为15至17世纪开始到20世纪结束的一种欧洲文明形态,文章中未找到关于"基因"的单词),而按照个人自由与权力作用的关系,他又二者必择其一地选择了传统文明与官僚国家。这种自由主义的构想,这是在第一个千年的中期——人类社会大转折的时代提出来的,这一时代一直延续至今,实际上这已经表明,市场经济的发展是自由的,它转向了高科技文明,也就是,已经走上了很多世纪前欧洲就已开始的发展道路。

在这样的历史条件下,这种极端自由主义的模式与建立强大的集权帝国的趋向产生了认知分歧。然而,《道德经》的思想与资本主义社会的理想是不同的,它不承认通过竞争而取得发展的方针,并谴责指靠压迫他人而获得的财富。老子的理想,如果查一下当代经济学辞典便知,他的自由企业社会,与资本主义是不可等量齐观的。

因此,老子提出的关于道德完善的社会构想,与过去产生的两种文明是不同的。所以,带有乌托邦的特点。然而现在,当传统文明经受着现代化的危机时,而工艺基因文明(Техногенная цивилизация)虽然已失去其存在的可能性,但其思想潜能仍继续作用于全世界,当今在呼吁全球化的大背景下,像《道德经》这样的经典一定能帮助人类寻找一种正确处理人与自然、人与人之间相互关系的社会体制。

事实上,自古以来存在的一切历史哲学,都是以强行打造的经济和非经济的两种不同形式做支撑而存在的,所以,各个时期的历史分类,就是在人类摆脱各种形式的压迫而获得解放的程度基础上进行的。21世纪将与信息社会的建立联系在一起,这种社会否认上述社会制度——包括资本主义和社会主义——的武力原则。当代新思维的设计者们特别强调信息关系中非暴力性的重要性,它不同于宇宙物体力学的力的相互作用性。[1]

在俄罗斯科学院远东研究所举办的一次哲学学术会议上,我做了一个发言,试图将老子学说与当代新思维的探寻相提并论。

托尔斯泰,从最初的创作活动起,就把道德理想作为自己的哲学基础,使人不能不高度评价他的学说,在其学说中,他像老子那样,将令人信服的形而上的论证置于人必须遵守道德规范之下。世界的统一概念是生物和微生物,物质和精神;这是古代中国哲学的奠基思想(这与西方传统文化不同,在西方精神与物质是相互反驳的)——原来,它离托尔斯泰是这么近。归根结底,列夫·托尔斯泰得出了这种结论:老子学说的实质与基督学说的实质是相同的。这就为我们提供了理由,通过对托尔斯泰和老子学说观点的比照,从而指出不同文化交往的契合点。

---

1 《文集导读》,第221—223页。

**问：** 您离开严肃的哲学的、政治的和经济学的思考而多次到达中国，并长时间旅居那里。您对您自己的国家，那个幅员辽阔、人口众多且多民族国家萌生过何种感念？

**答：** 在自己的长期生活和学术往来中，我几乎踏遍了全中国。有些大城市，我去了不止一次。这就使我不仅认识了这个国家，而且还结识了许多学术界的朋友，进行多次有意义的交谈。我的中国印象远没有全部写入书中，但它们却全部铭记在我的心中。

我到中国去记忆最深的有两次。第一次在中国旅游，是1958年夏天，由我们的监护人北京大学为我们外国留学生组织的。在这批外国青年中，大多数是来自欧洲和苏联社会主义国家的学生，他们大部分都是第一次坐火车到中国古都——西安市。我们乘坐在非常拥挤的车厢里，里面闷热得很，后来冲了个淋浴，观察到了中国旅伴们那可怕的忍耐力。他们大多坐在车厢通道地板上、车厢结合处，甚至车顶上。问题在于，由于赶上了黄河泛滥，列车在此停车数日。这些等得不耐烦的旅客们硬是强行战胜了这次"洪峰"。在西安我们不仅参观了美好的古迹，而且自己也成了一种日常生活的"展品"。在中国人"眼中"，我们被看作是"稀奇古怪"的人。终于，所有好奇的人都不约而同地聚集在一个大体育场里，请求我们表演说中国话。这是我人生第一次，也是最后一次，在这么多观众面前讲话。我们从西安乘飞机来到了成都，而后，沿着刚刚建成的铁路来到了重庆。

我们的旅游路线规定要攀登西藏边界的圣山——峨眉山。我们用4天时间，攀登到海拔3000多米，其中因下大雨，休息了一天。从山脚到山顶，全部铺设了石头砌成的阶梯，每一个阶梯都由许多峻峭的台阶组成。有些地方的山涧小路紧靠着渗出水滴的悬崖。我们暂时安顿在山神庙里宿营，在那里我们经过艰苦的攀登后，也竟能想出点子组织舞会，在神圣的锣鼓声中跳舞。我们这种对中国圣地的不尊重使自己感到很难为情，但是，庙里的僧人对我们这种"野蛮人"（他们这样称欧洲人）的不礼貌行为也不太惊奇。很可能，他们也想看看来自"白种人"国度的外国人的"热闹"。

在重庆我们乘坐小汽轮船，从下游沿长江而上，直到它的最源头。我尤其记得渡过"三峡"时的情景。这地方真是全球独一无二的美景。在某些地方河床狭窄到仅100米，大量的江水企图勉强通过这道狭窄的峡口，造成了骇人的旋涡。此处江水犹如汹涌澎湃的沸腾的开水，威胁着"一再煮沸"

的小汽轮。据我们所知，就在这峡谷出口处，准备修建一座大型的水力发电站，每年发电约2亿千瓦。这是"大跃进"开始的那一年，几乎想很快就动工建造，并且还得缩短工期完成。

这些计划的实现，尽管迟到了几十年，但是最终都实现了。我仍旧活到了那美好的时刻，巨大的水坝终于拦住了长江。当我第二次到长江旅游时，我又看见了长江，此时正值三个峡谷被淹没的前夕。中国人绝不是空想的幻想家，他们总是会实现自己的理想，但愿不总是一个预定的日期。对于过往的4000年来说，几十年算不得什么，前面还有一个永不休止的未来！

我记忆特深的第二次旅游，也是与西藏高原联系在一起的。这一次不仅是与一个像峨眉山一样的山有关。像我们应邀到西藏来这样的"礼物"，是我们的学术伙伴、新疆维吾尔自治区科委的科技政策研究所的合作者奉献给我们的。黄永亮（Хуан Юнь-лан，音译）所长和《中亚》杂志主编聂树林（Не Шу-лин，音译）亲自陪同我们。最早与该所建立起紧密关系的是苏联时期的世界社会主义制度研究所。我们与这些同行们举办了几次很有意义的学术会议，互换学术代表团，参观乌鲁木齐等新建城市。这一学术联盟一直延续到今天，我仿佛把它从世界社会主义制度经济研究所（国际经济与政治研究所）搬到了远东研究所。我们从青海的格尔木沿着刚刚建成的铁路来到了拉萨，这条铁路从北向南横贯整个西藏高原。这一地段长达1142公里。几乎有一半的铁路路基坐落在冻得很结实的冻土地带，这就需要运用防止土壤融化的新工艺。同时，还得与沙尘暴的进攻做斗争，并采取繁难有力的措施，尽量减少铁路对附近植被的影响，为野生动物的迁徙提供专门的安全通道。铁路建筑是在极低的气温、极大的风沙和极度缺氧的艰难条件下进行的。工人们往往只好带着供氧面罩干活。

这条铁路铺设在世界屋脊之上，是按照下列的科学和技术成就建造的：漂亮的车厢里装有全密封的可视车外全景的窗子，可供补充氧气的温湿调节器，每节车厢里都安装了电视机。通过车窗看到的车外的景致，恰似放映一部独特的电影，画面的移动不是放映的，而是影院本身和观众一起在移动。眼前漂浮着从远处传来的具有世界最高山脉的西藏高原的白色的宁静，风儿舞动着雪花，透过雪花依稀可见不远处延伸着一条公路，公路上稀稀啦啦跑着几辆公共汽车。没有看见人，只看到一群牦牛和野生羚羊、荒无人烟的小车站、浅蓝色的湖泊。在电子信号盘上，一个海拔数字闪亮了，这是一个最大的数字：5072 KM，说明列车到了唐古拉山出口，它开始闪亮。

在拉萨，我们住在离布达拉宫达赖喇嘛官邸不远的一家宾馆里。每逢早晨，布达拉宫周围都有手持祈祷"转经筒"的朝圣者队列通过；而每到晚上，布达拉宫在巨大聚光灯的照耀下通火明亮。宫殿里面，近几年来进行了根本的修缮，所有的佛家雕像被重新刷上金粉，墙壁清除了陈年积尘变得洁净如洗。香炉里的香散发着清心的香气；佛家的诵经传来祥和心静的声音，这一切都增强了与永恒相融合的印象。由于朝拜者和旅行者人数众多，只好一个跟着一个走，为了遵守指定的时间，所以来不及深度地思考。

来到拉萨后，我们通过米拉山口南下来到了西藏的南部地区。在那里，我们参观了一些具有许多美丽湖泊的自然保护区，在路过一个村庄时，我们住了下来，请求房主给我们腾出了一间屋。房子内部非常漂亮，鲜艳的房顶，美丽的壁画和精致装饰的门窗。室内的所有家具和屋梁都装饰了美丽的图案，沙发上铺着毛毯，室内点着火炉。这是一套典型的现代住宅，冰箱、电视机、洗衣机，它们与这套传统的家庭陈设搭配得非常协调一致。这家的主人非常和善，他们用牦牛油茶和大麦仁做的糌粑款待了我们这些客人。这样，我们就真正了解了中国经济最落后的地区的生活水平和中国的民族、宗教政策。

**问：**您能对中国近年发生的事提出预测，也能对几十年后提出预测吗？

**答：**为了回答中国未来的问题，我想提出这样一个命题：《中国模式是否存在，其内容何在？》

现在，理论界在积极深入地研究这两种文明模式的概念，X-模式（非市场关系）与Y-模式（市场关系）。选择模式时，要弄清民族的历史–文化基因，换句话说，要弄清社会发展的高级文明密码。给两种基本模式标上X与Y符号的，最早是С.Г.基尔季娜以继续研究这项工作的身份提出来的，这项工作当时是在苏联科学院新西伯利亚分院进行的。这种模式的选择途径，在许多方面，是与以历史科学所接纳的两种不同的社会发展道路，西方道路和东方道路，遥相呼应的。这种区别本身是十分明显的，尽管许多人在潜意识的水平上感觉不出来。可以举个例子，记得普列汉诺夫曾认为，欧洲与俄国之间的差别在于，其发展模式较之其发展水平，欧洲模式则发展更快一些。像模式这样的新词儿，在社会意识中逐渐被确立了下来。关于这一点，其中，在某些报刊的命题中就已得到了证明，诸如"我们拒绝何种模式""不可战胜的模式"等。同时，还要强调指出，不要理解为在模式名义下的道路都是硬道，这种道路不会转向；也就是说，在建设过程中一定要否定主观因素的影响。历史是人创造的，但人是有一定精神文化的，历史也不是永远不变的，但是，它不能离开自己的核心。

直到19世纪末，中国（人）还按照小农经济模式，指靠改朝换代而生活；中国的每个朝代大抵都要经历社会的发展时期、繁荣时期和衰败时期。国内两种社会行为模式之间一直在进行斗争：一种是持纯理性主义的激进派，他们渴求提高社会福利，主张进行彻底变革；另一种是持保守主义的保守派，他们忠于朝廷的社会制度，期盼社会安定，甚至愿意为此承担一定的物质损失。国家的政策口径时常改变（国营成分—私营成分—又是在国家控制下的国营成分）。为此，中国官僚企望巩固国家控制社会经济生活的传统；企望巩固统治广大国土的政权和保护皇权机构内当权要员的财产。朝代更迭后，新的朝廷通常先按照改良主义的程序，改进国家管理制度。但是，当朝廷进行了大规模的社会工程尝试后，过不了多久，国家管理层就又换上了自家人。在社会安定时期，忠于朝廷的官员们运用伦理道德统治着顺从而勤劳的农民。在社会动荡时期，贪官污吏和农民叛乱者都成了反映这个时代的明镜。关于国家的作用及其一切经济政策的伦理道德，在儒家学说中含有明显的反企业因素，推崇对家庭和统治者承担的义务，谴责发财和求利思想，将公与私彻底对立起来：视公为正面的行为，视私为彻底否定的行为。

我将援引拙著《中国在寻找自己的道路》中的这一观点：归根结底，历史分期不能简化为某些可相互替换的阶段的分割法，必须以对历史阶段的深入分析为前提，在此基础上应该把握历史进程的主要转折点：第一步，按自然–社会关系方面分期；第二步，按历史进程的全球化方面分期；第三步，给各个历史时期划分出不同阶段，标记上每个阶段的文明特点、结构特征和发展时期；只到第四步，才对每个个别地区或大地区进行细致的历史分期。

处于两个时期交叉点的历史阶段，具有社会发展的"稳定性"特点；这种"发展"带有极大的惯性。这种惯性是天然"固有"'的。请参阅：

• 本人著《自然与人的对比关系》和《以三大生产之一为主的生产结构：第一产业（农业），第二产业（工业），第三产业（服务业，包括信息产业）》；

• 本人收集《作为确定财产形式和用工方法的"生产方式"或"生产

制度"》；

• 本人著《资产和管理制度中的"私营"和"国营"成分的对比关系》；

• 本人著《"市场"（经济的）与"行政"（非经济的）管理方法的对比关系》。(《中国在寻找自己的道路》，第61页)

关于历史上存在两种社会类型的研究的进展，使学术界得出了这样的结论：马克思主义关于社会类型理论的论证存有自相矛盾的一面。由于添加了通向类型原典的途径，我们接受了两种不同的社会类型——西方和东方的奴隶制社会、西方和东方的封建社会。西方和东方的类型模式，具有共同的特征，也有不同的文明差异。这就是，过去对东方国家社会类型的学术探索，遇到了这么多的复杂难题的原因。资本主义——这是符合市场经济规律的阶段。资本主义，作为一种经济体制，在东方存在了数百年，但是在小农经济环境中，是不能成长为一种独立的社会类型的。在非西方国家中，资本主义获得了巨大的推动力，但是，随着殖民主义者的入侵，它才被赋予了从属性。这种暴力式的资本主义的经济改造，是不彻底的，而且对土著民族的文明破坏严重。

马克思主义关于在共产主义与社会主义口号下改造社会的构想，目标是克服资本主义的根本弊端——个人财产和市场模式；达到最高的劳动生产率和恢复在公有基础上的真正的个人财产；原则上形成新的分配方法：先按劳分配，然后是按需分配。这种理论上的社会构想，得到了发展中的社会化生产的论据，并阐释了资本主义社会中被压迫阶级的社会理想。

然而，社会主义思想的命运是非常复杂的。它诞生于欧洲大地，原是马克思主义经典著作对资本主义发展潜力耗尽后的未来社会发展做出的一种预言，但是，它最早的实验效果，不是发生在资本主义发展的第一梯队国家，而是在资本主义不太发展的国家。社会主义革命在经济落后的国家的胜利，改变了经济建设的中心任务，迅速利用发动群众的方法，动员全民力量优先发展重量不重质的生产。这将不能迅速克服传统社会成分的惰性，也得不到必需的外援（社会主义在一国单独取得胜利），新的政权还处于必然在某种程度上不适应现存生产关系的状态。换句话说，社会主义不是首先发生在市场经济范围内，而是发生在小农经济生产环境中，所以，它的任务必然是先继承。把社会主义的构想引入革命后的俄国环境中单独进行社会试验，试图建立现实的（即非空想的）社会主义社会。它与掠夺私有财产和商品生产的资本主义社会有着本质区别，完全消灭私有财产，它在综合生产高度发展的形势下不能胜任，只能为加速实现工业化的宗旨服务。拒绝市场也并非源自上述历史发展时期，而是说明为重工业中耗资大、利润低的部门集中使用现有资金的重要性。新的社会主义制度保护大多是国家招聘的雇佣劳工，保持使劳动者远离生产资金，也就是暂时还保持着剥削制度，但是它却树起了未来先进社会的风向标，这就是对民众最好的支援。人民以争取个人生存的代价保障了自己国家的生存。未来的以苏联经验为风向标的世界社会化证明了，社会主义体制在相对欠发展国家的建立可以认为是符合历史发展规律。殖民主义体系被解放了的国家击败，就表明了两种现代化的可能性：走社会主义道路的现代化或走资本主义方向的现代化。社会主义的现代化已经以潜在的更高的发展速度，广泛地利用传统遗产和来自成功社会主义国家的物质和精神——传授经验的帮助，而变得十分诱人。

苏联的社会主义建设，是在完全不同的遗传基因型环境下进行的，而且动员的战略是加速工业化，结果大大挫伤了市场的发展趋势和社会的经济方向。下列一些非资本主义模式的任务列入了社会主义的法理：国有资产控制生产资料代替了私有资产控制生产资料；产品交换和计划分配关系代替了市场关系；具有明显平均主义成分的按劳分配，代替了具有很大资产差别的按生产要素分配。社会主义与资本主义的不同在于，社会主义的生产目的不是提高利润，而是增强国家的经济实力，发展现实的具有美好发展前景的生产行业——它们被认为未来社会能最大地满足每个人的物质和精神文化的需求。社会主义的伦理道德，不是民主原则和捍卫抽象的人权，而是建设消灭人剥削人，消灭剥削阶级的社会；它坚守社会的公平，谴责不劳而获的生活方式、享乐主义和消费行为。社会主义学说排斥宗教思想，但却借用了宗教的传统理想——善，并在此基础上建立起自己的无神论思想体系。

这种历史发展道路违背了马克思的预见，当时社会主义革命不是发生在发达的资本主义国家，而是发生在经济相对落后的个别国家，具有另一种文化、文明特色，许多历史学家认为这是一个重大的历史事件，是条死路或是刚刚起跑。1917年的俄国革命，在这种情况下，应认为并不是一个偶然现象，施以各种阴谋诡计的社会发展，其垮台是必然的，可由大多数人及其继承者的良心来评判。

问：以您之见，中国的经济改革有些什么特点？

答：中国改革政策的制定者自觉、勇敢地走到了与陈旧的传统道德彻底决裂的地步，支持市场经济、对外开放、逐渐推进社会生活的民主化。尽管中国在自己的经济改革战略中没有直接仿效国际货币基金组织和其他国际组织的做法，不是"华盛顿协商一致"的崇拜者，但是，就许多参数来看，中国的改革与前社会主义国家改革的总趋势是相吻合的。其经济民主化的方针表现为：（1）赋予集体、个体企业以自由经营权，而后使私营企业完全合法化；（2）扩大经济的独立自主性，将国营企业改为股份制企业，变为自主经营的产品生产者；（3）广泛发展市场关系，放开价格；（4）吸引外国伙伴到中国投资办企业，中国提供税收等优惠待遇。虽然没有急于进行政治体制改革，但是，中国领导人绝不否认社会生活民主化的必要性，并有意识地去感知外国经验和西方的各种精神生活。与此同时，中国改革开放的开创者们坚决拒绝经济完全自由化并给私营资本提供优先权的休克疗法。因为中国不是改革道路及其探索性的发明家，中国只是"摸着石头过河"，表现出了在保持国家领导作用下进行经济改革的灵活性与谨慎性的榜样。中国善待一切，既没有抛弃社会主义的雄辩术，也没有伤害共产党政治和经济的决定作用。改革具有在建设中国特色社会主义口号指引下的持久而谨慎前进的特性。

中国20年的改革奠定了雄厚的经济基础，但在新千年的边缘上却遇到了一系列严重问题。其原因是：（1）存在沉重的历史遗留问题，要解决这些问题20年时间太少（人口众多、农业人口过剩、失业率增长）；（2）改革步调不一致，未同步完成（农业落后、国企改革艰难、财经制度改革速度缓慢，等）；（3）所选发展道路的问题，即市场经济内在的弊端问题。由于追求经济增长和经济利润，大大改变了社会环境和轻视环保的状态。让一部分人先富起来的口号，导致了财富增长不均衡和地区发展比例失调。经济增长中求量不求质的劣性造成了燃料和原材料供应的极大超支。显露出了巨大的经济开支与公开的外向型经济政策。中国经济的出口方向过分地依赖于世界市场行情，提高了国内对原材料和燃料的需求，增强了对其进口的依赖性。

提高经济效益与社会公平挂钩的问题具有重大的社会意义。这需要一定的劳资法规做支撑，确保工人质量和缩小收入差距，达到公平合理，保障社会安定。人们追求富足生活的欲望，显然超越了满足它的可能，于是贪污犯罪率在增长。大量的刑事犯罪、经济犯罪、违反职业道德和生产不合格产品等事实,都证实了中国社会存在道德危机。为了追求经济增长和现代化发展速度,中国准许放慢提高人民生活水平和发展社会环境的速度,结果牺牲了自己的自然环境,丢失了自己的许多传统,首先是家庭和道德传统;同时,也造成了社会的贫富两极分化。为了调动经济增长的一切积极因素,在保持社会主义理想和有限制地对资本主义让步的原则下,以市场经济为社会发展目标的市场经济的捍卫者,坚决反对努力推行中国混合经济的支持者,混合论者主张在国内和对外经济各个领域都大大给资本主义让步,这就更加激起了他们的反对。协调与科学发展的新方针,提出了保持国家对经济的调控作用,提高人民的生活水平,缩小地区间的差距和贫富不均,注意保护自然环境。混合经济模式被补充进了道德准则,包括集体制原则和遵守社会公平原则,这标志着中国经济改革,从暂时的取消思想性转向了恢复社会主义思想体系的道路。

近年来的一些政治会议决议证明,中国开始接近中国历史与中国经济改革史的分水岭。大量的数据和资料都说明,中国准备采取坚决措施,纠正工作中的失误,恢复政治机构的传统形式和儒家道德规范。中国发展社会主义混合经济的方针,在世界经济危机蔓延的条件下,得到了极大的反响,全世界看得出,中国加强国家作用战胜经济危机,纠正经济全球化的冒进做法,提出改革国际金融机构,放弃经济的完全私有化和自由化。中国反制危机的政策采取了类乎1998年亚洲经济危机时的一些做法:(1)加强国家作用和国家规划,巩固共产党的领导作用,加强爱国主义和集体主义的思想宣传工作;(2)矫正货币、银行系统的改革,调整与私营经济的关系,注意民族特色和探索国营与民营经济伙伴关系的最有利的条件;(3)在缩小贫富差距的前提下扩大内需,有助于抑制对社会的不满情绪;(4)有节制地实行放松的货币政策,降低企业贷款的税率和减少国际银行业务(存款税率已降至2.25%);(5)增加投资,首先是对基础设施规划的投资,以提高有限的需求和就业率;(6)减少企业的税务负担,降低国民的所得税率。保持经济必要的高速增长,同样能降低国际油价;中国政府坚决保持人民币的低汇率,尽管美国给予了极大压力。

考虑到所有综合性因素,西方大多数政治家指出了中国走出世界经济危机的可能性,经济危机虽然给中国带来极小的经济损失,但却提高了它在世界的声望。有这样一种推测,中国能够将经济危机变为一种科技大跃进,比尔·盖茨就曾推出这种想法。在最近的10—15年,中国获得了发展自己的良机,从一个新科技跟随型国家变成了一个新科技领导型国家,提高了自己在国际科技合作中的威望。

经济危机在世界许多国家日渐深化,不可避免地对世界市场经济体制产生极大冲击,在这种情况下,新的中国模式在全世界提高了自己的威信,中国人也感觉到自己作为这种新模式的首创者,成了亚洲地区乃至亚洲之外国家发展经济的榜样。现在更加迫切的任务是,从理论上弄清其实质的意义,不仅要用最明了的语言描述中国模式,而且要将中国经验传播到世界各地。

新的中国模式的内容,往往使人将中国与市场调控的资本主义联系在一起,但是它与另一种商品关系作为主体性的资本主义是不同的,它保持了国家的重要的调控作用,采取了这样一些有力措施,如确认公有资产形式的统治地位,大多支付劳动工资,防止收入差距过大,保持中国共产党领导下的政治制度的权威性。我认为,要恰如其分地说明,作为社会主义变体的混合经济的中国特色社会主义,具有符合马克思主义原典理论和组织原则的特性。

中国市场的社会主义带有许多过渡性特点,它遭到了来自"左"、右两方面的交叉批评。来自右的批评认为,首先,改革是不彻底的,处于无序状态;他们断定,这种模式是长久不了的,它会阻止中国转入文明的市场经济。来自"左"的批评坚信,市场的社会主义将会使中国再现资本主义所固有的许多不幸,也就是:收入和福利的不平等;破坏生态环境;社会的商业化和追求不断增长的个人欲望;宏观经济的不稳定性,包括失业和通货膨胀;不能创造社会财富。现实生活展示出,市场经济的发展不可避免地建立起这样的事物秩序,其特点是纯理性主义、竞争、不平等,即具有贪婪和为生存而斗争的一切属性的金钱万能。

如果世界各种社会经济制度在中国混合经济制度的框架中结合起来,它会成为一个足够稳定的经济模式,归根结底,它能形成一个自由主义和社会主义的综合体,当然,这种结合,并不意味着各种社会经济和思想体系的机械的结合,而是原则上要创造一种有价值的新体系,其任务是个性的自我实现和协调个性之间的关系。社会公正与经济效益的结合具有极其重要的意义,因为前者是后者的条件。这就需要制定明确的劳动工资法规,确保合格的劳力和适当地从重量轻质的低效生产转向高效率的集约式发展,缩小收入差距,达到合理状态,维护社会安定和创造条件充分发挥创造型、改革型人才的潜能。

　　下列发展模式，能够准确地表达出未来社会最有希望的发展前景：未来的社会，将不是代替资本主义和社会主义特点的大杂烩社会，而是非纯粹资本主义社会、也区别于改革前社会主义社会的社会，尽管它们各自保持着各自的血缘关系。当前的任务是，通过放弃仿制的现代化，转向本土的现代化的道路，来解决现代性与传统的关系问题。如果说第一种现代化模式是建立在完全排斥现有传统之上的，那么，第二种模式则是源自国家必须保持固有的发展，因而必须装进某些传统因子。在这种情况下，进行现代化建设的国家必须协调这两种平行的理论，在感受来自更加发达国家的冲动的同时，继续沿着自己的道路走下去，以自己的速度、自己的途径，来回答时代的召唤。

# 中国民间说书与韩起祥的创新*
## 李福清

文学中的民族传统问题在当代具有特殊意义。在大力发展各国文化关系的时代，将会逐渐建立起统一的世界文学。人类生活方式的共性必然导致文学的共性。同时，每种民族文学的优秀作品又都赋有本民族文学传统的特征，它以本民族常见的形象为基础，以本民族民间文学生机勃然的丰富汁液为营养。正是这些文学特征，才使这种民族文学成为真正的民族的同时又是世界的文学作品，因为读者总是被这些具有民族特色的作品所陶醉。所以，那些最鲜明生动地表现了其民族形式的作品不仅受到本国读者的厚爱，同时也受到国外读者的爱戴，这并非偶然的。

文学中的传统问题与创新问题辩证地联结在一起。创新作家一方面打破旧的民族传统，另一方面又在民族传统的轨道上继承和发展了民族传统。所以，以这样的创新作家为例深入地探讨这一问题是非常有意义的。民间口头文学中的传统与创新问题大概要比作家文学中的复杂得多。我们知道，民间的作者没有很好地掌握自古以来的民族传统，因而不能尽善尽美地表现出自己独特的本原。

著名俄罗斯北部壮士歌女歌手马尔法·克柳克娃直到掌握了壮士歌的创作艺术之后才进行了当代题材的新壮士歌创作。人们认识这些创作经验也的确不是件轻而易举的事，但是它只是受一定的历史和文学的动因所制约的：大体上它是由僵化的旧形式与鲜活的新内容的极不相适应所决定的。B. 普罗普教授在其著作中对应包括马尔法·克柳克娃新壮士歌在内的俄罗斯的英雄史诗专门分析研究了这一课题。

---

\* 译自李福清 УСТНЫЙ СКАЗ В КИТАЕ И НОВАТОРСТВО ХАНЬ ЦИ-СЯНА, 2004年12月，修改、校订于莫斯科。原载苏联《人民民主国家文学》，莫斯科：科学出版社1965年版。（В Литературах стран народной демократии, издательство "наука", Москва, 1965.）

研究者指出:"克柳克娃运用其熟练的古代壮士歌的艺术形式歌颂当代生活……壮士歌这一艺术形式曾经是一种艺术地表现民间具有历史意义思想的精良的艺术方法;几百年来练就的这种艺术形式帮助和精练了文学创作,也就是说这种艺术形式曾经是发展史诗的一个重要因素。然而,现在却限制了它的发展,这种现象应该得到克服。"[1]

然而,哈萨克学者E.伊斯马依洛夫在其学术著述《哈萨克民间诗人》中,在同俄罗斯语文学——民间文艺理论家们争论时以其家乡哈萨克的民间创作为例阐释了自己的观点,他指出:关于史诗创作逐渐衰微的论断是毫无根据的。但是,研究者并未看到各民族民间文学由于民族传统不同、内容与形式的关系不同而存在着基本差异。由于历史形成的环境条件各异,因而史诗不可能只存在于一种民间文学之中,在其他民间文学创作中仍能得到很好的存活与发展。

我们认为,冲突不是简单地发生在旧形式与新内容之间,而是发生在僵化的旧形式与新内容之间。各民族不同流派的民间文学形成的"僵化"程度各不相同,譬如在俄罗斯壮士歌中,一方面其形式区别于一般的民歌,另一方面不同于口头故事,诗中要求具有独特的语言形式——专门的修饰语和隐喻语言,一般不使用其他风格民歌中所运用的语言,新内容与旧形式间产生了矛盾。在传统的壮士歌领域内不能使用包括源于国外或直接从国外借用来的新的外来语,这就很难现实地反映我们的当代生活。譬如,如果我们使用描写伊利亚·穆罗姆茨的壮士歌风格式的语言去描写第二次世界大战时期的英雄人物,那么立刻就会引起读者或听众的哄堂大笑,因为这与歌手努力追求的情感效果完全相反。

但是,在其他民族的民间文学中情况也如此吗?在这方面,我们试图以中国民间创作为例深入探讨这一问题。中国的说书早已闻名1000年。远在宋代(960—1279),民间说书人的创作就已得到了特别广泛的发展。这一时期是与各种游牧民族连年战争的时期,中国历史上发生的这些战争特别锻炼了中国人民的坚强个性,关心国家大事,民间爱国历史故事宋代"讲史"得以发展,均与此相关。同时,反映日常生活的民间说书这时也发展起来。而且,这种传统说书故事的最初样式恰恰最贴近早已形成的英雄史诗故事。这种离我们很久远时代的民间说书的表现手法本身就明显地表现出了其独特

---

[1] В.普罗普《俄罗斯的英雄史诗》,列宁格勒:国家文艺出版社1955年版,第514—515页。

的戏剧形式：一个说唱演员个人自弹自唱，常常也有二人或三人表演的——往往一人伴奏，一人演唱，一人散白解说。最初中国说书人都以说书的题材而明显地分为不同专长的流派，如讲史、烟粉、说公案、参请即佛经故事等不同流派。而近现代说书人往往能演唱各种题材的书，常常以听众的喜好来设定演唱题材。

公元14世纪时中国出现了长篇章回小说，这种长篇小说大多是根据民间说书人讲的故事改编创作的；随着这种长篇小说的出现，民间说书人又开始讲述现成文学作品中的故事片段。当然，说书人讲述的这些故事未必完全符合作家小说的文本。即使在当代民间文学的现实中也能间接地证明这一点：说书人王绍堂讲述的施耐庵《水浒传》人物武松的故事，其故事规模未必比《水浒传》本身大，110万字的作品，仅用了篇幅不大的三回描写武松的故事，可是这些故事却因重新被说书人添加的当时尚未写入《水浒传》小说的这些关于武松的民间传说和传奇故事反而大大充实和丰富了起来。同时，这一时期讲述爱情和公案的说书也相继繁荣起来。所以，就逐渐形成了中国的独具特色的史诗——中国"讲唱文学"——坚实的口头文学传统。在中国不同时代不同地区形成了许多独具特色的讲唱文学，这些说书故事的特点是具有自己民族的语言、乐器和曲调（建立在地方曲调与表演风格基础上）的特色，充分体现了说书人高超的艺术手法，富有别一种说白和演唱的相互关系等。说唱演员直接面对观众表演的独特技法恰恰使观众感到非常亲切，这一点，对各种风格的说唱方法来说几乎是统一的。然而，说唱文学中某些风格间的界限是相对的。这在关于孟姜女的故事中表现得最明显：通常由一种体裁变为另一种体裁的作品，倒不是明显的逐字逐句的变化，而是表现风格的变化；因为作品体裁间的差异往往表现在音乐和表演技法（通常表现在演唱风格）方面。

中国的说书，其语言贴近口语。自古以来，在中国说唱文学中最得力的作品是说唱演员即兴表演的段子；因为不受形式的拘谨，而且每省都有自己的表演风格和技法，这些风格和技法在其间相互碰撞和影响，这就给中国说唱文学带入了某些新的特点，经常不断地不仅发展和补充了其内容，而且还发展和补充了其表现形式，所以一直没有使其僵化而变为发展说书艺术的绊脚石。

然而，千百年来民间职业说书人讲的故事在内容方面没有多大变化（更不必说形式了）。许多题材，尤其历史（关于三国人物、水浒人物、杨家将或岳飞的)题材仍然是民间说书人的传统题材,对这些题材的创新都是在故事情节的发展方面进行的。类似的现象在描写日常生活题材的说书中也能看到:中国封建社会停滞不前的本质导致说书题材及其矛盾冲突平淡无奇,千篇一律。这些故事本身往往不能使人准确地判定它是发生在什么时期的故事。

19世纪至20世纪下半叶中国社会发生了剧烈变化,这些变化长期以来在正如中国文艺家们所说的"仍被'奸臣害忠臣,相公招姑娘'统治着"的民间说书中没有得到应有的反映。只有到了20世纪40年代,在陕甘宁解放区的政治文化中心——延安,才开展起收集整理新说书运动。

陕北民间艺人韩起祥就是这次说书运动的发起人之一。我们试图以韩起祥的说书创作为例,竭力阐释说书传统在当代中国的发展。

韩起祥于1914年出生在一个贫农家里。3岁时生了一次天花,双目失明。他从小就在地主家里扛活。母亲靠卖豆腐为生。所以,他回到家里还要帮助母亲推动沉重的石磨,磨豆浆,做豆腐。但是,全家人仍然吃不饱肚子。万般无奈,大哥离家去当矿工,二哥卖给人家做了仆人,三哥出家当了和尚,四哥给人家当了雇工,小妹卖给了人家。韩起祥的这些苦难生活在1958年第一届全国民间艺人会演时他所表演的节目《翻身记》中都已经讲出了。

对一个瞎孩子来说,要去学习民间说书实在犯难;这可不是一件容易事儿,得需要花很多钱。经过长时间吵闹后母亲才卖了他份下的一小块地,打发13岁的儿子去学习民间说书。1949年前旧中国的民间说书人不只是干"说书"的营生,还干些算命的差事。所以,年轻的韩起祥除"说书"以外还学会了别的营生。他的师兄是一个像他一样的瞎子,名叫高维旺。

盲艺人高维旺当时62岁,从12岁他就学习民间说书艺术,在陕北一带很有名气。1934年8月他加入了中国共产党,在农村搞地下工作。1935年他担任了党支部书记。但在那年9月他就被捕,经过严刑拷打,他仍英勇不屈,最后被反动派杀害。显而易见,韩起祥跟师傅学徒那些年,师傅一定会传授给他许多进步思想。韩起祥是当时说书人的一个典型——他不仅给人民带来了许多优秀的民间说书,同时也传播了一些迷信思想,加固了农民头脑中的封建残余思想。

民间说书艺术在陕甘宁解放区是非常流行的。据作家周而复统计,当时在陕甘宁解放区几乎每个县都有许多说书人,在农村没有没听过他们的说书的。在绥德县就有90个说书人，在延长与延川有10多人。当然，这些数字其中也有统计不准确和不足数的。

众所周知，韩起祥演出了大量的剧目；他能背诵70多个传统说书，能用三弦演奏50多个民间曲调，他整个被民间说书、戏曲充满了。值得注意的是，作家邵子南从韩起祥那里记录下了这位中国第一说书人的传说。

韩起祥是一个普通的民间说书艺人，但是在这条道路上他有着许多可怕的经历。国民党害怕并仇视民间说书人，认为他们都是共产党的宣传员。有一次，韩起祥落入白军士兵手里，他们向他勒索钱财，他们在他身上没弄到钱财时，就立刻宣布他是红军的"追随者"。当时另一个说书人因说了句"红军好"，就被白军割掉了舌头。这一切都激发起了盲艺人心中对白军的极大愤怒，激起了他对草菅人命的反动派的莫大仇恨！韩起祥逐渐懂得了创作新作品的必要性：这些新作品可以讲述发生在今天的故事。

根除人们意识中的封建残余思想的斗争在解放区大地上开展起来了。反对封建迷信的斗争被放在了首位，因为封建迷信蒙蔽了没有文化的农民的思想。在旧中国不存在宗教狂热症，几百年来儒、释、道三教一直充分和平相处；大约在14—15世纪，正如郑振铎教授指出，儒、释、道三教几乎融为一体，很难将其相互分开。因此，中国人有个特点即对任何宗教都不那么上心，很快就会自发地淡漠。而在人们尤其农民思想中占主导地位的还是封建迷信思想。所以，1942年在解放区开展了一场反封建迷信的斗争。因此，在文艺界对于民间曲艺创作便出现了不同的看法。周而复曾指出："1942年前在文艺界明显存在着对民间艺人的不正确态度：一部分文艺家非常轻视民间曲艺创作，不关心民间说唱艺术；另一部分文艺家则将民间说书视为传播巫医和占卜术等封建迷信的工具，于是要求禁止这种民间说唱艺术。"[1]在这种情况下，民间艺人的简陋的乐器经常被有关人员扣留，而他们因极端贫困往往再也买不起一件新的乐器。1942年韩起祥的三弦及其专门的巫刀就一起被边区政府扣留，并付之一炬。

当时开展的反对封建迷信的斗争，虽然常常使用一些非正确的手段，但对当时的民间说书人却产生了很大的影响：韩起祥逐渐认识到了算命的危害性，亲自焚烧了自己简陋的算命工具，从此开始说唱新的说书段子。为了尽力参加正在开展的这场反对迷信活动的斗争，韩起祥于1944年夏开始创作

---

1 周而复《刘巧团圆·后记》，生活·读书·新知联合发行所1949年版。

短小精悍的新说书——这种新故事在农村极为丰富。他的第一篇新说书叫作《反巫神讲卫生》，很有代表性。林山还在延安时期就很了解韩起祥，对其反迷信的生动的新说书在广大听众中所起的作用给予了很高的评价。他说："杨老庄的群众听了韩的《反巫神讲卫生》之后，自动组织起卫生小组来，挖茅厕，打苍蝇……"[1]也许，今天的读者会感到这种斗争显得非常幼稚，但是，我们必须考虑到旧中国那种特殊环境：在旧中国亿万农民常年生活在极不卫生的环境中，经常发生流行性疾病，而古老的民间医道又往往与巫医结合在一起，条件极为恶劣。

在论及俄国民间艺人马尔法·克柳克娃的创作时，B.普罗普写道："她（马尔法·克柳克娃）十分自觉地对待自己的创作。"[2]我们从韩起祥开始创作新说书起就发现了他这种自觉对待其创作的自觉态度。

中国的说唱艺人，从开始创作新说书作品起，就运用当代题材进行创作，赋予自己的创作以强烈的战斗性。难怪，韩起祥把自己的"三弦"比作机关枪，强调说唱艺人要深入群众生活。

值得注意的是，他为自己用新题材创作的第一个说书作品设定了一个毫不掩饰的带有宣传意味的题目；在其后的创作中，他又根据民间说唱传统精神为自己的新作品选取了另外的题名。诸如他的短篇说书《吃洋烟二流子转变》和《四岔捎书》。这两篇作品乃是对旧民间说书的一种再创作。除此之外，他还创作了以典型的民间曲目命名的许多中篇说书，如《红鞋女妖精》。这种农民已经习惯了的色调鲜丽的剧名，能吸引听众，容易记忆和促使旨在反对农民头脑中的封建残余思想的新创作普及。韩起祥最初创作的说唱作品受到了听众的广泛欢迎，谈到这一情况时，民间文艺理论家林山写道：

> 1946年我和他步行到绥米去，经过延安县的河庄区、牡丹区（他常在这一带活动），每过一个村庄，总是听到农民对他的称赞，留他说书。有一晚，住在延安、子长交界的新窑湾村的一个小客店，有几个农民从地里回来了，看到炕上放着一把三弦，马上就谈起说书，谈起《红鞋女妖精》，说这个新书"实在编得美"！韩起祥从没有到这一带说过书，他们也并不知

---

1　林山《盲艺人韩起祥》，载《华北文艺》1949年7月第6期。

2　B.普罗普《俄国的英雄诗史》，第511页。

道躺在炕上的盲艺人就是《红鞋女妖精》的作者。[1]

韩起祥以县政府给他提供的素材为基础创作出了中篇说书《红鞋女妖精》。但他并不以此而满足，为了力求最充实最真实地反映现实生活，第二年他又亲自到达故事发生地，搜集了许多具体的补充素材，重新修改了自己的作品。

从1944年7月到1945年5月，这期间韩起祥共创作了10个新说书，其基本内容都是反映破除迷信的故事；创作这些作品，一方面是形势的需要，另一方面，也是作者本人对这些题材感到无比亲切。

但是，到1945年下半年，韩起祥作品的题材就已经扩大多了。他同联合延安文艺工作者的文协说书组保持着密切联系，努力提高自己的政治觉悟、文化水平和艺术技巧。他的优秀作品《刘巧团圆》和《张玉兰参加选举会》就是在这一时期创作的。这两部作品完成后曾多次在当时的中国再版。我们以对这两部作品的研究为基础，试图探寻韩起祥作品中的传统与创新。

刘巧姑娘的故事情节非常简单。刘货郎——刘彦贵有个女儿叫刘巧。从小父母就给她定了亲，或者说，刘巧很早就被父母贱价卖给了赵家的儿子做童养媳。然而，正像在中国的通常做法一样，刘巧在成人之前暂时还居住在父亲家中。父亲生意越来越糟，于是就打算背着女儿解除对赵家的婚约，再将女儿卖个更高的价钱，他想刘巧也长大了，已经出挑成了一个俊秀的姑娘。

刘彦贵千方百计地诽谤小赵，说他是个"跛子"，是个"憨子"，是个"背锅"。刘巧姑娘呢，也同意与那个从未见过的人解除婚约。于是，刘彦贵来到赵老头家，向他声明不同意把自己的女儿嫁给赵柱儿。为此，赵刘两家老头去了县政府，在那里同县长争吵了一阵子（此事发生在解放区领土上），最后县长还是同意了解除那份旧婚约。从此，刘巧的父亲开始给女儿寻找合适的对象，主要想从女儿身上多捞点钱财。当地有个老地主叫王寿昌，是个有名的大烟鬼、二流子。他看上了刘巧姑娘，就派媒婆子到刘老头家去说媒；媒婆子与刘老头商定一起瞒哄刘巧姑娘，以此赚取钱财。刘巧的父亲拼命夸奖自己女儿的这个新的求婚者——"年轻"的王某。可是，有一次，刘巧到合作社时在路上碰上了他。刘巧姑娘发现自己受了骗，于是，哭着跑去找自

---

[1] 林山《盲艺人韩起祥》，第172—173页。

己的婶婶。后来，刘巧跟李婶婶一起进山给帮婶婶割草的劳动队队员送饭时，她突然发现这个劳动队的队长原来就是赵柱儿。两个年轻人平生第一次相见，每个人的心中都激荡起了爱情。这时姑娘才明白了父亲在骗她。赵老头听说这一切之后，就召集了几个人，在夜深人静时偷偷抢走了被狂怒的父亲锁在家里的刘巧姑娘。第二天，刘老头和地主王寿昌等人都到县里去告发赵家偷走姑娘的案件。此案是根据刘老头和已经支付了部分结婚定金的地主王寿昌的供述处理的。审判员还没弄清事实的真相就决定了对这两个老头的处罚：判除刘老头强制劳动3个月；赵老头因破坏解放区禁止抢人的法规而被判处一年监禁。而两个年轻人，因已解除婚约，故禁止结合。村民们对这一处理都非常气愤。农民们给马锡五专员写信反映了这个不公正的判决。马锡五来到事发地点后，重新进行了审判，敦促原审判员听一听农民的意见，重新审理了全部案件，使群众都很满意。

刘巧的这段经历不是编造出来的。党校的一位姓齐的听众是个痴迷的戏剧爱好者，他给韩起祥讲述了刘巧的故事。问题在于，作家袁静也创作了反映这一事件的剧本（《刘巧儿告状》），1945年七八月份延安上演了这一剧目。韩起祥听说了刘巧的这一遭遇后，立刻花了几天时间创作出了反映这一故事情节的说书段子，并由他开始演出。正如周而复所说："不仅看过《刘巧儿告状》的人们，而且连剧作者本人也不能不敬佩韩起祥的天才：他创作的故事处处比剧本高明，不论在人物性格刻画方面，还是在语言的准确性以及对人民群众情感的感化方面，尤其在内容与形式的谐和统一方面，韩起祥的说书都远远超过了剧本，其美点正是剧本所欠缺的。"[1]

费德林在其回忆录中阐释了说唱艺人韩起祥的非常深刻而又激动人心的影响。刘巧的故事情节，正如我们看到的那样，并不很复杂；而《张玉兰参加选举会》的故事更为简单。这些短小精悍的说书段子充满了淡淡的民间幽默，同时又非常通俗。

张玉兰的丈夫好吃醋，他出门时怕把老婆留在家里出事，于是就把门前的土地用铁耙耙得松平，以便根据上面的脚印来判断是谁来找他的老婆。他粗暴地对待老婆，找各种理由打她，表明他是一家之主。他这样尖刻地对待其老婆，在封建的旧社会被认为是很自然的事。但是，有一次他正在打骂老婆时村长赶到了他家门口，他是来叫他们夫妻俩去参加村民大会的。这

---

[1] 周而复《刘巧团圆·后记》，第146—147页。

时丈夫想尽办法推辞，企图让村长相信他老婆病了不能参加会，只能他一人去。但是，村长已听到他家的打骂声，不相信丈夫的话，硬是拖着他们两口子一起去参加会。在会上，他老婆不顾丈夫的威胁和反对也要求发言，得到老村长和乡长的允许后她就发了言，目的是保护丈夫的利益，因为她丈夫在会上不敢说话。妻子的发言受到了村民的热烈欢迎，丈夫很受感动，便决心改变了对她的态度。这就是这个简短说书的故事情节。

正如在其第一部作品中那样，韩起祥在这里选取的题材都是在当时环境下最重要的题材。众所周知，妇女解放，是当时最重要的革命任务之一，也就是说，说唱艺人韩起祥在为妇女解放和男女平等而斗争。而且，他做此事不是靠空喊口号，而是通过揭露轻视妇女——男人主宰一切的"三从四德"的陈腐观念的描写而完成的。在旧社会，"三从四德"是不无恶意的，说穿了就是在家从父，嫁后从夫，夫丧从子。为支援对农民进行再教育的革命事业，韩起祥把自己的艺术作品献给了反对封建残余思想的革命斗争。

韩起祥的说书为什么在解放区受到如此热烈的欢迎？十分明显，这不仅因为它们形成于当地的物质生活基础，而且还因为它们是运用当地人民群众所喜闻乐见的传统形式创作的。每个农民从小就熟悉并接受了这种艺术形式（结构）、音调和某些说书中的形象。

韩起祥的一切叙述、说唱手法都是传统式的。多少世纪以来，中国的说唱艺人创作了一套有关故事开头、转折或新情节线铺垫的独特艺术方式。所以，讲述刘巧故事的作品开头的四句诗是七字诗，把听众引向了他们早已熟悉的民间说书故事的世界。如：

> 手弹三弦口来讲，
> 春夏秋冬走四乡，
> 说书不为旁的事，
> 文化娱乐我承当。
> ——《刘巧团圆》

从这首开头诗（韩起祥的所有故事都是按照陕北传统从诗开头）中，我们立刻就能发现民间艺人的说唱传统：开头运用两句古诗及对其创造性地继承。从中我们看到了说唱艺人对自己职责的新理解。在故事情节转折时往往出现一个表面看来并不恰当的新词语"文化娱乐"，毫无疑问，它破坏了俄罗斯壮士歌之诗意,但它并没违背中国诗歌的形式,没有阻断听众的听觉;因为它不是借用外来词,而纯粹源于汉语词汇。

在由唱诗部分转入散白叙事时说唱艺人往往以传统话语"话说——"开始。这种表现手法,在宋代(960—1279)民间说唱艺人的"话本"故事中也能找到。从一种描写对象转向另一种描写对象时,说唱艺人所运用的中国传统表现形式是上述表现形式的另一个变种。所以,在讲到老刘的故事时,说唱艺人以如下的诗句中断了叙事:

> 担上担子他走出门,
> 心里总想多赚人。
> 刘货郎出门我不表,
> 再说刘巧的好劳动。
> ——《刘巧团圆》

在这里说书人运用了中国说书传统的"……我不表,再说……"的叙事结构。一般来说,中国说书的传统"技艺"并不限于这两种简单的手法。这种艺术品种的并不拘谨的古老形式给即兴表演者以很大的创作自由,这本身就是一种独具特色的民族传统。

我们还得更鲜明更清晰地彻底研究在揭示形象、叙事风格和艺术手法方面的民族传统。

我们知道,中国传统戏曲和近似民间戏剧的说唱文学都有一个所谓"自我介绍"的特点。这一传统手法在韩起祥的作品中得到了广泛的运用。譬如,刘巧的父亲——老货郎面对观众自我介绍道:"我名刘彦贵,自小好吃懒做,不爱上山劳动,就看下个卖杂货,走个乡村。我担的是煮黑、煮蓝、紫大红、品绿、品紫带品青。我卖的是各种假色,样样哄人,我拿好多的颜色,不少的货物,走在四乡,哄他们婆娘。"[1]

我们在其他新说书作品《张玉兰参加选举会》中也能找到类似的"自我介绍"。该作品女主人公的丈夫在表白自己时说:"我名冯光清,对如今这社会,生产、开荒、念书识字我都满意。就是婆姨女子常叫去开会;开来开去,他们婆姨能做什么事?"

---

1 《刘巧团圆》,第2页。

我们看到，在这里主人公一开头就不只是单纯地向观众做"自我介绍"，而是很快就向他们摊了牌，使其立刻明白故事将向何处发展，其基本冲突将是什么。韩起祥的这一切表现手法仍然是出自中国说书的传统表现手法。甚而言之，我们从以上援引的那两种人物"自我评价"中便能清晰可见中国说唱文学和传统戏曲的一大特征：人物的"自白"（"自我揭露"）。韩起祥在其新说书的创作中不断运用这一传统的创作手法。这一点，在刘媒婆诗的语言中表现得尤其清楚：

刘媒婆一路上喜在心，
谁敢说我不中用，
不管他男来不管她女，
不管他富来不管他贫，
只要哪我去跑一趟，
保管他一次就说成！
看一看花鞋我忙走路，
骗他个年轻闺女嫁老翁。
——《刘巧团圆》

如果对照一下著名川剧《梁山伯与祝英台》（《柳荫记》）中的媒婆的独白，便令人感到这种人物"自白"（"自我揭露"）的传统性特征在这里表现得尤其突出：

媒婆：
哈哈，做媒人几张脸，
心要狠，口要甜。
不方要说方，
不圆要说圆。
夸男像金童，
夸女像天仙；
好看不好看，
出在我舌尖。
蒙到两边谈，

都要钻圈圈,
说得心花绽,
你鱼儿就上我的钓鱼竿。
等她过门后,
我的事就完。
　　——《柳荫记》

我们在韩起祥的新说书中发现其创作的所有作品都是典型的倾心于离奇、怪诞之作。首先,描写王地主的这首诗正是如此:

刘货郎哄人不细说,
书中再说个王财东。
王财东名叫王寿昌,
庆阳全县都有名,
只知吃来只知穿,
从小就学得不务正。
东家里来西家出,
仗着有钱来欺人,
撩鸡斗狗不消说,
胡嫖乱赌没有人品。
他的本事多得很,
常满年点一盏大烟灯,
不生产来不劳动,
年年月月过烟瘾。
一次政府派人来劝他,
一刺溜躲在女人茅坑。
儿媳妇进去要解手,
一见他臊得满脸红。
茅房里整整藏一天,
儿媳妇恨他心不正,
又要想办法来开心。
　　——《刘巧团圆》

应该指出，从上述说书片段中已经流露出来的某些粗鲁话语与自然主义，不仅是真正充满了浓重农民语言的韩起祥作品的特点，同时也是那一时期其他许多作品的特点。韩起祥在作品中运用了各种各样的鲜活的骂人话语，他们不是单纯地作为一种风格"饰品"，而是对作品人物的一种评判。譬如对张玉兰丈夫的描写，写他起初轻视一切女人，对妻子态度粗暴，总是找点事儿侮辱她；而后来，当他知道自己错了，就开始尊重妻子。当妻子在村民大会上勇敢地发言后，丈夫的语言很快就变成了另一种味儿，那些很难听的骂人话再也听不见了。

中国说唱文学的叙事结构是由诗歌部分和散文部分交替构成的，这便是其通常揭示人物与描写事件的独特风格。在中国说唱文学作品中，一切基本的描写、刻画往往是两次出现的：首先，运用简洁的诗歌形式加以描写、刻画，然后再运用散文形式将其描写、刻画扩展开来，这种描写中所使用的语言，往往以人物的直接引语为主。这一点，或多或少与汉语的特殊性有关；考虑到汉语的每一个音节（字）都有一个调号，唱诗的词语不是每每都能听得清，所以要以散文描写为主。还可这样理解：在古老的传统说书中，一些故事观众早就熟悉，所以他们的注意力不在迅速进展的故事情节上，而在表演者的表演技巧上。在韩起祥的新说书中，我们已经很少感到其情节进展缓慢，然而，在其中他还是保留了许多传统说书中的重复内容。在这方面，一个很显著的特点就是每部书都以一首诗歌开头。譬如在《刘巧团圆》中，在货郎刘彦贵的"独白"前是一首开头诗。这首诗表明了故事发生地点、人物名字及其绰号和职业。这一切，在其后的散文叙事中都按照传统手法再一一重述一遍。

韩起祥在自己的新说书中塑造了许多非常非个性化的人物形象。他们与民间口头文学中的人物都非常类似。这些故事都有一个共同的特点，就是非常明确地分为绝对正面或绝对反面的人物。中篇说书《刘巧团圆》与此尤其相关。在描写张玉兰的故事中，张玉兰丈夫的形象已经写得有些复杂化了：他是个好人，但他仍残存着轻视妇女的封建落后思想。但是，观众（或读者）仍是通过人物的开场独白才了解到的这一切。反面人物往往在反复"自白"：他是个卑鄙好撒谎的家伙；是个好骗人的骗子（如刘巧的父亲），等，所以，韩起祥的人物便成了传统民间说书的某些特征的类型。正面人物身强、力壮、英俊，而反面人物则正相反。例如，关于赵柱儿领导的劳动队员,就描写得都是些爱唱好笑的年轻、结实的棒小伙儿。其次,对赵柱儿本人的描写则是:他有才干,很英俊。

韩起祥的说书中还以概括性的方式描绘了大自然的美。例如,描写刘巧跟着李婶婶进山给劳动队员送饭时,山里的一片美景出现在他们眼前:

> 李婶婶心忙走得紧,
> 巧娃提饭随后跟,
> 先过河来又翻山,
> 好山好水绿盈盈。
> 周围的山头数不尽,
> 树木庄稼一片青,
> 风又吹来鸟又叫,
> 一对对山鸡看清清。

再如在民间文学尤其民歌中,为了增强人物思想感情的表达,在讲述故事的同时往往插入自然风光的描写:

> 二婶婶只顾头前走,
> 巧娃越看越痛心,
> 咱边区风光样样好,
> 就是有我这苦命人。
> 称心的鸟儿一处飞,
> 为什么我要跟霉鬼?
> 山清水秀庄稼青,
> 爹爹你为什么心里诨?
> 花红柳绿天上蓝,
> 就是我心里刀尖尖剜。
> ——《刘巧团圆》

这种传统的对比手法无须进行烦琐论证。然而,这种充盈于描写中的传统的对比手法却不是拟古的,因为它不受时代的制约,没有打上古老艺术作品的印迹。

韩起祥创作的说书的特点是：他注意从现实生活中选取对当代社会最重要的生活素材，而不是像俄罗斯壮士歌手那样用古老的词汇描写当代英雄，而是继续传统地描写生活故事，如公案故事等，所以不需克服传统的陈腐形式与专业俗套的许多矛盾。描写日常生活的说书能比较自由、容易地写进当代生活的新题材。同时，传统的表现手法又给自己的作品带来显著的特点。所以，韩起祥的说书也不同于与其题材相近似的赵树理的短篇小说。这种差别蕴涵于其独特的比喻手法和丰富多彩的语言中——他努力使自己的语言充满拟古的四字构成的成语，同时，又充满当代恰当而准确的对比和富于表现力的谚语。

韩起祥特别追求四字组合的成语，如"歪鼻斜眼""狼心狗肺"（对地主王的描写），或"心直口快、能说会道"（这里出现了两个四字成语）、"吃足喝饱"等。这些四字成语使说书的语言变成了听众喜闻乐见的语言，因为它们既是传统的同时又是动听和准确的。韩起祥在自己的说书中经常运用传统类比手法。譬如，反面人物通常被比作地狱的统治者——阎王（《刘巧团圆》中的地主王寿昌，《王丕勤走南路》中的国民党军官等）。正面人物的类比则相反，往往比作天神（在人们心目中天上有光明之神）。譬如，刘巧说马锡五是"青天"。在这些类比中显然不乏拟古的成分，但这并不重要，关键是它并未破坏作品的艺术主旨。

有意思的是，在《王丕勤走南路》中竟然运用了象征诽谤者绿头苍蝇的古老形象——该形象远在《诗经》中就已经出现了。说唱艺人按照传统方式演唱的歌颂解放区新生活的剧目，就运用传统的表演程式，表现了1000多年来的"男耕女织"思想，这一思想可能与古代神话《牛郎织女》有关。

从上述较为深入的分析中，我们似乎能够发现韩起祥的说书作品还完全处于传统旧形式的框架之中。然而，事实远非如此。正如上面援引的林山的论文中指出的那样，说书人运用的不只是传统的那七字、十字（如在鼓词等俗文学作品）的字数，而是由三四字至十字组成的诗。他并不模仿古体诗歌的严格韵律，其诗歌的基调听起来感到约略押韵，但在此他却发展了久具雏形的中国诗歌传统。

韩起祥的新说书是一种讲唱文学作品，他不仅引入了新的内容，而且在音乐方面也有改革创新。他对陕北说书的音乐伴奏进行了改革，不只使用三弦（陕北说书人都用过），还增加了梆子、甩板、麻扎扎等乐器。其唱腔除说书常用的说书平调外，还用陕北流行的信天游民歌小调，也用道情、碗碗腔、秦腔等曲调。可以说他把地方戏曲曲调几乎全都用在了他的说书中。但是，他大都运用听众了解的，都很熟悉的曲调。他讲唱一个新书时经常变换曲调，如讲唱《刘巧团圆》时，他除了使用说书平调外还用货郎卖杂货调、眉户岗调、搅工调、哭调、山西梆子唱腔，也用顺天调（大概是一种信天游民歌小调）。他常在唱词中换调，先唱一种调子，然后再换成说书平调，以使自己的唱腔具有多样性。他也使用传统的曲调，如《刘巧团圆》中的《武将点兵》调，也用较新的曲调，如《张玉兰参加选举会》中的《骑白马挂洋枪》调，可以说，韩起祥不只改革了说书内容，同时也创新了说书的唱法与音乐。

　　韩起祥的作品是创造性发展了说书传统的典范之作。他给旧说书引入了新内容，并善于使这些新内容同传统的旧形式结合起来。对新社会发展的正确理解，积极干预生活，创作生动鲜活、通俗易懂的宣传农村革命改造的作品，这一切都使韩起祥跻入了继承民族文学、民间文学传统的最优秀的作家行列。

# 歌剧《白毛女》俄译本序言\*
B.H.罗果夫

1945年5月，延安鲁迅艺术学院戏剧班，在陕甘宁解放区延安城，首次公演了人民歌剧《白毛女》。

毛泽东在其著名的关于文学艺术在革命运动中的作用的演说中说：

> 文学就把这种日常的现象集中起来，把其中的矛盾和斗争典型化，造成文学作品或艺术作品，就能使人民群众惊醒起来，感奋起来，推动人民群众走向团结和斗争，实行改造自己的环境……无论高级的还是初级的。我们的文学艺术都是为人民大众的，首先是为工农兵的，为工农兵而创作，为工农兵所利用的。（《在延安文艺座谈会上的讲话》）

真正的人民艺术的这一切特征，在很大程度上，都是歌剧《白毛女》所固有的，它是最受欢迎的中国现代剧作之一。《白毛女》在中国许多城市上演，多次再版，现已搬上银幕。直到今天，歌剧《白毛女》也没有走下中国剧院和俱乐部的舞台。在1947—1949年人民解放军乘胜前进之时，这部歌剧具有特殊的功绩。

为此，《白毛女》的作者——诗人贺敬之和剧作家丁毅——被授予1951年度斯大林奖金二等奖。

歌剧《白毛女》的剧情，是以广泛流传在陕西省北部的关于农家姑娘——喜儿被地主侮辱而逃到山中的民间传说为基础的。作者成功地以现

---

\* 译自B.H.罗果夫译（诗歌翻译：В.Н.罗果夫），B.C.科洛科洛夫校，歌剧《白毛女》俄译本，莫斯科：外国文学出版社1952年版。（Хэ Цзин-чжи, Дин Ни, СЕДАЯ ДЕВУШКА. Перевод и предисловие В.Н.Рогова, Стихи в переводе В.В.Рогова, редактор В.С.Колоколов, Издательство иностранной литературы, Москва, 1952.)

实主义的艺术形象，表现了旧中国千百年来被压迫的无权的农民的苦难生活及其在国家成立后开始过上的新生活。歌剧以人民从国民党统治下解放出来及农家女喜儿得救而庄严结束；全剧以农民的自由的新生活的开始、人民对地主的审判而告终。

贺敬之与丁毅塑造了年轻的姑娘喜儿的真实形象，她不容忍地主的强暴与专横。与其自杀身亡的父亲不同，她寻求自己抗争的力量。作者通过赵大叔这一人物，塑造了热爱劳动、相信红军能给人民带来自由与幸福的淳朴农民的形象。

中国观众观看歌剧《白毛女》，是将其作为重大的社会历史概括的剧目而接受的。有一次在邯郸市（河北省）演出后，当地农民在一起交换自己的感受："喜儿——就是我们农民。"他们说："大春，就是人民解放军（形象）；大嫂与赵大叔是代表觉悟的先进农民。是共产党毛主席派来的人民解放军，把喜儿从黑暗的山洞救出来，使她重见天日；是他们救了我们农民，给我们农民带来了自由的新生活。"

《白毛女》的艺术品格在于，它是一部千百万中国人民群众都能看懂、都感到亲切的作品，是一部真正的人民的作品。

这部剧作是用生动而形象的语言写成的。剧作中广泛运用了准确的对比手法，同时为了表达革命人民群众的新的思想感情，还广泛运用了华北和西北地区农民的方言。甚至，在次要的场景中，其人物对话的色调与鲜活性都能创作出一幅独特的极具艺术表现力的图画。

《白毛女》是一部深刻的现实主义的作品，但同时又与中国程式化戏剧的古老传统相联系。譬如，来自中国古典戏剧的登场人物的直接转向台下观众的对白，令人感到与台上展开的事件有机地连在一起。歌剧《白毛女》的音乐是由马可、张鲁、刘炽、陈紫等青年作曲家们创作的。通过包括中国传统乐器的乐队的演奏，使歌剧《白毛女》产生了强烈的艺术效果。

中文版歌剧《白毛女》出版了许多种版本。1947年，剧作家丁毅在为第二种版本写的《再版前言》中说："《白毛女》这个剧本已经在张家口、承德、齐齐哈尔、哈尔滨，还有其他的地方出版过几次了，但每个版本，都不相同，都有修改的地方，这说明了它还不太成熟，也说明着我们在努力使它走向完善。"[1]

我们提供给读者的这本俄译本《白毛女》,是根据中国青年艺术团于1952年在莫斯科上演的《白毛女》中文本译成的。现在,该艺术团已发展成为中国剧院。这个《白毛女》文本与上述诸文本不同,其人民得解放的主题与民间传说更加有机地联系在一起,该传说是歌剧《白毛女》创作素材的基础。这就容许作者更广阔地展现了光荣的共产党领导下的人民军队的英勇斗争和解放了的劳动农民觉悟的唤醒与提高。

人民歌剧《白毛女》不仅在中国广为流传,而且在国外也闻名遐迩。在苏联,莫斯科市国立瓦赫坦戈夫剧院上演了《白毛女》,国立乌兹别克(哈姆兹)剧院在塔什干用乌兹别克语演出了《白毛女》。在捷克,捷克斯洛伐克军人剧院也成功地演出了《白毛女》。中国青年艺术团在1952年柏林国际民主青年联欢节上,随后在莫斯科、列宁格勒和其他许多苏联城市以及在许多人民民主国家,都先后演出了歌剧《白毛女》片段。

人民歌剧《白毛女》是中国现代文学的最动人心弦的作品之一。它表明了中国的新民主文化的成长与发展。

---

1　丁毅《白毛女·再版前言》,1947年。

# 《丁玲选集》俄译本序言*

Л.波兹德涅耶娃

　　人民革命胜利前，中国进步作家的作品很难冲破国民党书报检查机关设置的障碍传到我们这里。但现在，没有什么能阻碍我们两国人民亲密的兄弟般的友谊了，中国作家的作品可以迅速到达苏联读者面前了。然而，过去发行量不多（1500—2000册）的旧读物在中国已绝版。所以，不久前中国着手再版许多书籍，这对填补过去年代的空白很有助益。譬如，文化部部长茅盾于1951—1952年主编出版了中国作家1919—1942年创作的作品选集丛书。丛书作者中的许多人早已牺牲，为祖国人民的解放事业献出了自己的生命。柔石、殷夫、胡也频30年代死于国民党刽子手屠刀下；闻一多于中华人民共和国宣告成立前不久被国民党杀害；郁达夫在被占领时期死于日本监狱。这套丛书中还有新共和国的积极建设者们的作品，诸如作家郭沫若和茅盾、剧作家田汉、诗人艾青等。《丁玲选集》也列入了该丛书，现在首次译成俄文大量出版发行。

　　丁玲（原名蒋冰之），生于1904年。她最初的作品发表于1927年的刊物上。因此，她是始于1919年的中国现代文学的第二代活动家。

　　1919年5月4日，上海举行游行示威，强烈抗议巴黎和会把德国在中国的租界转让给日本的决定，并以此为起点，在新的情况下，受俄国伟大的十月社会主义革命的影响，掀起了一场革命运动。这时，中国无产阶级积极参加国家的政治斗争，而将于1921年建立中国共产党的中国最早的马克思主义者则肩负起了领导这场运动的重任。这一时期，中国的进步文学同解放运动相结合，积极参与人民反对帝国主义和封建主义的斗争。

---

　　＊ 译自Л.波兹德涅耶娃译，С.马尔戈利斯编校《丁玲选集》俄译本，莫斯科：外国文学出版社1954年版。（«ДИН ЛИН ИЗБРАННОЕ»——Издательство иностранной литературы, Москва, 1954.）

持民主革命观点的作家们为了反对维系旧家庭制度的封建礼教,反对阻碍中国科学与文学发展的封建哲学思想,同资产阶级文学家们结成了特殊的统一战线。他们提倡白话文,反对听不懂(象形文字之类)的为达官贵人所扶持的文言文。但是,先进的左翼文学很快便同右翼文学展开了论战,反对鼓吹欧美的《最后的演说》、模仿西方颓废派提倡"为艺术而艺术"的文学作品。作家之间的分裂越来越厉害起来。在1924—1927年的反帝反封建的资产阶级民主革命失败、国共两党的统一战线破裂之后,革命的文学家们组成了自己的营垒,而资产阶级作家也公开同封建遗老们联合起来。由于国民党1927年4月的反革命政变,以及随之而来的蒋介石的血腥恐怖,这两大文学营垒之间的分裂特别尖锐起来。但是,这种镇压并没吓倒进步的文学家们,只是使他们更加紧密地团结起来。1930年,在中国共产党领导下,他们联合成立了中国左翼作家联盟。在残酷的阶级斗争时期,正当中国工农红军粉碎了国民党军队对农村革命根据地的"围剿"之时,进步的文学家们同样粉碎了国民党对于进步文化的"围剿",他们顽强地把握住马克思列宁主义这唯一正确的世界观,用自己的笔为民族和劳苦大众的解放服务。

所以,20年代中国文坛的特征是:各种流派、各种势力、各种思潮丛生并存,形成了一种极为错综复杂的局面,出版了大量的附有形形色色的宗旨和宣言的刊物。旧事物的卫道士们视革新者们为中国"固有"文化的危害者,号叫要学生们坐下来"两耳不闻窗外事,一心只读圣贤书"。那些在英、美大学里镀过金的买办资产阶级的代表人物极力颂扬中国的旧文化同反动哲学家杜威之流的学说相混合的一切新"成就"。中世纪长篇小说的模拟者们写出大量的描写"郎才""女貌"题材的爱情小说,这些陈词滥调全是从美国的强盗、色情书籍中拣来的破货,形形色色,离奇古怪!与这条猛烈抨击年轻的进步文学的阵线相抗衡的则是成长中的已经赢得了广大读者的新文学阵线。

鲁迅,中国文学批判现实主义的奠基人,是当时名副其实的最大的文学大师;1927年以后,他逐渐获取了社会主义现实主义的创作方法。鲁迅把传播俄苏文学和马克思主义文学理论当作自己最重要的任务。1921年初作家叶圣陶、许地山,文学评论家郑振铎、茅盾(后来成为作家)联合成立了"文学研究会",并出刊了机关刊物《小说月报》。该研究会的成员们刻苦学习外国文学中的进步作品,精心研究各种文艺思潮的理论基础。他们遵循"生活的诗意"这一口号,要求"血与泪"的文学,其基本特征是写实主义的方针。团结在《创造》杂志周围的如郭沫若等作家和诗人们,从浪漫主义的立场出发,主张推翻旧世界。这是一种积极的浪漫主义,正如高尔基所定义的那样,这种浪漫主义"努力加强人的生活意志,唤起他们去变革现实,反对一切人压迫人的现象"。在这群革新者之间,在无情地批判一切反动、腐朽事物的人们中间也展开了一场具有现实主义者与浪漫主义者特色的争论。后来随着1924—1927年大革命高潮的到来,他们中的优秀分子或参加了人民革命军,或以笔为武器投入了战斗。最后他们在无产阶级革命现实主义文学的旗帜下,在左翼作家联盟中团结了起来。

到1927年,老一辈革命家已经同旧世界——封建思想、封建文化,同新的敌人——帝国主义利益在中国的代表人物进行了首次战役,但是斗争尚未胜利。由于买办集团的资助和历届军阀政府的支持,新文学的敌人仍在猖獗。这时,他们竭力追捕中国进步作家,查封他们的刊物,作品的出版极其困难。

丁玲,这位新进作家刚一步入文坛就遇上了这种复杂局面。但是丁玲善于洞察时局,她清楚真理在哪一边,并做了正确的抉择。从丁玲的作品中我们可以看出,在20年代的文坛上,批判现实主义的文学大师鲁迅和叶圣陶对她影响很大,他们的作品的思想性,他们对半封建半殖民地社会的辛辣的揭露,最强烈地吸引住了她。但是,丁玲早期作品的特点是探求,她还不能判断社会生活中最重要的问题,还未找到最典型的形象,阶级偏见的负担还重压着她。在《丁玲选集》序言中她写道:"如果我长年只生活在这些故纸堆中,我想我会变得悲观的,我会失去信心的。"[1]丁玲批判地对待自己早期的作品,并为越来越发展壮大起来的年轻文学的一切创新感到欢欣鼓舞;她面向未来,胜过过去。丁玲经历了一条思想、艺术发展的复杂而坎坷的道路,这在她自选《选集》的作品中已经明显地反映了出来。

丁玲早期的短篇小说《梦珂》《莎菲女士的日记》《庆云里中的一间小房里》(1927—1929)问世后,立刻在读者和进步的批评家中引起了强烈的共鸣。这些短篇小说表征了丁玲创作道路的起点,她先在文学研究会机关刊物上发表短篇小说,尔后结集出版了《在黑暗中》《自杀日记》及其他小说集。这些作品的重心均是引起她注意的课题:寻找中国妇女的解放道路。

第一部作品《梦珂》的女主人公是一个柔弱的少女。她从外省来到上海

---

1 《丁玲选集·自序》,北京:开明书店1951年版。

学习绘画。她对妇女没有社会地位非常愤恨，但解决问题的方式还是个人主义的：离开家庭，逃避强制婚姻，即所谓追求自由生活。她在剧院里找到了一个职业，但并不合适，只是糊口而已，况且剧院里这种伪善的生活环境与之逃跑前所处的社会也没有多少差别。丁玲天才地揭露了这个社会。

"第二篇问世的《莎菲女士的日记》，是《梦珂》的一个发展。"[1]文艺评论家和作家冯雪峰指出：莎菲也力争到了自由，自个儿决定了自己的命运。她需要解决的唯一问题是私生活、爱情与婚姻。莎菲日记篇章专门叙述她对自己疾病的思虑和对朋友的态度，对纯洁无私爱恋她而未能得到她爱的回答的苇弟的态度，对漂亮而富裕的纨绔子弟——大学生凌吉士的态度。对于后者，莎菲也只是例行地钟情。但是女主人公的这种意识最终占了上风，对于婚姻来说，一种感情的喜爱是不能满足的；但婚姻也应建立在好人的友谊基础上，而凌吉士自身是没有这种友谊的。

丁玲早期作品的特点是，茅盾写道：

> 莎菲女士是心灵上负着时代苦闷的创伤的青年女性的叛逆的绝叫者。莎菲女士是一位个人主义，旧礼教的叛逆者；她要求一些热烈的痛快的生活；她热爱着而又蔑视她的怯弱的矛盾的灰色的求爱者……她就一脚踢开了这位不值得恋爱的卑琐的青年……莎菲女士是"五四"以后解放的青年女子在性爱上的矛盾心理的代表者！（茅盾《女作家丁玲》）

冯雪峰对莎菲女士的心理进行了贴切的分析。丁玲在其《我的创作生活》一文中谈到，这种评析非常真实地反映了作家的创作情绪。她认为自己由于对社会的不满才走上了文学道路。她谈到了自己这一时期的缺点：消极悲观，片面地分析社会生活，以致不能正确地解决问题。

从丁玲的作品中我们知道，她是从反对中国封建家庭制度而走上文学创作道路的。她还没有意识到，消灭这种封建家庭制度有赖于废除不合理的社会制度。她还没有参与当时的政治斗争。她试图以逃避现实斗争的女主人公的模式解决中国妇女问题。但是，在1927年——中国左翼作家联盟成立之前，这类问题的提出还是符合中国文学的客观规律的；丁玲创作生涯的起点恰恰符合这一规律。

---

1　《冯雪峰论文集》，北京：人民文学出版社1952年版，第99页。

日记体裁对于中国文学来说是一种新的文体，敢于提出问题使这部作品获得了成功，但是作家还不善于第一人称的写法；叙述冗长、重复，女主人公内心的自我剖析言过其词。丁玲力求运用现实主义的手法再现生活的真实，然而，却常常只是对生活的摄影，陷入了自然主义。但是，丁玲却是以其"提出问题"为特征的作品进入中国文坛的，这一事实毋庸置疑。

丁玲的短篇小说《庆云里中的一间小房里》（1929）提出了解决问题的新途径，作品从妓女们的观点审视婚姻：在半封建的中国，女人出嫁和家庭生活要比她们所干的那种行当还要坏。丁玲的其他短篇小说，其中尤其提出了劳动妇女家庭子女教育问题的作品（《过年》，1929），均着上了一层悲观主义的暗淡色彩。小说的主人公——一个8岁的小女孩，其父已经去世，其母是一个教员，像中国通常看到的那样，只好寄宿在学校里，而将小女儿一个人留在舅舅家跟佣人过活。作家运用对比的写作手法，对照这小女孩的表兄弟们同父母生活在一起的愉快而热闹的情景，重点描写了小主人公对于温存的母亲的思念。作家将愉快的节日——新年，将母亲、弟弟回来后的几天幸福时刻同小菡对于节日后即将到来的孤独生活的恐惧穿插描写，更加渲染了这种悲凉的气氛。

通过对于社会问题之一——家庭与婚姻问题的分析，作家于20年代末期得出了结论：中国的封建婚姻奴役男女双方，剥夺了人身自由。妇女的经济地位决定了，在中国现实条件下妇女仍然得不到真正的自由。

后来，丁玲把妇女解放同社会问题联系起来，进一步探索了这一问题。在长篇小说《韦护》（1930）中，她提出了当时中国文坛独具特色的问题：革命与爱情。小说的主人公韦护是一个对现实不满的热情青年，他倾慕社会主义思想，到过苏联，尔后把自己献给了中国的社会主义运动。他结识了丽嘉，并且爱上了她——他感到这影响了他的革命工作，他决定离开她。丽嘉是莎菲形象的进一步发展；她是一个自觉的人，一个社会活动家。在她面前同样出现了"革命与爱情"问题——她也以革命工作的利益为重解决了这一问题。

丁玲在对"革命与爱情"问题的探索中并不是一位首创者。鲁迅在其短篇小说《伤逝》（1925）中早就描绘过爱情与斗争的抉择；柔石在其长篇小说《二月》（1929）中，胡也频在其长篇小说《到莫斯科去》（1929）、《光明在我们的前面》（1930）中也都提出了"革命与爱情"问题。另外，其他一些作家也都表现过这一主题。当时左联成员的一项任务就是要表现共产党员和进步文化工作者们为争取中间作家而斗争的主题,丁玲的短篇小说《一九三〇年春上海》正是表现了这一主题。然而,左联的斗争并未缚住这位作家的手脚,她将其主要精力用以描绘进步的活动家。这篇小说的主要人物是一位中间作家及其爱妻;妻子是一个柔弱、娇憨的年轻女子,丈夫是一个殷勤的、很会体贴人的男人,美琳的"叛逆性格"被这充满了爱情的婚姻及婚后的甜蜜生活融化了。但是,后来,进步分子的权威几乎都不能影响她的丈夫时,美琳自己便开始对个人的"傀儡"生活感到了失望,新的追求唤醒了她。

这篇中篇小说是丁玲创作的巨大进展,虽然她对"觉悟"问题比自觉活动更感兴趣,而左联的进步作家也是作为次要人物被描写的。作者在这篇作品中给自己提出了许多新课题;她触及了罢工、工会活动、工人记者、工人报纸及其文学艺术方面的工作。作品描写了国民党的屠杀和恐怖,描写了工人组织性的提高。小说写到准备"五一"大游行而结束。作品重点刻画了美琳这个柔弱的女人形象。这个女人选择了一条梦珂未曾找到的道路——社会活动的道路。

同时,革命运动的主题在短篇小说《田家冲》中也得到了发展。故事发生在一家姓赵的农民家庭里,作家将赵家的生活描绘得安闲恬逸;农民的贫困生活在此仅隐约可见。但是,中国美丽的大自然,农民的劳动生活及其劳动的喜悦的画面在作品中却被描绘得非常出色。

作品的主人公是一个大地主的女儿,她自觉地同本阶级决裂,在同地主阶级的斗争中,她转到了被压迫者一边,参加了一个地下组织,她看到了地主对农民的残酷剥削,十分理解这一时期农村阶级斗争的意义。从这一形象中我们看到了出身于大地主家庭的丁玲本身的影子。

但是,我们的作家并未专注于塑造同剥削阶级家庭断绝了关系的主人公的形象,她将笔锋转向了劳动人民、革命群众,较为准确地揭示了推翻地主、官僚资本统治的原因和革命的必然性。正是在这1931年,丁玲创作了中篇小说《水》。这部作品的问世表明了丁玲的思想又向前跨越了一大步。该作品取材于当时席卷了中国的大部——16个省的大水灾。

冯雪峰在其刊于《北斗月刊》杂志的论文《关于新的小说的诞生》中写道:"《水》所以引起读者的赞成,无疑义的是在:第一,作者取用了重大的巨大的现实的题材……第二,在现在的分析上,显示作者对于阶级斗争的正确的坚决的理解;第三,作者有了新的描写方法,在《水》里面,不是一个或两个的主人公,而是一大群的大众,不是个人的心理的分析,而是集体的行动的开展(这二点,当然和题材有关)。它的人物不是孤立的,固定的,而是全体中相互影响的,发展的。"[1]后来,冯雪峰在为《丁玲作品集》(1947)撰写的《序言》中,指出了这部中篇小说公式化的缺点,但是,他仍然认为该作品是丁玲创作前进的标志,也是中国新文学前进的标志。[2]

中篇小说《水》描写了这样一个重大主题:中国农民在同自然灾害——特大洪水的斗争中提高了自己的阶级觉悟。作者现实主义地再现了中国农村的悲剧,再现了当时骇人听闻的现实——无数的灾民,地主和官府的残酷压迫剥削造成的农民破产。

丁玲描写洪水泛滥,不是从大自然的胜利、老天爷的惩罚视角来写的,而是表现了统治阶级的垮台,表现了贪官污吏经济腐化堕落的恶果;他们不仅贪污修筑河堤的材料款、税款,甚至还贪污救济灾民的捐款。女作家还描写了人民大众对国民党的虚伪诺言已经丧失了信心,开始觉悟起来。

人民群众懂得,唯一的出路就是进行反对贪官污吏的武装斗争。中篇小说《水》的结尾就描写了起义的画面:灾民们向地主、官僚们的堡垒冲去,饥饿大军"比水还凶猛"地"朝镇上扑过去"。

丁玲1931年完成的这部中篇小说《水》反映了中国土地革命的高潮,尽管它把农民起义描写成了自发行为,没有表现出共产党的领导作用。这部中篇小说表明了作为艺术家的丁玲的进步。人们焦急地等待农村消息的情景,农民在河堤上紧张地集体劳动的场面,他们拼命保住自己的土地和家园免遭洪水袭击的描写,这一切都给读者留下了不可磨灭的印象。

丁玲的每一部新作都是她在艺术思想和艺术技巧方面向前迈出的新的一步。选集中反映出来的这一进步仅仅是在5年内发生的。丁玲进步速度如此之快是有其特殊原因的:1924—1927年的大革命,更重要的是蒋介石的反革命政变造成的大革命的失败。丁玲很遗憾未能参加这场大革命,她说:

> 直到1927年,大革命失败,"四·一二""马日事变"等等才打醒了我……许多我敬重的人牺牲了,也有朋友正在艰苦中坚持,也有朋友动摇了,我这时极想到南方去,可是迟了,我找不到什么人了。(丁玲《胡也频选集序言·一个真实人的一生》)

---

[1] 转引自王瑶《中国新文学史料》第1卷,第222页。
[2] 《冯雪峰论文集》第1卷,第104—105页。

女作家以自我批评剖析了自身的缺点。在《一个真实人的一生》一文中,丁玲评价了自己的丈夫——作家胡也频,同时也讲了他对她的政治发展的影响,讲述了他们一起接触革命思想,共同学习马克思主义文艺理论。随着左翼作家联盟的建立,胡也频成了左联执行委员,工农兵文学委员会主席,加入了中国共产党,并被选为出席红区人民政权第一次代表大会的代表。丁玲本人也参加了左联,编辑左联机关刊物《北斗》杂志,并打算同丈夫一起出席代表大会。

但是,在这些日子里,一个沉重的打击向整个中国文坛袭来:在开会时,国民党特务逮捕了出席大会的代表。这个事件对丁玲来说,不只是一个社会事件:她的丈夫也遇难了,这使她的生活发生了根本的变化。现在,在几册丁玲《选集》里,不仅有她本人的中、短篇小说,而且还有其对已故同志们的作品的整理和研究文字。收集白色恐怖艰难时期的革命文学遗产,恢复其鲁迅所说的"用血写成的"历史,吸引了丁玲、冯雪峰及其他一些30年代的作家。

丈夫及其他同志在斗争中遇难,迫使丁玲以新的目光审视过去同她一起工作过的作家。就在那时,她第一个再现了共产党人的形象。在那可怕的苦难岁月中的感觉——寒冬腊月,风雪交加的寒夜,为营救被捕的丈夫而徒劳奔波的情景,在其描写烈士生活的短篇小说《某夜》中都得到了生动反映。尽管丁玲隐去了他们的名字,但烈士的形象仍生动可亲地立了起来。暴风雪,镣铐叮咚作响的队列,队列中有位女士,她就是女作家冯铿。队列停下来时,响起了最后的声音。出席真正的人民政权(现中华人民共和国的前身)第一届代表大会的上海代表们,表达了选举他们的城市的意志,高唱着《国际歌》走向刑场,这无产阶级的歌声,随着一排排机关枪声而减弱,直到最后一位战士倒下,歌声才消失……

在这篇篇幅不长的短篇小说中,丁玲以巨大的艺术力量成功地反映了中国共产党人的钢铁般坚强,表现了他们对人民政权在中国必然胜利的坚强信念。在敌后铁钉皮鞋的踏步声中,在警察队长的口令声中,在未经审判就秘密枪杀中,明显地表现出了感到行将灭亡的国民党反革命集团对共产党人的切齿痛恨和对人民的无比恐惧。

短篇小说《消息》写于1932年,其主题与过去的作品有关。该作品反映了人民的期望,反映了人民对人民民主政权的热切信赖——建立这一政权的人民代表大会于1931年11月在当时为数不多的摆脱了国民党统治的解放区里召开。一位上海工人的老母亲联合她的女友们积攒零钱，怀着崇敬心情缝制了一面红旗赠给工人们以表她们尽快在本市创建人民政权的嘱托。

女作家的童话《给孩子们》，反映了人民梦想在全国实现人民政权，给人民的解放斗争涂上了一层绚丽的光彩。但是，她认为国家的解放不能只停留在梦想，应很好地认识到只有经过全民的艰苦而漫长的斗争才能使这一梦想变为现实。

丁玲的短篇小说《诗人亚洛夫》渗透着中苏两国劳动人民利益一致的思想，在这篇作品中，丁玲给某些中国作者以猛烈还击；这些作者拼命描写逃亡到中国的白俄的"痛苦"生活，以便引起人们对逃避十月革命的俄国地主、资本家的怜悯同情，同时激起他们对世界上第一个社会主义国家的工农的仇恨。女作家再现了这位侨民"诗人"生活的丑恶画面，深刻描写了此人的道德堕落。他跌入社会底层之后，充当了工贼的反面角色。

在后来的短篇小说《奔》（1933）中，丁玲重新转向劳动人民，唤醒与组织他们去夺取人民革命的胜利。她以高超的艺术技巧，透过初次流入城市的农民的印象之棱镜，表现了上海工人的生活与斗争。丁玲对于这些情节不是当作偶然事件，而是作为社会现实进行描写的。当小说的主人公一伙农民们沿着铁路线回家乡时，一列火车从他们身旁疾驰而过，车厢里塞满了像他们一样幻想到"富豪"的大上海打工挣钱的破产农民。《奔》不仅描绘了农民的贫困状况，也不仅描绘了工人的失业和斗争，而且描绘了供农民借鉴的工人斗争的教训：丁玲指出，必须同剥削者进行斗争。《奔》是我们所熟悉的丁玲1933年写的最后一篇作品。丁玲的创作因被捕而中断。继续创作作品，大抵在1937年或以后几年。

丁玲在国民党白色恐怖年代及其就职的左联活动时期写的作品，一般给予较高的评价。当时国家面临的一系列新任务、新课题，使其后来的作品内容都非常新颖。

从抗日战争开始，女作家在自己的创作中就探讨民族统一战线问题。战争期间，她出版了散文、短篇小说集：《一颗未出膛的枪弹》《我在霞村的时候》等。

她指出："国民党及其他军阀被迫在某种程度上响应共产党关于建立民族统一战线的号召，因为人民拥护这一号召。"在短篇小说《一颗未出膛的枪弹》中，丁玲描写了人民对子弟兵的爱戴，描写了军民关系的一致。村民热情地接待小红军，谁也不把他交给军阀的夜袭队。但是，这个在很危险的情况下保存自己的红星军帽的小战士，善于说服军阀士兵，使其相信共产党的政策是正确的，相信必须停止内战，一致对外。

女作家没有回避统一战线的不牢固性、战争中各派政治力量的立场。丁玲不仅成功地描写了统一战线的一方——共产党所领导和组织的人民，她还善于通过惊惶失措分子、胆小鬼记者徐清形象揭露了国民党投降主义分子[1]。女作家还描写了与这位国民党空谈家全然对立的人民军队的普通一兵杨明才。丁玲把这一形象塑造得特别成功。杨明才在任何情况下都看不出一点因其勇敢、能干而骄傲自满。"照料客人"的任务重压着他，他梦想一支步枪，梦想能和同志们一起战斗，但他服从命令并完成了自己的任务。女作家在重点强调杨明才形象身上所具有的劳动人民的优点时，充分表现出了，战争的一切负担都落在了杨明才的肩上，落在了共产党人领导的为中华民族成为独立国家而浴血奋战的这支军队的命运之上。

丁玲在抗日战争时期写的其他一些短篇小说中描写了解放区——描写了这里的新生活、新人和中国的新活动家的成长过程。诸如《新的信念》《我在霞村的时候》《秋收的一天》《夜》等。她在这些作品中还描写了落后的、被战争和旧社会所损害的人物形象，唤起他们重新做人；也塑造了先进人物的形象，描写了他们的忘我斗争和日常生活。她的作品具有独特的艺术特点，几乎在她的每篇作品中我们都能发现那优美的自然景致的描写。

丁玲作品中的自然景致描写是情景交融的写法，自然景致通过人物的感觉比较真实地折射出来。譬如，在反映农民共产党员、解放区人民政权的建设者生活的短篇《夜》中，对周围自然景致的描写便加重了人物对故乡的眷恋之情。在中篇小说《水》、短篇小说《某夜》和长篇小说《太阳照在桑干河上》等作品中，自然景致描写与作品故事情节最有机地糅合在了一起。

丁玲作品选集反映了丁玲的生活和创作道路的各个时期：第一时期，是对旧中国不自觉的个人反抗时期，这一时期的创作方法是批判现实主义的（1927—1929）。第二时期，是左联时期，创作了大量作品和运用马列主义文艺理论写了不少理论文章。这一时期，其艺术技巧臻于成熟（1930—1933）。第三时期（始于1937年），参与解放区的实际工作，是向社会主义现实主义转变的时期。在其创作生涯中，毛泽东1942年在延安文艺座谈会上的著名讲话

---

1　丁玲《入伍》。

起了很大作用。在其后几年里,她的作品达到了最成熟状态。还在其长篇小说《太阳照在桑干河上》问世之前,冯雪峰就对丁玲这一时期的创作给予了高度的评价:"后来的这些作品,可以作为作者对于人民大众的斗争和意识改变及成长的记录,也可以作为作者自己的意识改造和成长的记录……"[1]

丁玲在解放区、在共产党的堡垒延安的斗争和工作实践,起初在其特写、随笔、日记和短篇作品里都得到了反映,现在这些素材又激发女作家创作出了更加成熟的长篇作品《太阳照在桑干河上》,从而使其第三时期的创作找到了最好的表达方式。这部长篇小说充满了乐观主义,它是在经过多年不懈的斗争以后,人民取得胜利前不久创作的;当时这一问题首先在老解放区提出,而在全国范围也应解决。这部作品代表了女作家这一时期的创作规律。它表明了丁玲作为现实主义艺术家的巨大进步;表明她是一位不仅由斗争理论,而且由社会活动家的实际经验所武装起来的现实主义作家。当然,战争时期的工作环境是非常艰难的,我们在丁玲这部长篇小说中很容易发现这种时局下的艰苦环境。但这部著作校勘不够精细。出现有重复现象,还不是所有情节线都能贯穿始终,某些形象未能得到充分发展,譬如牧人之妻周月英、妇女主任董桂花、顾涌的阶级面貌不清晰。但是,尽管有这些缺点,《太阳照在桑干河上》仍然是中国现代文学的最具重大意义的作品之一。

共产党领导下的生活和斗争丰富了丁玲的生活经验。女作家更加磨炼了自己的创作技巧。在中篇小说《水》中,她把起义的人民描写为力量的洪流、强有力的大军,但仍没超出个人主义的形象。在这部作品中,丁玲在毛泽东关于文学为工农兵服务的指示武装下,善于塑造劳动人民的鲜明形象,他们是推动历史前进的动力,是完成土改的先进人物。

《太阳照在桑干河上》是最早反映中国劳动群众鲜明的生气勃勃的创造性活动的作品之一,它标志着丁玲创作新阶段的开始。该长篇小说属于阿尼西莫夫教授指出的那类早期作品:"在美学方面……有充分理由可将其列为社会主义现实主义的成就,社会主义现实主义这一问题已由人民民主国家的作家们和资本主义世界保卫世界利益的进步作家们深刻探讨并创造性地解决了。"[2]

---

1 《冯雪峰论文集》第1卷,第105—106页。

2 《真理报》,1952年3月19日。

# 周立波及其长篇小说《暴风骤雨》*
Л.艾德林

作家周立波反映中国农民土改斗争的长篇小说《暴风骤雨》是中国当代文学的优秀作品之一。周立波的全部生活与创作道路都为其创作这部作品做好了准备。该作品的问世表明周立波具有全面而深厚的人民生活知识,表明他正确地理解共产党的政治路线,善于掌握现实主义的创作方法,最终,还表明这些重大事件的直接参与者——作者对土改的热烈而浓厚的兴趣。

1908年,周立波生于湖南省一个贫穷的教师家里。1928年,他在长沙市的一所中学毕业后来到上海,考入上海大学经济系。在那里,他结识了许多从事文学的革命知识分子,开始写作,积极参加革命工作。1934年至1937年,他作为作家和编辑在鲁迅领导的左翼作家联盟工作。1939年,他被国民党密探局追捕,因而离开上海来到陕甘宁边区中心——延安,之后,他就集中全力投入到文学创作中去。

周立波是在鲁迅和瞿秋白的直接影响下成长和培养起来的那一代共产党员作家之一。

鲁迅对其周围青年作家的培养一定包含对俄国古典文学和苏联文学的推荐,这些作品对周立波来说简直是一所现实主义的大学校。

周立波在延安度过的那些年,延安正是中国革命的大本营,以毛泽东为首的中共中央在这里领导着全国的革命工作。因而,这些年充实了作家的精神生活,增长了其现实主义的才干。他的《晋察冀边区印象记》《战场三记》及其文学评论便是很好的例证。值得注意的是《谈阿Q》一文。在这篇

---

\* 译自苏联《人民民主国家作家》,莫斯科:艺术文学出版社1955年版。(ПИСАТЕЛИ СТРАН НАРОДНОЙ ДЕМОКРАТИИ, Издательство "художествен ная литература", Москва, 1955.)

论文中，周立波对鲁迅不朽的中篇小说给出了有趣的分析，指出了其独具的现实主义创作方法的特点。在结束自己的论文时作家如此展望未来："但无论如何，我们是更加接近解放的明天了。再过几年，年轻的男女读了《阿Q正传》，也许会吃惊地说：'有过这样的中国吗？'有过的，亲爱的年轻的朋友们，而且离开你们并不十分远。"[1]

在那些年，周立波还将普希金的中篇小说《杜勃罗夫斯基》和肖洛霍夫的长篇小说《被开垦的处女地》译成了中文。尽管当时纸张奇缺，印刷条件非常困难，但是周立波翻译的这部肖洛霍夫的长篇小说硬是在延安出版了。后来，1949年，周立波在一篇文章中这样写道："苏联的文学是战斗的，健康的。它号召我们斗争，它使被压迫的工农和革命的知识分子看到了自己解放的前途和人类光明的远景，看到了灾难深重的自己民族的出路。十月革命及其以后的辛苦的和成功的建设，就是中国革命和建设的榜样。从苏联文学中，我们看到了这些情形的忠实而生动的反映，使我们读者，学习了很多的东西……我们遵照了毛主席的指示，把苏联文学当作我们的最好的先生。"[2]

苏联军队粉碎日本帝国主义后，1945年八九月份周立波被派往东北，在那里专搞政治工作、写作论文和创作短篇小说。这样，1947年6月，他就在《东北文艺》上发表了描写侦察兵事迹的短篇小说《金戒指》。

1946年7月，中共中央东北局动员1.2万名干部下农村帮助土改，周立波就是当时其中的一员。他的农村民主改革的工作，他的个人感受是其创作长篇小说《暴风骤雨》的基础。

周立波的这部长篇小说描写了中国东北一个村庄的农民们起来反抗地主剥削者的斗争。

该长篇小说的价值在于，它描写了农民觉悟的不断提高，描绘了共产党给中国农民带来的改变人命运的诸多变化。作家描述了以肖祥为首的农村工作队进村后开展的一系列艰苦卓绝的工作。故事情节从容不迫地、一天一天地向前发展，许多贫农形象一个个走进小说的篇章；他们起初是被千百年来只关心个人利益的积习重压着的一个个分散的农民，后来共产党人给他们讲明了未来美好的前程，以巨大的毅力使他们终于团结了起来。

周立波未能展开描写工作队的全部共产党员，真正深刻描写的只有其

---

1 《谈阿Q》，《周立波文集》(5)，第279页。

2 《我们珍爱苏联的文学》，《周立波文集》(5)，第713页。

领导者——肖祥形象（这也是该小说的一个缺点）。肖祥明白，为了推翻几千年来的封建制度，需要来一场"暴风骤雨"，群众应该积极行动起来。但是，共产党人应以坚定、耐心的说服工作，为"暴风骤雨"的来临做好准备。

肖祥执行了党的英明而坚定的路线，很好地理解农民的心理，努力争取在农民群众中的信任和威信。他关心农民的一切需求，他是他们日常生活的领导人，又是领导他们同进犯农村的土匪做斗争的勇敢的司令官。

农民们感到肖祥是一个富有同情心的好人。对农民们来说，肖祥是一个可亲可敬的客人，路上遇到他都喜欢和他打招呼，真心实意地请他到自己家里做客；对地主及其走狗们而言，肖祥则是他们的死对头，他们总是想方设法要除掉他。当证明他不能被收买之后，地主的亲戚韩长脖就向他下了毒手。

肖祥是一个优秀的马克思主义宣传员，他善于把马克思主义理论原理同革命斗争实践相结合。他简洁易懂地给农民们讲解阶级斗争，令人信服地证明：地主韩老六很坏不是简单的因为他是个坏人，而是因为"地主没一个不喝咱们贫人的血"的。

肖祥向农民们说，他们同地主的斗争是为了讨回地主从他们身上夺去的东西。他们的事业是正义的。

村里的人都成长起来了，应以另一种方式引导他们，他们从似懂非懂的话语中明白了一些事理，渐渐弄懂了许多事情。现在肖祥已不再给他们讲解理论，而和队员们一起发动群众，动员他们起来投入斗争，使他们在斗争中感到希望和建立必胜信心。肖祥作为领导者本身在斗争中也同群众一起发生了变化：由于向人民学习，他变得更加聪明，更加干练。

肖祥这一形象是真实而令人信服的；他是一个心灵纯洁而直率的人，他全心全意忠于党的事业，敏于听取群众的意见。作者有时也稍微取笑他几句：说他的热烈的鼓吹起了很大作用。作者列举了许多肖祥头脑机智、关心他人的事例。譬如，在追扑毒打放牛娃的地主分子后，他想到的头一个问题就是那娃子的身体怎样？

对肖祥来说，公共事业就是他个人的亲密事业，这种事业激动着他，这种事业使他活得有劲。请看，周立波就是这样描写他的主人公在看到农民分到田地后的心态：

肖队长的两眼潮润，眼角吊着两颗眼泪瓣。肖祥是个硬汉子。他出门在外,听到妈病重,因为没有钱抓药而死去的信息,也没有掉泪。这回却满眼泪了。但这眼泪,不是悲伤,而是我们这一代的有着为人民服务的大志的群众政治家的欢喜和感激的标记。(《暴风骤雨·二六》第二部 )

该长篇小说的第一部是以肖祥离开村子而告终的。肖祥在村里与农民们相处了50天——这50天的农村生活对农民、对工作队来说都是一所真正的政治大学校。

在通过土地法的1947年9月会议后,肖祥以县委书记的身份又回到村里。这回他带来一份新的土地法(《中国土地法大纲》)。这份"土地圣书",要比"天书"还能创造出更大的奇迹。

肖祥的这次归来面临着一种新的考验:农民获得胜利果实后,地主的走卒们仍然想夺取农村政权。肖祥重新组织农民投入斗争,帮助他们确定自己的命运。

肖祥的胜利就是共产党的胜利。工作队的全体党员分享了这一胜利的荣誉。但是,对这些党员的描写,我们看到的,不是生机勃勃的艺术形象,而是些粗略草创的人物轮廓……作者在描写共产党员形象时,失去了许多机会去描写被一种为人民幸福而斗争的共同思想所激励的具有不同生活道路、具有不同个性的人物形象。

周立波描写了土改工作队员们挨家挨户到农家去访贫问苦,了解农民情况。作者运用这一方法展现了全村人的命运。作者把这种单独描写每个主人公详细故事的古老的传统手法牢牢引入了中国当代文学。丁玲的长篇小说《太阳照在桑干河上》中出现的人物比较有限,还能容许作者全面展示每个人物的命运,那么在周立波的这部作品中出现的人物超重,则往往难以坚持这一原则(尤其在第二部中)。但是,这一创作手法仍然帮助作者广阔地展现了农民的生活和风俗,以高度的艺术技巧深刻揭示了农村新人、新生活的创造者和建设者的进步与成长。

该长篇小说重点描写的是处于地主奴役下的贫雇农,忠厚勤劳的劳动人民。他们还不懂怎么开始同地主斗争,但是,他们在工作队的帮助下获得了人的生存权。他们应该团结起来,只因正如肖祥所说:"全世界的贫农只有一个姓,姓贫;全世界贫农是一家。"

周立波善于表现一般贫农的心灵美,善于描写中国农民的聪明才智和唤起与提高阶级觉悟时表现出来的那种激情和主动精神。作品中塑造了一些活生生的人物,他们有优点也有缺点,有忧愁也有欢乐。这里发生的许多事件与发生在农民家中的小事分不开。

作品中最吸引人的人物是"赵光腚"赵玉林,他是第一任农民协会主席,人送外号"赵光腚",因他家(他、妻、小孩)里穷得食不果腹、衣不蔽体,故名之。但是,赵玉林并不抱怨。他说:"穷人要是遇到不痛快的事就哭鼻子,那真要淹死在泪水里了。"赵玉林是觉醒起来的农民中的一员,他们的心中早已燃起了仇恨地主压迫者的火焰,已经做好了充分准备与地主斗争。赵玉林毫不犹豫地支持工作队的工作。分田以后肖祥笑着问他:

"不怕'中央军'来拉你的脖子?"

"还不知谁拉谁的脖子呢?"

赵玉林把枪把在地板上轻轻顿一下,说:"有这玩意儿,慢说他种殃军,他洋爸爸美国鬼子来,也给他有来无回。"

赵玉林在与匪徒的战斗中因伤势严重牺牲了。这个平凡的人临终时的留言非常高尚,他说:"没有啥话,死就死了,干革命还能怕死吗?"作者通过给赵玉林送葬的悲壮场面着重展示了这种生机勃勃的"赵光腚"英雄主义精神的力量:他的死激起了旺盛的继续斗争的意志。赵玉林的战友贫农白玉山在赵的灵柩前表达了农民们的共同思想,他用劳动人民所素有的生动形象的语言说道:"咱们都是干庄稼活的,咱们个个都明白,庄稼是一粒下地,万粒归仓。"

村里的人都以不同方式寻找新的真理。年轻的郭全海的经历就是如此。这个小伙是非常坚强勇敢的,他可以勇敢地制服一匹烈马,但在残害他父亲的地主面前也得温顺地低下头。郭全海从早到晚给地主干了一年零两个月的苦工,只得到很微薄的报酬——五斤肉钱。现在,在郭全海眼前展开了一个新的天地,他的勤劳的巧手在自己分到的土地上得到了很好的施展。他高兴地笑着反复重复着从小王那里学来的"一人为大伙,大伙为一人"这句话。地主韩长脖送给他钱企图收买他时,他把那卷票子往他长脖子上一扔,说:"谁要你这个臭钱!"

但是,决定要跟共产党走的绝非只郭全海少数人,所有相信共产党是人民最好的朋友的农民们都会做出这样的决定。李大个子虽没马上决定要加入农民协会,但他决定加入后就说:"我现在寻思,就是有人用刀子拉我的脖子，也要跟共产党跟到底。"

该小说中白玉山形象是非常有意思的，他"有一垧地，用他自己的话来说：'一垧兔子也不拉屎的黄土包子地。'"白玉山是这样一个人：他全身的力气还处于一种"休眠"状态，还没有充分地发挥出来。在日常生活中他表现得"懒懒散散、黏黏糊糊"，是个"老睡不足的汉子"。是争取新生活的斗争和故乡完成的许多不同寻常的大事唤醒了他。过去他常说："慌啥？歇歇再说，明儿狗咬不了日头呀。"而现在，人们再向他提起他常说的那句话时，他就正正经经回答道："不行，得赶快，要不就不赶趟了。"

周立波的长篇小说的得力之笔在于，他描写了作为中国顺理成章完成的一连串重大事件之一的农民觉悟的提高。当时，一部分农民觉悟较快，迅速走上了同地主斗争的道路，而另一部分农民则觉悟较慢，在这方面的步履迟缓而艰难。小猪倌吴家富其母被地主韩老六卖给了妓院，他最后也逃出了地主家门。起初，他很害怕韩老六，但后来村里兴办的一些新事渐渐吸引住了他。有一次夜里他参加屯子里的唠嗑会回来，韩老六问他："你上哪儿去了？""你管不着！"他惊奇地感到自己已经不再害怕地主了。

作者还热情、幽默地描写了赶车人老孙头这一形象。他是一个好心肠的人，爱逗趣儿，爱吹牛，几乎是小说中所有事件的参与者。大概，他身上表现出来的那种农民小私有者的心态比其他人物身上表现出的都突出。他是一个好逞强的人，总是担心自己的利益。周立波善于以一些细微的特点来刻画这一人物，描绘出了这个爱说闲话的老头发生了巨大变化。在审判地主前夕，这个老孙头出现在了地主面前。他仍然是那么爱唠叨，但这会儿他却讲出了一些新词儿。他说："咱们都是积极分子。积极分子就是勇敢分子，遇事都得往前钻，不能往后撤。""咱们走的是不是革命路线？要是革命路线，瞅革命快要成功了，咱们还前怕狼后怕虎的，这叫什么思想呢？"老孙头这席玩笑似的话里面包含着非常严肃的事实：中国农民开始以新的方式思考，以新的方式说话了！

新名词的出现是中国人民革命带来的新生活的一大特点。政治术语已牢牢进入了中国人民的生活。人们自豪地说着这些新词儿，因为这些新词儿充满了革命的激情，使人民吸收新的民主文化。农民们讲出的这些新词儿，不是从城市文化中模仿出来的，而是一种新思想的表达。

小说中描写的分地主余财的画面，对理解农村这场变化的深度具有积极意义。你瞧，李发收回自己驴子的场面，既高兴，同时又悲伤。那是在日本人时期，李发一家来到了村里。来的时候，他牵来两头毛驴，妻儿骑着一头驴，另一头毛驴驮着东西。当时驴子在东北极少，还很稀罕。于是，一般农民的痛苦生活遭遇开始了：为了抵债他的驴子被地主杜善人牵去了。不久，儿子病死，妻子远去。李毛驴从此成了一个流浪汉，成了全村最穷的人……你瞧，他现在又重新回到了劳动生活中来，又重新收回了自己家的两头驴子！农民们都说："这真是物还原主。"李毛驴是既高兴又悲伤；被杜善人抢去的驴子又归还于他使他高兴，可这两头驴子又使他想起了死去的儿子和远走的妻子，他心里又增添了悲伤！

小说中描写了大量的故事情节以展示农民的善良与友谊，展示农民的带有新道德特征的人性。王老太婆分到了一匹劣马，于是众人就真诚地劝她把这匹马换一下；地主的儿媳妇为了帮助农民们查看地主把武器藏到何处，便在一个寒冷的冬夜里跑到邻村探视。她当时没安排好孩子就去了，这时农会主席郭全海就吩咐把孩子留给赵寡妇照看。

作者就这样运用这些融入新生事物诸多特征的生活细节描绘出了一幅广阔而鲜丽的农村生活画面；这些画面与我们在鲁迅描写旧中国农村的作品中所看到的那些不同，也有别于该小说开头所描写的那样。在新的农村已经没有地主了，穷人有了做人的权力，奴隶们壮起了胆子，文盲得到了上学的机会。

在新的农村，妇女的命运是今非昔比；在鲁迅的短篇小说中，美丽的中国妇女是以贫困和无权的被压迫者的形象出现在我们面前；而周立波在自己的小说中则描绘出了许多在家庭和劳动中获得了幸福的中国妇女，其思想品质也受到了社会的称颂和尊敬。作家描写了赵玉林与其妻、白玉山与其妻、郭全海与刘桂兰姑娘的爱情关系。这些妇女善于温柔地、大胆地去爱，但当其爱人有什么不足之处时，她们便厉害地指责，表现出了莫大的威力和勇气！

赵玉林是个纯朴的人，他为人民的利益牺牲了；他的老婆是一位令人尊敬的、善良的女人，她为自己的丈夫感到自豪。丈夫死后她生活的乐趣就是培养小猪倌，但是这个小牧童爱打赤脚。为了让他受教育，她抱起他给他穿上鞋，然后送他去上学。这个形象写得很成功，作者并未赋予其过高的品格和过分的悲哀特性，但却很有艺术魅力。

周立波以淡淡的幽默描绘了白玉山及其妻的感情变化。他们相互都非常爱慕，但贫苦的女人却不能忍受白玉山的懒惰，所以在家里时常吵架。当白玉山成了村里的积极分子时，她为他自豪并向他学习；当他离开家乡到城里工作时，她焦急地等待他的音信，她不知那些亲切的信函都藏到哪里去了。在这期间白玉山之妻也成了村里的积极分子，这点白玉山压根猜想不到。白玉山与其妻相见的情景描写得非常精彩：那时她装扮成一个落后的旧式农村妇女，而白玉山则以能说会道的宣传员的全部热情努力开导她。

　　刘桂兰姑娘逃离公公和自己十岁的"小女婿"之后，白玉山之妻收留了她。过去，等待刘桂兰的是悲惨的命运；而今，她已离了婚，摆脱了被奴役的地位。刘桂兰与郭全海相亲相爱。但直到他们自己表白后读者方才知道了他们的这种爱情。周立波的描写手法是政治体裁的尖锐性与细腻的心理分析和清新的自然风光描写相结合。一些乍看起来意义不大的人物行为往往成为确定人物关系的重要情节，而且还透露出些许未来事件发展的线索。郭全海对刘桂兰的态度，在没收地主余财时郭全海同白玉山妻子的谈话中就已很清楚了。郭全海对白玉山妻子说："白大嫂子你跟'她'一起，到西屋去问娘们。"白玉山妻子临走，冲郭全海低声逗笑地："你说的'她'是谁呀？"局促窘态的郭全海假装没听见她的发问，连忙挤进人堆里。郭全海与刘桂兰的婚姻是中国旧的民间传统与当时农村时兴的新形式的结合，在作品中描写得很生动。刘桂兰与上前线去的郭全海的告别场面也写得十分令人感动！

　　周立波非常出色地运用活生生的艺术形象展现了中国的革命运动。人民群众不想按旧的方式生活，在这场伟大的变革中，在同敌人的殊死战斗中，他们改变了生活，同时也改造了自己。当时，在农村地主的权势还很大，数百年来他们占据着"农村主人"的社会地位，并据此享有一切特权。所以，小说中也以巨大的现实主义的笔力刻画了地主韩老六及其打手、侄子韩长脖等反面人物形象。小说中形容尽致地、卓有成效地描绘了农民与地主之间逐渐加剧的紧张局势。读者期待着最后那能发泄人民的仇恨与愤怒的必然事件发生。这一事件终于爆发了：地主和管家毒打了小猪倌。他的呼救声引来了全村的人。老田头脱下自己的破布衫子遮住小猪倌血迹斑斑的身体。肖祥说："别忙，老田头，给大伙瞅瞅。"

　　毒打一个小孩，这件事可能是地主干的无数残暴行径中的一件最小的事，但是它却成为投入农民愤怒之火中的最后一抱干柴，它将突然猛烈地燃烧起来。这"报仇的火焰燃烧起来了，烧得冲天似地高，烧毁几千年来阻碍中国进步的封建，新的社会将从这火里产生，农民们成年溜辈的冤屈，是这场大火的柴火"[1]。

长篇小说《暴风骤雨》是按照中国文学常用的"链条"式结构原则结构布局的。其结构如同一根一环扣一环的链条,每一章(回)都作为这根总链条中的单环来描写、刻画人物,其人物的命运都与这根总链条中不断发展的中心主题紧密地连接在一起。像这样事先设定好的从容不迫的详细的故事情节的结构布局,则要求作者具有渊博的知识和宽阔的描写视野。周立波小说的特点就是具有极大的生活真实性。作者熟悉自己的人物,并且相信他们。这种信念给了他力量,使其能无限地、坚定地既描写他们性格中的正面的、肯定的特点,也描写他们性格中的反面的、否定的个性,绝不描写那些通常据上级视察人员来看是贬低其完成的"伟业"的东西。

国家要求人们为支援前线的战争,为保卫革命的胜利果实而努力工作。中国的农民群众积极参军,并在战斗中英勇杀敌。但是,你瞧,周立波引用了肖祥与郭全海一次关于志愿参军的谈话。郭全海直率地说:"困难不能少。""可也不要紧,分了房子、地,还有牲口,家扔不开了。"作者如果不引出这次谈话,就不能马上给出一幅反映农民群众积极要求参军的革命热情的生动画面,这幅生动的图画直到小说末尾作者才将其绘完。但是,这只说对了一半,艺术家的功劳在于,他揭示了生活的辩证法,描绘了农民心理的变化过程。

周立波创作了一部令人难以忘记土改斗争岁月的著作。中国农民生活中的变化真是神速极了。一年内就从封建旧中国的半奴隶生活转入了摆脱了地主压迫的、在自己土地上劳动的自由生活。描写农民的生活和心理变化的极其复杂的任务摆在了作者面前。周立波善于关注人的性格发展过程和思想意识的转变,从小私有者意识向其他生活观转变。当时,为人民利益而共同斗争的思想首先主宰了人们的思想。

周立波运用生动而鲜活的语言创作的这部作品充满了人民的个性化、形象化的语言,尽管作者被指责使用了过多的方言土语。作者喜欢直接面对读者,这种描写手法可能借鉴于作家非常熟悉的俄国古典文学,如小说第二部第二十二章就是这样开头的:"咱们离开元茂屯,往外头走去,看看郭全海和白玉山他们的公事,办得怎样了?"从当时作者的语言中便能听出作者所写人物平时说话的语气。

---

1　《暴风骤雨》第一部・一六。

作品中叙述故事与政论性插话交错进行。作者不怕运用宣传性语言描写人物，唯有这一点便赋予其作品以直接的可信性特征。

周立波所描写的一切人、物、景，都是他清晰看见过的，他的描写具有引起视觉悟性的魅力。作家喜欢在自然景色中描写人，善于发现人物身上贴近自然景色的特征。你瞧，工作队员小王正在与张玉林谈话，绿色的树叶加重了赵脸上的黄色，脸上的两只眼边布满了细密的蛛丝纹。谁也听不见他们在轻轻说什么，因为他们的谈话声与花丛上蜜蜂的嗡嗡声糅合在了一起。

这些感人至深的美丽的风景描写犹如彩色风景画作品，在小说中占有重要位置。这种中国文学艺术具有的悠久传统，作者对其感悟至深。他取材简洁，善于将自然风景同人物的思想、动作有机地结合在一起，从而创作出适合读者情致的作品。

周立波的这部长篇小说是人民革命时期中国文学的一部优秀之作，但它也不是没有缺点的。作者应更多地描写一些由工作队员培养起来的共产党员的有组织的工作，因为他们身上肩负着继续同敌斗争和建设和平生活的重任。这方面在丁玲的长篇小说《太阳照在桑干河上》中关注较多。

该作品没有写出活生生的中农形象。刘德山形象的出现算是一个很有希望的开端。从他同肖祥队长的一次谈话中我们了解到他担心未来，犹豫不定；我们看到他缺乏信心，希望讨好大家。于是，我们等待着这一成功设定的形象的进一步发展。但是，后来刘德山这一中农形象却从读者的视野中溜走了。他到部队去抬担架了。刘德山出走的最大原因是"准备惩治中农"的传言使他感到非常不安。部队使他变成了另外一个人：他已经不是原来那个"脚踩两只船"的刘德山了，他和他的妻子双双站在了这只"农民协会船"上。然而，这一切的进展均是小说中所发生的一切事件的成果。

反对封建势力的胜利给农民带来了自由生活。这种自由生活的物质表现就是农民分到了亲切的田地。所以，在小说中关注分田地少于关注分地主余财，这实在令人难以赞同。

周立波的《暴风骤雨》第一部写得很好，故事情节生动而发展迅速；第二部却写得过于冗长。往往塞进一些不必要的、与小说情节发展无关的详尽细节，致使作品内容超重、拖沓。描写的人物过多，我们曾说过，这使作者不能把作品中所有人物的命运跟踪到底。于是，谁也弄不清曾受妻子小私有者观念影响的积极分子花永喜的经历结果如何；不知道李常有、张景祥、张景瑞流落到何方。作品中人物形象超载，往往妨碍作者集中精力刻画主要人物，始终不能将他们提到重要位置上来描写。

周立波在其论及自己小说的文章中说："人民文艺工作者必须有无产阶级的立场和观点，马列主义和毛泽东思想的修养；必须参加大众的火热的斗争，体验群众的丰富的生活，才能从事于创作。"[1]

这些话十分切合周立波本人。一个作家只要以无产阶级世界观为依据，只要沿着中国共产党指引的创作道路前进，就一定能创作出像《暴风骤雨》那样的作品，在该作品中人民群众的斗争和胜利得到了生动的反映。

周立波的长篇小说《暴风骤雨》在苏联得到了认可，它荣获了1951年度斯大林奖金三等奖。在上述援引的论文中，作者高度评价这一奖项的崇高荣誉是属于全中国人民的，认为肩负重任的作家今后将更加全心全意为人民服务。这一作品"其所得到的光荣是要归功于伟大的战斗着的人民，以及领导人民从胜利走向胜利的英明的党和毛主席的。今后，在党的领导之下，我要更加奋发和努力，希望能够用文艺的武器为中国人民的幸福，和世界人民的解放，更好地服务"[2]。

---

1 《暴风骤雨的写作经过》。

2 《暴风骤雨的写作经过》。

# 赵树理论*
## 费德林

一

在深切关注中国农村和农民生活的众多中国作家中,应该首先说出天才的、具有独特风格的语言艺术家赵树理的名字,他的创作渗透着人民的深刻智慧与伟大质朴。赵树理的朴实而充满幽默的短篇小说具有很大的艺术魅力,只有一部真正体现了很高的艺术天赋的作品才能产生的那种艺术魅力。

郭沫若在论及赵树理的《李有才板话》时说,他曾被作品的新颖、健康、朴实的故事情节和文字风格所陶醉。他指出,这里有新的世界,新的人,新的感情,新的风尚,新的文化。他深信,这部中篇小说能吸引任何一位读者。[1]

中国作家应该很好地了解中国农村,应该具有敏锐的观察力和很高的鉴赏力,以便能如此令人信服地、通俗易懂地描写中国农民的生活,描写他们的劳动,描写他们争取解放的革命斗争。

赵树理的创作风格具有说书人、说唱演员的某些特征,善于一下子就把读者的情感吸引到自己方面,同读者建立起直接的真诚的关系,完全攫取了他们的注意力。赵树理是一位出色的故事手。他在中国现代文学中占有非常荣耀的地位。

---

\* 译自费德林著《中国文学·第14章 赵树理》,莫斯科:国家文艺出版社1956年版。(Федоренко Н.Т., Китайская литература • Глава 14—ая Чжао Шу-ли.Государственное издательство художественной литературы, Москва,1956.)

1 原注:1946年8月16日《文汇报》。

## 二

  人民中国的文学还未曾有过像赵树理这样的先例：读者的公认和爱戴突然涌向一位名不见经传的作家。他的早期作品短篇小说《小二黑结婚》和中篇小说《李有才板话》，于1943年在华北一个解放区出版后，很快便以非凡的速度在广大读者中流传开来。当你在中国农村某地，听着街头艺人敲打竹板唱着民间小曲时，或者，听着云游四方的说书人讲着相互爱慕的农村青年男女的爱情遭遇故事时——他们不管旧的风俗和偏见，硬是创建了自己的幸福生活——这时，你就不难在这些宣叙调中认识了农村牧人李有才的快活的"快板歌"，而在它们的那些勇敢向陈腐的传统婚姻观念挑战的人物中，就有二黑和小芹。

  赵树理作品中的形象和性格是从现实生活中汲取的。他的作品具有非常朴实和通俗易懂的特征。这一特征的出现，并非偶然，因为赵树理经常从事民间文学、民间戏曲、民歌和民谣的整理和创作。

  赵树理非常熟悉中国农村，熟悉农民的独特生活，熟悉他们自古流传下来的习俗和夙愿，熟悉他们的思想和千百年来对自由和解放的追求。而献身于艺术地反映中国农民生活的赵树理本人，也是农民（人民）出身。他从年轻时就亲身经受了艰苦、繁重的农活，遭受了穷人的痛苦命运，尝受了地主的霸道和高利贷者的盘剥。然而，赵树理从来也不只是一个作家。从青年时期他就是一个自由思想者，一个具有革命思想的人，一个革命战士；所以，应该将赵树理的文学创作视为为人民服务。

  中国人民反帝反封建压迫的尖锐斗争，国内革命运动的发展，中国社会生活的深刻变化，亲身参加政治事件，所有这一切，对未来作家思想观点的形成，对其世界观和创作的发展，都产生了重大影响。

  赵树理取材于中国农村生活的天才的中短篇小说，诸如《李有才板话》《小二黑结婚》《孟祥英翻身》《福贵》《地板》，剧本《两个世界》《清债》《万家楼》等作品，给赵树理带来了文学的盛誉。他的中篇小说《李家庄的变迁》取得了重大成绩，受到了中国文艺评论界的一致赞许。值得注目的是，赵树理作品的主人公都是生气勃勃的人，真正的人民代表，共产党人。

  赵树理的作品始终反映社会现实的变革、现实生活中的真实、伴随革命而出现的一切新生事物。所以，他的艺术创作的特点是：独具特色的生动而有新意的观察，生机盎然的热情、激情与朴实无华的叙述。赵树理的中短篇小说中，栩栩如生地立起了许多不可重复的现实形象和当今的事件；展现了尖锐而新鲜的视阈与生动的社会真实，这一切，都是作家从现实生活中汲取的。

赵树理的第一部大部头成名作是中篇小说《李有才板话》。

《李有才板话》，以生动的引人入胜的艺术形式，描写了抗日战争时期解放区农民反对笼罩在旧中国农村的地主势力及争取民主改革的斗争。

小说一开头，作者就以勇敢的现实主义的笔触描绘了一幅生动的图画，把读者引入了中国农村的中国人民独特的生活氛围之中。于是，一幅中国农村的全景画便展现在了读者面前……

赵树理往往通过一个村子的人们的命运，运用艺术的表现手法，竭力描绘出中国农村变革进程中的社会的和政治的特质，描绘出中国农村的阶级斗争和各种社会势力的较量。于是，社会生活和个人生活、日常生活和社会风尚、集体命运和个人命运，都一一展现在了读者面前，通过这些，从而充分地反映了当代中国社会的重要的社会政治事象和发展进程。这就是赵树理作品的艺术构成的背景。

赵树理，以巨幅画面、鲜明的色调，描绘了中篇小说《李有才板话》的主要人物的形象：李有才住在阎家山村，外号叫"气不死"。他50多岁，没有地，给村里人放牛，夏秋雨季捎带看守村里的庄稼。他只是一身一口，没有家眷。他常说自己是"吃饱了一家不饥，锁住门也不怕饿死小板凳"。李有才就住在村东头老槐树底下一孔土窑里。土窑是他的唯一家产。

李有才在老槐树底下是大家欢迎的人物。每天晚上吃饭时，他那里都很热闹。他的智慧的笑话，说起来没个完。他还有编歌子的本领。他编的歌，是用民谣形式、在竹板伴奏下的"快板歌"。

李有才信口编写的快板很受农民尤其青年农民的热烈欢迎。为此，他曾不止一次地处于困境，经常遭到老地主的追捕和迫害。

在小说中，赵树理以卓越的艺术技巧再现了人物之间的相互关系和农村出现的各种矛盾冲突；作者通过人物间的相互关系，通过人物及其意见的直接冲突，通过现实生活环境，生动地描写了现实的生活氛围和人物性格。作者以这样的剖面，以这样的手法描述社会现实，往往产生巨大的暴露力和尖锐的讽刺性。……

李有才快板的功绩在于，列举事实的具体性和丰富性，对人对事评价的准确性。这些自编的快板,是在永不干涸的源泉、生动的民间文艺的基础上创作的;赵树理曾潜心研究民间文学,并力求利用民间文学的丰富的素材塑造人物形象、结构故事情节、选择韵味格调、设计结构布局。正因为如此,李有才快板描述的人物才具有真本的生动性、鲜明性和传奇性;赵树理经常以怪诞的结构布局和讽刺幽默的笔法来刻画自己的人物。

总之,李有才是民间歌手的概括性形象。他聪明、勇敢、勤劳,体现了普通劳动者的善良和非凡的智慧。恰当的评价是,他是农民后生的老师和优秀的指导者。

## 三

1943年,赵树理创作了一篇最具独特风格的短篇小说《小二黑结婚》[1],该作品涉足了妇女和婚姻问题。赵树理转向这一主题的创作,不难理解,那是生活本身所决定的。也许,任何方面的题材,都不如婚姻方面对待妇女问题的题材,能这么有力地展示封建宗法制传统的残余。

赵树理运用中国农村的真实素材所创作的短篇小说《小二黑结婚》,描写了一对青年男女二黑与小芹的友谊和爱情故事:他们违背封建传统,反抗父母意旨,硬是自由恋爱结了婚。

正如作者所描写的那样,小二黑是个聪明、机智的青年,他爱好学习。他的父亲二诸葛是个农村的算命先生,他竭力想使儿子习惯于他干的营生——给人算卦。后来,二诸葛的"不宜栽种"传为笑谈,从此,二黑就不再相信父亲预言的魅力和他的魔书了。他憎恶算卦,不再相信父亲的一切预言。二黑形象的特点被描写为勇敢、无畏。在一次反日军"扫荡"时,他在战斗中立了功,得了奖。

然而,在相互爱慕的小二黑与小芹追求幸福婚姻的道路上遇到了许多障碍。这里既有父母的以落后观念和偏见反对自由恋爱,也有以农民的凶恶敌人——金旺、兴旺两兄弟为代表的恶势力的奸计等。赵树理以令人信服的艺术魅力有力地揭示了短篇小说《小二黑结婚》中的人物的愚昧无知和迷信观念。老二诸葛不愿听到儿子的婚事。作为主要的异议,小二黑的父亲提出了这样的事例:小二黑出生的生辰八字,按中国古历推算当属"金命",而他

---

[1] 原注:赵树理《小二黑结婚》俄译本,载俄文版《中国作家短篇小说集》,莫斯科:国家文艺出版社1953年版。

的未婚妻小芹的生辰八字，按古历推算则属"火命"，所以，他们的"八字"不合，定有危险——"火克金"！二诸葛就信这一套，小芹"生在十月，是个犯月"。

赵树理无情地嘲弄了神婆子"三仙姑"的弄虚作假和厚颜无耻。她每月初一、十五都要打扮得花枝招展，顶着一块红布，摇摇摆摆扮天神，以自己骗人的巫术愚弄当地农民。

在同愚昧、迷信的黑暗势力和因循守旧的宗法制残余的斗争中，在新生事物反对早已过时的但却仍在反抗的旧事物的英勇斗争中，被共同的理想、友谊、爱情所激越的，充满了朝气和乐观的小二黑与小芹为代表的中国的新生力量，胜利了。

作家从人民生活的源泉中收集的小二黑与小芹自由恋爱的通俗而朴实的故事，受到了中国广大读者最热烈的欢迎和喜爱。彭德怀元帅曾指出："像这种从群众调查研究中写出来的通俗故事还不多见。"[1]短篇小说《小二黑结婚》成了无数台戏曲和话剧的情节素材，从未离开过农村俱乐部和城市剧院的舞台。该短篇小说已经搬上了银幕。小二黑和小芹的故事早已编成了"说书"和"演唱"的喜闻乐见的曲艺剧目，经常在农村和大城市的舞台上为广大观众演出。

## 四

赵树理创作的进一步发展是与整个中国革命文学的发展分不开的。国家社会生活的巨大变化，中国人民取得的具有世界历史意义的成绩，城市与农村建设的伟大成就，都激励作家努力创作，促使他在自己的艺术作品中探索与创作出新的人物及新的性格。我们看到，赵树理作品中的主人公是朝气蓬勃的人：真正的人民代表、共产党员。

在1946年问世的中篇小说《李家庄的变迁》中，赵树理真实、鲜明地表现了中国人民的政治觉悟的觉醒与成长，中国人民在神圣的斗争中从中国和外国奴役者手中解放了自己的国土。要表现当代中国的民主改革，表现新人和新的社会关系形成的复杂的历史进程——这便是作者的创作意图。

中篇小说《李家庄的变迁》的故事，发生在大封建军阀阎锡山统治数十

---

[1] 译注：参见《赵树理文集》第4卷，北京：工人出版社1980年版，第1944页。

年的世袭领地山西省的一个小山村里。作品在读者面前，展现了中国人民英勇反抗农村地主势力、军阀、日军武装进犯的画面，描绘了艰苦但胜利的游击战的场景。经过八年的浴血奋战，中国人民战胜了日本帝国主义。以这些历史事件为背景，作者描写了发生在中国农村和数亿农民命运中的巨大变化。

中篇小说《李家庄的变迁》的中心人物是铁锁。他是个贫农，经历的道路非常坎坷：从一个无权无势的被地主压榨得破了产的农民，到成为一个被群众推举为领导者、自觉的战士、自由幸福生活的建设者。为了摆脱地主的压迫，为了寻找生存之路，铁锁离乡背井，踏上了无家可归的雇农之路。铁锁的流浪生活使赵树理得以描绘了国民党官场的一系列生动的人物，刻画了国民党官僚的性格。作家通过日常的实际工作和战斗行动，表现了铁锁及其战友们的成长。

铁锁形象是中国农村变化的生动实例。铁锁这一形象，同中国伟大文学艺术家鲁迅所塑造的讽刺性形象——倒霉、无权、谁也不需要的农村流浪汉——阿Q相比，完成了多么大的跨越！阿Q的时代永远不复返了。在共产主义思想照耀下的中国，出现了大批新人：他们决心改变中国人民的命运，他们开阔了人们的视野，指出了一条斗争之路，胜利之路。如果说，阿Q遭到了与自己的同胞同样的悲惨命运，成为封建统治的牺牲品，那么，在铁锁的道路上他却遇到了共产党员小常，他给铁锁指出了一条通往胜利的明天的道路。赵树理力图通过铁锁思想上靠近的共产党员小常的形象，塑造出一个献身于中国革命解放事业、把自己的力量和才干全部献给为人民服务事业的中国共产党党员的高度概括的典型。

赵树理在揭示其人物思想逐渐形成和成长的复杂过程中，没有使其简单化，没有轻视也没夸大困难，没有缓解矛盾，没有违背生活的真实。作家一步紧跟一步地展示了其主人公铁锁的艰苦斗争之路，但我们看到，在这场斗争中他并不是孤立无援的。共产党员小常给他指明的，他现正在强烈追求着的真理，已经如此鲜明，以至任何力量都不能阻止他前进。作家在我们面前展现了中国贫雇农所走过的艰难道路，展现了他们的浸透着烈士弟兄血迹的各个时期的前进步伐。铁锁与共产党员小常相识五年后，昔日的雇农铁锁已经成长为一位无畏的战士、乡亲的好榜样、党和人民的忠诚儿子。

作品通过主人公不断克服自身从旧社会遗留下来的缺点和恶习，表现了正面人物的成长和思想形成历程。应当指出，赵树理已经巧妙地掌握了塑造典型形象和典型性格的艺术：通过动作描写人，通过行为及其与周围现实的关系来揭示人的本质。

在中篇小说《李家庄的变迁》中，赵树理找到了描写全国人民斗争的令人信服的方法，描绘了全国人民奋起反抗可恨的外国侵略者的画面，被日本侵略者及其走狗的野蛮兽行百般凌辱的和平村民投入了神圣的抗战，中国男女、老少都变成了严厉的人民复仇者。人民对李家庄的农村压迫者、独裁统治者的审判，尤其对地主李如珍的审判场景，是小说中写得最有力、最令人难忘的章节。这些场景反映了中国农民对外国奴役者及祖国叛徒的刻骨仇恨。在这场人民战争中，鲜明地显示了中国共产党人的组织者和勇敢战士的作用。

赵树理的中篇小说《李家庄的变迁》，以巨大的艺术魅力描绘了引领中国走向自由、独立、民主的重大变革。

赵树理创作的最有力之处在于，他的作品能使广大读者感到亲切、易懂，其读者队伍在当代中国日益增多。在赵树理的许多作品上，都写着"人民小说"的字样。

著名作家茅盾在评论赵树理的小说时写道，《李家庄的变迁》是走向民族形式的一个里程碑，解放区以外的作者们足资借镜。而赵树理先生的这种技巧的获得，他想也别无秘密，就因为他是生活在人民中，工作在人民中，而且是向人民学习，善于吸收人民的生动朴素而富于形象化的语言之精华罢了。[1]然而，中篇小说《李家庄的变迁》也不是没有缺点的。按照作者的意图，他力求表现两种不同的农村，表现中国农村中两种世界和两种对立的社会制度。但是，如果说，赵树理对地主的残暴、农民的无权和贫困所主宰的旧农村的描写，还非常生动而有说服力的话，那么，新农村、新关系的形成的主题，实际上，仍然没有揭示出来。然而，应当指出，作者力图在描写新农村的其他一些作品中弥补这一缺憾。

## 五

赵树理的长篇小说《三里湾》[2]理应受到特别关注。作家的热情而尖锐

---

1　译注：茅盾《论赵树理的小说》，《茅盾文艺杂论集》，上海文艺出版社1981年版，第1200页。

2　原注：赵树理的《三里湾》俄文版，载于苏联《外国文学》1955年第3—5期。

的目光的使命,是精细地观察生活,并在自己的作品中,反映中国农村已经出现并逐渐壮大起来的新生事物及其产生过程,同时,还要暴露和表现那些干扰和阻挠土改革命成果的腐朽的东西。

赵树理于1951—1952年在太行山区建立农业生产合作社试点社时所收集的素材,为创作长篇小说奠定了基础。长篇小说《三里湾》的问世,中国评论家们认为,这是中国文学中的一件大事。

长篇小说《三里湾》是一部具有独特风格的农村生活大事记:它描写了在集体主义思想占领了农民意识,农民们情不自禁地要求联合起来的时期,三里湾村所发生的许多有趣的事件。该长篇小说的基本内容是,迅速成长的新生事物同行将衰亡的旧事物的斗争。这场斗争是在农村的封建残余势力还极为猖獗的复杂情况下进行的。值得注意的是,赵树理没有向读者隐瞒这场斗争的艰巨性,也没有缓和与减轻其矛盾冲突的严重性,而是以生活的本来面目描绘了当代的中国农村。这场新与旧的斗争,是通过人物之间的相互关系的描写,运用塑造人物的形象与性格的艺术手法,而展示出来的。

作家真实地塑造了农民范登高的形象,在同以他的女儿青年团员范灵芝为代表的新生力量、新的思想的矛盾冲突中,他成了个人资本主义思想的俘虏。意志坚定、刚毅的范灵芝指责自己的不愿摆脱旧社会单干命运的父亲,勇敢地走上了新生活的道路,把自己的命运同青年王玉生紧紧结合在一起。不过,作品也令人信服地揭示了代表两种不同思想、不同世界观人物之间的斗争,一方以企图捍卫封建旧世界的马多寿为代表;另一方,则以儿子马有翼及其未婚妻陈菊英两个团员为代表。

作家在《三里湾》中所描写的人物之间的矛盾和冲突,绝不是偶然的、一时性的:它们是符合生活规律的,是农村社会深刻变革的结果,是农村经济建设取得重大成就的结果,因而,也是中国农民觉悟提高,处世态度变化,正确对待生活、社会现实的结果。作家在描写新旧事物斗争的复杂性与尖锐性时,表现了新生事物不断取得胜利,光明和理智的力量永远占据上风。所以,这便注定了该长篇小说的特点,就是贯穿于全篇的深刻的乐观主义和对自由、幸福新生活的胜利信念。

尤其值得注目的是,赵树理力求揭示人物的高尚的道德面貌,显示其在农村社会主义改造斗争环境中、在创建新生活的过程中所形成的新的性格特征。

赵树理对进步的、革命的新生事物的强烈感情,决定了他要塑造色彩明快的令人难忘的正面人物形象；这些人具有新的性格特征，是共产主义觉悟的化身。需要指出的是，长篇小说《三里湾》中的正面人物，就其思想面貌而言，已经大大不同于中篇小说《李家庄的变迁》的人物了；这些人物是新时代的代表，其思想水平要比赵树理早期作品中的许多人物的更高、更成熟。所以，批评家巴人指出：这恰恰反映当今的农村改造，不同于土地革命时期的农村改造，它是当今的改造具有社会主义特点的佐证。[1]

赵树理从人民的立场出发，用人民的目光观察生活和人，观察人物的行为和人与人之间的关系。所以，赵树理的艺术创作带有深刻的人民性。

在自己的作品中，赵树理凭借中国农村现实生活中的真实，得出生活结论和广阔的艺术概括，从而凸显了重点难题，塑造了深刻的典型形象。

现实主义地展示教育群众的困难过程；展示提高人民自觉性，逐渐使其成为为民族和社会解放而献身的并意识到自己力量的勇敢、无畏的战士的困难过程，赋予赵树理的小说以深刻的真实性、令人信服的动人心弦的语境。

赵树理的艺术创作，具有不可重复的独特的艺术风格，自成一家。他的中短篇小说摆脱了文学的刻板公式和陈规旧套。在这些作品中，有许多事件描写，人物心理描写非常简洁。赵树理作品的语言容量大，富有表现力，其特点是句子简短，而且都是用生动形象的口语、大众语言书写的。成长和形成于人民中间的赵树理，出色地感受到并传达了人民语言。赵树理的特殊成绩，毫无疑问，应归功于其丰富的农村生活、农村阶级关系、尖锐复杂的阶级斗争等方面的知识，归功于他客观地反映了党员干部工作中的这些关系和这种斗争的真实，因而，他的作品被赋予了很高的思想价值；另一个原因，应在其作品语言中去寻找：因为，他的语言是真正的人民群众的语言，他将这种语言加工、锤炼得如此纯熟，以至显露不出任何艺术的痕迹。

---

1 原注：巴人《反映农村生活的长篇小说》，北京《友谊》报，1955年12月17日。

# 论刘白羽的创作*
## H.巴拉绍夫　李福清

共产党员作家刘白羽,与中国人民解放军一起,走过了从东北到广州的光辉战斗历程;后来,又与中国人民志愿军一起,战斗在抗美援朝的朝鲜战场。所以,他比其他任何一位中国作家都更充分地展现了人民战士在赢得革命胜利的战争中,迅速提高思想觉悟从而迅速成长起来的这一成长过程。据中国现代文学史家王瑶教授评述,刘白羽的作品,在中国很受部队读者的欢迎。

分析研究刘白羽的创作,可以彻底弄清中国当代文学与鲁迅传统的关系,可以真正理解鲁迅传统对中国当代文学的重大意义。

刘白羽是30—40年代在中国激烈的社会斗争中,在鲁迅传统和苏联文学的直接影响下,成长起来的一代中国青年作家的光荣的典型代表之一。刘白羽的创作道路,对中国当代作家来说,有其一定的代表性。

1916年,刘白羽生于北京。未来的作家从青年时代就迷恋于中国优秀文学作品。十五六岁时,他就迷上了中国古典小说,尤其迷上了描写11世纪中国农民起义军反抗官府军和官吏的长篇小说《水浒传》;同时,18世纪描写贵族旧家庭解体,在中国文学中最早如此详尽、如此艺术地描写这种封建家庭关系的长篇小说《红楼梦》,也紧紧吸引住了他。尔后,这个年轻人的爱好又转向了中国古典诗歌——唐诗、宋词。

同时,刘白羽还迷上了郭沫若及浪漫派文学团体"创造社"其他成员的浪漫主义诗歌;继而对鲁迅作品、茅盾的中长篇小说也产生了浓厚的兴趣。刘白羽走上了鲁迅开辟的文学道路,鲁迅的思想与作品对中国青年一代

---

*　译自苏联《人民民主国家作家》第3卷,莫斯科:艺术文学出版社1959年版。(Писатели стран народной демократии Т.3.——Издательство "художественная литература", Москва, 1959.)

知识分子产生了巨大影响,更不必说对刚步入文坛的文学青年了。

众所周知,鲁迅是俄苏文学在中国的热情的宣传者;在俄苏文学的影响下,中国一代先进青年在20—30年代就已经成长起来。在这方面,刘白羽也不例外。他开始结识俄国文学:起初读契诃夫,后来读高尔基,再后就转向了年轻的苏联文学作品绥拉菲摩维奇的《铁流》、革拉特科夫的《水泥》、法捷耶夫的《毁灭》及其他当时中国翻译的苏联作品。

苏联文学,如同中国优秀文学作品一样,给刘白羽培养起了爱国主义思想感情。当他还是一个17岁的孩子时,他就与其他充满爱国热情的青年代表一起自愿参了军,他想这样才能"抗日救国"。但当他了解了国军的纪律,认清了蒋介石的卖国政策后,他就毅然走上了反对国民党的道路。他参与了与共产党人保持密切联系的地下大学生"救国"小组的工作;参加了1935年北京举行的反对蒋介石卖国政策的游行示威。在其第一篇短篇小说《冰天》(1936)中,刘白羽就描写了国民党军队的士兵生活。这一题材是其第一部短篇小说集《草原上》(1937)的主要题材。

由此开端,军事题材便成了刘白羽创作的基本题材。后来,刘白羽就从揭露国民党军队的阴暗面转向描写共产党领导下的真正的中国革命军队的生活。

刘白羽将此举同鲁迅遗言紧密联系在一起。我们知道,鲁迅在其生命的最后几年,非常关注中国工农红军的英勇斗争,他曾打算写一部描写红军长征宏伟画面的作品。但是,伟大作家的去世,使其未能实现这一创作计划。为了完成这一重任,刘白羽一直进行着有关这一新的人民军队题材的创作。

这位青年作家思想进步很快。1938年他加入了中国共产党,辗转来到了解放区首府延安。由于参加革命斗争,他获得了丰富的政治经验。在共产党走出地下工作状态时期,他接受了一个非常重要的任务:被派往重庆《新华日报》编辑部工作。解放战争时期,刘白羽以随军记者身份跟随第四野战军转战南北,经历了从东北到广州艰苦的战斗历程。这些年来,他和战士们吃住在一起,他的描写人民解放军生活的充满激情的短篇小说,一直受到官兵的好评和喜爱。1949年,刘白羽被选为政协代表,出席了全国人民政治协商会议。1950年,他在莫斯科参与了影片《中国人民的胜利》的电影剧本的创作。1951年,因参与该电影剧本创作而被授予斯大林奖金。刘白羽是获得这一奖项的第一个外国作家。

当美国军队在朝鲜挑衅性地越过"三八线",急速迫近中国边境时,刘白羽又跟随中国人民志愿军奔赴朝鲜前线,保卫兄弟般的朝鲜。近几年,刘白羽又多次访问苏联。他积极投入中国作家协会的工作,先后担任中国作协党组书记、副主席和书记处书记等职。

40年代,刘白羽发表了一系列描写人民解放军生活的短篇小说:《回家》《无敌三勇士》《战火纷飞》《永远前进》《政治委员》和《早晨六点钟》。

1950年,中国出版了刘白羽天才的中篇小说《火光在前》。1951—1952年,《人民日报》发表了刘白羽的报告文学集《朝鲜在战火中前进》。

刘白羽的短篇小说冲破了30年代许多进步作家写作的文学报道的框架。他的短篇小说对鲁迅的亲密战友茅盾1939年向中国作家提出的要求做出了回答。当时,茅盾在指出文学报道(报告文学)在中国文学发展的一定阶段是符合文学规律的同时,还号召作家们不要停留在单纯描写事件上,要塑造人,要创作出优秀作品——这样的作品首先应该描写人……在真实表现现实的背景中描写人物的典型性格。

刘白羽在其短篇小说中,特别注意表现包括农民在内的中国劳动人民在1946—1949年的解放战争中思想觉悟的提高;善于揭示这种思想转变的规律性。可以说,共产党的正确政策是战争中中国劳动人民思想觉悟提高的根本保证。

从刘白羽的短篇小说中可以看出,劳动人民在思想觉悟方面与鲁迅在《阿Q正传》中所揭示的人物形象迥然不同,也区别于中国30年代文学所描写的同类人物形象。只要把姚雪垠的短篇小说《差半车麦秸》(1938)中的农民(绰号"差半车麦秸")形象同刘白羽的短篇小说《回家》中的农民形象加以比较,就足以证实了这一点。

前一篇小说《差半车麦秸》描写了农民"差半车麦秸":日本占领他的家乡后,他参加了游击队,虽然在战斗中他也很勇敢,可是仍然认为跟自己游击队的同志们应说土匪黑话;当他想从农民逃离的村子里带走一根自己相中的绳子而被禁止时,他就暴跳如雷:"在游击队里拼命打仗,就一点好处也不给!"

后一篇,刘白羽的短篇小说《回家》,其故事情节发生在1947年,其主人公是解放军俘虏的国军士兵、农民子弟李广和。起初,李广和不觉悟,只想逃回家,甚至不考虑他一旦逃回家乡,国民党就会重新"动员"他归队,而且比第一次"抓壮丁"时还要野蛮。原来,李广和自愿走进人民解放军,其目的是为了更容易开小差。刘白羽以其故事情节的全过程展现了这一人物。当李广和看清了军队的制度和农村土改情况后,他就做出了不解放家乡就不离开部队的决定。广大农村的解放大大开阔了李广和的眼界:他认清了国民党的政策与他家是完全对立的,国民党毁灭了他的家、迫害了他的妻、使他老母双目失明。而人民解放军则带来了共产党的政策,迅速在农村实行,帮助农民闹翻身,其中,也包括他的母亲,他的母亲也作为前线战士的母亲翻了身。

小说最后的文字描写得最为形容尽致。政治委员猜透了李广和不久前的想法,又考虑到他的双目失明的老母的困难情况,便决定批准他复员。在这之前政治委员告诉李的母亲说,他已经向营部写了申请报告,同意李复员,这样好留在老母身边服侍她。

听说此事后,李广和羞得满脸通红,连忙跑到政治委员那里说:"政委同志,您说什么?要俺复员?难道您以为国民党欠俺家的债彻底清算了吗?"

刘白羽在其短篇小说中,描写了在人民解放斗争中对未觉醒的受压迫的农民的教育过程,使他们逐步认识到:只有拿起武器投入解放全中国的斗争,才能真正保卫自己的家园和彻底清算国民党刽子手。这一信念,真正掌握了群众,对粉碎蒋介石集团起了很大作用。

刘白羽小说中的农民形象与鲁迅的乃至30年代文学中的农民形象的根本区别,致使艺术手法发生了重大变化。刘白羽的作品中几乎全然没有运用过去作品刻画人物时所惯用的那种讥讽与怪诞的艺术手法,诸如"差半车麦秸"形象与鲁迅人物形象描写等。当然,当时鲁迅为了痛击千百年来中国人因袭的奴性"听天由命"和"阿Q精神"而运用那种艺术手法是完全必要的。

应该注意到,刘白羽通过其短篇小说展示了人民革命战争是人民和战士们的生命攸关的事业,因而这些中国士兵的朴实无华的故事受到了读者的欢迎。小说中对战士性格的描写简练、粗犷,对班内战士之间个人关系的描写有时有点夸张;故事结构由一个个小的中心情节链组成,透露出一种朴素的色调。但是,这是靠作者对战士的满腔热忱奏效的,作者以此描写了朴实而勇敢的英雄人物,描写了那些乍看起来似乎是些"军事琐事"的重大意义——正是这些日常"琐事",培养和铸就了这些战士的英雄性格。中国新文学,在鲁迅和苏联文学的影响下,善于注意和发现普通人及其小事,并由此生动而形象地表现出这些小事中往往蕴涵着的大事。刘白羽和其他中国当代作家们继承了鲁迅文学传统,对其文学创作产生了巨大作用。

伟大的鲁迅推倒了旧中国知识分子竭力使文学与人民隔绝的围墙,他的作品把中国的反帝反封建斗争推向了高潮。他不仅开始用人民易懂的生动的白话文写作,而且还把激动中国社会的现代题材写进自己的作品。随着20世纪中国社会的迅速发展,鲁迅在其晚年的杂文创作中,独树一帜,将批判现实主义同社会主义现实主义结合起来;须知,中国的社会主义现实主义是中国文学联系中国无产阶级革命发展的实际,在高尔基文学也在全苏联文学和文学批评的影响下发展起来的。鲁迅在谈到"文学革命"及其创作动因时说:但为达到这希望计,"是必须与前驱者取同一的步调的,我于是删削些黑暗,装点些欢容,使作品比较的显出若干亮色……"(鲁迅全集《自选集》自序)鲁迅自豪地强调了自己作品的革命性,他说:"这些也可以说,是'革命文学'。不过我所遵奉的,是那时革命的前驱者的命令,也是我自己所愿意遵奉的命令,决不是皇上的圣旨,也不是金元和真的指挥刀。"(同上)为了揭露封建压迫、表现旧中国劳苦大众的落后与愚昧,鲁迅重点揭示了他们最原始的思想状态。鲁迅在其中篇小说《阿Q正传》中毫不夸张地描写了被封建剥削扭曲了的贫农阿Q的令人难以置信的愚昧与落后状态;最后,他又描写了阿Q在临死前才首次感到惶恐不安,思想开始觉悟。在短篇小说《一件小事》中,鲁迅把读者的注意力引向赋有传统观念的"小事":一个花白头发、衣衫破烂的女人突然跌倒在人力车夫脚下,这个人力车夫没理会顾客的不满,却放下车子,扶那老女人慢慢起来,把她送到巡警分驻所……鲁迅以其故事的整个过程着重描写了受压迫、受剥削的劳苦大众的代表人物——人力车夫的同情心战胜了"俯首听命"和惧怕失去工作的传统习惯,于是,鲁迅写道:"我这时突然感到一种异样的感觉,觉得他满身灰尘的后影,霎时高大了,而且愈走愈大,须仰视才见。而且他对于我,渐渐地又几乎变成一种威压,甚而至于要榨出皮袍下面藏着的'小'来。"(《一件小事》)在鲁迅看来,这件"小事",要比许多所谓的"国家大事"大得多! 在其他一些短篇小说,如《明天》《故乡》中,鲁迅描写了许多封建剥削的残酷画面,使读者辩证地看待它们,以期展现人物未来的必然命运。

当年鲁迅创作那些艺术作品时,中国社会还不具备充分发展社会主义现实主义文学的足够条件,他只是描写了一些中国社会早期萌芽状态的新生事物。

从1936年鲁迅先生逝世后,中国人民又经历了漫长的道路。在解放战争的烈火中,中国人民在英勇的中国共产党领导下,得到了解放,建立了中华人民共和国。在新的条件下,中国作家必须遵照鲁迅的基本原则发展和丰富珍贵的鲁迅文学遗产。

中国的进步文学正是沿着这条道路发展的。中华人民共和国成立后,新中国的作家们积极参与中国社会生活,反映当代问题的题材在其作品中占了主要位置。为了抨击旧事物,中国作家非常注意描写和扶持发展中的新生事物。他们遵照鲁迅的两条遗训:依靠中国旧文化中一切带有民主思想的珍贵遗产,依靠俄国古典文学和苏联文学,为争取创建中国的现实主义文学而奋斗!

鲁迅创作中的社会主义现实主义倾向及其不倦地宣传俄国古典文学,他称这种文学是他们的老师和朋友,大大促使中国当代作家走上了社会主义现实主义的创作道路。

关于这一点,长篇小说《暴风骤雨》的作者周立波写道:

> 我们文艺工作者,从苏联文学里,学习了最进步的创作方法。这种方法教导着我们要有深刻的思想性,要紧紧的和人民连接在一起,要忠实的表现劳动人民的战斗和生活。[1]

苏联文学在中国不仅教会了中国作家创作,而且还直接教会了他们怎样斗争和生活。鲁迅把苏联文学的传播正确地比作带给人间天火、驱散夜间黑暗的普洛米修斯的功绩。[2]郭沫若说:"高尔基对中国现代文学的影响,径直是超文学的",它"对于中国的影响是决不亚于在苏联本国","我们借此不仅可以知道应该如何去创作或创作些什么,而且还学习了应该如何生活或成为一个怎样的人"(郭沫若:《洪流与溪涧》)。

描写中国人民新型的英雄人物,共产党员及共产党培养起来的先进分子,是刘白羽创作中最重要的主题之一。刘白羽高举这一主题,走上了苏联作家描写当代生活中发展着的先进事物的文学巨匠的创作道路。著名中国评论家周扬在其《毛泽东思想原理是发展中国当代文学艺术的基石》[3]一文中指出,中国文学艺术应该首先描写中国人民的先进代表,表现中华民族和中国共产党的伟大力量,表现人民的智慧和英雄主义。大凡完成这一重任的

---

1 《我们珍爱苏联的文学》,《人民文学》创刊号,1949年10月25日。

2 曹靖华《苏联文学在中国》,《真理报》1951年11月22日。

3 《人民中国》俄文版,1951年,11—12号,第8页。

作品都受到了国内外读者的欢迎。长篇小说《真正的战士》、电影《中国人民的胜利》和描写1948年解放热河的战斗英雄董存瑞的人民歌剧深受广大读者欢迎，就是最好的例证。

刘白羽的短篇小说《战火纷飞》和《永远前进》直接描写了英勇的共产党员形象，讲述了无畏的侦察兵的故事。刘白羽在其他作品中似乎也描写了这一主题。

短篇小说《战火纷飞》精致地刻画了主要人物，经历过严酷战争洗礼的坚强战士王喜形象。王喜受伤后住院时，碰到一个最好的战友因伤势严重而牺牲了。从中他看到了死亡本身吓不倒英雄，这个战友说如果可以他爬也要爬到前线去。这句话永远铭刻在王喜心中。为了使自己的生命与革命事业紧密相连，王喜热情地参加执行艰险任务的比赛活动，积极争取入党。王喜以坚定守纪的标兵，以出色完成任务的英雄业绩（在战斗中，他冲破敌人的铁丝网封锁线，向敌人发起了出其不意的迂回攻击）终于光荣地入了党。刘白羽极富灵性地描绘出了"入党"是王喜生命中最辉煌的时刻！

刘白羽短篇小说的一个重要特点，就是矢志不移地注意描写人民解放军的政治工作人员，即政委和指导员的形象。刘白羽作品中对政治工作人员的描写，与鲁迅、茅盾和其他老一辈作家对知识分子的描写相比，是一种描写知识分子题材的新模式；无论鲁迅还是其他许多进步作家们，直至30年代末的一些作家们的作品（如张天翼的短篇小说《华威先生》），在描写知识分子时，主要注意揭露与人民为敌的封建阶级和资产阶级的旧知识分子；而在献身于描写人民战争的作家刘白羽的作品中，知识分子主题已首先成为人民解放军指挥人员与政治干部成长的主题，成为他们掌握新的作战技术和军事艺术的主题。

为了充分表现新型的中国知识分子，在作品中刘白羽揭示了指挥人员和政工人员在锻炼和成长过程中的种种矛盾。在短篇小说《政治委员》中，作者描写了老共产党员、政治委员吴毅为教育营副教导员沈克而顽强地斗争，沈克当过农村教师，负伤后经常发牢骚，埋怨部队工作太苦，政治委员吴毅只得解除了他营副教导员的职务。在人民解放军的环境下，教育改造沈克的工作成功了。部队中开展的"诉苦大会"使沈克震动很大：在会上战士们都"诉"了自家在国民党统治下受的苦，沈克也回忆了他母亲被饿死的家事。会后，战士们一个个都自告奋勇热情地去完成最艰险的任务；战士们的榜样作用大大激励了沈克。他意识到自己太愚昧，太落后了！

鲁迅在短篇小说《端午节》中，塑造了一个旧知识分子方某形象。此人痛苦地被迫承认自己落伍而不学无术，找不到自己的出路。为了排解自己那不快的心境，他开始拉起长腔诵读中国古诗；而沈克呢，他处于共产党创造的良好环境的军队中，他找到了克服一切困难的力量，在决定性的时刻，他鼓动战士们打冲锋，他以英雄的业绩开始了自己的新生活。刘白羽在其另一篇短篇小说《早晨六点钟》中，又提出了一个只习惯传统作战方式不肯动用炮兵的指挥官的思想改造问题。

刘白羽的中篇小说《火光在前》（1950），表明刘白羽没停留在既有成绩上。的确，刘白羽的创作，从具有独特风格的短篇小说转向中篇小说，似乎遇到了某些困难。其中篇小说带有某些特写的成分：其中有许多带有偶然性的事件和很勉强的人物轮廓描写；从师到团的行动转移多是说理性的描述，缺乏艺术性。作者显然专注于中国当代读者。因而，熟悉所写事件的读者感到非常亲切，而另一部分读者却很难读懂。譬如，该中篇小说中所描写的1949年强渡长江的第一纵队、第二纵队等。

刘白羽的该中篇小说尽管还存在某些缺点，但其艺术美点还是很多的。中国文学理论家王瑶曾指出：刘白羽的中篇小说《火光在前》"在规模上和成就上都是超过了以前的短篇的"[1]。刘白羽作品的基础是争取祖国自由与统一的具有伟大历史意义的正义斗争的思想。这一思想，引起了苏联读者的共鸣。

在这部中篇小说中，作者令人信服地描绘了祖国统一的思想掌握了人民群众。封建的旧中国农民千百年来养成了一种狭隘的地方概念。在旧中国的某些省份群众之间甚至存在着世代家仇。经常还会出现这样的怪事：本地人家的女子不准嫁给外乡人。在《阿Q正传》中，鲁迅以极大的内心痛苦描写了旧中国农民的这种狭隘的地方概念：乡民们总以自己的家乡——未庄的风俗标准来评价外地的一切人情世事儿。孙中山先生在讲到这种地方观念时，曾难过地说：在封建的旧制度下，中国人就好比"一盘散沙"。在伟大的人民解放战争进程中，在该中篇小说的主要人物，出身中国东北农民的战士王春身上，旧社会遗留下来的这种"地方观念"的残余思想已经荡然无存。也就是说，在人民解放战争的进程中，王春在事实面前，战胜了自己的陈腐思想，丢掉了地方观念。

---

1　王瑶《中国新文学史稿》下册，第342页。

王春是一个优秀的战士。但是，当部队快打到长江时，他却发起愁来：那些一句也听不懂的南方话，那种东北人难以忍受的炎热气候，还有离家越来越远的念头，这一切都引起了这个勇敢战士心头的烦恼。他开始怀疑自己能否经受得住强渡长江的艰难，能否坚持继续向南方进军。刘白羽以深刻的心理描写刻画了这个人物。作者运用秘密强渡到长江北岸的游击队员同王春的一场谈话，狠狠地教训了王春一顿。那时王春悄悄问一个游击队员："那边怎样？"他急不可耐地想知道，长江南岸太阳毒热吗？那里有房子吗？能吃上饭吗？……但是，这个游击队员伸手往南一指，出乎王春意料地答道："赶快去吧！——老百姓在受刑呀！流着血等你们呀。"

王春怀着一种新的情感，聚精会神地凝视着对岸。强渡长江时，王春完成了进攻的任务。但是，南下进军，即使对久经锻炼的战士来说，也的确是非常艰苦的；刘白羽毫不夸张事实、毫不掩饰困难地描写了：劳累、疲惫不堪的王春为了能多休息几天，仍然打算落在自己部队的后边。但是，生活又给王春一次新的教训。当王春离开自己的战斗集体，独自走在路上时，感到有些惊恐。但当他发现附近有许多游击队员时，便高兴起来。刘白羽对这整个场景的描写都非常精练，富有很强的戏剧艺术性。当然，小王没有说明他是怎样"落在"部队后边的。关于农民的贫困和国民党匪徒恐怖的故事，点燃了王春那颗早已心灰意冷的心。当游击队员们为让他听清每句话向他走近，打听他东北是否已开始分地主田地时，他"突然觉得自己这个老区来的人有一种责任，他就讲起来了，他说：'这是咱共产党毛主席领导得好，——我们分到了土地，推翻了封建，——那个冬天下大雪，拉着耙犁，打着红旗分土地呀！……现在，咱们地也有了，还分到手一匹马，这还用咱们再愁吃穿吗？……'"[1]

刘白羽描写了作为人民中国新人的代表——王春的思想觉悟提高很快。在极为痛苦的南方时，王春高度的思想水平得到了具体体现。这种崇高的思想，使他忘记了个人的痛苦，忘记了脚疼，忘记了他正在遥远陌生的南方。王春摆脱了狭隘的家乡观念残余思想，终于追赶上了自己的队伍，在祖国的南方光荣地立了战功：他从倒下的指导员手中接过鲜红的战旗，指挥连队向敌人发起冲锋。正如王瑶教授指出的那样，这部作品不仅描写了伟大的历史事件，而且还塑造了许多性格鲜明的人物形象。

---

1 《火光在前》。

为了表现王春性格的发展，刘白羽将中国新人的变化过程突出地展现在读者面前。周扬曾指出，只为保卫自己的家园而斗争的战士，或者只为发财致富而生产的农民，都不能称为"新人"。只有自觉地为公共事业而奋斗，视国家利益和全国人民的利益高于个人和家庭利益的人，只有具备这种高尚品格的人，才能称为"新人"。

刘白羽的中篇小说描写了劳动人民的爱国主义思想与民族意识提高的过程，表现了中国人民在抗美援朝运动中焕发起来的高度的团结性与自觉性。郭沫若评论道：这是中国人民的一切工作的主要动力。

觉醒起来的中国人民的爱国主义思想的提高，从刘白羽以满腔热情和深沉的爱对祖国美丽风光的描写中也反映了出来。其中，在该中篇小说末尾对中国上空霞光的描写，是显而易见的。显然，这是对中国历史上起过像我国的伏尔加河和第聂伯河重大作用的大河——长江的一种抒情的富有诗意的描写。可能，果戈理的著名的《第聂伯河全景图》，对刘白羽充满民族独特风格的长江风景画的创作，产生了一定影响。果戈理是鲁迅在中国继高尔基之后热情宣传的一位俄国大作家，鲁迅亲自翻译了他的长篇小说《死魂灵》……

该中篇小说（《火光在前》）描写了在革命运动中全国各部队都要加强联系、密切配合的指令，强调了中国的团结、统一。人民解放军南下打到了湖南，来到了那些20年代革命运动遭到严重破坏的地区，来到了1934年中国工农红军在毛泽东和朱德同志领导下由此出发进行二万五千里长征的地区。但是，这次回到湖南的解放军，毫无疑问，比15年前北上时的红军更加强大了。这支部队冲进湖南之后遇上了当地的游击队，师政治委员梁宾向他们回忆了当年长征时的情景：

> 同志们！——这次会合是有伟大历史意义的，湖南是毛主席领导秋收暴动的地方，现在是毛主席叫我们来的（鼓掌）……游击队的同志们！我们解放军从这里生长，后来为了最后取得革命在全国胜利离开了你们……（《火光在前》）

为了不忘中国人民的革命传统，刘白羽展示了其主人公在最困难的时刻总是借鉴俄国共产党人的经验。师政治委员善于诱导群众支援渡江任务。他常说，只要有布尔什维克精神，不管干什么事都能成功。他常说，没有这种精神,干什么都行不通。如果以布尔什维克方式研究新情况,那么任何困难都将不成其为困难。这个中国的老共产党员以具体分析讲的这番话,具有重要的概括性意义。

刘白羽在其中篇小说中令人信服地描写了人民解放军官兵的个人利益与国家利益是一致的。这支人民军队所执行的任务,都是全体劳动人民感到亲切和理解的。这支军队的力量,源于老百姓对其源源不断的支援:他们帮助军队渡江,给部队做向导,给部队抬担架、运给养等。国民党的白色恐怖和野蛮行径阻止不住人民运动,只能给人民战士增添对蒋介石雇佣兵的仇恨和争取尽快解放全中国的决心。

该作品非常精彩地描写了人民解放军战士的求战热情,尤其接到强渡长江解放全中国的命令之后的进攻热潮。尽管刘白羽很少直接描写国民党军队的活动,但是作品中还是真实地勾勒出了国军士兵士气不振和"退却风潮"的轮廓。刘白羽的中篇小说对于人民军队必胜的描写,对于在朝鲜战争时期坚信朝鲜人民军和中国人民志愿军必然战胜美国干涉者的描写,具有重大的现实意义。

刘白羽的中篇小说像其短篇小说一样都是反映部队生活的。但是,在这些作品中解放军官兵都被写成了保卫世界和平的战士。所以,在其中篇小说中关于战后前途和新中国成立后和平生活的描绘都不是偶然的。人民革命战争胜利后继续留在部队中的将领们清醒地认识到,他们的任务就是保卫和平和人民的幸福生活。刘白羽精致地刻画了这样一个品德高尚的将领,团政治委员陈勇,他非常欣赏那"驻守边疆卫国的战士,怀念着那天真的姑娘"的苏联歌曲《喀秋莎》。

刘白羽像其他中国现当代作家一样,在自己的创作中不仅发扬了艺术家鲁迅的传统,而且还发扬了鲁迅杂文的战斗传统。伟大的语言艺术大师运用论文和政论短评反映重大的社会事件。这些短评,鲁迅称其为杂文,它们真正表达了全心全意忠于革命事业的战士作家的"杂感",即革命热情。鲁迅是中国战斗的论文——杂文的真正创始人。鲁迅去世后他的战友及其追随者们发扬光大了鲁迅杂文传统。刘白羽,作为政论风格的特写巨匠,自然也属于他们之列。作家刘白羽在朝鲜写的许多文艺通讯就是这种作品的典范。它们不是简单的军事行动的工作报告,而主要是:作家关注的是战争中的英雄人物。战士们的英雄主义精神及其无限忠于祖国的英雄行为在其全部系列作品中占有中心位置。

不同生活经历、不同创作资历的老中青几代中国作家先后来到了朝鲜前线。他们中有鲁迅的战友著名的小说作家巴金、著名的剧作家和优秀的中短篇小说作家老舍和战争年代在延安工作过的杨朔，还有当时小有名气的特写作家魏巍。在这些描写朝鲜的中国人民志愿军的作品中，写了许多志愿军的日常生活。但是，对于大半生只写资产阶级知识分子的老一代作家巴金来说，反映中国人民志愿军这些新人的斗争生活的题材却是非同寻常的，他千方百计努力进入这种新生活，要理解和思考这种新生活。他在其第一篇特写《在英雄中间》（俄译），谈到了这个问题，他说他找不到恰当的语言来形容他当时的激动心情。他生活在英雄中间时，就忘记了自己的弱小，感到自己逐渐变得有力量，增添了勇气和信心。

　　然而，刘白羽走近这种题材却全然是另一种情形；对他来说，这种题材一开始就使他感到非常熟悉和亲切。可以说，他的全部创作都是反映中国人民解放军生活的。所以，来到朝鲜前线后，他就碰到了自己过去作品中的主人公；他们为了保卫兄弟的朝鲜人民，为了阻止远东的战争，又重新拿起了武器。作者与其主人公工作、生活在一起，与他们打成一片——这就是刘白羽创作的特点。为了继承鲁迅政论文的传统，刘白羽通常以第一人称的手法描写事件。作家深入到生活最基层——参加战斗、泡在战壕里，成了自己未来的作品主人公的亲密战友。所以，作品中令人信服地响起了勇敢的通信兵高兴旺临终请求的"不朽之歌"：请同志给记者打电话，就说他没辜负祖国的信任，完成了任务！

　　为了表现这种独特的英雄主义与勇敢精神的典型，作家努力为自己的短篇小说选取了最普通的，表面看来是些平平常常的人物。他们不是指挥具有重要战略意义的重大战役的统帅，而是些普普通通的士兵，而且通常都不是直接参加战斗的步兵或炮兵，而是以自己平凡的工作，为取得胜利提供必要条件的通信兵和工兵。这些人常常连自己也想不到能干出什么非凡的业绩，但是，他们的功劳都成了刘白羽关注的中心。显然，这是继承了鲁迅的文学传统——鲁迅最早真实地把普通人写进了中国文学。伟大作家鲁迅的这种独具个性的思想感情，充满了旨在服务于广大读者群众的全部中国当代文学。刘白羽特写中的人物，不是编造出来的，而是现实中的真人。只是作家善于从在朝鲜前线看到的一切人和事中，选取了最能表现时代精神和脉动的最具个性化的素材罢了。

　　朝鲜战争时期，在人民志愿军中出现了许多新的诗歌，尤其在竹板伴奏下表达即兴感情的"快板诗"得到了迅速发展。当时在每个部队、每个连队都创作了这种诗歌,传唱推广这种诗歌,并随着形势的发展而修改这些诗歌。刘白羽的特写《永远唱不完的歌》,就描写了这些"无尽"的作品。在中国传统民间创作中,尤其十二月歌,其特点就是在每月中都要提到一位备受欢迎的人物。中国人民志愿军弘扬并发展了这一传统。只是,他们现在歌唱的不是三国和宋代的英雄人物,而是大家所熟识的普通人。一位通信兵对刘白羽说:"这里面唱的一段一段都是真人真事,不过呢,有的牺牲了,有的调走了,有的还在这儿顶着干,不论那人在还是不在,这歌儿可是一直接着编下去,唱下去……"这些诗歌叙事简洁。它们诞生的经历,就是刘白羽创作这篇作品的基础。在该作品中,刘白羽塑造了一个勇敢的通信兵——高兴旺形象,他竭力赋予他一种"发展中人物"的个性。起初,展现在我们面前的这位通信兵,对自己的工作不满,他想冲锋在前,亲自去杀敌;但是,生活现实告诉他:他错了。他的队长以自己的身体压住好不容易才找到的断点电线的末端而身受重伤的英雄行为,给了他很大的教训。高兴旺从送班长去的医疗所回来后,眼前久久摆脱不掉队长衣服上的斑斑血迹。从此,任何时候他都不再抱怨自己的工作。作家向我们展现了处于各种困难境遇的通信兵:在战斗中,高兴旺数十次在接连不断的炮火中向前猛冲,去查寻电线断头,接通了电话;他在不知不觉中倒下了,清醒过来后他又继续握住了电线……这种断头的电线,在他的诗歌中,他称它是"我们的生命线"。

如果说,刘白羽过去的作品描写了真正的爱国主义感情是怎样产生的,当家乡解放后战士就不想继续战斗了,这种落后的带有极大局限性的家乡观念是怎样克服的,那么,在其有关朝鲜战争的通讯报道中,他则描绘了中国人民志愿军战士的新品质——国际主义精神。难道不正是这种伟大的思想感情引导这些伟大的中国人民的英雄儿女来到兄弟的战斗着的朝鲜吗?作家描写了展示自己人物的这些平平常常但却令人感动的事件。瞧,小高把朝鲜游击队员掩护在自己的掩体中,给受伤的游击队员包扎伤口,把自己的干粮分给他们吃。他对自己保卫的这块土地产生了深厚的感情,要知道,在这片土地上不仅流着朝鲜人的血,也流着自己的老乡和队长的血!所以,你一定会相信英勇的通信兵高兴旺对作者讲的那些朴实的话:"不,要讲爱,谁还不顶爱自己家乡,可是,打完仗,咱们难道说,松开两支手,扭头就走吗?不,不行,我要亲手帮助朝鲜同志栽上树,插上秧;我要亲眼看这炸弹坑怎样填平,上面怎样长出青苗。"大家想这不仅仅是一个战士的感情，也不仅仅是想想而已！在前线暂时平静下来时，志愿军战士就去帮助朝鲜居民干活：耕地、插秧、修水渠、筑堤坝。这种在残酷的战争年代所进行的和平建设，在下面这首描写"友谊林"的诗歌中得到了真实的反映：

> 两岸上盛开金达莱，
> 我们帮朝鲜人把树栽。
> 你挖坑，我浇水，
> 一棵一棵植得快。
> ——《解放军文艺》1951年第2期

在此之前，像这样的友谊，在中朝两国人民的历史上还从未有过。

坚定的必胜信念贯穿于志愿军指战员和与其生活、战斗在一起的作家们的全部创作之中。这种战胜战争威力的信念贯穿于刘白羽描写光荣的通信兵高兴旺的特写《永远唱不完的歌》中，高兴旺为在此战斗的亲爱的朝鲜大地献出了自己的年轻生命。这一必胜信念引导着作品中的其他人物继续前进！

作者在其另一篇作品《战斗的幸福》中，以另一种表现手法，将另一位通信兵，密码译员宋万才形象展现在了我们面前。他不是一个像瓦西里·焦尔金那样的有经验、不知忧愁的战士典型，也不是用刻画高兴旺的艺术手法塑造的那种典型形象。宋万才还很年轻，刚中学毕业，初次进入战斗环境。作品展示了在残酷的战斗条件下志愿军性格的形成过程。年轻的通信兵经历了"真正意义"上的"赴汤蹈火"，但他都没屈服；他虽然身受重伤、冻伤，脸上缠得绷带仅仅露出两只黑眼睛，但是，他躺在山洞里仍在继续工作，因为，他知道应该战胜敌人。正义事业、和平事业的必胜信念指引英雄们奋勇前进，促使他们去克服各种困难、疾病和痛苦。

另外，在这篇特写中还有一点挺有意思，即刘白羽再次向我们展示了有时战斗的整个命运就指望着普通战士——许多密码译员的工作。在这方面，刘白羽的作品具有重要的教育意义；读着这些作品，每个战士都会明白，在新的作战条件下，在新型的人民军队中，这一点是非常重要的，非常有价值的。如果说从前在国民党旧军队中士兵一文不值，那么，现在，像刘白羽描写的那样，在人民军队中指挥人员则关心每个战士，难怪副师长郭锋时时都在想着跟他去战斗的全体战士们。

描写真实英雄人物的功绩与顽强精神的美质，构成了特写《路标》的基本内容。

这篇作品的主要人物也是一个普通战士，一个曾在发电厂工作过的工兵唐明智。他不年轻，也不像作者过去的作品中的人物那样活泼。相反，他甚至过于怠慢，任何时候都不会立刻回答问题，总得事先把一切都想好后才慢吞吞地发言。但是，他并不是一个性格孤僻的人。他的心里充满了对战友的爱。作家刻画了这个人物的鲜明的个性，将其各种生活细节都一一展现在我们面前：你瞧，他在夜里为自己拆缝衣服，为渡河时丢掉袜子的战士缝制棉袜；在艰苦的战斗中他请战友们抽自己的烟叶，这些烟叶一直存放到胜利那一天。

这篇作品与作者以往的作品的不同在于，作家给我们讲述的不只是人物现在的故事，还讲述了人物过去的经历。沉默寡言的唐明智，倒是怎么能亲自讲出自己的经历呢？刘白羽运用这一典型，向我们展示了人们的思想在发生变化，其思想觉悟在不断提高，革命英雄人物在战争中铸就、成长。从一个俯首听命于日本人的工人和伪满军士兵，到成长为志愿军的一位英雄人物，这就是唐明智经历的艰苦而又漫长的道路。在新中国，他很早就有了一个家，生了一个心爱的儿子。但是，严厉同时又温存的唐明智，为了打击侵略者，他毅然决然离开家，参加了中国人民志愿军；作家描写了唐明智忠于自己内心的信念，走上了朝鲜前线。他曾多次负伤，但却没有倒下，因为战争还在摧残人类。所以，他要像一个坚信自己的事业是正义的，坚信胜利一定会到来的人所能做到的那样，去投入战斗！

特写《路标》的题目本身就具有象征意义。在这里，"路标"并非专指"道路的标记"，而是指受伤的工兵英雄唐明智；他躺在临津江的冰雪里，用手指挥部队穿过布雷区到达彼岸。这个战士身上的鲜血很快结成了冰，他似乎失去了最后的力气，"他把脸仆倒在冰雪不动弹了，不过，他的一只左手还伸开来，就像尖兵画在地上的前进的路标一样，指着那条路。于是后面成百成千的战士就顺着这个箭头所指的方向去攻击敌人了"。唐明智的功德多么有力量！多么完美！

在该作品中的这一典型身上明显地表现出了刘白羽特写的特点，也就是，在其中篇小说《火光在前》中表现出来的，作家常常离开故事情节而向读者进行抒情性插叙。作家有时运用富有诗意的语言描写似乎是最普通最平常的东西和事件。当特写的思想内容需要这么做时，刘白羽就以抒情方式进行描写,甚至这样描写电话铃声:突然,电话铃声响了!这是一个盼望已久的声音呀!你说世界上有这么美的声音吗?有以如此高兴的心情去回应的吗?你瞧,甚至感到空气都格外清爽了……然后,又以一般特写的语言叙述。这样,初看起来,似乎有点不很妥当,然而,要知道,当时的现实本身就是那样:现实中创造奇迹的英雄主义就是同日常的战斗生活和谐地共处在一起的。

刘白羽还以其他结构布局创作了反映朝鲜城市生活的报告文学:《英雄城平壤》和《战斗中的开城》。这两篇作品渗透着真正的深刻的国际主义精神,对赴朝中国作家的全部作品而言,具有独特的艺术风格。这些作品没有某种故事情节,是前线特写作家的途中小记,但是它们却与志愿军生活密切相关,是作者在复杂激烈的战争环境中搜集素材写成的。帝国主义者对朝鲜首都平壤的攻击来势凶猛。没完没了的狂轰滥炸,使这座城市的面貌发生了可怕的变化。但是,它没有屈服。

> 电线杆被炸弹砍断,剩下半截杆顶悬挂在空中电线上,房屋是炸毁了,但这决不是一个死寂的城市,而仍然是一个朝鲜的心脏,活的、热闹紧张的、生命力十分充沛的城市。(《英雄城平壤》)

作家就是在这样一个令人惊慌的夜雾中看着平壤。作家生出这样一个念头:民主朝鲜的心脏不会死亡,它将永远跳动着!这种思考是刘白羽创作所有特写作品的思想基础。刘白羽描绘了这座城市对每个战士来说都是非常珍贵的。作家结合朝鲜劳动党中央对部队的慰问,抒发了自己的思想感情:(朝鲜)党中央领导没离开战斗的城市,仍与人民在一起,仍留在斗争的前线。所以,读过刘白羽的特写后,你便明白,这篇作品是作家战士用对朝鲜人民的真挚的友情写成的。作家的一切愿望就是实现和平。内容与其相近的还有一篇特写《战斗的开城》。这篇作品描写了志愿军英雄们为朝鲜人民,为保卫远东和平,献出了自己的生命。

朝鲜战争结束了。但是,刘白羽并未中止这一题材的创作。1956年,《解放军文艺》又发表了其新的中篇小说《无脚拖拉机手》(俄译《永不熄灭的火焰》)。1958年,苏联《外国文学》第6期,译载了《无脚拖拉机手》,由此,苏联读者结识了刘白羽的这部中篇小说。

刘白羽转向了这种描写战斗英雄李来财的新的题材——纪实小说的创

作。这一转变，对其形成艺术家兼政治家为一体的作家的全部文学创作做好了准备。前面论及的刘白羽的许多发自朝鲜前线的通讯报道，就是特写与短篇小说有机结合的产物。这些作品中的人物不是虚构的：他写的那些战士，都是他在朝鲜前线遇到的志愿军战士。这个无畏战士李来财形象，就处于中篇小说《无脚拖拉机手》的中心地位。但是，这种体裁的小说的特点要求作者展现比其过去的短篇小说更为广阔的生活画面。总之，这种纪实小说需要描写的基本内容是：英雄主义，真正的忠诚的共产党人的英雄主义，为祖国的光明未来而英勇斗争的战士。普通的劳动者和战士李来财的生活已展现在我们面前。他的童年像旧中国成千上万农民孩子的童年一样。所以，他的故事，在许多方面，就像反映1949年以前中国农村生活的其他中国现代文学作品，譬如著名歌剧《白毛女》所描写的一样。你看，李来财这孩子的命运有多苦！经常挨饿受冻，父母早亡，哥哥被日本人杀害，但是，作家写道：英雄从少年时代，脑海里就生出三个热乎乎的字："八路军"。他听到的一切好消息都与这支革命军队有关。刘白羽描写了他的主人公的觉悟在逐渐提高；女共产党员段理平帮助这个年轻人认识世界，弄清一般的人间真理。所以，在那苦难的日子里，李来财自然就靠近这位女共产党员，向组织提出了入党要求。为了真实地刻画这一形象，作家描绘了当时李来财还不是一个自觉的成熟的战士："什么是共产主义，当时在李来财头脑中，是不甚明确的，可是只要一谈到共产主义，他就感到亲切，感到明晃晃的。"[1]这部小说的最大优点就是描写了主人公与党与人民的密切关系。

　　小说的第二部分写得更为精彩，真实地反映了朝鲜战争的事件。在这里，小说的主人公已经作为一名真正的共产党员，真正的解放军战士出现在我们面前。刘白羽再次描写战争，描写中国新人的英雄主义精神。如果说作家过去作品中的个别人物认为解放家乡1949年以后在外地作战不是他们的任务的话，那么，从李来财形象身上我们却发现近十年来中国战士的思想觉悟则有了很大的提高。李来财虽远离家乡出国作战，但是，他却感到兄弟般的朝鲜人民的命运与自己休戚相关。李来财不怜惜自己的生命，他的脚冻坏了，但冻坏了脚也不留下来。"李来财的脚不能动了，应该留下，可是，他能留下吗？不，决不能这样干。他用手扶着脚，挣扎着又挣扎着站了起来。但是，摇了一下，差一点没栽倒。教导员从一旁扶住他，问：'你还是留下吧？'

---

　　1　《无脚拖拉机手》，第29页。

李来财顽强地说：'能走，我能走。'"[1]

作家向我们展示了其主人公的一种真正的勇敢精神。这种精神不仅表现在战场上，而且也表现在后方医院里。李来财的命运在许多方面就像苏联飞行员马列西耶夫的一样，在战斗中冻坏的两只脚也截去了。李来财勇敢地忍受着疼痛做完了手术。但是，手术后在他面前又出现了一系列问题：今后怎么走路？怎么生活？一个无脚的残疾人还能为祖国的幸福劳动吗？或者，终生都要坐吃养老金了，虽然他才22岁。你瞧，经验丰富的医院的教导员前来帮助这位"马列西耶夫"[2]了。作者相当出色地描写了自己主人公的精神状态、痛苦心情。他从教导员的谈话中初次感受到一种真诚的理解。也就是说，教导员给他讲了马列西耶夫的故事，马列西耶夫的事迹鼓舞了他，给了他力量和愉悦。在这段描写中有一个特点，即作者一直未提及教导员的名字，他是作为那一代党的工作者的概括性形象出现在我们面前的，他懂得怎样做人的工作，以便使其相信自己的力量。

但是，作者展示了生活给李来财带来了许多麻烦。他用假腿行动不便，因为手术后两腿不一般长。于是，意想不到的事情发生了：残疾人李来财请求医生再截去他的左腿——因为左脚的前脚已截去，只剩下了脚后跟。这位年轻军人的形象被刘白羽描绘成了值得效法、值得钦佩的一位优秀战士的形象。难怪，他的请求得到了医院领导的支持。我们看到李来财在艰难的生活道路上一步步前行。但是，还不是所有的人都相信他能行，许多人仿佛认为一个无脚的残疾人想开拖拉机那是不可能的。在这里我们还需适当地回顾一下往事：现在人们对他的这些担忧，恰似当年人们对马列西耶夫的担忧一样。刘白羽赋予自己的主人公以完整的性格，描写了主人公英勇顽强克服困难的整个斗争链条，最终达到了自己提出的目标。李来财重新又回到了社会主义建设者战士的行列，而且，不是一般的战士，他在农场的劳动中取得了前所未有的成绩。你瞧，作者又有意识地使我们回溯到小说的开头，回到了在北京会见先进生产者李来财的情景，1956年5月李来财进京出席了全国先进生产者代表大会。为使自己的艺术形象更贴近当代人的心灵，刘白羽有时中断故事叙述而插入抒情描写；这种面向读者的抒情描写，在该小说中要比其以往的作品中多得多。这部精彩的动人心弦的中篇小说有一条似乎没有

---

1 《无脚拖拉机手》，第45页。

2 俄罗斯作家波列沃依的《真正的人》中的主人公。

结尾的主人公与其妻关系的情节线。可能，作家是有意这样做的，因为他考虑到，纪实小说的特殊体裁要求写实，艺术虚构总是不妥当的。

中篇小说《无脚拖拉机手》是中国文学描写新中国新人的一部新的典范之作。

刘白羽的中篇小说发表以后，在其主人公李来财的生活中发生了一种新的转机：他作为代表团成员访问了苏联，并会见了苏联英雄阿列克谢伊·马列西耶夫。马列西耶夫的勇敢榜样帮助这位中国战士重新站到共产主义建设者的行列。所以说，该中篇小说的篇名《永不熄灭的火焰》（НЕУГАСИМОЕ ПЛАМЯ）具有象征性意义。火焰（ПЛАМЯ），这是燃烧在真正共产党人胸中的火焰，它使李来财没有停滞不前，而是向着美好的未来奋勇前进！

刘白羽是一位任何时候都不会放弃军事题材的作家。他在1958年1月号《人民文学》上又发表了新的短篇小说《一个明朗的早晨》。这篇小说的情节是发生在北京至沈阳的列车上。就像他的其他作品一样，作者不是作为一位旁观者而是其所述事件的一位直接参与者。这篇小说没有严格的确定的情节。随着作者思绪的慢慢浮动，往日的战斗场景、永远数不清道不完的英雄人物一个个都展现在我们面前。中国人民解放军的一伙军官走进作者隔壁的车厢里。作家听到他们不慌不忙地谈论着过去战斗的地方，作者自己也想起了那些地方。他的心中为这些新中国英勇的军人而感到自豪。列车经过巨流河，作者眼前迅速映现出1948年那个秋夜的场景：各路大军聚集在一起以迅雷不及掩耳的神速向沈阳发起猛攻，仿佛是在竞赛，看谁最先到达这个全国最大的工业中心城市。路上扔着许多逃窜敌人士兵丢下的枪支。渡口附近聚集着许多辆汽车，军队停止了进军。突然，作家回忆起一件完全出人意料的事情发生了：一些汽车的前灯突然接通了，周围一切都发射着耀眼的光芒。天空敌机在轰鸣，但是，它们似乎害怕这种公开的场景，没有扫射，没有扔炸弹，悄悄地逃窜了……

这次大规模渡河中的一位名不见经传的英雄人物，现在就站在隔壁车厢的一个窗旁。作者向读者描写了他的坚毅性格及其魅力。他是祖国武装部队的军官之一。作家不追求故事情节的趣味性，他们一路上虽未搭话，但这位勇敢军官的形象在小说中仍然十分清楚。这篇小说全篇都洋溢着作者的兴奋与自豪的激情——他为自己饱经苦难、懂得珍惜和平生活的强大祖国而感到高兴和自豪！所以，小说末尾对工业城市沈阳的粗略描绘，便证实了这一点;工厂里的烟囱冒出的烟遮蔽了周围的一切,每个真诚的爱国者心中为此感到兴奋,新中国的工业从这里起步,很快将成长、壮大起来。

作家的目光重新转向自己的旅伴炮兵指挥官(王树昭):"他站在车门前面,他面对着这迎面而来的大工业城市,他那锐利的眼光,这时变得那样温柔,就如同看到自己最亲爱的人那样的温柔。"[1]

作品最后的这段描写蕴涵着深刻的思想内涵。刘白羽的主人公们都成长起来了,他们考虑的是整个全中国,他们成了新生活的真正主人,对他们来说,一切都那么可爱,一切都那么亲切!

刘白羽写了很多短篇,描写以奋不顾身的斗争帮助朝鲜人民的中国人民志愿军的勇敢精神;但是,他也没有放弃那种有意义的题材,以便创作新的即将脱稿的长篇小说。

1949年以后,刘白羽担任了中国作协党组书记。他积极参与中国的社会活动和文学生活。他发表了大量关于文艺界的反右斗争、文学理想与现实、会见苏联作家等内容的文章。这些文章的特点是:广泛借鉴苏联文艺理论与批评的经验,注意援引别林斯基、果戈理、高尔基和我国(苏联)当代文学作家的语句。刘白羽作为真正的朋友评价苏联,他认为苏联朋友所创造的一切对他来说都是非常珍贵的。刘白羽的这些文章充满了关于中国当代文学的命运以及在争取和平和社会主义建设条件下中国作家任务的思考。刘白羽呼唤自己的同事们要大胆干预生活,不要做改变人民生活的消极的旁观者。他论述了党在建设新文学事业中的重大影响,高度评价了具有历史意义的延安文艺座谈会的巨大作用……

从真正的爱国者,军人作家刘白羽的范例中我们可以清楚地看到,被中国人民的光辉功绩鼓舞起来的中国当代文学正沿着鲁迅开辟的文学道路奋勇前进!

---

1 《一个明朗的早晨》。

# 艾青：创作与时代*
## 费德林

中国诗歌源远流长，起源于古代无名歌者的民间口头文学。从歌唱传统到现代诗歌，相隔已有数千年。中国诗歌是在民间创作的沃土里，在诗人诗歌的创作实践中不断发展起来的。

天才的语言艺术家艾青的诗歌创作正是这二者相互结合的产物，它在中国现代诗歌中占有显著的地位。

艾青在自己一首早期的诗歌中宣告，他将给世界带来光明，又将给人类带来温暖和欢乐。请正直人的嘴带去诗人的消息，让城市和农村所有的人都能听到，让人们敞开胸怀去迎接这白日的先驱，光明的使者！

诗人的感觉，诗人对周围世界的梦想，以及他对艺术家的使命、天职和才干的理解正是如此。不管时间多么漫长，不管命运多么坎坷，也不管在我们这个疯狂的时代里事变的狂飙多么暴戾，我们知道，它都不能摧毁诗人，不能改变他的认识世界。他仍然坚信自己所选择的道路，自己的道德标准。诗人似乎恪守一种规程：想你所想，唱你所唱，令你去做你认为是正义的事业。贬责和赞扬同样严肃！

艾青属于那一代中国知识分子，当他18岁的时候，南昌起义、广东公社、革命军队井冈山会师早已驰名全世界；他属于那一种人，他们是在许多事变发生之后才投奔到革命中来的。

艾青（原名蒋海澄）1910年生于浙江一个并不富裕的地主家庭里，但在一所普通的农舍里度过了他的童年时代。农妇，这位养育了诗人的，后来在其一首最真挚的，满腔热情的诗中所歌颂的农妇——大堰河，实质上就是他的母亲。在她的家中，未来的诗人度过了自己生命中最初的5岁年华。

---

\* 译自苏联《远东问题》1984年第4期。(Проблемы Дальнего Востока.1984, No4.)

中学毕业后，艾青决定献身于艺术事业。1928年，诗人在几位热衷于法国现代绘画艺术的朋友帮助下，出国到巴黎，渴望在那里继续深造艺术。但是，他的愿望注定没有实现。诗人在巴黎被迫经受的艰苦的物质生活，在许多方面都激起了他的创作激情。在这里，他接触到了中国的家庭手工业者——骨制、石制、木制工艺工匠，这种工匠师傅在欧洲其他许多大城市里也不少。他进入一家供应公司做工，该公司专门经营瓷制纪念品和雕像供应巴黎的客商。诗人便以此微薄的收入糊口谋生。

艾青在卢浮宫里度过了他那为时不多的空闲时间，他一次又一次地来到这幽静的地方——卢浮宫博物馆，这里有永世不朽的古希腊雕刻精品维纳斯雕像。诗人伫立在伦勃朗和鲁宾斯的画幅旁，久久不愿离去。但是，不管他多么迷恋于这种造型艺术，他更加喜欢的还是文学。

一切须从初步开始。正如一条波涛汹涌的大河是由一条条小溪汇集而成，人们的精神世界也是由总体形成人们的生活经验的许多重大行为所组成的。

正是在巴黎，艾青在法国革命知识分子（当时共产党威信最高）的影响下，埋头攻读爱弥尔·凡尔哈仑、阿波利奈尔、惠特曼和弗拉基米尔·马雅可夫斯基的作品。凡尔哈仑的诗歌对于艾青来说虽具有尖锐的社会性，但却显得抽象，而俄罗斯诗人的火一般的语言却是真诚而极端准确的；他关注活着的人们，为自己的人民而战，为自己的阶级而战。

> 马雅可夫斯基
> 永远是
> 不可比拟的
> 新人类的代言者，
> 站立在智慧的高峰
> 向全世界
> 播送
> 革命的语言，
> 钢铁的语言；
> ……

艾青从法国回国几乎20多年后写成的这首诗，可能，当时居留巴黎期间就在脑海中初步形成了。很难说巴黎生活在多大程度上促进了艾青的美学观的形成，然而，正是当时具有尖锐社会矛盾的巴黎，由于诗人天赋所致，大大影响了艾青的政治观点。

当1931年日寇侵入中国东北时，诗人毅然离开巴黎回到上海，那时鲁迅、茅盾、瞿秋白和其他许多中国文学的革命活动家也都居住在那里。那是令人惊惶不安的时刻，当时上海还处于中国著名诗人柔石及其左联的战友们刚刚殉难的强烈印象之中。

诗人刚一离开轮船，警察暗探立刻就跟踪上他。他们跟踪艾青不久，艾青就被指控为"隐瞒危险思想"而被投入监狱。诗人在牢房蹲了3年零3个月。大牢的岁月给他的心灵留下了深刻的烙印。在大墙那边他理解和感受到了许多东西。艾青最初在监狱里写的诗就是对于人生和祖国命运思考的成果。在用如此之多的考验记载的中国历史中，这是真正严酷的时期。背信弃义的强敌打进了中国。敌人的大兵就像从高处喷射出的火山熔岩泛滥于中国大地。为了阻止敌人并击退他们，应动员全国人民。共产党担负起了这一艰巨的重任。

共产党人是团结一切生气勃勃的，富有创造精神的，爱好自由的，爱国主义的人士反对共同敌人的一种社会力量。一切力求把中国从外国奴役下解放出来的人，一切想看见亲爱的土地自由、繁荣的人，一切愿成为真正的中国爱国主义者的人，都是共产党人在这场斗争中的战友。一切成为中国现代文学的光荣的人，鲁迅、郭沫若、茅盾，都和共产党人一起走，于是艾青也同他们站在一起。真理能使人变得自由，重要的只是理解它，虽然很多人都很熟悉它。几乎在出狱的第二天他就去会见茅盾，当时茅盾正在校阅那几年他亲自编辑的《黎明》文艺作品选集。茅盾为艾青刊载了最初的诗，帮助这位青年诗人接近了许多中国进步知识分子。艾青的早期诗歌反映了他旅居异邦的生活。《巴黎》《马赛》等诗就是这一时期的作品。艾青这一时期诗歌的特点是，在描写法国的诗中诗人并未在法国人民和中国人民的敌人之间制造差异，甚至把自己在上海被囚禁的监狱，也都称之为巴士底监狱。

然而，艾青在监狱里写得最好的诗，却是歌唱中国的。他的描写旧中国农村的诗《大堰河，我的保姆》是诗人忠于人民、忠于祖国的独特的誓言。在诗中艾青满怀热烈的人道主义之爱讲述了中国贫苦农民的命运。诗人充满了对压迫农民的寄生虫——地主的极端蔑视。诗人这种情感在其另一首诗《透明的夜》中也表现得淋漓尽致。但是，诗人并没有把自己早期的诗作强化为表达社会抗议,他暂且还只是同情农民的疾苦。艾青的人道主义为其诗作带来了令人陶醉的品格。

值得注意的是,艾青任何时候都不是一位唯美主义诗人,但其早期诗作并不能够摆脱西方颓废派诗歌的影响。所以,在他的几部诗集《大堰河》(《聆听》《那边》及其他诗作)中象征主义、小资产阶级个人主义的影响是明显的。然而,诗人很快就克服了这些影响。由于全国革命高潮的到来,由于他对人民的满腔热爱,他懂得只有高举革命现实主义文学艺术的旗帜才能更有成效地尽忠于中国人民的解放事业。

《大堰河》诗集收入作者1932—1936年写的9首诗。虽然诗集还没有完全避免诗人早期诗歌创作中那种独具的所受西方各种艺术流派的影响,然而在他的诗章里却洋溢着爱国主义的激情、对祖国人民的挚爱、对人民的苦难命运及其永无休止的悲伤和痛苦的深沉忧虑,同时诗章也充满了乐观主义,坚信中国人民摆脱压迫和屈辱的时日即将来临。

1937年,艾青创作了反映他的内心思想斗争的一组诗。诗中国民党的腐败现实使他产生的失望和痛苦的感情已退居为作者思想的第二位,诗人纵情歌唱中国人民的光明未来。于是,作品中出现了强烈的、鲜明的、乐观主义的基调。这一基调,后来便形成了他的全部创作的主旋律。艾青基于对被追逐和被屈辱者的同情开始歌颂快乐和光明。在诗人眼里,"黎明"已成为中国人民未来幸福的象征,因为太阳给人类带来了自由的欢乐,热烈的劳动情感、援助、安慰和幸福。诗人急不可耐地等待着黎明。

在这黎明的期待中,中国读者看见了新生活的希望,尽管在诗人的诗歌中这种思想的表现还仅仅是通过大自然的形象。

艾青把太阳当作新世界的象征来描写最早是在著名的诗篇《黎明的通知》中出现的。该诗的问世与它所处的这个动荡年代很有关系。这个美妙的形象是经过作者其他年间的诗品的锤炼较晚玉成的。

> 为了我的祈愿
> 诗人啊,你起来吧
>
> 而且请你告诉他们
> 说他们所等待的已经要来

说我已踏着露水而来
已借着最后一颗星的照引而来

我从东方来
从汹涌着波涛的海上来

我将带光明给世界
又将带温暖给人类

在这首诗中，诗人，这正义的代言人，给人民带来伟大真理，创造和改造着世界的人的形象伴随着太阳的形象冉冉升起。艾青想象中的诗人形象正是这样，自己决心要做这样的诗人；而当时人民也特别需要这种为群众说公道话的人。

诗人积极参加了民族解放抗日战争，把自己的创作同全国民主进步力量的斗争牢牢地联系起来。出刊《七月》杂志的坚持现实主义创作方针的文学团体"七月社"，吸引了许多著名的进步诗人，对作为艺术家艾青的形成给予了很大的影响。这个文学流派的成员力求将自己的作品接近人民生活，要求自己的诗朴素而严正。

1937年夏天，艾青朗读了自己诗作《复活的土地》，在诗中他呼唤人们扔掉悲伤与痛苦的感情，因为：

我们的曾经死了的大地，
在明亮的天空下
已复活了！
苦难也已成为记忆，
在它温热的胸怀里
重新旋流着的
将是战斗者的血液。

1938年4月，艾青完成了长诗《向太阳》。长诗由九节组成，每节都有一个小题目。诗人赞美太阳，对他来说，太阳就是生命、自由和平等的象征。长诗的意义还在于，在作品中艾青在继续接近生活方面又向前迈出了新的一步。长诗的其中一节还描绘了中国人民动员起来同恶毒的敌人进行斗争的画面。

这一时期艾青的其他重大作品就是1939年问世的诗集《北方》。编入这本集子里的诗，按作者的意图应该表达"一点民族的哀感，不平，愤懑，和对于土地的眷念之情"（《北方·序》）。

《北方》诗集描摹了华北生活的画图，诗集以《北方》一诗命名，艾青在该诗中描述了自己对中国北方的绵绵情意。

作品在读者面前展现了一幅幅中国华北生活的画面（《农夫》《老人》《补衣妇》《乞丐》），展现了贫瘠的，但诗人却感到如此亲昵的大自然（《风陵渡》《篝火》《驴子》等）。

《北方》诗集表达了艾青对于面临着致命威胁的祖国和勇敢地同日本帝国主义做殊死搏斗的中国北方人民的赤子之爱；表达了诗人对敌人的强烈的仇恨。诗集《北方》应列为民族解放战争时期中国诗歌的优秀样板。

艾青坚决参加了战地文艺宣传队领导的声势浩大的宣传工作。他满怀爱国主义热情从中国东部到中部，从中部到北部，从北部到南部，又从南部到西北部延安。就在那时，照他自己的话说，才算真正看见了光明。

艾青站在坚决赞成抗日的首批诗人和作家一边，奋起保卫中国人民的民族生存。诗人在《致苏联诗人和苏联人民》的公开信上签了名。公开信前几行引用了马雅可夫斯基《明显的津贴》一诗的诗句：

　　同法西斯匪徒谈话，
　　用火焰的语言，
　　用子弹的话语，
　　用刺刀的尖利。

1939—1940年给诗人带来了新的文学成就。1939年艾青写出了其最好的诗作之一，长诗《他死在第二次》。

在这部广为流传的长诗中，诗人描述了一位普通战士，他治好非常危险的伤势后，又重返战场，在同敌人残酷的搏斗中英勇地牺牲了。

这是一篇严峻的关于士兵的艰难命运的故事。这故事，是用强劲的，精确的，发自生命本身的语言写成的。受伤的士兵躺在医院里，他的士兵制服换成了带有红十字的病人服。

我们躺着又躺着
看着无数的被金属的溶液
和瓦斯的毒气所啮蚀过的肉体
……

战士注视着护士怎样工作，她的灵巧的手怎样晃动。于是，他似乎感到，那双给伤口换绷带的巧手好像不是在治疗，而是在抚慰。

俨如被期待的太阳冲破乌云给大地撒满光明一般，痊愈向战士走来。瞧，他正走在大城市的街道上。

充满和煦阳光的亲切大地送走了战士，他的双脚沿着松软而温馨的土地迈动着。他脱下自己粗陋的鞋子把双脚浸到浅水沟里。他愉快地用手拍弄着温和的流水。突然，战士注视着大地，要"找寻那像在向他召唤的东西"。

他看见了水田
他看见一个农夫
他看见了耕牛
一切都一样啊
到处都一样啊
——人们说这是中国

响应祖国的召唤，这伟大的情感，"比怀念自己生长的村庄更亲切"，"比爱情更强烈"，战士回到了战场。他回来了，满怀着要收复祖国的自由的热望回来了，同时还要消灭奴隶地位和贫穷，监狱和刽子手。

挺进啊，勇敢啊
这光辉的日子
是我们所把握的！
我们的生命
必须在坚强不屈的斗争中
才能冲击奋发！
兄弟们，上起刺刀

勇敢啊，挺进啊

　　战士牺牲了。
　　竟是那么迅速
　　不容许有片刻的考虑
　　和像电光般一闪的那惊问的时间
　　在燃烧着的子弹
　　第二次——也是最后一次呵——
　　穿过他的身体的时候……
　　终于像一株
　　被大斧所砍伐的树似的倒下了

　　诗作中悲痛与庄重相结合。死，没有陷入恐惧，没有使人感到绝望；死激励活着的人们去投入战斗，尽管在作品中诗人使用了充满巨大忧伤的黯淡的颜料描摹了战士之死。

　　艾青是鲜明的，富有表现力的，充满了生活敏锐感觉的自由体诗的艺术大师，在他的诗里充盈着清新的泥土色彩和气息。艾青能赋予作品以独具一格的美丽的画面和婀娜多姿的形态。由于拜读了长诗《他死在第二次》，便不能不看见诗人和艺术家创作的艰辛劳动。艾青是色彩画家，是具有明亮、生趣盎然的色调特点的水彩画大师。

　　1940年出版的诗集《旷野》在风景抒情诗情调方面是继《北方》诗集之后又一部富于风景素描的作品。但是，诗人并不单独地描绘这些亲切的风景形象，而是努力把自己的思想和感受融进这些形象之中。两棵单纯的似乎没有任何关系的树，原来，它们的根在地下却紧密地交织在一起。这一形象激起了读者对于那些高大的，但其友谊并非外露的、真正的朋友们的怀念。

　　一棵树，一棵树
　　彼此孤离的兀立着
　　风与空气
　　告诉着它们的距离

　　但是在泥土的覆盖下

它的根伸长着
　　在看不见的深处
　　它们把根须纠缠在一起
　　　　——《树》

　　1940年，艾青发表了描写一位革命青年的长诗《火把》。同年，艾青又完成了诗作《马雅可夫斯基》。

　　按照艾青的理想，马雅可夫斯基是他最敬重的诗人。艾青20岁时接触了马雅可夫斯基的诗。《穿裤子的云》使中国诗人产生了最强烈的印象。艾青认为，马雅可夫斯基的诗达到了对资产阶级摧残人性的暴虐所进行的革命抗议。

　　以艾青的见解，没有其他诗人像马雅可夫斯基那样，那么有力地向刚开始文学创作生涯的文艺工作者指明应当注意研究政治主题。艾青认为，深受马雅可夫斯基影响的诗人们在自己的作品中是不会丢失其民族特点的。这一点，我们从创作《秧歌剧》的中国诗人们的创作实践中便可看到。这种剧巧妙地运用了中国农民的音乐和舞蹈，艾青为其创作付出了艰辛的劳动。充满火辣辣的讽刺和善意的幽默的短小歌剧宣传品是在野外和战壕里写出的。正是"秧歌剧"所追求的题材的急切（现实）性与形式的人民性，艾青认为，对这种真正的人民戏剧提供了异乎寻常的艺术成就。其实，这种戏剧本身的产生，便是深受普希金诗歌影响的中国革命战争文学的很了不起的功绩。

　　1941年3月，艾青来到了著名的光荣城市延安。在这里，诗人得到了旨在为人民服务的真正的创作自由。……

　　诗人如醉如痴地从事《秧歌剧》创作。他领导的行军秧歌剧团到过数十个村庄，所到之处，艾青总是同当地的老人们交谈农民生活。原先秧歌剧团经常到这里，所以农民群众都知道：他们对诗人诉说的一切，都在舞台上表演了出来。这便大大激发了农民，他们和诗人一起分享农村新闻和江湖艺人们编造的传奇故事。当然，在同农民的交往中最有价值的是直接观察了生活。但是，对诗人来说，被民间由当今时代气息所慰藉的历史题材的幻想故事所丰富起来的口头传说也具有相当重要的意义。往往，关于昨天陕西农村生活的故事发展成了今天生活的故事。农民群众在诗人面前打开了时代流传的口头文学宝藏，其作品在流传中不断完善，获得了作为纯民间文学特征的真实性和简洁性。在这里既有民间故事、寓言,也有许多丰富了中国语言的谚语,以及其对话艺术达到了完美程度的民间笑话。人民与他无私而丰盛地共享的这一切,诗人都将其详尽地描绘了出来。当他带领行军剧团从一个村庄到另一个村庄的时候,他的思想意识中出现了一种有意思的复杂程序:他的形象世界大为改观,他的创作方法本原正在改变。典型形象变得比较现实,同时也比较真实(他们来自生活本身),变得比较接近人民,比较为群众通俗易懂,于是,诗人逐渐认清了,其作品应该成为真正的人民作品,应该使人民容易读懂,应该由人民来评价。诗人这种创作思想的转变正是在延安生活的第一年形成的。

当苏联军队从莫斯科城下赶走敌人时,中国人民欢庆苏联军队的胜利,随着大雪覆盖的俄罗斯大地上的胜利,中国人民联想起了自己的解放。那时,列夫·托尔斯泰的《谢瓦斯托波利斯基的故事》正在报上连载,大学生们把俄罗斯著作分成几部分,分头翻译。

资产阶级报刊封锁消息,甚至在能够披露苏联军队胜利的真正原因的情况下,也往往以缄默或滥用"俄国"概念,玩弄毫无意思的"秘密、机密、疑迷"等庸俗语言,企图回避过去。就在这些日子里,有一天收音机里响起了朗诵诗的声音,长诗以刚毅的通俗语言揭开了俄国胜利的"秘密"。诗中屹立着一位体现了战斗人民的最佳特征的苏联姑娘。"索亚"——这样题名的,1942年写成的长诗,其作者就是艾青。

听众眼前出现了一位俄罗斯姑娘的形象,她正踏着大雪覆盖的俄罗斯大地走向刑场。

> 但她只是恼恨
> 她的愿望还没有达到,
> 就失去年轻的生命;
> 还没有看见祖国的胜利,
> 就闭上明亮的眼睛。
> ……

对祖国的爱给姑娘以力量,自己的崇高天职感激励了她,她变得勇敢无畏。

不要怕死！同志们！
为人民而死是最大的快乐……

从表征苏联姑娘功绩的语言中，艾青选定了这句话："为人民而死是最大的快乐。"诗人以此确定了自己对待人民争取祖国自由和幸福的斗争的态度。他，人民的儿子，把对人民的爱变成了自己的斗争旗帜，人民的幸福永远是诗人本身的幸福。

据艾青说，在这部长诗中他力求揭示最近几年在世界上空迅疾飞逝的这一事件的意义。作品以愤怒诗句的全力声讨法西斯主义。诗人致力于这部诗作远远胜过描绘法兰西，其才力大为加强，其揭示事件实质的才干，连同其远见性与预见性都大大提高了。

1943年，艾青最著名的诗集之一《黎明的通知》出版了，该诗集包括诗人1940年以来写的诗。该诗集按题材可分为战争诗《时候到了》《兵车》《通缉令》及其他；城市生活诗《公路》《街》《城市人》等；关于苏联的诗《新的伊甸集》组诗；另外还有风景抒情诗《冬日的林子》《夜》《高粱》。

特别有意思的诗是《新的伊甸集》组诗，在该诗中诗人最初接触到对他来说还是新的题材，即描写苏联生活和中苏两国人民友谊的题材。诗集《黎明的通知》是诗人创作水平提高、诗歌艺术成熟、热情了解现实的见证。艾青收集1939—1940年写得最好的短诗和长诗编成了集子《他在战斗中死去》，于1946年出版。

1945年艾青完成了诗集《反法西斯》，力求为自己延安时期的创作做一个总结。艾青的延安生活年代是他热烈参与社会活动的年代。在这里，他积极参加了文艺工作者农村工作队的工作，当选为陕甘宁边区政府代表，中国抗敌作家协会延安分会成员，当了华北联合大学文艺学院副院长。

艾青在延安生活了四年。告别这个城市时，他觉得延安对他来说终生珍贵。这个城市的面貌为他体现了一个无比亲切的崭新世界，他的最美好的理想与这个世界息息相关。

艾青在自己的回忆日记中，讲述了他如何告别延安，描写了他们在被敌人烧光了的大地上的49天的行军生活……

看来，最可怕的是在过去。但是，最艰苦的时刻还在前面。

在所有描写延安的著作中，这样的著作近几十年来在中国和国外发行了不少，没有任何一部著作像艾青诗作《向世界宣布吧》那样，这么简洁，这么充实地揭示了"延安"和"人民政府"概念。这首诗的长长的诗段洋溢着巨大的热情；其中具有某种时代的概括。

> 一切为了反对法西斯主义；
> 为了几万万人民的自由与幸福，
> 为了这个古老的国家的独立与解放。
> 政治家，军事指挥员，组织家，
> 哲学家，作家，诗人，技师，医生，
> 所有的人们团结在信仰的周围，
> 一切的技术组织在共同的目的里，
> 也只有在这个最高的原则下面，
> 人人获得了自由、博爱与平等。

在反对国民党专政的民族解放斗争时期，艾青把自己献给了人民革命事业，歌颂英雄的军队，鼓舞勇敢的战士。在这一时期，我们会见了艾青，进行了关于中国诗歌、继续战斗中艺术家的作用的长时间谈话。

中国革命胜利并于1949年建立中华人民共和国之后，艾青把自己全部精力用于社会活动，积极参加第一届中华全国文艺工作者代表大会工作，会上做了题为《解放区的艺术教育》的专题发言。艾青被选为全国文艺工作者协会和作家协会主席团成员。

在苏联大力帮助下进行的中国和平建设年代，艾青创作了许多描写人民的劳动热情、为和平而斗争、建立新生活的新诗。1950年艾青首次访问了苏联。诗人在莫斯科住了大约一个月，然后进行全苏旅行。关于诗人的最佳消息就是他的诗。艾青的新诗传到了中国，他的崇拜者们关注着他，诗人当时的道路会经过哪里？

新诗《车过贝加尔湖》《西伯利亚》出现了。作者以独具一格的散文式的前言，为这些新诗做了开场白："曾经有过一个茫茫的西伯利亚，渺无人烟的西伯利亚，荒凉的、寂寞的、令人哀叹的西伯利亚，冰天雪地的西伯利亚……但是，现在我所看到的是……"

诗人讲述了这个奇异的，富饶的，自由自在的，被苏联人的丰功伟绩改变了面貌的国家。

关于莫斯科，与其他诗作并列，在其诗歌日记中，艾青以《普希金广场》

一诗赞美了它。诗人这样描写普希金：

> 相隔一世纪有如一天，
> 美好的理想已全部实现；
> 暴君的阴谋只留下了耻辱，
> 人民以胜利报答你的语言。

诗人在格鲁吉亚生活了大约一个月。《牛角杯》一诗就表明了他到过那里。诗人把酒倒在牛角杯里表示敬重贵客。这个美丽的传统故事激起了诗人用满腔热情的，充满真正火一般的语言赞美苏联多民族人民之间的友谊。

在苏联旅行期间，艾青由于考虑中国，考虑充满巨大希望的祖国命运，从而引起创作欲望写了许多诗。其特征是，正是在莫斯科，各族人民把争取自由和独立的斗争同莫斯科的名字紧密连在一起，诗人借此写了一首最得力的诗，赞美对祖国的爱。

> 我爱我的祖国
> 和勤劳而坚强的人民！
> 我在那儿度过了几十年，
> 我在她的怀抱里成长，
> 她用辛勤的乳汁哺育我……

艾青到达苏联之后写了一首极富灵感的诗《宝石的红星》。

> 五个美丽的堡垒
> 环护着克里姆林宫
> 每个堡垒的尖顶
> 闪耀着一颗红星
>
> ……
> 愿你的光芒愈来愈强
> 射到更远更远的地方

>让宁静的光的流液
>从高处辐射下来
>透过黑夜,透过旷野
>流注到世界各地
>……

中国的语言艺术家们还创作了不少反映朝鲜人民反抗外国侵略者的真正激动人心的作品。其中,诗人们的诗作最负盛名,例如田间的《再见,平壤!》《我在牡丹峰》等,邵燕祥、王亚平、臧克家、吕剑、沙鸥及其他诗人的作品。这类题材的诗中还有艾青的诗作《前进,光荣的朝鲜人民军》。

各国人民争取和平的斗争是当时中国诗人们的中心主题之一。艾青的《保卫和平》一诗,写得感情充沛,含蓄深刻,是诗人著名的作品之一。

中国现代语言艺术家的许多作品都描写了暴露帝国主义侵略的主题。艾青的《亚细亚人起来》的诗行里充盈着对于侵略者阴谋的愤怒抗议。

经历了战争年代、旅行时期、令人难忘的争取祖国自由时期的艾青是战士,是新世界伟大真理的热情捍卫者。艾青反抗暴行,正如他在创作生涯中长期形成的那样,远不带有抽象性质。艾青不只是简单地反对抽象的永远体现着丑恶的黑暗势力,他熟悉敌人的名字并以巨大天才的全力无情地粉碎它。

他任何时候都不会忘记几千年来遭受极大奴役、压迫、侮辱、痛苦的祖国人民。所以,他满腔热情地喊出了这样的诗句:

>为什么我的眼里常含泪水?
>因为我对这土地爱得深沉……

艾青的诗歌创作特点是其选题的政治方向性,以深刻现实主义干预生活的现实性。作家不把自己幽禁在诗歌创作的小圈子,而积极参与文艺批评斗争——通过这场斗争确立和创造一种密切联系人民、运用进步世界观的先进艺术的思想和审美原则。

诗歌创作劳动是世界上最和平的,最受人尊敬的劳动之一。艺术家的犁——一支笔,一张白纸——耕出了灵感的田地,在这里播下了善良和真理的种子。……

众所周知，粉碎"四人帮"之后中国发生了引起国内政策重大变化的事件。沉默20年之久的艾青在其诗作《在浪尖上》（长诗）《生命和时间》《沉痛的经验》和其他作品中描写了当时发生的真实内容。

失去了时间，艾青在《生命和时间》一诗中写道，生命成了虚幻，没有了生命，时间成了云烟。

  我们所丧失的
  不是三年五年
  过去十年二十年
  时间等于空运转

诗人说，青年的命运是可怕的，老人的道路是痛苦的，"史无前例的浩劫给我们留下了时间空白"。

  该用多少人的劳动
  才能把失去的时间偿还！

时间消逝了，生命消逝了。艾青在《沉痛的经验》一诗中就像对老人哭诉一般表征了这个意思。他的眼神开始变化，接着眼里呈现出一个幻影，他看到一切都颠倒了："头朝着地脚朝天。"他写道：

  经过这些年磨难
  悟到沉痛的经验
  被颠倒了的事物
  必须颠倒过来看

艾青成功地经受了命运的打击，他站稳脚跟，重新握起了创作的笔。

艾青的诗才新生而朝气蓬勃，未完成的艺术道路不可避免地诱使他奋然前行。诗人发奋把自己献给崇高的、爱国主义的、报效祖国人民的事业。

# 附 录

## 一、本书主要作者简介

**1.索罗金**（В.Ф.Сорокин）

В.Ф.索罗金（1927— ），生于萨马尔（古比雪夫）市。1950年，毕业于莫斯科东方学院。1958年，以研究鲁迅早期创作的论文获语文学副博士学位。1950—1957年任教于莫斯科东方学院、莫斯科大学、莫斯科国际关系学院。1957—1967年在苏联科学院东方学研究所，1967年后在科学院远东研究所中国文化组从事研究工作。1962年晋升为高级研究员。除研究鲁迅、茅盾及其他现代作家作品和中国戏剧诸问题外，还对中国古典戏曲做过深入的研究。专著有《鲁迅世界观的形成·早期政论与〈呐喊〉》（1958）、《茅盾的创作道路》（1962）、《8—14世纪的中国古典戏曲》（1979）、与艾德林合著《中国文学简编》（1962）等。欧洲汉学家协会副主席，苏联汉学家协会理事。

索罗金也是一位古今贯通、中西贯通的著名汉学家。他的最大的学术成就是其第一部大部头的学术专著《鲁迅世界观的形成》（1958）。该著用三章篇幅详尽地论述了鲁迅早期作品的思想倾向和作品中反映出的美学主张，揭示了鲁迅第一篇文言小说《怀旧》的创新意义。他对天才的讽刺性的中篇小说《阿Q正传》进行了深入的分析，给予了极高的评价。

在翻译和研究鲁迅的同时，他对其他一些现代作家也产生了浓厚兴趣：他翻译了黄艾、茅盾、叶圣陶、艾芜、郁达夫、钱锺书等作家的作品；同时，对茅盾、巴金、老舍、艾芜等作家的作品也进行了精心的研究，并取得了显著的成绩。

## 2.费德林（Н.Т.Федоренко）

Н.Т.费德林，原名尼古拉·特罗菲莫维奇·费多连科（1912—2000），生于皮亚委戈尔斯克一个工人家庭。其父曾在俄国内战期间为布尔什维克而战，费德林自幼即受到共产主义熏陶，从小热爱中国，对中国文化充满了倾心和向往，于是他舍弃本名与父名，只留下家姓，并按中国人三字名的习惯，改称中文名费德林。费德林一生经历复杂，从事的事业繁多，但是不管在什么情况下，他都不忘初衷，坚持勤奋治学。他一生著作等身，出版专著35部，论文300余篇，其中大多数是关于中国文学艺术的翻译和研究，学术界给予了充分肯定和荣誉：1943年获博士学位，1952年获教授职称，1957年任东方研究所高级研究员，1958年当选为苏联科学院通讯院士，1970年任《外国文学》主编等。

1939年，费德林进入苏联外交部，被派往苏联驻中国大使馆工作。他先后在中国工作12年，从普通外交官升为文化参赞，直到大使。他目睹了中国人民抗日战争的伟大胜利，目睹了从国民党反动派统治到新中国诞生这一历史性转变。1949年和1958年，他作为外交官和中国问题专家，先后参与毛泽东同斯大林在莫斯科的会谈和毛泽东同赫鲁晓夫在北京的会晤。他是中苏关系从友好到破裂的历史见证人。1962年至1968年，他任常驻联合国代表，"为争取新中国在联合国的席位做了不懈努力，厥功奇伟"。

费德林这30年的"为官"生涯，非但没有耽搁他的汉学事业，相反给他提供了接触中国高层领导人、文化精英和普通百姓的得天独厚的条件和机遇，使其汉学研究得以更加深入、高质、多产。作为汉学家，从40年代的重庆、南京到50年代的北京，他结识了中国文学艺术界的众多精英人物：郭沫若、茅盾、老舍、巴金、徐悲鸿、梅兰芳、赵树理、艾青等。他最崇敬郭沫若，尊之为师。他的博士学位论文《屈原的生平与创作》，曾得到郭沫若的指点，他的《屈原》译著更得到郭沫若的鼎力相助。他1958年完成的《郭沫若》巨著，对中国现代文学泰斗给予了高度评价。如果说郭沫若是他的"恩师"的话，那么，诗人艾青则是他的挚友。为翻译艾青诗歌，他曾几度来到艾青府上，与诗人同床共枕，切磋译文。费德林对中国文学爱之切、知之多、研之深，则不言而喻。

## 3.艾德林（Л.З.Эйдлин）

Л.З.艾德林（1909—1985），1909年12月12日生于契尔尼戈夫市。1937年毕业于莫斯科东方学院。1942年以《白居易的四行诗》论文获语文学副博士学位。1950年任苏联作家协会会员。1937—1952年，先后在莫斯科东方学院、军事外语学院执教，任汉语教研室主任。1944年起任苏联科学院东方研究所研究员。1969年获博士学位、教授职称。专著有《论今日中国文学》（1955）、《中国文学简编》（1962，与索罗金合著）、《陶渊明及其诗歌》（1967）等。

艾德林是B.M.阿列克谢耶夫的优秀弟子，在继承先师的中国古典文学翻译与研究方面，做出了突出贡献。费德林对他非常赞赏，将其列为"当代对中国文学研究做出显著贡献的苏联汉学家"中的第一号人物。他指出："在这方面，首先应提到艾德林的著作。他的创造性劳动，既是可以触摸到的探索与发现的，极大地丰富了我国文艺学的丰硕成果，又是以苏联汉学学派优秀的传统精神翻译中国语言艺术家们的最佳艺术品。"艾德林的最大学术成就，在中国古典文学研究方面，一是翻译、研究巨著《白居易四行诗》（1949），这是对唐朝最受欢迎的诗人白居易（772—846）诗作进行精心语言研究的总结；二是其撰写的《陶渊明及其诗歌》（1972），亦是研究中国古代语言艺术大师陶渊明的鸿篇巨制。艾德林与费德林一样，对中国文学也是"古今贯通"，他在中国新文学的翻译与研究方面，也做出了突出贡献：艾德林从30年代末开始翻译、研究中国新文学。他从研究鲁迅开始，进而研究茅盾、老舍、张天翼、钱锺书等现代作家和赵树理、周立波等解放区作家，进而研究整个中国新文学，对中国新文学研究的发展做出了突出贡献。新中国成立后，他继续潜心翻译、研究鲁迅著作。他的研究著述，"只因以艺术作品文本，以其可靠诠释的翻译为依据，因而具有科学的论据"（费德林语），具有很大的权威性。

4.热洛霍夫采夫（А.Н.Желоховцев）

А.Н.热洛霍夫采夫（1933—），生于莫斯科，1958年毕业于莫斯科国际关系学院，1965年以论文《作为文学体裁的话本小说》获语文学副博士学位。1958—1969年在苏联科学院东方学研究所工作，1969年调入远东研究所工作。著有《话本——中世纪中国北方市民小说》（1969）。同时还为高尔基主编的9卷本《世界文学史》撰写了如下专章：《佛教翻译文学》《7—9世纪哲学散文》《10—13世纪哲学散文》（1984）。1966—1976年翻译了邓拓的《燕山夜话》等作品。

热洛霍夫采夫是一位很有学术个性的汉学家，他本是研究中国近现代文学的，是中国的"文革"改变了他的研究方向；1966年，天才的汉学家A.热洛霍夫采夫在中国进修时，目睹了中国的"文化大革命"，他非常震惊！从此，改变了自己对中国近现代文学研究的学术兴趣，转而关注中国当代作家和中国文化的命运。回国后，1968年他在苏联《新世界》杂志上发表了见闻录：《"文革"近距目击记》，1973年又出版了单行本。这本书出版后被译成了世界多种文字，先后在法国、土耳其、保加利亚、捷克、意大利等国出版。他关心中国作家及其创作的命运，尤其关注邓拓杂文的命运，并开始研究邓拓，很快便写出了研究论文《论邓拓的杂文》（载《远东问题》1972年第2期），并为邓拓选集《燕山夜话》俄译本撰写了序言（1974），还写了论文《邓拓死后的遭遇》（载《远东问题》1984年第3期）。由此可见他对汉学的执着和投入。1982年，他撰写了长篇论文《鲁迅在美国汉学界》发表于《远东问题》1982年第3期。关于鲁迅的论文还有《"文革"后鲁迅著作在中国的遭遇》《鲁迅纪念日在中国》等；还有研究郭沫若的论文《郭沫若最后的历史剧》《郭沫若——"文革"的"英雄"还是受害者？》等；关于巴金，他写了论文《巴金：爱国主义作家》；其他还有对中国文学的总体观照：《中国文学的新方向》（1972）、《在十字路口：中国当代文学》（1981）等。

进入新世纪后，他的笔耕始终不辍，几乎每年都有新作问世：2001年，他在《远东问题》第2期发表了《中国当代文学的新题材》；2002年他又在该刊第4期发表了万言长文《中国文艺研究家对中国历史长篇小说的评价》等。他是俄罗斯现代汉学与当代汉学承上启下的重要著名汉学家之一。

5.亚罗斯拉夫采夫（Г.Б.Ярославцев）

Г.Б.亚罗斯拉夫采夫（1932—），年生于莫斯科。苏联作协会员，著名诗人、翻译家、汉学家。翻译中国诗歌多首（部）。1955年，为《叶圣陶故事与寓言集》俄译本撰写了序言；1958年与谢马诺夫合译关汉卿著《救风尘》；1964年，翻译殷夫诗集《血字》（莫斯科：艺术文学出版社）。该诗集译载殷夫诗歌《孩儿塔》35首，《时代的代谢》20首，长诗2部：《在死神未到之前》和《一九二九年的五月一日》。

值得提及的是，Г.亚罗斯拉夫采夫不只翻译殷夫诗歌，而且注意研究殷夫及其诗歌。他为殷夫《血字》诗集俄译本撰写的长篇序言《诗人与战士的道路》就是一篇很精湛的学术论文。其主要论点有三：

一、认为殷夫在同济大学学习期间，就完成了其革命诗人的形成过程：创作了大量反映人民群众革命斗争的深刻题材的诗歌。虽然殷夫的诗歌不都具有同等的艺术价值，但是，他的坚定立场是：文学艺术应该为千百万人，而不是为有所"选择"的少数人服务。

二、1929年夏天，殷夫与鲁迅的首次会面，对诗人生命中最后一年半的创作和命运产生了很大的影响。青年诗人重新审视了自己全部的早期诗歌，开始准备出版诗集《孩儿塔》，其中描写中国儿童苦难命运的"这一主题，还是鲁迅先生给予提示的"。

三、殷夫能发展成为艺术家关键在于，其早期诗歌具有很强烈的主观论成分，诗歌中反映的思想，常常是通过个人"我"的知觉表现出来，诗人转而去表现群众的思想，力求利用诗歌这一工具表现大多数人的思想感情。因此，殷夫的诗歌中有许多复数意义的诗句。这种诗歌赋有一种独特的表现力和独特的韵律。亚氏是一位富有诗人气质的汉学家。

6.阿勃德拉赫马诺娃（З.Ю.Абдрахманова）

З.Ю.阿勃德拉赫马诺娃，俄罗斯著名的汉学家、文艺美学批评家，她观察事物敏锐，探讨问题深刻，善于在作品的微小细节中去发现美，从而发现作者的美学气质和美学思想。为此，她广泛阅读了老舍的文学创作，尤其精心研读了老舍的创作随笔和文艺杂谈的各种文章和文学评论论文。通过符合创作实际的、合乎创作规律的科学分析，她真正捉住了老舍文艺美学思想的思路和实质，发现了其独特的美点和美质。这是一篇以创作实践为依据地阐释作家文艺美学思想和观点的优秀篇章，值得点赞！

7.尼科利斯卡娅（Л.А.Никольская）

Л.А.尼科利斯卡娅，莫斯科大学的教师，是专注研究曹禺和巴金的新秀学者。1958年发表了《论曹禺的话剧艺术》（《苏联中国学》1958年第4期），1967年出版了《巴金作品概论》（莫斯科大学出版社，1967年版）。当时她还很年轻，仅为莫斯科大学语文学候补博士，然而，她撰写的《巴金作品概论》，却是苏联第一本研究巴金的专著，在国际汉学界也产生了较大影响。精心探讨了巴金作品的独特个性、巴金世界观的形成以及巴金作品与鲁迅作品的比较研究等等，总体来说，虽不够多么精深，但却有其独特的见解。

1984年她又完成了《曹禺创作概论》，仍是莫斯科大学出版社出版。该著全面评析了曹禺的剧作。全书共设九章：第一章研究《雷雨》，第二章研究《日出》，第三章研究《原野》，第四章研究《北京人》，第五章研究《蜕变》，第六章研究《家》，第七章研究《明朗的天》，第八章研究《胆剑篇》，第九章研究《王昭君》。全面系统地分析了曹禺的作品，对曹禺作品给予了客观公正的高度评价，对俄苏甚至中国的曹禺研究做出了重大贡献。

8.李福清（Б.Л.Рифтин）

李福清，中文名，俄语名为Б.Л.Рифтин（1932—2012），生于列宁格勒；1955年毕业于列宁格勒大学东方系。1965—1966年在北京大学进修。1961年以《万里长城传说与中国民间文学的体裁问题》论文获语文学副博士学位；1970年以专著《中国的历史长篇小说与民间文学传统（三国故事的各种口头与书面材料）》获博士学位。从1956年起在苏联科学院高尔基世界文学研究所从事研究工作，1972年任高级研究员，后晋升为俄罗斯科学院通讯院士和俄罗斯科学院院士。出版专著除上述两种外尚有《从神话到长篇小说》（1979）。发表有关中国古代神话、俗文学的一系列论文，收集翻译中国民间故事集多种，翻译中国先唐小说集《紫玉》（1980）一部。

李福清同样以其独具图书索引性质的著作而驰名，他展示了许多珍贵的手稿和木刻版本的中国叙事散文和民间故事作品。由他发现的在列宁格勒珍藏的曹雪芹的长篇小说《红楼梦》手稿，实际上有别于保存在中国的其他抄本。北京出版了这一《红楼梦》手稿真迹复制本，卷首还附有李福清和Л.敏什科夫的研究性序文。

李福清从事中国古典和现代文学的传播工作，由他作序的俄文版长篇小说《金瓶梅》《三侠五义》《三国志演义》等已出版，早已筹备好的大型中国现代小说集在虹出版社出版。李福清非常注意收集、整理、编译一系列中国民间神话故事集。1972年，苏联艺术文学出版社出版了其中由他作序的一个集子，是李福清最有代表性的一部中国民间神话故事集。

9.罗果夫（В.Н.Рогов）

В.Н.罗果夫（1909—1988），苏共党员，工人出身。罗果夫于1937年初来华，任苏联塔斯社远东分社驻中国记者。这期间，他以塔斯社驻中国记者身份参与中国现代文坛的活动，积极翻译和研究鲁迅著作，成绩卓著；他不但对鲁迅有深入了解,而且与郭沫若、茅盾、田汉、郑振铎、冯雪峰、叶圣陶、臧克家、戈宝权、邹韬奋、曹靖华、萧红、邱东平等著名作家都有密切交往,对中苏文化交流做出了重要贡献。

1938年中华全国文艺界抗敌协会在汉口成立时,罗果夫以国际代表身份出席了会议;1939年在重庆举行的鲁迅逝世3周年纪念会,罗果夫出席并发言,重点介绍了鲁迅在苏联的影响。1940年,罗果夫在《国际文学》第3—4期发表了《民族解放战争时期的文学》,在苏联产生了强烈反响;1944年,B.罗果夫编译了七位中国作家的图书索引情报,结集为《中国短篇小说集》(莫斯科,1944年);1945年,B.罗果夫编译出版了《鲁迅选集》并撰写了跋语《鲁迅的文学遗产——〈鲁迅选集〉俄译本跋》(莫斯科,1945年);1948年,翻译出版了鲁迅著《门外文谈》;1948年,罗果夫翻译出版《鲁迅小说杂文书信》和《鲁迅论俄罗斯文学》(上海时代,1949年)等,其翻译出版的《阿Q正传》,系国内外最早的中俄文对照版本。

中华人民共和国成立后,罗果夫继续从事中苏文化交流,担任中苏友好协会副会长,对中国的文化建设和发展给予了巨大支持与帮助。1951年,罗果夫编译了赵树理的《登记》,并撰写了《〈登记〉俄译本编者的话》(载《新世界》1951年第2期);1952年,罗果夫等翻译了《白毛女》并撰写了序言《〈白毛女〉俄译本序言》等。

10.波兹德涅耶娃(Л.Д.Позднеева)

Л.Д.波兹德涅耶娃(1908—1974),年生于彼得堡。1932年毕业于列宁格勒大学。1946年以论文《元稹的〈莺莺传〉》获语文学副博士学位。高级研究员(1957)、教授(1958)。1932年至1939年在中国列宁学校及国立远东大学任教。1944年以后在莫斯科大学历史系任教,为该校附属东方语学院语文学系汉语文学教研室主任(1949—1959)。发表有关中国古代文学和哲学的论文多篇。

波兹德涅耶娃,起初研究中国古典文学,其副博士论文《元稹的〈莺莺传〉》获得了初步成功。其最大学术成就,是对丁玲和鲁迅作品的翻译与研究。从1935年起,Л.波兹德涅耶娃先后翻译了丁玲的短篇小说《水》(载《国境线上》1935年第11、12期)、长篇小说《太阳照在桑干河上》(1949)、《丁玲选集》(1954)。波兹德涅耶娃在翻译丁玲作品的同时便开始了对丁玲及其作品的研究,其撰写的两篇《序言》——《〈太阳照在桑干河上〉俄译本第二版序言》

（1952）和《〈丁玲选集〉俄译本序言》（1954），都是资料丰富而翔实、阐释逻辑而精准的精湛论文，对推动和深化丁玲及其作品的研究，很有助益。

波兹德涅耶娃在翻译和研究丁玲作品的同时，也在潜心研究鲁迅，并取得了显著成绩：从50年代初至60年代末，先后撰写了《鲁迅条目》(《《苏联大百科全书》，1954年）、《鲁迅的创作道路》（博士论文，莫斯科，1956年版）、《鲁迅》（莫斯科，1957年）、《鲁迅的生平与创作（1881—1936）》（莫斯科大学，1959年）、《鲁迅的讽刺故事》（莫斯科，1964年）、《鲁迅》（《外国文学史》第1卷；莫斯科，1969年）等。编译了《古代中国的无神论者、唯物论者、辩证法家（列子、杨朱、庄子）》（1967）。翻译了《太阳照在桑干河上》（1949）。

## 二、涉研中国作家作品名目汉俄对照

1.古典文学

(1)《诗经》：«Шицзин»

(2)《易经》：«Ицзин»

(3) 孔子: Конфуций

　　①孔子遗言: Заветы Конфуция

　　②孔子语录: Изречения Конфуция

　　③《论语》: «Луньюй»

　　④儒家: Конфуцианец

　　⑤儒家学说 : Конфуцианство

(4)《吕氏春秋》：«Люйши чуньцю» («Весна и Осень Люя»)

(5)《礼记》：«Ли цзи»

(6) 老子: Лаоцзы

　　①《道德经》：«Даодэцзин»

　　②道学: Даосюэ (Великое учение)

(7) 孟子: Мэн-цзы

(8) 庄子: Чжуан-цзы

(9) 墨子: Мо-цзы

(10) 管子: Гуань-цзы

(11) 列子: Ле-цзы

(12) 孙子: Сунь-цзы

(13) 韩非子: Хань Фэй-цзы

(14) 《左传》: «Цзочжуань»

(15) 屈原: Цюй Юань

    ① 《楚辞》: «Чуские строфы» («Чуцы»)

    ② 《离骚》: «Лисао»

(16) 宋玉: Сун Юй

(17) 贾谊: Цзя И

(18) 司马相如: Сыма Сян-жу

(19) 司马迁: Сыма цянь

    《史记》: «Исторические записки»

(20) 汉代乐府: Ханьские юэфу

    ① 曹操: Цао Цао

    ② 曹丕: Цао Пэй

    ③ 曹植: Цао Чжи

    ④ 陆机: Лу Цзи

        《文赋》: «Поэмы об изящном слове»

    ⑤ 陶渊明: Тао Юань-мин

    ⑥ 谢灵运: Се Лин-юнь

    ⑦ 庾信: Юй Синь

(21) 唐代诗歌: Поэзия эпохи Тан или Танши

    ① 王绩: Ван Цзи

    ② 孟浩然: Мэн Хао-жань

    ③ 王维: Ван Вэй

    ④ 高适: Гао Ши

    ⑤ 李白: Ли Бо

    ⑥ 杜甫: Ду Фу

    ⑦ 白居易: Бо Цзюй-и

    ⑧ 韩愈: Хань Юй

    ⑨ 柳宗元: Лю Цзун-юань

    ⑩ 元稹: Юань Чжэнь

    ⑪ 孟郊: Мэн Цзяо

⑫李贺: Ли Хэ

⑬李商隐: Ли Шан-инь

⑭温庭筠: Вэнь Тин-юнь

⑮杜牧: Ду Му

⑯司空图: Сыкун Ту

　《诗品》: «Гатегория поэзии»

⑰李煜: Ли Юй

⑱骆宾王: Ло Бинь-ван

⑲王勃: Ван Бо

⑳贺知章: Хэ Чжи-чжан

㉑王之涣: Ван Чжи-хуань

㉒王昌龄: Ван Чан-лин

㉓岑参: Цэнь Цань

㉔刘长卿: Лю Чан-цин

㉕刘禹锡: Лю Юй-си

(22) 宋词: Сунцы

①欧阳修: Оуян Сю

②王安石: Ван Ань-ши

③柳永: Лю Юн

④苏轼: Су Ши

⑤黄庭坚: Хуан Тин-цзянь

⑥李清照: Ли Цин-чжао

⑦杨万里: Ян Вань-ли

⑧范成大: Фань Чэн-да

⑨陆游: Лу Ю

⑩辛弃疾: Синь Ци-цзи

⑪岳飞: Юэ Фай

⑫文天祥: Вэнь Тянь-сян

(23) 元杂剧: Юаньская драма

①关汉卿: Гуань Хань-цин

　《窦娥冤》: «ОбидаДоу Э»

　《救风尘》: «Спасение несчастной»

②王实甫: Ван Ши-фу

《西厢记》: «Западный флигель»

③白朴: Бай Пу

④马致远: Ма Чжи-юань

(24) 明代文学: Минская литература

①罗贯中: Ло Гуань-чжун

《三国志演义》: «Троецарствие»

②施耐庵: Ши Най-ань

《水浒传》: «Речные заводи»

③吴承恩: У Чэнъэнь

《西游记》: «Путешествие на Запад»

④《金瓶梅》: «Цветы сливы в золотой вазе» или «Цзинь, Пин, Мэй»

(25) 清代话本: Цинский хуабэнь

①蒲松龄: Пу Сунлин

《聊斋志异》: «Рассказы Ляо Чжая о необычайном»

②孔尚任: Кун Шан-жэнь

《桃花扇》: «Вееро с персиковыми цветами»

③洪昇: Хун Шэн

《长生殿》: «Дворец вечной жизни»

④吴敬梓: У Цзин-цзы

《儒林外史》: «Не официальная история конфуцианцев»

⑤曹雪芹: Цао Сюэ-цинь

《红楼梦》: «Сон в Красном тереме»

2. 鲁迅: Лу Синь

(1) 《呐喊》: «Клич»

(2) 《彷徨》: «Блуждания»

(3) 《野草》: «Дикие травы»

(4) 《故事新编》: «Старые легенды в новой редакции»

(5) 《狂人日记》: «Записки сумасшедшего»

(6) 《孔乙己》: «Кун Ицзи»

(7)《药》：«Снадобье»

(8)《明天》：«Завтра»

(9)《一件小事》：«Маленькое происшествие»

(10)《头发的故事》：«Рассказ о волосах»

(11)《风波》：«Волнение»

(12)《故乡》：«Родина»

(13)《阿Q正传》：«Подлинная история А-кью»

(14)《端午节》：«Праздник лета»

(15)《白光》：«Блеск»

(16)《兔和猫》：«Кролики и кошка»

(17)《鸭的喜剧》：«Утиная комедия»

(18)《社戏》：«Деревенское представление»

(19)《祝福》：«Моление о счастье»

(20)《在酒楼上》：«В кабачке»

(21)《幸福的家庭》：«Счастливая семья»

(22)《肥皂》：«Мыло»

(23)《长明灯》：«Светильник»

(24)《示众》：«Напоказ толпе»

(25)《高老夫子》：«Почтенный учитель Гао»

(26)《孤独者》：«Одинокий»

(27)《伤逝》：«Скорбь по ушедшей»

(28)《弟兄》：«Братья»

(29)《离婚》：«Развод»

(30)《秋夜》：«Осенняя ночь»

(31)《影的告别》：«Прощание тени»

(32)《希望》：«Надежда»

(33)《雪》：«Снег»

(34)《风筝》：«Бумажный змей»

(35)《死火》：«Мертвый огонь»

(36)《狗的驳诘》：«Возражение собаки»

(37)《立论》：«Суждение»

(38)《这样的战士》：«Такой боец»

（39）《聪明人和傻子和奴才》:«Умный дурак и раб»

3. 郭沫若: Го Мо-жо
(1) 诗
  ①诗集《女神》: сборник «Богини»
  ②诗集《星空》: сборник «Звездное пространство»
  ③诗集《瓶》: сборник «Ваза»
  ④诗集《前茅》: сборник «Знак авангарда»
  ⑤诗集《恢复》: сборник «Возвращение к жизни»
  ⑥诗集《蜩螗集》: сборник «Цикада»
  ⑦诗集《战声》: сборник «Голос войны»
  ⑧诗集《歌颂新中国》: сборник «Воспеваюновый Китай»
  ⑨《〈女神〉序诗》: Предисловие к сборнику «Богини»
  ⑩《炉中煤》: «Уголь в печи»
  ⑪《地球, 我的母亲!》: «Земля, моя мать!»
  ⑫《天狗》: «Мутная луна»
(2) 剧作
  ①《三个叛逆的女性》: «Три мятежницы»
  ②《孪生兄弟》: «Близнецы»
  ③《屈原》: «Цюй Юань»
  ④《虎符》: «Тигровый знак»
  ⑤《高渐离》: «Гао Цзинь-ли»
(3) 学术著作
  ①《中国古代社会研究》: «Изучение древнего общества Китая»
  ②《甲骨文字研究》: «Изучение надписей на костях»
  ③《卜辞通纂》: «Лексикон оракулов»
  ④《古代火之研究》: «Исследование племен древнего периода»
  ⑤《先秦天道观之进展》: «Развитие мировоззрения в эпоху ранних Циней»
  ⑥《屈原研究》: «Изучение поэта Цюй Юаня»
(4) 论著
  ①《从文学革命到革命文学》: «От литературной революции к

революционной литературе»

②《羽书集》: «Юй шу»

③《今昔蒲剑》: «Цзиньси пуцзинь»

④《沸羹集》: «Фэйгэн»

⑤《天地玄黄》: «Тяньди сюаньхуан»

⑥《抱箭集》: «Бао цзянь»

4. 茅盾: Мао Дунь

(1)《蚀》三部曲: «Затмение» Трилогия

①《幻灭》: «Разочарование»

②《动摇》: «Колебания»

③《追求》: «Поиски»

(2)《子夜》: «Перед рассветом»

(3)《虹》: «Радуга»

(4)《腐蚀》: «Распад»

(5)《霜叶红似二月花》: «Под инеем листья багряны словно цветы в феврале»

(6)《路》: «Путь»

(7)《三人行》: «Их было трое»

(8)《第一阶段的故事》: «Рассказ о первом этапе»

(9)《春蚕》: «Вессенние шелкопряды»

(10)《秋收》: «Осенний урожай»

(11)《残冬》: «Конец года»

(12)《林家铺子》: «Лавка Линя»

(13)《赵先生想不通》: «Господин Чжао не понимает...»

(14)《儿子去开会去了》: «Сын пошел на митинг»

(15)《自杀》: «Самоубийство»

(16)《喜剧》: «Комедия»

(17)《小巫》: «Маленькая колдунья»

(18)《大鼻子的故事》: «Рассказ о большом носе»

(19)《白杨礼赞》: «Ода березе»

(20)《鲁迅论》: «О Лу Сине»

(21)《中国神话的研究》:«Изучение мифов»

(22)《速写》:«Очерк»

(23)《故乡杂记》:«Заметки о Родине»

(24)《茅盾自选集》:«Произведения Мао Дуня, собранные автором»

(25)《茅盾创作集》:«Сборник произведений Мао Дуня»

(26)《茅盾创作选》:«Избранные произведения Мао Дуня»

(27)《茅盾代表作》:«Лучшие произведения Мао Дуня»

(28)《茅盾选集》:«Избранные произведения Мао Дуня»

(29)《茅盾短篇小说选集》:«Избранные рассказы Мао Дуня»

(30)《茅盾文集》(三卷集):«Сочинения Мао Дуня» (в 3-х томах)

5. 叶圣陶: Е Шэн-тао

(1)《穷愁》:«Скорбь бедняка»

(2)《隔膜》:«Отчужденность»

(3)《火灾》:«Пожар»

(4)《线下》:«Поп чертой»

(5)《城中》:«В городе»

(6)《未厌集》:«Не пресыщенный»

(7)《稻草人》:«Пугало»

(8)《古代英雄的石像》:«Памятник древнему герою»

(9)《一课》:«Урок»

(10)《小铜匠》:«Маленький мастер»

(11)《饭》:«Рис»

(12)《校长》:«Директор щколы»

(13)《抗争》:«Протест»

(14)《在民间》:«Среди людей»

(15)《五月卅一日急雨中》:«Ливень 31 Мая»

(16)《倪焕之》:«Учитель Ни Хуань-чжи»

(17)《潘先生在难中》:«Господин Пань в беде»

(18)《夜》:«Ночь»

(19)《一桶水》:«Ведроводы»

(20)《多收了三五斗》:«Собрали на 3-5 доу больше»

(21)《我们的骄傲》:«Наша гордость»

(22)《寒假的一天》:«Один день зимних каникул»

(23)《春联儿》:«Новогодние пожелания»

6. 郁达夫: Юй Да-фу

(1)《沉沦》:«Омут»

(2)《采石矶》:«Утес Цайши»

(3)《血泪》:«Кровь и слезы»

(4)《春风沉醉的晚上》:«Весенние ночи»

(5)《薄奠》:«Скромный подарок»

(6)《一个人在途上》:«Один в пути»

(7)《迟桂花》:«Поздние коричные цветы»

(8)《过去》:«Прошлое»

(9)《微雪的早晨》:«Снежное утро»

(10)《空虚》:«Фаталист»

(11)《历史的一页》:«Страница истории»

(12)《记恨处处》:«Всюду следы»

(13)《逃走》:«Избавление»

(14)《郁达夫游记》:«Юй Да-фу, Записи о путешествиях»

(15)《郁达夫自传》:«Автобиография Юй Да-фу»

(16)《郁达夫日记》:«Дневник Юй Да-фу»

(17)《郁达夫与王映霞》:«Юй Да-фу и Ван Ин-ся»

(18)《达夫创作选》:«Избранное Да-фу»

(19)《郁达夫散文选》:«Юй Да-фу, Избранная проза»

(20)《文学概说》:«Краткий очерк литературы»

(21)《郁达夫爱国诗选》:«Юй Да-фу, Избранные патриотические стихи»

(22)《郁达夫代表作》:«Юй Да-фу, Лучшие произведения»

(23)《达夫诗词集》:«Юй Да-фу, Сборник ши и цы»

(24)《郁达夫全集》:«Юй Да-фу, Полное собрание сочинений»

7. 巴金: Ба Цзинь

(1)《航海笔记》:«Записи во время морского плавания»

(2)《旅行札记》:«Путевые заметки»

(3)《灭亡》:«Гибель»

(4)《激流三部曲》(《家》《春》《秋》):«трилогия Стремительное течение»(«Семья»«Весна»«Осень»)

(5)《新生》:«Новая жизнь»

(6)《死去的太阳》:«Умирающее солнце»

(7)《萌芽》(《雪》):«Всходы»(«Снег»)

(8)《海底梦》:«Сны моря»

(9)《矿工》:«Рудокопы»

(10)《春天里的秋天》:«Осень весною»

(11)《爱情的三部曲》(《雾》《雨》《电》):«Трилогия любви»(«Туман»«Дождь»«Молния»)

(12)《寒夜》:«Холодная ночь»

(13)《火》:«Огонь»

(14)《憩园》:«Сад радости»

(15)《第四病室》:«Палата №4»

(16)《煤坑》:«В шахте»

(17)《五十多个》:«Больше пятидесяти»

(18)《小人小事》:«Маленькие люди маленькие дела»

(19)《复仇集》:«Отмщение»

(20)《光明集》:«Свет»

(21)《电椅集》:«Электрический стул»

(22)《将军集》:«Генерал»

(23)《抹布集》:«Тряпка»

(24)《发的故事》:«История с волосами»

(25)《沉默集》:«Безмолвие»

(26)《亡命》:«Изгнание»

(27)《亚丽安娜》:«Юлиана»

(28)《狮子》:«Лев»

(29)《奴隶的心》:«Сердце раба»

(30)《狗》:«Собака»

(31)《沉落》:«Падение»

(32)《无题》:«Без темы»

(33)《旅行杂记》:«Путевые заметки»

(34)《忆》:«Впечатления»

(35)《龙•虎•狗》:«Дракон•Тигр•Собака»

(36)《废园外》:«За заброшенным садом»

(37)《长生塔》:«Пагода долголетия»

(38)《能言树》:«Говорящее дерево»

(39)《一个侦察兵的故事》:«История одного разведчика»

8. 老舍: Лао Шэ

(1)《老舍文集》:«Собрание сочинений Лао Шэ»

(2)《老舍选集》:«Избранные произведения Лао Шэ»

(3)《老舍创作选》:«Избранное Лао Шэ»

(4)《老舍代表作》:«Лучшие произведения Лао Шэ»

(5)《老舍幽默诗文集》:«Юмористические стихи и проза Лао Шэ»

(6)《老舍杰作集》:«Сборник лучших рассказов Лао Шэ»

(7)《老舍杰作选》:«Избранное из лучших рассказов Лао Шэ»

(8)《老舍短篇小说选》:«Избранные рассказы Лао Шэ»

(9)《老张的哲学》:«Философия почтенного Чжана»

(10)《赵子曰》:«Чжао Цзыюе»

(11)《二马》:«Двое Ма»

(12)《小坡的生日》:«День рождения Сяопо»

(13)《猫城记》:«Записки о Кошачьем городе»

(14)《离婚》:«Развод»

(15)《牛天赐传》:«История Ню Тяньцы»

(16)《骆驼祥子》:«Рикша»

(17)《火葬》:«Огненное погребение»

(18)《四世同堂》:«Четыре поколения» (三部曲, 第一部《惶惑》:«Паника»; 第二部《偷生》:«Прозябание»; 第三部《饥荒》:«Нищета»)

(19)《正红旗下》: «Под пурпурными стягами»

(20)《鼓书艺人》: «Сказители под аккомпанемент барабана»

(21)《老字号》: «Старая фирма»

(22)《月牙儿》: «Серп луны»

(23)《我这一辈子》: «Моя жизнь»

(24)《老舍戏剧集》: «Пьесы Лао Шэ»

(25)《老舍剧作选》: «Избранные драматические произведения Лао Шэ»

(26)《方珍珠》: «Фан Чжэньчжу»

(27)《龙须沟》: «Лунсюйгоу»

(28)《春华秋实》: «Весенние цветы и осенние плоды»

(29)《十五贯》: «Питнадцать свянок монет»

(30)《西望长安》: «Глядим на запад на Чаньань»

(31)《茶馆》: «Чайная»

(32)《全家福》: «Счастье всей семьи»

(33)《福星集》: «Звезда счастья»


9. 曹禺: Цао Юй

(1)《雷雨》: «Гроза»

(2)《日出》: «Восход солнца»

(3)《原野》: «Дикая природа»

(4)《蜕变》: «Перерождение»

(5)《北京人》: «Синантропы»

(6)《正在想》: «В раздумье»

(7)《家》: «Семья»

(8)《罗密欧与朱丽叶》(译): «Ромео и Джульетт»

(9)《明朗的天》: «Ясное небо»

(10)《胆剑篇》: «Желчь и меч»

(11)《王昭君》: «Ван Чжаоцзюнь»


10. 丁玲: Дин Лин

(1)《丁玲选集》: «Избранное Дин Лин»

(2)《梦珂》:«Мэн-кэ»

(3)《莎菲女士的日记》:«Дневник Софьи»

(4)《庆云里中的一间小房里》:«Домик в Цинюньли»

(5)《在黑暗中》:«Во тьме»

(6)《自杀日记》:«Дневник самоубийцы»

(7)《我的创作生活》:«Моя творческая жизнь»

(8)《韦护》:«Вэй Ху»

(9)《一九三О年春上海》:«Шанхай весной 1930 года»

(10)《田家冲》:«Тяньцзячун»

(11)《水》:«Наводнение»

(12)《丁玲作品集》:«Сборник произведений Дин Лин»

(13)《消息》:«Известие»

(14)《一个真实人的一生》:«Жизнь настоящего человека»

(15)《某夜》:«Отнажды ночью»

(16)《给孩子们》:«Детям»

(17)《诗人亚洛夫》:«Поэт Ялов»

(18)《奔》:«Бегство»

(19)《一颗未出膛的枪弹》:«Сбереженная пуля»

(20)《新的信念》:«Новая вера»

(21)《我在霞村的时候》:«Когда я была в деревне Сяцунь»

(22)《秋收的一天》:«День сбора урожая»

(23)《夜》:«Ночь»

(24)《入伍》:«Поездка в отряд»

(25)《太阳照在桑干河上》:«Солнце над рекой Сангань»

11. 周立波: Чжоу Ли-бо

(1)《暴风骤雨》:«Ураган»

(2)《晋察冀边区印象记》:«Впечаьления о Погроничном районе Шаньси-Чахар-Хэбей»

(3)《战场三记》:«Военные дневники»

(4)《谈阿Q》:«Об А-кью»

(5)《金戒指》:«Золотое кольцо»

（6）《山乡巨变》（正篇）: «Весна приходит в горы»

（7）《山乡巨变》（续篇）: «Чистые ручьи»

（8）《铁水奔流》: «Стальной поток»

（9）《解放了的中国》: «Освобожденный Китай»

（10）《南下记》: «На юг»

12. 赵树理: Чжао Шу-ли

（1）《小二黑结婚》: «Женитьба маленького Эр Хэя»

（2）《李有才板话》: «Бесенки Ли Ю-цая»

（3）《李家庄的变迁》: «Перемены в Лицзячжуане»

（4）《福贵》: «Фу Гуй»

（5）《孟祥英翻身》: «История освобождения Мэн Сян-ин»

（6）《清债》: «Расчеты»

（7）《地板》: «Деревянный пол»

（8）《赵树理选集》: «Избранное Чжао Шу-ли»

（9）《万家楼》: «Ваньсянлоу»

（10）《邪不压正》: «Ложь не задушит правду»

（11）《登记》: «Регистрация брака»

（12）《小经理》: «Маленький управляющий»

（13）《张来兴》: «Крепкая кость»

（14）《致世界淳朴的人》: «К простым людям мира»

（15）《田寡妇看瓜》: «Вдова Тянь караулит тыквы»

（16）《三里湾》: «В деревне Саньли»

（17）《传家宝》: «Смейные реликвии»

（18）《两个世界》: «Два мира»

13. 刘白羽: Лю Бай-юй

（1）《中国人民的胜利》: «Победа китайского народа»

（2）《回家》: «Возвращение домой»

（3）《无敌三勇士》: «Три бойца»

（4）《战火纷飞》: «В огне сражений»

（5）《永远前进》: «Всенда впереди»

(6)《政治委员》:«Комиссар»

(7)《早晨六点钟》:«Шесть часов утра»

(8)《火光在前》:«Заря впереди»

(9)《战斗的幸福》:«Счастье борьбы»

(10)《朝鲜在战火中前进》:«Корея в огне»

(11)《永远唱不完的歌》:«Вечная песня»

(12)《路标》:«Указатель дорог»

(13)《英雄城平壤》:«Город героев Пхеньян»

(14)《战斗中的开城》:«Борющийся Кэсон»

(15)《无脚拖拉机手》(俄译《永不熄灭的火焰》):«Неугасимое пламя»

(16)《一个明朗的早晨》:«Ясное утро»

(17)《血肉相连》:«Спаянные кровью»

(18)《冰天》:«Ледяное небо»

(19)《上海的故事》:«Шанхайские рассказы»

(20)《草原上》:«В степи»

(21)《勇敢的人》:«Смелые люди»

(22)《五台山下》:«Под горой Утайшань»


14. 殷夫: Инь Фу

(1)《在死神未到之前》:«Перед смертью»

(2)《孩儿塔》:«Башня детей»

(3)《跋诗》:«Эпилог»

(4)《梅儿的母亲》:«Мать Мэй-эра»

(5)《殷夫选集》:«Инь Фу Избранное»

(6)《东方的玛利亚》:«Восточная Мария»

(7)《给母亲》:«Маме»

(8)《祝……》:«Будь счастлив»

(9)《白花》:«Белый цветок»

(10)《夜的静默》:«В безмолвии ночи»

(11)《放脚时代的足印》:«Отпечаток эпохи»

(12)《虫声》:«Пение цикад»

(13)《孤泪》:«Одинокие слезы»

(14)《清晨》:«Рассвет»

(15)《白花》:«Белый цветок»

(16)《花瓶》:«Цветочная ваза»

(17)《殷夫日记》:«Инь Фу Дневник»

(18)《给某君》:«Господину Н»

(19)《归来》:«Энтузиазм вернулся»

(20)《独立窗头》:«Одинокое окно»

(21)《月夜闻鸡声》:«Лунной ночью раздался крик петуха»

(22)《是谁又……》:«Кто еще?»

(23)《梦中的龙华》:«Спящая пагода Лунхуа»

(24)《妹妹的蛋儿》:«Посылка от сестры»

(25)《赠朝鲜女郎》:«Корейской девушке»

(26)《呵, 我爱的》:«Моя любимая»

(27)《我们初次相见》:«Наша первая встреча»

(28)《我醒时……》:«Когда я очнулся от грез»

(29)《青的游》:«Воды юности»

(30)《最后的梦》:«Последний сон»

(31)《给林林》:«Линь Линь»

(32)《血字》:«Слова, омытые кровью»

(33)《流浪人短歌》:«Песня бродяги»

(34)《春天的街头》:«Улицы весной»

(35)《上海礼赞》:«Славословлю Шанхай»

(36)《别了, 哥哥》:«Порываю со старшим братом»

(37)《意识的旋律》:«Пробуждение»

(38)《让死的死去吧!》:«Пусть мертвые спят спокойно»

(39)《一个红的笑》:«Кровавая улыбка»

(40)《罗曼蒂克的时代》:«Смерть эпохи романтизма»

(41)《前进吧, 中国!》:«Вперед Китай!»

15. 艾青: Ай Цин

(1)《透明的夜》:«Ночь светлая»

（2）《我的父亲》：«О моем отце»

（3）《我的创作生涯》：«Моя творческая жизнь»

（4）《老人》：«Старик»

（5）《芦笛》：«Свирель»

（6）《会合》：«Единение»

（7）《那边》：«Там»

（8）《巴黎》：«Париж»

（9）《马赛》：«Марсель»

（10）《大堰河——我的保姆》：«Да Яньхэ——моя кормилица»

（11）《旷野》集：«Поля»

（12）《煤的对话》：«Разговор суглем»

（13）《死地》：«Мертвая земля»

（14）《复活的土地》：«Воскресшая земля»

（15）《他起来了》：«Он поднялся»

（16）《向太阳》：«К Солнцу»

（17）《雪落在中国的土地上》：«Снег падает на землю Китая»

（18）《风陵渡》：«Переправа через Фэнлин»

（19）《北方》：«Север»

（20）《他死在第二次》：«Он умер во второй раз»

（21）《吹号者》：«Горнист»

（22）《诗论》：«О поэзии»

（23）《刈草的孩子》：«Мальчик косит траву»

（24）《桥》：«Мосты»

（25）《冬天的池沼》：«Озеро зимой»

（26）《农夫》：«Крестьяне»

（27）《旷野》：«Горный городок»

（28）《农妇》：«Крестьянка»

（29）《火把》：«Факел»

（30）《老人》：«Старик»

（31）《手推车》：«Тачка»

（32）《乞丐》：«Нищие»

（33）《街》：«Улица»

(34)《索亚》：«Зоя»

(35)《黎明的通知》：«Весть о рассвете»

(36)《树》：«Деревья»

(37)《太阳的话》：«Слово Солнца»

(38)《光的赞歌》：«Гимнсвету»

(39)《车过贝加尔湖》：«Проежая Байкал»

(40)《普希金广场》：«Площадь Пушкина»

(41)《宝石的红星》：«Рубиновые звезды»

(42)《艾青诗选》：«Ай Цин, Избранное»

(43)《在智利的海岬上》：«Вчилийских фиордах»

(44)《鱼化石》：«Окаменевшая рыба»

(45)《归来的歌》：«Песни возвращения»

(46)《一个黑人姑娘在歌唱》：«Поет негритянская девушка»

(47)《在浪尖上》：«На гребне волны»

(48)《了解作家，尊重作家》：«Понять писателя, уважатьписателя»

(49)《从"朦胧诗"谈起》：«Поговорим о туманной поэзии»

(50)《愿春天早点来》：«Хочу,чтобы раньше пришла весна»